# 21 世纪普通高等院校系列规划教材
## ERSHIYI SHIJI
## PUTONG GAODENG
## YUANXIAO
## XILIE GUIHUA JIAOCAI

主　编　周骏一　李益彬

副主编　黄　河　吴　勇　　钟玉锋

# 旅游资源与开发

## Lüyou Ziyuan yu Kaifa

西南财经大学出版社
Southwestern University of Finance & Economics Press

# 21世纪普通高等院校系列规划教材
# 编 委 会

# 总　序

　　为推进中国高等教育事业可持续发展，经国务院批准，教育部、财政部启动实施了"高等学校本科教学质量与教学改革工程"（下面简称"质量工程"）。这是深入贯彻科学发展观，落实"把高等教育的工作重点放在提高质量上"的战略部署，在新时期实施的一项意义重大的本科教学改革举措。"质量工程"以提高高等学校本科教学质量为目标，以推进改革和实现优质资源共享为手段，按照"分类指导、鼓励特色、重在改革"的原则，加强课程建设，着力提升我国高等教育的质量和整体实力。为满足本科层次经济类、管理类教学改革与发展的需求，培养高素质有特色应用型创新型人才，迫切需要普通本科院校经管类教学部门开展深度合作，加强信息交流。值得庆幸的是，西南财经大学出版社给我们搭建了一个平台，协调组织召开了普通本科院校经管院系的院长（主任）联席会议，就教学、科研、管理、师资队伍建设、人才培养等方面问题进行了广泛而深入的研讨。

　　为了切实推进"质量工程"，第一次联席会议将"课程、教材建设与资源共享"作为讨论、落实的重点。与会同志对普通本科的教材内容建设问题进行了深入探讨，认为目前各高校使用的教材存在实用性和实践性不强、针对性不够等问题，需要编写一套高质量的普通本科教材，以促进课程体系和教学体系的合理构建，推动教学内容和教学方法的创新，形成具有鲜明特色的教学体系，有利于普通本科教育的可持续发展。通过充分的研讨和沟通，会议一致同意，共同打造切合教育改革潮流、深刻理解和把握普通本科教育内涵特征、贴近教学需求的高质量的 21 世纪普通高等院校系列规划教材。

　　鉴于此，本编委会与西南财经大学出版社合作，组织了乐山师范学院旅游与经济管理学院、西南科技大学经济管理学院、西华师范大学管理学院、西华师范大学历史文化学院、宜宾学院经济管理系、成都大学管理学院、成都大学经济政法学院、成都大学旅游文化产业学院、攀枝花学院经管学院、吉林农业科技学院经济管理学院、内江师范学院经济与管理学院、成都理工大学商学院、成都信息工程学院商学院、成都信息工程学院管理学院、西华大学管理学院、四川农业大学经济管理学院、四川理工学院经济管理学院、佛山科技大学经济管理学院、西昌学院经管系等院系的老师共同编写本系列规划教材。

　　本系列规划教材编写的指导思想：在适度的基础知识与理论体系覆盖下，针对普通本科院校学生的特点，夯实基础，强化实训。编写时，一是注重教材的科学性和前沿性，二是注重教材的基础性，三是注重教材的实践性，力争使本系列教材做到"教师易教，学生乐学，技能实用"。

本系列规划教材以立体化、系列化和精品化为特色，包括教材、辅导读物、讲课课件、案例及实训等；同时，力争做到"基础课横向广覆盖，专业课纵向成系统"；力争把每本教材都打造成精品，让多数教材能成为省级精品课教材、部分教材成为国家级精品课教材。

为了编好本系列教材，在西南财经大学出版社的支持下，编委会经过了多次磋商、讨论。首先，成立了由西南财经大学副校长、博士生导师丁任重教授任名誉主任，西华大学管理学院院长章道云教授任主任，西南科技大学经济管理学院院长王朝全教授、宜宾学院经济管理系主任李成文教授、成都理工大学商学院院长龚灏教授、四川理工学院经济管理学院院长彭礼坤教授、佛山科技大学经济管理学院院长傅江景教授任副主任，其他院系院长（主任）参加的编委会。在编委会的组织、协调下，第一批规划了公共基础、工商管理、财务与会计、旅游管理、电子商务、国际商务、专业实训、金融、综合类九大系列70余种教材。下一步根据各院校的教学需要，还将组织规划第二批教材，以补充、完善本系列教材。其次，为保证教材的编写质量，在编委会的协调下，由各院校具有丰富教学经验并有教授或副教授职称的老师担任主编，由各书主编拟出大纲，经编委会审核后再编写各教材。同时，每一种教材均吸收多所院校的教师参加编写，以集众家之长，取长补短。

经过多方努力，本系列规划教材终于与读者见面了。值此之际，我们对各院系领导的大力支持、各位作者的辛勤劳动以及西南财经大学出版社的鼎力相助表示衷心的感谢！

21 世纪普通高等院校系列规划教材编委会

2008 年 12 月

# 前　言

近年来，随着我国宏观经济的快速发展、人均收入的稳步提高以及政府的支持和消费升级，旅游业得到了前所未有的发展，取得了举世瞩目的成就。旅游业是关联性极强的产业，直接或间接相关联的行业和部门有 109 个之多，而且外延还在扩张。国家"十一五"规划明确提出将大力发展旅游产业，目前，全国有 24 个省区市把旅游业定位为支柱产业、先导产业或重要产业。旅游业以其广泛的产业关联效应和乘数效应，日益显露出其在推动经济发展中的巨大作用。

旅游资源是旅游业发展的基础和先决条件，旅游业的健康可持续发展有赖于旅游资源的科学合理开发，而旅游资源的合理开发必须建立在对旅游资源本身的科学认识和对其内涵的准确把握之上。目前我国有关旅游资源与开发的理论与实践研究已积累了较为丰富的成果，但随着旅游产业不断向纵深方向发展，旅游资源的内涵、特征、类型以及开发与利用的方式也在不断拓展和延伸，这就要求旅游资源研究的内容不断创新，以适应旅游产业的快速发展。

《旅游资源与开发》以国家 2003 年颁布并正在执行的《旅游资源分类、调查与评价》（GB/T18972－2003）国家标准和《旅游规划通则》为依据，融会本学科近年来的最新研究成果（资料和数据迄止于 2009 年 5 月）和作者们多年来的教学实践体会，集系统性、创新性和实用性为一体，将理论研究与开发实践紧密结合，力争适应我国旅游产业快速发展的需要。同时，根据相关教师多年科研成果，提出了一些新见解，对扩大学生视野，提高学生学习科学技术的兴趣、培养学生创新能力有很大帮助。在加强基本理论、基础知识讲解的同时，注意对典型的、知名重要旅游资源的介绍，做到深入浅出，理论联系实际。在教材的表现形式上，采用文图、文表结合的表达方式，增强了直观性和可读性。

本书是专门为高等院校旅游专业本、专科学生编写的专业教材；也可供导游、饭店管理、餐饮管理专业使用；同时还可供高等职业技术院校的相关专业以及从事旅游管理、项目策划、市场开发及导游人员作为在职培训或自学用教材。本书还可作为旅游管理、地理科学、环境科学、城市规划等专业的教材；亦可作为旅游、管理、经济、环境、规划等行业部门的管理人员和科技工作者的参考书；并能作为区域旅游资源调查、普查的培训用书。

本教材的编写分工如下：

主编：周骏一、李益彬；副主编：黄河、吴勇、钟玉锋；周骏一负责全书写作大纲的拟定和全书统稿，并编写第一章、第三章（由周骏一、易广波编写）、第四章（由周骏一、刘鹏娇编写）；李益彬参与大纲拟定和部分统稿工作，并编写第二章、第五章；黄河参与大纲拟定和部分统稿工作，并编写第七章第一节、第二节、第三节；吴勇参与大纲拟定和部分统稿工作，并编写第六章；钟玉锋参与大纲拟定，并编写第七章第四节、第五节。

在本教材的编写过程中，得到我校、系及兄弟院校的大力支持，在此表示衷心感谢。由于水平和精力所限，书中仍存在许多不足，恳切希望广大读者对教材提出宝贵的意见和建议，以便修订时加以完善。

周骏一

2009 年 8 月

# 目 录

# 第一章　旅游资源概述

## 第一节　旅游资源的概念体系

### 一、旅游、旅游业及旅游系统

#### （一）旅游

　　旅游是指非定居者（这些人不会导致在旅游地定居和就业）出于和平目的的旅行和逗留而引起的所有现象和关系的总和。20 世纪 70 年代，旅游科学专家国际联合会就曾提出："旅游是非定居者的旅行和暂时居留而引起的现象和关系的总和。这些人不会导致长期居住，并且不涉及任何赚钱的活动。"后来联合国的官方旅行机构国际联合会也提出："旅游是指到一个国家访问，停留时间超过 24 小时的短期游客，其旅游目的一是属于休闲（包括娱乐、度假、保健、研究、宗教和体育运动）；二是属于业务、出使、开会等。"通常把前一种定义称为狭义的旅游概念，把后一种定义称为广义的旅游概念。现在国际旅游学界大多数专家普遍认同：旅游是指非定居者出于和平目的的旅行和逗留而引起的所有现象和关系的总和。

#### （二）旅游业

　　旅游业是指以旅游者为对象，为其旅游活动创造便利条件并提供其所需要商品和服务的综合性产业。旅游业作为一项产业，其界定标准是其服务对象，而不是业务或产品。在我国，任何一个产业都是由政府的行政管理部门、事业单位和企业部门构成的。缺少其中任何一个部分，这个产业都不能很好地发展，这个产业的组成也是不完整的。这是由我国现阶段发展特点所决定的。旅游业也不例外，通常是由政府的旅游行政管理部门、旅游事业单位和旅游企业部门组成的。广义的旅游业通常被认为有六大构成要素，即吃、住、行、游、购、娱。准确地说，应该被称为旅游业的六大直接关联要素。狭义旅游业可认为主要是指旅游企业，它同样具有上述六大构成要素。本书主张，我国现阶段的（广义）旅游业即是由政府的旅游行政管理部门、旅游事业单位和旅游企业三部分，由吃、住、行、游、购、娱六大构成要素组成的。从这个意义上讲，广义的旅游业与下述"旅游系统"的概念基本等同。旅游业归根到底可视为服务行业的集合，即必须由众多部门提供环环相扣的服务，任何一个环节出现问题都会导致旅游业遭受损失。这就要求旅游业的相关部门之间紧密联系，加强信息和物资沟通与交流，共同为旅游者提供优质的服务。按照我国目前的情况，旅游业的构成应包括下列各类企业：旅行社、住宿业、餐馆业、交通客运业、游览娱乐行业、旅游用品和纪念品销售行业。各级政府旅游管理机构和旅游行业组织虽非直接营利的企业，但由于前述原因，亦应纳入旅游业的构成之中。

（三）旅游系统

　　系统是指各要素以一定的目标为导向，通过相互关联作用和反馈制约机制形成的有机整体。旅游依次经历了早期旅行、现代旅游与旅游产业三个重要的发展阶段。直至旅游产业发展阶段，旅游才真正具有了系统化特征，旅游系统也逐步为人们所认识。

　　旅游发展到产业阶段已经成为关联性和带动性十分强劲的新兴产业，其系统性特征日益明显，主要表现在以下方面：首先，要素构成内容广泛。旅游系统构成要素的广泛性源自于旅游活动的强大社会经济关联性。从旅游业的运作来看，旅游者完成从客源地到目的地的旅游过程，中间涉及众多要素的相互作用。在空间上，存在旅游目的地对客源地的市场营销，客流从客源地到旅游目的地，再回到客源地的空间移动等相互关系；在经济上，存在着旅游者产生旅游需求，目的地旅游企业生产旅游产品供给旅游者满足其需求等关系。其次，构成要素的产业特征十分明显。旅游业与第一、第二产业及第三产业的许多部门有着一定的间接联系。如，第一产业中的种植业为旅游业的发展提供必需的农产品；第二产业中的制造业为旅游业发展提供相应的技术产品和原料，建筑和能源业为旅游业的发展提供设施和动力；第三产业的其他部门则为旅游业提供诸如安全、金融、保险、邮电、通信、环保等全方位的发展保障。

　　美国著名旅游专家甘恩（Gunn）早在1988年就率先提出了"旅游系统"的概念。他当时认为旅游系统是由需求板块和供应板块两个部分组成，其中供给板块又由交通、信息促销、吸引物和服务等部分构成。这些要素之间存在着强烈的相互依赖性。我国学者陈安泽和卢云亭于1991年提出了其对旅游系统的认识，他们所刻画的旅游系统也是由供给系统和需求系统构成的。其中供给系统包括旅游地域系统、旅游服务系统、旅游教育系统、旅游商品系统四个子系统。旅游地域系统作为主要部分，它又包含有旅游资源、旅游区或旅游地结构、旅游生态环境、旅游路线、旅游中心城镇五个物质性内容。

　　我国旅游规划专家吴人韦等也在《旅游规划原理》一书中提出由旅游者、旅游目的地、旅游企事业三大要素组成的旅游系统。旅游者子系统形成旅游动机，旅游目的地子系统形成旅游吸引力，旅游企事业子系统形成旅游连接力，最终由上述三大方面有机联系、相互制约、相互支持，整合成为旅游系统。北京大学吴必虎教授在《区域旅游规划原理》一书中提出了一个由旅游市场子系统、旅游者出行子系统、旅游目的地子系统和旅游发展支撑子系统四个子系统构成的旅游系统模型。

　　从旅游发展动力系统来看，旅游业不可或缺的组成部分有以下几个，即旅游者、旅游资源、旅游发展的支持和保障部门。综上所述，本书认为：旅游系统是由旅游者客源市场子系统、旅游资源吸引力子系统、旅游支持和保障子系统三大构成要素组成，具有特定的结构和功能的有机体；或者说旅游系统是由客源市场子系统、旅游资源吸引力子系统和联系上述二子系统的中间媒介子系统（即称为旅游支持和保障子系统）

三大构成要素组成，具有特定的结构和功能的有机体。旅游客源市场子系统包括本地旅游市场、国内和国际旅游市场；旅游资源吸引力子系统包括自然旅游资源、人文旅游资源、自然与人文复合旅游资源以及在旅游资源基础上开发、设计的一系列旅游项目、旅游产品等旅游吸引物系统；旅游支持和保障子系统包括旅游基础设施、旅游服务以及旅游保障体系等要素，主要指由那些与旅游系统发展有间接联系，为其发展提供基础性支持作用，以及为旅游者生产和提供旅游产品及服务的产业部门构成的整体。该子系统是连接旅游客源市场子系统和旅游资源引力子系统的桥梁，其主要功能有为旅游者提供生活必需的服务以及为旅游者提供游览、娱乐和购物等服务。旅游业目前确实已经成为了一个巨大系统并且对国民经济和社会发展产生了较明显的作用。因此，旅游系统概念的确立是现代旅游开发的重要理论前提，只有对旅游系统有了深入了解，才能真正总结和把握其发展规律，为旅游开发的实践服务。

## 二、旅游资源及相关概念

### (一) 旅游资源

旅游资源是指"自然界和人类社会凡能对旅游者产生吸引力，可以为旅游业开发与利用，并可产生经济效益、社会效益和环境效益的各种事物和因素"①。首先，定义中所指"自然界和人类社会"，涵盖了我们作为生活在地球上的人所能接触的所有外部环境，即自然环境和人类社会环境。可见旅游资源赋存的范围十分广泛，因而涉及的学科门类众多。其次，"能对旅游者产生吸引力"，是指对特定的人群对象（即旅游者）有吸引力，要能激发旅游者的旅游动机，吸引他们前去旅游；"可以被开发与利用"，指在目前技术、经济条件下能够被开发出来并加以利用的那部分资源；强调能产生经济、社会和环境三大效益，是为了避免单纯强调经济效益而忽略社会和环境效益。如赌博、色情业可以吸引游客，开展旅游可取得较好的经济效益，但社会效益不好；又如为开发旅游而破坏生态环境，使环境效益低下等做法是要规避的。最后，"各种事物和因素"，强调了旅游资源可以是看得见、摸得着的有形体的实物，也可以是没有实体的因素，如故事、神话传说、昆曲等非物质文化遗产。总体来讲，旅游资源是旅游活动的客体，它具有吸引和效益两大功能。

### (二) 旅游资源单体

旅游资源单体是指可作为独立观赏或利用的旅游资源基本类型的单独个体，包括独立型旅游资源单体和由同一类型的独立单体结合在一起形成的集合型旅游资源单体。

### (三) 旅游项目

旅游项目是指在旅游资源单体基础上，通过旅游资源开发工作者付出智慧和辛勤劳动，对旅游资源单体进行提炼、加工和开发，赋了旅游资源单体更多新的文化内涵，因而对游客也更具吸引力的旅游吸引物。即旅游项目是借助于旅游地的旅游资源

① 中华人民共和国国家标准. GB/T 18972－2003：旅游资源分类、调查与评价.

单体开发出的以旅游者和当地居民为吸引对象，提供休闲、消遣服务，具有持续旅游吸引力，为实现经济、社会、生态环境效益为目标的旅游吸引物。

（四）旅游线路

广义的旅游线路是一种特殊旅游产品，是指专为旅游者设计，能够提供各种旅游活动的旅行游览线路。它通过一定的交通线和交通工具与旅游方式，将若干个旅游城市、旅游点或旅游活动项目合理地贯穿和组织起来，形成一个完整的旅游运行网络和产品的组合。狭义的旅游线路单指在一定时间内，游客旅行经过的轨迹。

（五）旅游产品

我国国家标准中提出的旅游产品定义是："旅游资源经过规划、开发建设形成旅游产品。旅游产品是旅游活动的客体与对象，可分为自然、人文和综合三大类。"[①] 可见，旅游产品是旅游业开发出来的旅游对象，如景点、景区或旅游线路等，它包括旅游资源、游览设施和旅游服务。旅游产品在内涵和外延上都较旅游项目更大。一般来讲，若干个旅游项目就构成了旅游产品。有时，一个旅游项目，如果其内容丰富，规模足够大，可独立提供给游客，也可以被视为一个旅游产品。在旅游产品中，旅游资源是基础，其在产品中所占分量，较之农产品、工业产品中资源所占分量要大得多，以至于一些没有游览设施和旅游服务的旅游资源，也能吸引游客前往游览，导致旅游资源与旅游产品常被混为一谈。

（六）旅游商品

旅游商品是旅游产品中，用于交换的一部分，主要是旅游者在景点、景区或旅游线路等特定旅游场所的经历。所以广义的旅游商品是指旅游者在其全部旅行游览过程中，有关吃、住、行、游、购、娱六个方面所消费的产品之总称。而狭义的旅游商品通常的意思是指旅游者购物部分。产品不等于商品，只有进入流通领域，用于交换的产品才是商品。在此意义上讲，旅游资源开发工作者，利用旅游资源开发出的旅游项目、旅游产品等，在进入旅游市场以后，才真正成为了旅游商品。

（七）旅游景点

旅游景点是旅游资源单体或其复合体，经开发而成，可作为旅游者驻足观赏对象的基本空间单元。在空间上由资源单体或其复合体以及较小的可供旅游者驻足观赏对象的地域构成。在组成成分上，主要由景物和较小的供观赏的空间地域组成。

（八）旅游景区

旅游景区是一系列不同景点组合而成的旅游资源特色较统一的地域空间。景区是旅游区的一部分，是旅游区内游览活动集中的地段。它与景点的主要区别，一是空间或地域范围更大，二是具备一定的旅游服务设施和可提供一定的相应旅游服务。

---

① 中华人民共和国国家标准. GB/T18971－2003：旅游规划通则.

（九）旅游区

旅游区是在景区的基础上，以旅游及其相关活动为主要功能或主要功能之一的空间或地域。主要是指具有参观游览、休闲度假、康乐健身等功能，具备相应旅游服务设施并提供相应旅游服务的独立管理区。该管理区应有统一的经营管理机构和明确的地域范围。它包括风景区、文博院馆、寺庙观堂、旅游度假区、自然保护区、主题公园、森林公园、地质公园、游乐园、动物园、植物园及工业、农业、经贸、科教、军事、体育、文化艺术等各类旅游景区①。它与景区的区别，一是空间地域范围更大，二是在此空间地域范围内，不光是侧重于游览、娱乐活动，具备相应旅游服务设施并提供相应旅游服务也同等重要。

表 1.1 我国十大旅游资源分区

| 旅游资源区 | 所辖范围 | 自然风光 | 文化类型 |
|---|---|---|---|
| 内蒙区 | 内蒙古 | 草原 | 蒙文化 |
| 西北区 | 新疆、甘肃、宁夏 | 大漠 | 维吾尔等少数民族文化 |
| 青藏区 | 青海、西藏 | 高原 | 藏文化 |
| 东北区 | 辽宁、吉林、黑龙江 | 北国风光 | 满等少数民族文化 |
| 中原区 | 京津、山东、河南、山西、陕西 | 平原 | 中原文化 |
| 华东区 | 上海、江苏、浙江、安徽 | 小桥流水人家 | 吴越文化 |
| 华中区 | 湖北、湖南、江西 | 水乡泽国 | 荆楚文化 |
| 四川区 | 四川 | 山明水秀 | 巴蜀文化 |
| 华南区 | 广东、广西、海南、福建 | 热带风光 | 岭南文化 |
| 西南区 | 云南、贵州 | 奇山丽水 | 傣等少数民族文化 |

［资料来源］董平.我国旅游资源区划初探.地域研究与开发，2000（3）.

# 第二节　旅游资源在旅游系统中的地位和作用

## 一、旅游资源研究的重要意义

旅游资源是旅游活动得以进行的物质基础，是旅游业获得经济效益的前提。任何产业的发展，首先遇到的都是资源问题。如农业的发展，离不开土地资源、气候资源；工业的发展，离不开能源、矿产资源。一个区域旅游业的发展，在一定程度上也取决于该区域旅游资源的基本情况。旅游资源研究，是旅游景区开发的第一步，准确、科学地掌握本区域旅游资源情况，对旅游景区的科学规划、合理开发和保护都有重要意

---

① 中华人民共和国国家标准. GB/T17775－2003：旅游景区质量等级的划分与评定.

义。通过旅游资源研究，可了解和掌握该区域旅游资源的类型、数量、分布、特征、成因、规模、结构以及开发潜力等基本情况，为旅游资源的科学评价奠定基础，为制定旅游规划与进行合理开发和保护提供客观科学的依据。通过研究，可建立和完善该区域旅游资源信息资料库，为区域旅游业管理、经营提供必要的信息。通过研究，可深入地了解区域旅游环境质量，发现存在的问题，为区域旅游环境质量监控提供准确、具体的信息，为旅游资源开发和保护提供决策依据。

## 二、旅游资源在旅游系统中的重要性

旅游资源是区域旅游开发和建设的对象物，是旅游业发展的基础和必要条件，也是现代旅游活动的主体。旅游资源既包括传统意义的自然旅游资源和历史文化遗产类旅游资源，也包括一个地区的政治经济影响、文化特色、环境状况、科技与信息的发达程度、娱乐设施保障等多种吸引要素。这些旅游吸引要素相互联系、相互影响，共同构成旅游资源吸引力子系统。

### （一）旅游资源吸引力子系统内部要素间的关系

旅游资源吸引力子系统，指对旅游者产生吸引力并为其提供各项旅游产品和服务的要素总和。对旅游者构成吸引是旅游资源的本质属性，旅游资源吸引力的大小取决于旅游资源子系统的功能状况。作为一个系统，其功能的大小不仅取决于系统要素自身状况，而且取决于各系统要素之间的组合状况（系统结构）和系统的物质、能量、信息等输入、输出条件（系统环境）。各旅游资源要素不是孤立存在的，在对旅游者构成吸引和该地区旅游业发展服务这个层面上，表现为特定的结构，同时需要与其开发和利用的条件相协同来实现特定的功能。

旅游资源吸引力子系统内部组成要素之间关联复杂，具有多样化的联系，并且这种联系具有不断变化的特征，在不同的地域空间、不同的时间段和不同类型的旅游活动中表现得尤为突出。对于不同的旅游地域空间，旅游资源吸引力子系统的主要构成要素存在一定的区别，因而要素与要素之间关联性将产生较大的差异。如旅游业发达地区与不发达地区相比，其旅游资源吸引力子系统的构成要素必然较多，要素之间的关联性也更为密切。旅游资源吸引力子系统要素的动态关联性同样可以从时间发展上得到证实，如旅游业发展早期较之发展的成熟期，要素之间联系的强度有较大变化，新的系统构成要素不断涌现，新的关联和互动机制也会相继出现。此外，不同类型的旅游目的地，其旅游资源吸引力子系统构成要素间的关联性也存在较大差异。

### （二）旅游资源吸引力子系统的空间结构

旅游目的地是旅游资源吸引力子系统的所在地，是旅游产品的生产地，同时又是旅游消费的发生地，即旅游企业在旅游目的地生产旅游产品和服务的同时，旅游者也在旅游目的地消费这些旅游产品。所以，旅游目的地是旅游系统空间结构的重要依托。旅游支持和保障子系统不仅包括旅游者往返于旅游客源地和旅游目的地的旅游交通，同时也涵盖了信息沟通及吃、住、行多个方面的支持和保障，对于旅游资源吸引力子系统的产生和发展具有十分重要的意义，是旅游资源吸引力子系统空间结构的重要支撑要素。

（三）旅游资源吸引力子系统的层次结构

旅游资源吸引力子系统按照区域范围的大小可以划分为宏观、中观、微观等不同的层次结构。宏观层面的旅游资源吸引力子系统一般是指国家区域范围的旅游资源吸引力子系统，在该层面下旅游资源吸引力子系统表现为规模巨大的旅游经济产业。如从宏观层面考察，我国旅游资源吸引力子系统研究的主要内容即为国家旅游业中的支柱性旅游资源，即我国主要的世界遗产地、国家级旅游区等，中观层面的旅游资源吸引力子系统是指区域范围（省级、市级、县级）旅游资源吸引力子系统。该旅游资源吸引力子系统涉及的关联要素少，其对国家旅游经济的影响也仅限于区域范围内。微观层面的旅游资源吸引力子系统则是指一个企业或景区、景点的旅游资源吸引力子系统，该层面内的旅游资源吸引力子系统是旅游系统的基本组织单位。该层面的旅游资源吸引力子系统关联要素更少，主要涉及旅游企业和景区、景点的经营以及建设等具体细节问题。

（四）旅游资源吸引力子系统的功能

旅游资源子系统功能的发挥，更加依赖于其自然、经济和社会的综合环境，依赖于旅游整体功能在旅游者心目中的认知，依赖于在多种环境条件作用下的各种旅游资源要素在该地区范围内的有机组合所形成的综合吸引力。因此，对区域范围内旅游资源的评价必须摆脱单一的旅游资源要素评价的弊端，深入研究形成旅游功能的多种因素的作用，分析其相互关系及其有效发挥其功能所必需的环境条件，优化旅游资源系统要素结构，最大限度地发挥其整体功能，实现旅游产业最大的经济效益、社会效益和环境效益。

1. 经济效益功能

旅游资源吸引力子系统作为旅游经济产业部门的重要组成部分，一个最为突出的功能就是经济效益功能。该功能主要表现为促进区域旅游经济发展、增加劳动力就业机会以及优化旅游经济结构等方面。旅游资源吸引力子系统对区域经济发展的影响，主要通过其广泛的关联性和巨大的带动性发挥作用。旅游业是一个发展迅猛、投入产出比例较高的新兴产业，尤其是随着全球经济一体化的发展和旅游的日益普及化，旅游业对区域经济的促进作用也日益明显，旅游资源吸引力子系统正日益成为旅游经济增长的极点。由于旅游资源吸引力子系统提供的是不需要运输到外地的观光和服务产品，并且往往旅游资源和产品为一个地区垄断性占有，因而不易受到强烈的竞争。目前，旅游资源吸引力子系统对区域旅游经济增长的重要性已经为人们所认识。

2. 文化效益功能

旅游资源吸引力子系统对于人类社会的发展和文化的传播都具有较为重要的作用，其社会文化教育功能主要体现在增进异质文化交流、提高人民生活质量以及促进民族文化保护方面。不同文化的交流方式中，民间外交是最无顾忌的交流方式，交流的双方能避开政治和功利等因素的干扰，实现有效交流。旅游又号称"民间外交"，对于异质文化的交流能起到积极的促进作用。在旅游系统中，旅游客源地和旅游目的地之间由于具有开放性的自由空间，因此不同文化之间能相互传播、融合并以此促进共同发展。旅游资源吸引力子系统对于提高人们的生活质量也具有一定的作用，主要表现为对旅游目的地人们生活环境的改善和对旅游者思想上的提升。旅游资源吸引力子系统的发展必然会带动社会经济的发展和基础设施的日渐完善，从而为旅游目的地的居民带来众多的便利，使得其生活质量得以上升。对于旅游者来说，生活质量的上升不仅意味着物质生活的丰富，精神生活的多样化发展也是必不可少的。而旅游资源吸引力子系统能够使旅游者在其生活中不断获得新知识、审美和文化体验，为其提供多样化的精神生活。旅游目的地极具特色的地方文化是旅游吸引力的重要组成部分，旅游目的地地方文化与旅游者来源地文化间的巨大反差是唤起人们浓厚的旅游兴趣的重要原因。旅游者对于旅游目的地民族文化表现出来的高度热情为旅游目的地民族文化的发掘和保护提供了社会基础。通过旅游开发，人们保护历史和民族文化的意识得到增强，政府和有关部门也会根据保护、开发、利用一体化的原则，对本地特色文化有计划、有组织地进行综合评价、保护和开发，从而促进民族文化的保存与弘扬。

3. 环境效益功能

旅游资源吸引力子系统的环境效益功能是指旅游活动对自然环境与生态平衡的贡献与影响。旅游业发展与环境保护互惠互利，相互促进。旅游资源吸引力子系统的开发中，为了保证其美学观赏性和对游客的持久吸引力，客观上能对环境起到一定的美化和保护作用，表现为不断提高旅游资源的开发效率以促进旅游资源吸引力子系统的可持续发展。这里所谓的开发效率不仅指旅游资源转化为经济和社会资源的效率，更重要的是指旅游资源保护性开发的效率。在旅游开发实践中，人们逐渐形成了保护性开发旅游资源的系列观念，如开发旅游资源应与环境保护同步、加快旅游业发展不能以浪费旅游资源和牺牲环境为代价等。这些环保型的旅游开发观念为旅游资源吸引力子系统开发的高效性提供了保障。由此可见，旅游资源吸引力子系统的发展目标最终是与环境保护相一致的。虽然旅游资源吸引力子系统在经济、社会文化和环境等方面具有如上的正面效应，但是在实践中我们也常常遇见旅游资源吸引力子系统造成的一些负面效应，如旅游的发展引起旅游目的地物价上涨、引起旅游者和旅游目的地居民之间社会矛盾激化、过度排放废弃物导致生态环境不可逆性恶化，以及对旅游资源的破坏性、掠夺性开发等。如果对这些旅游资源吸引力子系统的负面效应不加以控制，任其发展，那么其必然会对社会经济和环境造成巨大的损害。为了保证旅游资源吸引力子系统沿着理想的轨道发展，防止其出现对经济、社会和环境方面的不良影响，人们可以通过制定一定的发展规则和发展约束机制来规范旅游资源吸引力子系统的发展。旅游资源是旅游系统基本的构成要素，是旅游系统得以运转的物质基础。随着旅游系统的不断完善和发展，旅游资源的开发效率也会不断提升。

（五）旅游资源吸引力子系统与其他子系统的相互关系

从经济学的观点来看，旅游系统作为旅游经济产业部门的一分子，其实质就是一种市场经济活动。因此，旅游系统的经济结构，简单地说就是"旅游需求——旅游市场——旅游供给"三个部分。其中旅游需求部分指的主要是旅游者，他们在拥有资金和闲暇之余产生了旅游的动机，从而想在旅游市场中寻求旅游需求的满足。旅游供给部分则与旅游资源吸引力子系统相对应，指那些对旅游者产生吸引力并为其提供各项旅游产品和服务的要素的总和。旅游供给部分在向旅游市场提供旅游产品和旅游服务之余，获得自身利益的最大化。旅游市场是旅游供给方与旅游需求方进行交换的场所，在价值规律、供求规律以及竞争规律的制约下，旅游市场能帮助旅游供给方和旅游需求方实现高效的交换，从而使双方的利益达到最大满足。也就是说，旅游资源吸引力子系统要实现自身的经济价值，就必须依靠旅游客源市场子系统和旅游支持与保障子系统。旅游支持与保障子系统中，各级政府旅游管理机构和旅游行业组织所起的重要作用，以前未引起人们的足够重视，但随着旅游业的深入发展，目前人们已经日渐认识到缺乏支撑与保障子系统的旅游是一个不可持续发展的系统，而目前我国各级政府旅游管理机构和旅游行业组织在该子系统中更是起着举足轻重的作用。

# 第三节　旅游资源的基本特征

旅游资源是自然、历史、社会等因素共同作用而形成的，是一种极为特殊的资源，它既有其他资源的一些共性，更重要的是它还有一些自身所独具的特性，例如旅游资源是地理环境的一部分，故其具有地理环境组成要素所具有的时空分布特征和动态分布特征；同时作为旅游活动的客体，社会、经济、文化因素，又使它具有历史人文的特征和经济的特征。旅游资源有如下具体特征：

## 一、观赏性

旅游资源与一般资源最主要的区别，就是旅游资源具有美学观赏性特征，或者说具有美学观赏价值，能对旅游者产生吸引力，促使旅游者到旅游目的地去欣赏自然景观和人文景观的美。

尽管旅游动机因人而异，旅游内容与形式多种多样，但观赏活动几乎是所有旅游过程都不可缺少的。从一定意义上说，缺乏观赏性，也就不能构成旅游资源。形形色色的旅游资源，既有雄、秀、险、奇、幽、旷等类型的形象美，又有动与静的形态美；既有蓝天、白云、青山、绿水、碧海、雪原的色彩美，又有惊涛骇浪、叮咚山泉、淙淙溪流、苍茫松涛等的声色美；既有建筑景观的造型美、气势美、时代美，又有地方特色菜肴的味觉美、嗅觉美和视觉美……它们都给游客以符合生理、心理需求的美的享受，使人们的精神、性格、品质等在最具美质的各类旅游资源中找到对象化的表现。孔子"登泰山而小天下"的哲理悟性，至今仍给人们以启示。把握该特点，对我们在开发旅游资源时，充分挖掘其美学观赏性，具有直接的现实指导意义。

## 二、地理区域性

旅游资源总是分布于一定的地理空间，在其形成过程中又受到该特定区域地理环境各要素的制约，因此旅游资源也反映了该特定区域环境的特色，具有区域性特点。

各种旅游资源既是地理环境的组成部分，同时，其形成和演化又受到地理环境的制约。随着环境的区域变化，旅游资源也存在着一定的区域差异。比如南方雨量充沛，植被茂密，山丘低缓、柔和，山势险峻、荫蔽幽深，花草色彩斑斓，形成了以阴柔为基本特征的区域特色。相反，我国北方雨量稀少，植被稀疏，四野空旷，山势险峻，形成了"大漠孤烟直，长河落日圆"的区域景观特色。所谓"南秀北雄"就是对我国旅游资源区域特征的概括。"南秀"在地域上，代表秦岭淮河以南的"杏花春雨江南"的秀美景色，再细分，有西南的灵秀、华南的丽秀、东南的媚秀；"北雄"代表黄河流域"骏马西风塞北"的雄浑风光。

旅游资源的地理区域不仅反映在自然环境的地域差异上，更重要的是人文环境的地域差异，即更多地体现在不同地域特有的民族特色方面。这种民族特色也是在当地地理环境制约下形成的。比如南方山区交通闭塞，阴湿多雨，竹木较多，所以南方的土家族、苗族、壮族、侗族、布依族、傣族等许多少数民族的住房都采用"干栏式"竹木建筑，一般分两层，木材和竹料做桩柱、楼板和上层墙壁，下层无遮拦，屋顶盖树皮、草或瓦，上层住人，下层放置农具或谷物，过去还用于养畜禽。民族服饰也与地理环境有关。早期的服装用料，是本地气候、土壤条件下自然生长的麻、丝、棉等，染色颜料也是取自当地自然界存在之物或是从中提炼出来的；服装上的图案是当地事物或环境的反映，式样更是适应当地生产、生活的选择，如蒙古袍便于骑马，傣族裙在湿热环境下，可通风散热，而且又能遮挡蚊虫等；一些用具如小背篓非常适应山区环境，村寨布局甚至许多民俗活动也是适应山形水势的结果。因为人总是生活在一定的自然地理环境中的，他们在适应自然、改造自然、求得自身生存发展的过程中，创造出灿烂的文化，这些文化不可避免地带上一定的地域色彩。如民居建筑特色的区域差异，民族服饰、饮食文化等的区域差异，都同气候的区域差异有着十分密切的关系。旅游资源的这一特点，启迪人们在开发旅游资源时，突出其地域、民族特色具有十分重要的意义。

## 三、空间固定性（不可移置性）

旅游资源总是存在于某一特定的地理空间中，即旅游资源在地域上是固定的和不可移置的。旅游资源与区域环境融为一体，与地域文化密不可分，而区域大环境和地域特色文化，具有明显的空间固定性。各种旅游资源都分布在与之相适应的地理环境和区域环境中，带有强烈的地方色彩和区域特征，这也正是旅游资源个性特征的体现，而与之相适应的环境是个性特征及内涵存在的必要条件。离开了必要条件，它们的个性、特殊的内涵及其吸引力也就消失了或者大大降低了。许多仿造的旅游景观，尽管应用了高超的技术，甚至做到了以假乱真，但它们仍然不可能与真景、实景的魅力相提并论，因为它们在旅游者心目中的感受毕竟不是原物，旅游意义自然不如原地原物那么浓厚。因此旅游资源的开发和利用一般不应离开当地，即旅游基本上是旅游者移动到旅游资源地的活动，而不是资源的移动。事实上，有不少旅游资源也难于迁移，例如风景名胜区、名山胜水、森林雪山、海洋湖泊等。自然旅游资源具有空间固定性，人文旅游资源亦然。例如，黄土高原的窑洞、牧区的帐篷与毡房、西南地区亚热带的竹楼、华北地区的四合院等，以及民族服饰、饮食文化、民俗风情等都植根于当地固定的地理环境和社会环境之中，是不可移置的。当然，也有建筑物的迁建、文物的复制、珍稀动植物的转送等，但一旦迁移，则失去了原有的旅游价值和功能。例如在深圳，有许多深圳人不看这里的锦绣中华景区的微缩景观，而舍近求远，到北京故宫、长城去感受古人的聪明才智，去内蒙古体验蒙古族风情……尽管异地再造微缩景观不是旅游资源位置的迁移，而是形成了一种新的旅游资源，但旅游者追求的不是单纯的景物，更多的是想要去体验新的地理环境。可以说，只有在真实的地理环境中的景致和实物，才更具有旅游功能。脱离了与地理环境的空间关系，旅游资源会徒具外貌而失去其精髓，因而必须重视开发和利用当地固有或特有的旅游资源。

## 四、非物交换性

旅游资源加工成产品后，提供给旅游市场交换的主要是非物质的游历时段和经历，这种经历不是一种实物产品，不能像大多数工业品、农产品的买卖交易一样，有实物的转移或储存。游客从旅游市场购买的主要是精神上的满足和享受。因为交换的非物质性，许多旅游资源不仅不会因开发和利用而消耗，反而可被众多游客使用，理论上具有永续利用性，如许多名山大川，千百年来为无数游客提供了难以计数的服务。正是这种非物交换性，决定了旅游宣传促销方式的特殊性。

同时，旅游资源本身有物质的，也有非物质的；有有形的，也有无形的。人们对山川、泉瀑、园林、寺塔等形态化的物质资源，认同感强；而对于无形的不易为人们感知和触摸到的非物质的旅游资源，往往缺乏对其本质的理解和认可。实际上，精神的、非物质的旅游资源，是在物质基础上产生的，并依附于物质而存在。这些非物质的旅游资源，其非物质交换性是显而易见的。这一特点提示我们，重视对非物质旅游资源的开发，也是十分重要和必须的。

## 五、不可再生性

旅游资源，除人工可以栽培与繁殖的动植物外，可以说是一种不能再生的资源，一旦破坏将不复拥有。许多自然旅游资源经亿万年才得以形成，历史文物古迹也是几千年的遗存，一旦毁坏，将会永远地失去。例如石灰岩溶洞，正常发育的钟乳石 100 年才长 1 厘米，即使游客高度文明，自觉维护洞穴环境，但若不控制洞穴容量，让过多的游客涌入，会改变洞穴小气候，加速洞穴化学沉积物的风化和破坏，如张家界石英砂岩峰柱是在 3.8 亿年前形成的，一旦被毁，就无法恢复。地面上的古建筑，总是有减无增，会一天比一天少下去。具有 600 多年历史的噶丹寺，是西藏拉萨著名的三大寺之一，1969 年被毁夷为平地。泉城济南，过去那种"家家泉水、户户垂柳"的美好景象，由于对水源地缺乏保护，已不复存在，甚至连著名的趵突泉、珍珠泉，也濒临断水的危机。许多人文景观是由特定的历史条件综合作用形成的，具有唯一性，一旦破坏，即使进行人工修复，也难现昔日风采。

这点既不同于可再生资源，如阳光、空气、森林和水资源，也不同于铁矿、煤炭、石油等不可再生资源。就可再生资源而言，新生的资源，与原来资源使用价值相差无几,如人工更新的森林资源,只要树种未改变,次生林和原始森林的材质和用途,没有太多改变。而旅游资源的人工修复,与原汁原味的旅游资源相比,其价值却有着天壤之别。就不可再生资源而言,铁矿、煤炭、石油等采掘后,资源的价值不会因部分开采而缩减。而旅游资源,一旦局部被耗竭,整体观赏价值和游历价值就会大打折扣,甚至失去旅游吸引力,不再成为旅游资源。

巨大的旅游需求对旅游产品的开发、销售可能是一种难以抗拒的诱惑,但同时对旅游资源也可能是一股无法估量的潜在破坏力。有人把旅游资源强调为能加以永续利用的资源,突出旅游资源供旅游者就地享用,不可能占为己有,更无法随身带走,游客买到的是经历,带走的是感觉,旅游资源却安然不动。旅游资源的不可再生性决定了对其进行保护的重要性。基于不可再生旅游资源开发所形成的产品,大多是自然创造物和历史遗存。旅游资源的开发,不是建造山水和文物,而是构筑向大众展示的平台,目的是让旅游者能更好地从不同角度去感受这些旅游产品。

## 六、独立性和垄断性

旅游资源的地理区域性、空间固定性(不可移置性)和不可再生性等决定了旅游资源具有独立性和垄断性。旅游资源的区域差异,意味着资源的可模仿性极差,它难以模仿或复制。尽管许多有关民族风情的主题园仿制了逼真的诸如竹楼、蒙古包等兄弟民族的村寨或居室,但它缺乏地域背景、周边环境与民族习俗等的依托,在游客的视域中,真假泾渭分明,无法代替。那些历史感强的资源,更无法离开特定地理环境的历史背景,否则将失去其本身的历史价值与观赏价值。长江三峡、桂林山水、壶口飞瀑等资源所处的特定地理环境(空间固定性),更是无法用人工力量来搬迁或异地再现的。相近的景物,位于不同的区域,其旅游价值可能是不相同的;主体自然旅游资源的不可转移性,使其在旅游业发展中的区域特色难以被模仿。正是旅游资源空间分布上的区域性特征,形成了千差万别的旅游区,它们各有自身的独特之处,具有独立性和垄断性。因而发掘旅游资源的独立和垄断性特色,在激烈的市场竞争中具有十分重要的作用。

## 七、时代性与季节性

时代的变迁,会促使旅游资源的含义、特性、引力大小等产生影响或变化。现有的某些旅游资源因没有新的内容,会失去对旅游者的吸引力而退出旅游市场,新的旅游资源会不断被开发出来。因此,旅游资源具有时代性的特征。也就是说,旅游资源是一个发展的概念,旅游资源的范畴还在不断扩大。在区域旅游业发展的不同历史阶段,以及全国乃至于全球旅游业发展所处的不同历史阶段,对旅游资源的内涵会有不同的理解和认识。随着科技的进步,旅游资源的科技含量增加,资源潜能将进一步得到发挥。原来不是旅游资源的事物和因素,今天或以后也可以成为旅游资源并进行开发;人们遨游太空、登上月球旅游的愿望也可能成为现实。随着科技进步,也会形成新的旅游资源。当代世界上一些发达国家,纷纷利用高科技大做文章,建造大型综合性旅游景点与游乐场所。

旅游资源还具有季节变化性的特征，一些景物随季节的变化而变化，例如开展冰雪旅游，只能在严寒的冬季；大连、青岛海滨避暑城市，盛夏季节才备受青睐；北京西山的红叶，要到深秋才能展现其魅力；民俗风情中的节庆活动，如藏族每年秋收前举行的"望果节"、傣族的"泼水节"、白族的"三月街"、蒙古族的"那达慕"等，都只能在特定的时段举行。气候的季节性变化，直接对旅游资源的开发和利用产生影响，旅游资源的这种季节性变化特性，会导致有关旅游线、旅游点呈现旺季和淡季、热点和冷点。因此重视不同类型旅游资源的组合，从而延长旺季时段，促使淡季不淡，显得格外有意义。

## 八、组合性和整体性

旅游资源种类繁多，形式多样，它们在特定的区域范围内相互依存、相互衬托，共同形成了一个和谐的旅游资源整体，这就是旅游资源组合性和整体性的特点。孤立的单个景物，往往很难作为一种旅游资源来加以开发和利用。即使资源的品位很高，也会影响其对游客的吸引力。因为游客总是期望花最少的时间和财力，游览与观赏到尽可能多的景物。而且，单个景物，在不同层次、不同旅游动机的游客面前，真所谓是"众口难调"，只能吸引其中一部分甚至是一小部分游客。再者，常讲的"红花还需绿叶衬"，说的是美需要组合、美需要层次。一个地区不同类型、不同层次、不同尺度景物的数量越多，比例越协调，联系越紧密，就越能显示出其观赏价值，才能最大限度地释放出其对游客的吸引力。例如杭州，有山有水、有草有木、有洞有泉、有园林有寺庙，有古迹有遗址，不仅类型多样，而且组合有序，层次清晰，整体性强。无论游客的年龄、性别、职业、文化素养、兴趣爱好有何差别，在这里都能找到适合于自己的游览地与观赏点，故而游客量久盛不衰，成为誉满海内外的"天堂"。

## 九、文化性

无论是自然旅游资源还是人文旅游资源，除具有美学观赏性外，都具有丰富的文化内涵。因为不论是自然赋存或社会创造，不论是自然为主辅以人文、或人文为主利用自然，各类不同形成机制的旅游资源，都有其科学性和自然、社会哲理。相当一部分人认为，只有人文旅游资源才具有文化属性，但他们忽视了自然旅游资源与自然环境、人文环境的紧密联系和不可分割性。探密自然和探密社会一样，同属人类文化的范畴。自然旅游资源寓科学性、教育性于娱乐之中，愈来愈多地受到文化程度较高游客的青睐。正是旅游资源这种深层次的文化内涵，才使它具有了对游客的吸引力。人文旅游资源悠久的历史渊源、丰富的艺术价值、独有的民族性和地域性特色等都体现了旅游资源的民族性和文化性的特点。

旅游作为一种文化型的经济活动，文化成为旅游的核心。但应指出的是，自然情趣作为人的精神享受的一部分，要受到人的文化修养和精神境界的制约。文化修养和精神境界的高低直接影响着人们对旅游景观的观赏水平。因为文化内涵的深浅，艺术水准的高低，在某种场合可能不与吸引力大小成正比。甲骨文具有很高的历史价值，但不可能吸引大批人去观赏，就是这个道理。

### 十、旅游资源的价值属性

与土地、矿产、海洋等资源一样，旅游资源也有它的价值属性。对人文旅游资源的价值属性，认识较为一致。因为它是人类劳动的直接成果，凝结着前人的智慧和汗水，是历史过程的产物，毫无疑问是有价值之物。而且它的现存价值，与时间存在着明显的正相关关系。对于自然旅游资源，人们却错误地认为它不包含人类劳动，是无价值之物，故无需进行价值补偿，不参与生产价值的运动。这种片面的观念导致了对资源的野蛮、粗放的掠夺式开发，促进了生态环境的急剧恶化，使资源遭受了严重破坏与大量浪费。实际上，许多无法用货币数表明其自身价值的自然旅游资源，恰恰是它有巨大价值的表现。重视旅游资源的价值属性，对指导我们科学合理地开发和利用旅游资源有重要的现实意义。

# 第四节　旅游资源的研究对象、内容和方法

## 一、旅游资源的研究对象和内容

### （一）研究对象

各门学科都有各自不同的矛盾规定性，从而决定了不同的学科有各自不同的研究对象。对学科研究门类的区分，就是根据学科研究对象所具有的特殊的矛盾性。因此，对于某一现象的领域所特有的某一种矛盾的研究，就构成某一门学科的研究对象。旅游资源学是专门研究旅游资源属性、形成与演化机制、分布规律、分类体系、调查与评价、开发与利用和保护与建设的一门综合性学科，其研究对象就是各种旅游资源。由于旅游资源的范围很广，涉及人们所能接触的所有空间环境，即自然和人类社会环境，时间上则包括过去的、现在的，甚至随着旅游资源范畴的不断扩展，还包括即将开发出的全新的旅游资源。

### （二）研究内容

旅游资源学研究的具体内容主要包括旅游资源及其相关理论和概念体系，旅游资源的属性特点、形成与演化机制、分布规律、分类体系、调查与评价、开发和保护等。

1. 相关理论和概念体系

对旅游资源的研究涉及许多相关理论，目前运用较广也较成功的主要是系统论。即把旅游资源看成旅游系统中的一个子系统来研究，在重点研究该子系统本身情况的基础上，探讨与其他子系统的相互关系，使之能在整个旅游系统中更好地发挥作用。相应也必须厘清与旅游资源研究相关的概念。

2. 属性特征

抓住了研究对象特有的属性和特征，就抓住了该事物矛盾的特殊性。旅游资源不同于一般资源的本质属性，决定了旅游资源具有许多独有的特性，对这些独有特性的

研究，无疑是旅游资源研究的主要内容之一。

### 3. 形成与演化机制

旅游资源有其自身的形成条件和发展过程。不同类型的旅游资源，其形成原因各不相同，即使同一类型的旅游资源，在不同地区或不同时间，其形成原因也各不相同。地理环境的地域差异是形成旅游资源不同的基本条件，而地理环境又包括自然地理环境和人文地理环境。研究各类旅游资源的形成与演化规律，对充分认识旅游资源的科学、文化价值，合理开发和保护旅游资源，具有十分重要的意义。

### 4. 分类和分布规律

任何一门学科，对其研究对象进行科学研究时，首先对其进行分类研究，作出合理的科学分类，是认识与研究被研究对象的前提与条件。旅游资源学也一样，科学地划分旅游资源的类型，寻找不同种类旅游资源之间的差异，揭示不同类型旅游资源的特点，对深入认识和全面把握旅游资源具有重要作用。随着科技的进步、社会的发展、旅游资源内涵的延伸，旅游资源的种类与数量越来越多，对于旅游资源的分类研究有待进一步深入。旅游资源的分布规律是旅游资源学研究的重要内容之一。要科学认识旅游资源在一定区域范围内的独特性，就要了解同类旅游资源的分布情况，知晓其分布的典型区域。否则，可能出现同类旅游资源的重复建设，形成恶性竞争。掌握旅游资源的分布规律，有利于我们从宏观上把握旅游资源的分布情况，还可以预测未抵达区域的旅游资源状况，合理评价本地旅游资源。

### 5. 调查与评价

开发旅游资源，首先要对旅游资源进行全面系统的调查和科学客观的评价，确定旅游地的性质和开发规模，为制定旅游规划提供科学依据。在此基础上，旅游资源学要研究旅游资源调查和评价的内容与重点以及调查和评价的方式、程序和方法。

### 6. 开发和保护

旅游资源研究的终极目的，归根到底还是为了发展旅游业，合理开发和保护好旅游资源，最大限度地发挥旅游资源的经济、社会和生态环境效益，促进旅游业的可持续发展。因而必须研究旅游资源开发和保护所涉及的各种理论和方法，以便在旅游发展实践中，更好地开发旅游资源、保护旅游资源。

## 二、旅游资源的研究方法

研究旅游资源的方法很多，针对旅游资源研究内容的不同方面，可有不同的方法。如旅游资源调查所用方法，可能同进行旅游资源开发或保护的方法有所不同。再如旅游资源评价，本身就可有不同的评价方法。故这里所说的研究方法，只是相对综合性、概括性的方法。

旅游资源的研究，是从最原始的直接观察开始，这就必须用到野外考察法。旅游资源种类繁多，各自有着与所处环境适应的、特有的演化规律与进程。要认识旅游资源，掌握旅游资源的形成机制，揭示与比较旅游资源的历史、科学、艺术价值，就必须深入实地考察。尤其是自然旅游资源，它是由地质、地貌、水文、气候、动物、植物等自然条件在内外应力长期作用下形成的，是各种自然因子综合影响的结果。因此对它的认识与了解，更要从对资源所在地域自然环境的考察、分析着手。通过考察、分析与比较，才能掌握各种旅游资源的特点与魅力所在，才能提出符合可持续发展要求的利用与保护策略。野外考察方法的重点在于对研究对象在质量、数量和出现、分布位置方面的观察、测量和记录。即对旅游资源所在的位置，它的性质、形态、结构、组成成分的外在表现和内在因素进行观察和描述，进而再考察其所处的环境条件（如交通、经济环境条件等）和开发与保护情况等。

对一些非物质旅游资源的研究，首先要进行社会调查，即用到社会调查方法。这是一种对社会现象进行观察、度量及分析研究的活动。它以社会现象及现象之间的关系为研究对象。它采取经验层次的方法，如观察、访问、实验等，直接在现实的社会生活中系统地收集资料，然后依据在调查中所获得的第一手资料来分析和研究社会现象及其内在的规律。对诸如民俗风情、都市文化等人文类旅游资源的认识与利用，对旅游资源开发决策过程中客源市场的定位与分析，对旅游资源开发地区的社会经济、社会环境容量等方面，都必须进行深入的社会调查。社会调查可根据不同目的分别采用询问调查、座谈访问、参与观察、社会测量、随机抽样等不同方法进行。

在研究旅游资源的形成与演化时，常要运用历史分析法。如研究人类发展的历程，研究人类发展的遗存，了解人类过去的生活环境，判断已经消逝的社会经济形态和社会生活水平，都要采取历史分析的方法。人类及其社会的发展是互相联系而不可分割的整体，在人文旅游资源中，相当部分是人类社会各历史时期生产、生活、宗教、艺术等方面的文化遗产，并且有很强的地方性和民族性。对其进行研究，只有采用历史分析方法，才能正确判断其历史价值，才能真正了解其产生原因与演化历程。一些自然旅游资源的形成与演化历史，相比于人文旅游资源可能要漫长得多，这是因为自然界的存在和演变要远比人类及其社会早很多。

旅游资源的研究，在运用野外考察法之前，首先要进行室内资料收集与综合分析，以便较全面地掌握所考察对象的基本情况，使野外工作能做到有的放矢，突出重点，提高工作效率，避免重复工作。这就是通常所说的室内资料收集与综合分析方法。

随着科学技术的发展，越来越多的高科技手段和方法被用于旅游资源的研究。如高清晰度激光摄影、GPS 精确定位、大存储量、高运算速度的电脑以及遥感技术的运用，航空、卫星相片及实时图像的判读分析等，大大提高了旅游资源研究的工作效率与工作质量，丰富了研究的方法和手段。

## 三、旅游资源学与其他学科的关系

旅游资源学是一门新兴的边缘科学，是旅游学的分支学科，同时也是旅游学的一门专业基础学科，是一门应用性极强的学科。国内学者杨振之先生认为，由于旅游资源的系统性以及旅游的综合性，旅游资源学应作为旅游学领域的新学科，专门研究旅游资源系统和旅游资源开发。由于旅游资源范围的广阔性和发展性，其研究涉及地质地貌学、水文海洋学、动植物学、气象气候学、考古学、历史学、建筑学、经济学、环境学以及文艺、美术、审美、宗教文化等领域相关知识。可以说，旅游资源学是一门综合性很强的交叉科学。

## 思考与练习

1. 怎样理解旅游资源、旅游景点、旅游景区、旅游区的概念？
2. 如何理解旅游资源与旅游项目、旅游产品、旅游商品的区别？
3. 如何理解旅游系统与旅游资源吸引力子系统的关系？
4. 旅游资源有什么特征？它们对指导旅游资源开发与保护有何重要意义？
5. 旅游资源研究会涉及哪些相关学科知识？

# 第二章　旅游资源的类型划分

## 第一节　旅游资源分类的目的与原则

### 一、旅游资源分类的目的与意义

旅游资源分类就是根据旅游资源的相似性和差异性进行归并或划分出具有一定从属关系的不同等级、规模、类别的旅游资源类型。

（一）旅游资源分类的目的

任何学科对其研究对象的分类研究都是十分重要和必需的。旅游资源种类繁多，形成机制多样，且与其所在的自然、社会环境密切相关联，有着各自的发展与演化规律。而旅游资源开发，则必须建立在对旅游资源本身的科学认识和对其内涵与系统构成的准确把握之上。因此，就旅游资源及其开发与利用而言，首要的问题是进行准确的界定和科学的分类，这是一项非常重要的基础性工作。

旅游资源分类不是为了分类而分类，其目的在于通过各种分类系统的建立、补充，加深对旅游资源整体或区域旅游资源属性的认识，掌握其特点、规律，为进一步的开发、利用、保护及科学研究服务。

（二）旅游资源分类的意义

为了开发、利用旅游资源，更大限度地满足旅游者的需求和取得良好效益，必须对旅游资源进行科学分类。旅游资源分类是开展旅游资源普查、制定旅游发展规划和确定旅游开发项目重点的基础性工作，对从事不同性质工作的旅游业管理者、决策者都具有重要的现实意义。

首先，分类可以使繁杂的旅游资源条理化、系统化，为进一步开发与利用、科学研究提供方便。五花八门的旅游资源各有其特点，通过比较、认识、归纳及划分所形成的不同的旅游资源分类系统，实际上是一个关于旅游资源有关资料的信息系统，为人们从整体上或分门别类地认识旅游资源创造了有利条件。不进行旅游资源的分类，杂乱无章的旅游资源个体就难于被人们认识和开发、利用。

其次，通过分类能够更好地把握旅游资源所具有的核心吸引力，更加有效地开发和利用旅游资源。不同类型的旅游资源面对的市场主体不同，区分不同的旅游资源类型实际上是辨别吸引力的指向对象——潜在客源市场的过程；同时，不同类型的旅游资源需要不同的开发方式，对开发主体的要求不同，开发工作的重点也不同，区分不同的旅游资源类型实际上也是辨别将吸引力转化为现实产品的途径——旅游资源开发方式的过程。

最后，对旅游资源进行分类的过程，实际上也是人们加深对旅游资源属性的认识的过程。分类总是通过分析大量旅游资源属性的共性或差异性，分出不同级别的从属关系及其联系。通过不断补充新的资料，提出新的分类系统，或通过不同地区、不同要求的旅游资源分类，都可以从不同侧面加深对旅游资源的认识，甚至发现、总结出某些新的规律性认识，从而促进有关理论水平的提高。因此旅游资源分类也具有一定的理论意义。

## 二、旅游资源分类的原则

分类的原则是分类的准绳和标准，只有遵循一定的原则才能保证分类的科学性和实用性。旅游资源分类应该遵循以下原则：

### （一）应以旅游资源的定义作为出发点，确定分类的范围和内容

旅游资源指自然界和人类社会凡能对旅游者产生吸引力，可以为旅游业开发与利用，并可产生经济效益、社会效益和环境效益的各种事物和因素。旅游资源丰富多样，而且随着技术手段和游客需求的发展，其内容也在不断扩张，所以，旅游资源分类应以旅游资源的定义为出发点，确定分类的范围和内容，尽可能包含所有的旅游资源属性，在经过一段时间的实施后还需进行修订和补充。

### （二）应以旅游资源的景观属性、吸引价值等作为主要指标

此即旅游资源的景观属性分类原则。旅游业开发与利用的旅游资源往往不是单独的某一要素或景象，而是由一定数量和特色的各种旅游资源在一定地域空间组合成的综合景观。因此，旅游资源的分类应从旅游资源的基本概念及内涵出发，在确定旅游资源分类的范围和内容的前提下，以旅游资源景观属性、吸引价值等作为主要指标，对旅游资源进行科学的分类。根据景观属性，首先是对旅游资源构成的景观的天然（自然）属性或非天然（如人工遗迹）属性的划分，它是旅游资源科学分类系统中的一级（最高级）指标。

### （三）应考虑资源的成因、特点、形态、年代等特征

此即旅游资源的特征分类原则。旅游资源范围、内容的广泛性与复杂性，决定了影响旅游资源分类的因素的复杂性和多重性。因此，分类时除了要突出旅游资源的景观属性等主导因素外，还应充分根据旅游资源的成因、形态、年代等基本特征确定旅游资源的基本类型差异，进一步对旅游资源的类型进行更细的划分。

### （四）应坚持分类的差异性和相似性原则

旅游资源分类应遵循差异性和相似性原则，尽可能系统化、规范化。纷繁复杂的旅游资源在形态、美学等各种属性上必然存在一定的差异性和相似性，我们可以根据它们的差异性和相似性尽量地进行区分和归并。首先，把具有共同属性的旅游资源划归一类，同一级同一类型的旅游资源应该具有一定的相似性；其次，较大类别的旅游

资源中，必然存在一定的差异性，再根据差异性进行区分，将它们分别划分为不同的类型；最后，使每一种旅游资源经过集合归类后，在旅游资源分类表中占据一个准确的位置。这样就可以将纷繁复杂的旅游资源区分为具有一定从属关系的不同等级类别的系统，从而做到旅游资源分类的系统化和规范化。

# 第二节　旅游资源分类的方法与步骤

## 一、旅游资源分类的方法与依据

旅游资源的分类是一个涉及面广比较复杂的理论问题和实践问题。由于旅游资源的存在形态是多样的，国内众多的学者从不同的角度（如依据形态、成因、旅游功能、旅游活动性质、市场特点、开发状态等）提出了不同的分类方法。

旅游资源分类的关键点是如何才有利于旅游资源的开发、建设和保护。根据不同的目的，可以有不同的分类标准和分类方法。本教材依据旅游资源的分类原则，出于简明扼要、应用方便、归类明确的考虑，列举其中主要的分类方法。

(一) 按旅游资源的成因和性质划分

旅游资源形成的基本原因，是旅游资源分类的重要依据，根据旅游资源的性质、特点、状态和存在形式的不同，又可以将其划分为不同的类型。因此，按旅游资源的成因和性质，首先将其划分为自然旅游资源（主要由地貌、水体、天象与气象气候、生物等自然地理要素组成，基本上是天然赋存的）和人文旅游资源（由人类所创造，是人类历史和文化的结晶，是民族风貌的反映）两大类型，在两大类的基础上再划分出各自不同的基本类型，以及进一步列出不同类型下的具体旅游资源种类。按旅游资源的成因和性质划分是一种较为传统的分类方法，也得到了大多数专家、学者的认同。常见的分类系统如下：

1. 自然旅游资源

①地质地貌类：岩石、化石、地层、构造遗迹、地震灾变遗迹、山岳峡谷、火山、岩溶、海岸与岛礁、干旱区景观、冰川；②水域风光类：风景河段、漂流河段、湖泊、瀑布、泉、潮汐；③生物景观类：植物、动物、自然保护区、动植物及其田园风光；④天象与气象气候类：冰雪雾凇气象、宜人气候、天象奇观。

2. 人文旅游资源

①古迹与建筑类：各类古遗址、古建筑、古典园林；②宗教与陵寝类：宗教文化及遗址、古代陵寝；③城镇类：历史文化名城、特色城镇与村落、现代化都市；④现代景观类：大型工程、博物馆、公园、游乐场、娱乐康体设施等；⑤民俗风情类：节会庆典、民间工艺、习俗、服饰等；⑥文化艺术类：文学、曲艺、书法、碑碣楹联等；⑦购物饮食类：特产、著名店铺、佳肴等。

(二) 按旅游资源的功能分类

按照旅游资源的功能分类，其主要目的在于充分认识和发挥各种旅游资源的作用，为开展多种形式的旅游活动服务。根据利用资源的不同功能，可以分为如下类型：

### 1. 游览鉴赏型

它包括优美的自然风光、著名的古建筑、特色城镇风貌、园林建筑、珍稀动植物等。主要供旅游者观光游览和鉴赏，从中获得各种美感享受。

### 2. 文化知识型

它包括文物古迹、博物展览、宗教文化、自然奇观等。旅游者从中可以获得一定的文化科学知识，开阔眼界，增长阅历。这类旅游资源吸引的旅游者往往是一些相关方面的专业人士，或者对某一文化比较感兴趣且有一定了解的人。

### 3. 参与体验型

它包括民风民俗、节庆活动、漂流攀岩、宗教仪式等。这类资源主要强调旅游者的参与，游客置身其中，亲自参与活动，从中得到切身的体验，以乐在其中、乐在其身。

### 4. 康乐疗养型

它包括度假疗养、康复保健、人造乐园等。旅游者或者从中得到体质的恢复与提高，或者得到对某种慢性病的治疗，或者在游乐活动中得到快乐。

### 5. 购物型

它包括各种旅游纪念品、土特产品等旅游商品，主要满足旅游者购物的需求。这类旅游资源的消费弹性较大，属于非必需旅游需求，若开发和利用得好，可以给旅游地带来较高的旅游收入。

### 6. 情感型

它包括名人故居、名人陵墓、各类纪念地等。这类旅游资源能够满足旅游者情感上的需求，寓情于景，借景表达旅游者的思古之情、缅怀之情、瞻仰之情、仇恨之情等感情。

### （三）按旅游资源吸引力级别与管理范围分类

旅游资源的等级是指由旅游资源的规模、级别和价值决定的其在整个旅游资源体系中所占的位置；管理范围则指某一旅游资源的所有权、使用权、经营权等属于何种组织机构。

### 1. 世界级旅游资源

它包括进入《世界遗产》名录的旅游资源，纳入《世界自然保护区》目录的旅游资源，进入《世界地质公园》名单的旅游资源。

截至 2006 年 7 月，我国已先后有 33 处文化和自然景观被列入《世界遗产名录》，如安徽的黄山、四川的峨眉山属于世界自然和文化双遗产，九寨沟属于世界自然遗产，莫高窟则属于世界文化遗产。

截至 2004 年，我国被列入联合国"人与生物圈"计划的自然保护区已达 26 个，如珠穆朗玛峰自然保护区、亚丁自然保护区、佛坪自然保护区、五大连池自然保护区等。

2004 年 2 月，世界范围内评出首批 28 处世界地质公园，其中我国有 8 处：庐山、黄山、云台山、嵩山、石林、丹霞山、张家界和五大连池；2005 年 2 月，我国浙江雁荡山、福建泰宁、内蒙古克什克腾和四川兴文四家国家地质公园被评为第二批世界地质公园。至此，在我国，世界地质公园的数量已达 12 处。

2. 国家级旅游资源

它包括国家级重点风景名胜区、国家级森林公园、国家级重点文物保护单位、国家级地质公园。

截至 2005 年底，我国已先后审定和公布了六批共 187 处国家级重点风景名胜区。截至 2006 年 1 月，我国已建立 627 处国家级森林公园。截至 2006 年 2 月底，我国已建立 265 处国家级自然保护区。截至 2006 年 5 月底，国务院先后公布了六批共 2 352 处国家级文物重点保护单位。截至 2005 年 5 月，我国已先后公布了 85 个国家级地质公园，如黄河壶口瀑布国家地质公园、四川黄龙国家地质公园等。

此外，还有旅游部门、农业部门、水利部门确定的 5A、4A 等旅游区点，国家级花卉博览园、水利风景旅游区等。

3. 省、市级中型旅游资源

它包括各省、市已审定和公布的省级重点风景名胜区、森林公园、自然保护区、文物保护单位等。这些旅游资源在其所在的省、市内具有较高的知名度与美誉度，主要客源为本省、市的居民。

4. 县级以下小型旅游资源

这类旅游资源的等级相对较低，在县级以下的区域内具有较高的知名度与美誉度，客源几乎均为本地居民，通常被作为本地居民和周边地区居民平时以及周末的休闲旅游场所。

（四）按旅游资源特性与游客体验分类

根据旅游资源特性（含资源的区位特性）及游客体验的不同，可将旅游资源划分为以下三类：

1. 利用者导向游憩资源（市场推动型）

利用者导向游憩资源（市场推动型）即根据市场上利用者的使用导向来进行开发与利用的旅游资源，以满足利用者的需求并保证资源价值的实现。这类资源拥有良好的区位条件，靠近利用者集中的人口密集、经济发达地区，开发效益回报高。这类资源通常满足的是人们的日常休闲需求，如球场、动物园、一般性公园等，一般在距离城市 60 千米范围内。

2. 资源基础型游憩资源（资源依托型）

资源基础型游憩资源（资源依托型）即以资源为基础来进行开发和利用的旅游资源，高品位的资源是这类旅游资源的核心。这类旅游资源对游客吸引力大，可以使游客获得自然的体验，但相对于客源地的距离不确定，主要在旅游者的中长期度假中得到利用。这类资源的缺点是区位偏远、距离主要客源市场较远、地区经济发展水平低、旅游淡旺季明显、设备闲置期长等。资源依托型旅游资源的投资效益不一定很高，投资者对于这类旅游资源的开发往往比较谨慎。

3. 中间型游憩资源（资源—市场兼顾型）

资源—市场兼顾型旅游资源介于两者之间，兼有两者的某些优势和不足，主要为短期（1日游或周末度假）游憩活动所利用，游客在此的体验比利用者导向型更接近自然，但又比资源基础型要次一级。

（五）按旅游资源的利用现状分类

1. 已开发和利用的旅游资源

它是指在现有的条件和技术下，已经开发出来被旅游业所利用的旅游资源。它们有良好的可进入性并且开展着接待旅游者的活动，其所具有的潜在资源价值已经转化为现实的经济价值，为旅游地带来了经济效益、社会效益和生态效益。

2. 正在开发和利用的旅游资源

它是指在现有的条件和技术下，正处于开发与利用状态的旅游资源。由于它们的可进入性、专项旅游设施以及旅游配套设施等问题还没有完全解决，因此目前还不能够用来开展接待旅游者的活动，其所具有的资源价值正处于向现实的经济价值转化的过程中。

3. 潜在的旅游资源

它是指具有一定吸引力，但在现有的条件和技术下，还无力开发的旅游资源。这部分旅游资源今后能否被旅游业利用，不但取决于各项约束条件的解决，还要对它们进行经济上的可行性论证。要等到各种条件成熟后方能进行，否则不但不能获得预期收益，还会导致无法收回投资，更有甚者还会对资源本身造成破坏，不利于旅游资源的永续利用。

（六）按旅游资源的结构分类

根据旅游资源的结构，可将其分为旅游景观资源和旅游经营资源。旅游景观资源又可分为自然旅游景观资源、人文旅游景观资源、社会民俗资源；旅游经营资源又可分为旅游用品资源、旅游食用资源、旅游人力资源等。

（七）按旅游资源的增长情况分类

（1）可再生旅游资源，如动植物旅游资源。

（2）不可再生旅游资源，如地质地貌、工程建筑等旅游资源。

（3）可更新旅游资源，如某些人文景观及旅游商品。

## 二、旅游资源分类的步骤

作为区域性旅游资源的分类，通常在大量收集各种旅游资源资料的基础上，按以下步骤进行：

第一，确定分类的目的和要求，明确是普通的一般性旅游资源分类，还是有特殊目的要求的专门性旅游资源分类，并参照一般分类原则和依据，结合实际确定相应的分类原则和依据。

第二，通过比较分析，初步建立分类系统，把各种旅游资源分别归入不同类型。这一过程可采用逐级划分与逐级归并相结合的方法进行。所谓逐级划分，是指由上而下的分类，即把所有旅游资源看成一个整体，按照一定依据的相似性和差异性，首先划分出高一级类型，然后再分别向下逐级分出不同的类型。所谓逐级归并，是指由下而上的分类，即由旅游资源个体开始，按照一定依据，把相同的首先归并为最基本的小类型，然后再根据某些相似性和差异性，再逐级归并为较大类型或大类。

第三，进行补充、调整，完善分类系统。在初步分类、建立分类系统的基础上，再自上而下或自下而上，逐级对比分析是否符合分类原则和目的要求，所采用的依据是否恰当，分类系统是否包含了所有应划分的分类对象（即旅游资源）。如有不妥之处，应进行补充、调整，最后形成一个符合要求的科学的分类系统。

第四，在完成上述工作的基础上，还应写出简要说明，其内容包括该项分类的目的、要求、原则、依据以及分类结果等。

对区域旅游资源的分类结果，应尽可能利用计算机建立旅游资源信息系统，以便于补充、调整和应用。

## 第三节　旅游资源的国家标准分类方案

### 一、国家试行的分类方案

国家旅游局资源开发司与中科院地理所于 1992 年提出了《中国旅游资源普查规范》（试行稿）。规范中以旅游资源的特性作为分类标准，全部旅游资源由"类"和"基本类型"组成，"类"是若干属性相同或相近的基本类型的归并，不开展实际调查，"基本类型"是普查的具体对象。全部基本类型共 74 种，归为 6 类。

（1）地文景观类。共 13 种基本类型：典型地质构造、标准地层剖面、生物化石点、自然灾变遗迹、名山、火山熔岩景观、蚀余景观、奇特与形象山石、沙（砾石）滩、小型岛屿、洞穴、其他地文景观。

（2）水域风光类。共有 7 种基本类型：风景河段、漂流河段、湖泊、瀑布、泉、现代冰川、其他水域风光。

（3）生物景观类。共有 6 种基本类型：森林、古树名木、奇花异草、草原、野生动物栖息地、其他生物景观。

（4）古迹与建筑类。共有 32 种基本类型：人类文化遗址、社会经济文化遗址、军事遗址、古城和古城遗址、长城、宫殿建筑群、宗教建筑与礼制建筑群、殿（厅）堂、楼阁、塔、牌坊、碑碣、建筑小品、园林、景观建筑、桥、雕塑、陵寝陵园、墓、石窟、摩崖字画、水工建筑、厂矿、农林渔牧场、特色城镇与村落、港口、广场、乡土建筑、民俗街区、纪念地、景观地、其他建筑或其他古迹。

（5）消闲求知健身类。共有 11 种基本类型：科学教育文化设施、休疗养和社会福利设施、动物园、植物园、公园、体育中心、运动场馆、游乐场所、节日庆典活动、文艺团体、其他消闲求知健身活动。

（6）购物类。共有 5 种基本类型：市场与购物中心、庙会、著名店铺、地方产品、其他物产。

## 二、国家标准的分类方案

在《中国旅游资源普查规范》（试行稿，1992）的基础上，经过多年的实践和修订，中国科学院地理科学与资源研究所、国家旅游局规划发展与财务司又完成了《旅游资源分类、调查与评价》，并确认为国家标准 GB/T 18972 - 2003 （以下简称《国标》），自 2003 年 5 月 1 日起施行。

《国标》的分类原则依据的是旅游资源的性状，即资源的现存状况、形态、特性、特征等。分类对象包括稳定的、客观存在的实体旅游资源和不稳定的、客观存在的事物和现象。分类结构把全部旅游资源划分为三个层次，依次为主类、亚类、基本类型，每个层次的旅游资源类型有相应的汉语拼音代号。其中主类和亚类为构造层，基本类型为实体层。构造层是旅游资源的支撑框架，实体层是分类、调查、评价的实际对象。因此基本类型的绝大多数是具体的、客观存在的、稳定的物质型资源实体。基本类型还包括了少量非具象但客观存在的事物和现象，成为非物质型旅游资源，它们同样具有相对稳定的形状特征。基本类型强调对象的单体形式，一般不把成型的旅游产品直接作为旅游资源，也不将其赋存的环境和开发条件视为旅游资源。

根据上述分类标准、对象和结构，依次构成的旅游资源系统有 8 个主类、31 个亚类、155 个基本类型。8 个主类是地文景观类、水域风光类、生物景观类、天象与气候景观类、遗址遗迹类、建筑与设施类、旅游商品类、人文活动类。

（1）地文景观类。共 5 个亚类：综合自然旅游地、沉积与构造、地质地貌过程形迹、自然变动遗迹、岛礁。

（2）水域风光类。共 6 个亚类：河段、天然湖泊与池沼、瀑布、泉、河口与海面、冰雪地。

（3）生物景观类。共 4 个亚类：树木、草原与草地、花卉地、野生动物栖息地。

（4）天象与气候景观类。共 2 个亚类：光现象、天气与气候现象

（5）遗址遗迹类。共 2 个亚类：史前人类活动场所、社会经济文化活动遗址遗迹。

（6）建筑与设施类。共 7 个亚类：综合人文旅游地、单体活动场馆 、景观建筑与附属型建筑 、居住地与社区 、归葬地、交通建筑 、水工建筑。

（7）旅游商品类。只有地方旅游商品 1 个亚类。

（8）人文活动类。共 4 个亚类：人事记录、艺术、民间习俗、现代节庆。

表 2.1                              《国标》中的旅游资源分类

| 主类 | 亚类 | 基本类型 |
|---|---|---|
| A 地文景观 | AA 综合自然旅游地 | AAA 山丘型旅游地 AAB 谷地型旅游地 AAC 沙砾石地型旅游地 AAD 滩地型旅游地 AAE 奇异自然现象 AAF 自然标志地 AAG 垂直自然地带 |
| | AB 沉积与构造 | ABA 断层景观 ABB 褶曲景观 ABC 节理景观 ABD 地层剖面 ABE 钙华与泉华 ABF 矿点矿脉与矿石积聚地 ABG 生物化石点 |
| | AC 地质地貌过程形迹 | ACA 凸峰 ACB 独峰 ACC 峰丛 ACD 石（土）林 ACE 奇特与象形山石 ACF 岩壁与岩缝 ACG 峡谷段落 ACH 沟壑地 ACI 丹霞 ACJ 雅丹 ACK 堆石洞 ACL 岩石洞与岩穴 ACM 沙丘地 ACN 岸滩 |
| | AD 自然变动遗迹 | ADA 重力堆积体 ADB 泥石流堆积体 ADC 地震遗迹 ADD 陷落地 ADE 火山与熔岩 ADF 冰川堆积体 ADG 冰川侵蚀遗迹 |
| | AE 岛礁 | AEA 岛区 AEB 岩礁 |
| B 水域风光 | BA 河段 | BAA 观光游憩河段 BAB 暗河河段 BAC 古河道段落 |
| | BB 天然湖泊与池沼 | BBA 观光游憩湖区 BBB 沼泽与湿地 BBC 潭池 |
| | BC 瀑布 | BCA 悬瀑 BCB 跌水 |
| | BD 泉 | BDA 冷泉 BDB 地热与温泉 |
| | BE 河口与海面 | BEA 观光游憩海域 BEB 涌潮现象 BEC 击浪现象 |
| | BF 冰雪地 | BFA 冰川观光地 BFB 长年积雪地 |
| C 生物景观 | CA 树木 | CAA 林地 CAB 丛树 CAC 独树 |
| | CB 草原与草地 | CBA 草地 CBB 疏林草地 |
| | CC 花卉地 | CCA 草场花卉地 CCB 林间花卉地 |
| | CD 野生动物栖息地 | CDA 水生动物栖息地 CDB 陆地动物栖息地 CDC 鸟类栖息地 CDE 蝶类栖息地 |
| D 天象与气候景观 | DA 光现象 | DAA 日月星辰观察地 DAB 光环现象观察地 DAC 海市蜃楼现象多发地 |
| | DB 天气与气候现象 | DBA 云雾多发区 DBB 避暑气候地 DBC 避寒气候地 DBD 极端与特殊气候显示地 DBE 物候景观 |
| E 遗址遗迹 | EA 史前人类活动场所 | EAA 人类活动遗址 EAB 文化层 EAC 文物散落地 EAD 原始聚落 |
| | EB 社会经济文化活动遗址遗迹 | EBA 历史事件发生地 EBB 军事遗址与古战场 EBC 废弃寺庙 EBD 废弃生产地 EBE 交通遗迹 EBF 废城与聚落遗迹 EBG 长城遗迹 EBH 烽燧 |

| 主类 | 亚类 | 基本类型 |
|---|---|---|
| F 建筑与设施 | FA 综合人文旅游地 | FAA 教学科研实验场所 FAB 康体游乐休闲度假地 FAC 宗教与祭祀活动场所 FAD 园林游憩区域 FAE 文化活动场所 FAF 建设工程与生产地 FAG 社会与商贸活动场所 FAH 动物与植物展示地 FAI 军事观光地 FAJ 边境口岸 FAK 景物观赏点 |
| | FB 单体活动场馆 | FBA 聚会接待厅堂（室）FBB 祭拜场馆 FBC 展示演示场馆 FBD 体育健身场馆 FBE 歌舞游乐场馆 |
| | FC 景观建筑与附属型建筑 | FCA 佛塔 FCB 塔形建筑物 FCC 楼阁 FCD 石窟 FCE 长城段落 FCF 城（堡）FCG 摩崖字画 FCH 碑碣（林）FCI 广场 FCJ 人工洞穴 FCK 建筑小品 |
| | FD 居住地与社区 | FDA 传统与乡土建筑 FDB 特色街巷 FDC 特色社区 FDD 名人故居与历史纪念建筑 FDE 书院 FDF 会馆 FDG 特色店铺 FDH 特色市场 |
| | FE 归葬地 | FEA 陵区陵园 FEB 墓（群）FEC 悬棺 |
| | FF 交通建筑 | FFA 桥 FFB 车站 FFC 港口渡口与码头 FFD 航空港 FFE 栈道 |
| | FG 水工建筑 | FGA 水库观光游憩区段 FGB 水井 FGC 运河与渠道段落 FGD 堤坝段落 FGE 灌区 FGF 提水设施 |
| G 旅游商品 | GA 地方旅游商品 | GAA 菜品饮食 GAB 农林畜产品与制品 GAC 水产品与制品 GAD 中草药材及制品 GAE 传统手工产品与工艺品 GAF 日用工业品 GAG 其他物品 |
| H 人文活动 | HA 人事记录 | HAA 人物 HAB 事件 |
| | HB 艺术 | HBA 文艺团体 HBB 文学艺术作品 |
| | HC 民间习俗 | HCA 地方风俗与民间礼仪 HCB 民间节庆 HCC 民间演艺 HCD 民间健身活动与赛事 HCE 宗教活动 HCF 庙会与民间集会 HCG 饮食习俗 HGH 特色服饰 |
| | HD 现代节庆 | HDA 旅游节 HDB 文化节 HDC 商贸农事节 HDD 体育节 |
| 数 量 统 计 | | |
| 8 主类 | 31 亚类 | 155 基本类型 |

　　[注] 如果发现本分类没有包括的基本类型时，使用者可自行增加。增加的基本类型可归入相应亚类，置于最后，最多可增加 2 个。编号方式为：增加第 1 个基本类型时，该亚类 2 位汉语拼音字母 + Z，增加第 2 个基本类型时，该亚类 2 位汉语拼音字母 + Y。

## 三、国家标准的旅游资源分类方案的特点

　　《旅游资源分类、调查与评价》（GB/ T 18972—2003）作为一项国家技术标准，对规范旅游资源调查和管理，特别对指导旅游规划有着重要作用。《国标》吸收了旅游界有关旅游资源的含义、价值、应用等理论和实际问题的研究成果，具有鲜明的特点。杨钊、陆林（2005）等学者对《国标》分类方案的特点进行了总结，归纳如下：

**（一）全面性**

《国标》把旅游资源划分为 155 种基本类型，基本涵盖了当前已知的旅游资源类型，使旅游资源分类有据可循，归属明确。同时，《国标》对旅游资源的分类、调查、评价及最后提交的成果有着明确而详细的要求，体系完整，内容全面。全面性使国标具有权威性和可靠性。

**（二）系统性**

国标对旅游资源的分类、调查评价制定了一整套的流程体系，条目清晰，内容详尽。旅游资源的规范调查是分类和评价的基础，旅游资源的分类目的是为便于对资源进行评价，三部分各成体系又因果相承，共同组成了《国标》的大系统。大、小系统衔接完备，使旅游资源调查者在实际工作中有据可依。

**（三）规范性**

作为国家的一项技术标准，《国标》的各项指标明确，数据量化，对资源的定义、类型划分及解释、旅游资源调查的程序、资料获取的途径和可靠性判别、旅游资源评价因子和赋分权重的确定、旅游资源分级、成果文（图）件的编辑等都有十分明确的规定和要求。

**（四）管理性**

《国标》颁布的目的之一就是建立旅游资源信息库，加强旅游资源管理。作为《国标》中规定的旅游资源调查内容、方式和成果编辑格式具有统一性和可比性，为旅游资源信息管理提供了有利条件。随着旅游资源普查的广泛开展，旅游规划工作的逐步深入，旅游资源信息库会不断充实，加强旅游资源管理，对指导国家和区域旅游资源的保护和有序开发将发挥重要作用。

**（五）应用性**

《国标》属于应用性质的规范和标准，各项要求具有很强的确定性，与学术界对旅游资源研究的不确定性、争议性有本质区别。《国标》对旅游资源的定义强调了其应用价值，把旅游资源划分为 8 大主类、31 种亚类、155 种基本类型，不同于一般学科性或其他目的的旅游资源分类，是一种应用性质分类。《国标》特别强调了对旅游资源调查成果的运用和对资源进行评价分级，确定优良旅游资源，对指导旅游资源的有序开发应用价值明显。《国标》的确定性和应用性的特点使规划师在旅游资源分类、调查、评价的实际应用中有章可循，具有很强的可操作性。

**四、国家标准的旅游资源分类存在的不足**

学者和业界人士在应用《国标》的过程中，也发现了《国标》分类方案中存在的一些不足，并提出了一些建设性的修改意见。如何效祖（2006）就曾专门撰文对《国标》分类中个别地方存在的概念模糊、层次不清、前后重复、类型缺项、细分不够等问题，提出了具体修订意见。

一是概念模糊问题。如 AAE 奇异自然现象概念内涵较大，直观上理解，应包括各种奇异自然现象，在应用中容易引起混淆和重复，应改为"AAE 地表奇异自然现象"；ACI 丹霞概念不全，不够准确，宜完善释义说明，以避免分类时排除其他类型的丹霞景观；BBA 观光游憩湖区概念内涵较大，释义应界定为"天然湖泊水体"，以区别"FGA 水库观光游憩区段"界定的人工水库；DAC 海市蜃楼现象多发地概念模糊，不够明晰，荒漠地区常见的虚幻景观应称为"沙漠（戈壁）蜃景"更为准确，应增加"DAD 沙漠（戈壁）蜃景"。其他如 E 遗址遗迹、F 建筑与设施、H 人文活动也存在类似问题。

二是前后重复问题。这主要表现为两者间有涵盖关系的基本类型，容易引起重复计数。典型的有：EAA 人类活动遗址与 EAD 原始聚落，应合并归类称"EAA 史前人类活动遗址与原始聚落"为宜；FAC 宗教与祭祀活动场所与 FBB 祭拜场馆应合并改为"FAC 祭祀与宗教活动场所"更为合理；FCE 长城段落与 EBH 烽燧，前者包含后者，烽燧不应单设，消失的烽燧遗迹应归入"EBG 长城遗迹"；残存的烽燧墩台则应归入"FCE 长城段落"等。

三是类型缺项问题。在旅游资源分类表中有不少缺项，主要有：AA 综合自然旅游地中，缺"AAA 山丘谷地复合型旅游地"；AC 地质地貌过程形迹的基本类型中，缺"ACO 彩色丘陵"和"ACP 戈壁滩地"；BA 河段的基本类型中，缺"BAD 漂流探险河段"；EA 史前人类活动场所的基本类型中，缺"EAE 史前传说人物活动地"；FC 景观建筑与附属型建筑的基本类型中，缺"FCL 非宗教类庙宇建筑"，亦可与"FCC 楼阁"合并成"FCC 非宗教类楼阁庙宇"；FG 水工建筑的基本类型中，缺"FGG 人造滑雪（滑冰）场"和"FGH 水电站发电厂"；HC 民间习俗的基本类型中，缺"HCI 古民族后裔聚落地"；HD 现代节庆应改为"HD 现代节会与专项活动"，使其范围更大，缺"HDE 专题交易会"和"HDF 专项旅游活动"等基本类型。

四是关于类型细分问题。《国标》对有些基本类型的划分比较笼统，部分有必要再细分。如 BDB 地热与温泉可细分为"BDB 地下热水、BDC 热气、BDD 出露泉"三个基本类型，甚至可以将出露泉再细分为热泉和温泉两个基本类型；FBC 展示演示场馆可细分为"FBC 地域性综合博物馆，FBF 专题博物馆，FBG 专题展示馆，FBH 地域文化演示馆，FBI 大型歌舞剧院"等基本类型；GA 地方旅游商品中，应将"GAB 农林畜产品与制品，GAC 水产品与制品，GAD 中草药材及制品"归类为"GAB 地方农副产品与饮食"，删除"GAA 菜品饮食"，其中只能现场品尝的饮食部分，应归入"HCG 饮食习俗"，可以作为商品销售的饮食制品，应归入"GAB 地方农副产品与饮食"。此外，应增加"GAA 旅游用品"、"GAC 旅游书店"、"GAD 旅游纪念品"三个基本类型。

鉴于上述分析，相关学者认为有必要再次修订《国标》，使分类更加全面、科学、合理；细化释义说明，使释义具有旅游资源分类工作的"实施细则"功能。释义中，对有些比较模糊，容易引起错误归类或重复归类的资源，应加以详细说明并明确界定。

## 五、国家标准的旅游资源分类应用中需注意的问题

《国标》突出了普适性和实用性，在充分考虑了前期研究成果和广泛实践的基础上，制定了旅游资源类型体系以及旅游资源调查方法参考标准，试图建立全国或者区

域可以比较的五级旅游资源分级体系。

然而，正是由于旅游资源的多样性和不同资源之间所存在的性质差异，决定了任何分类都将无法穷尽或涵盖全部资源类型。此外，更由于分类原则的非唯一性，决定了不同分类结果之间的交叉和不兼容。因此在实际使用《国标》分类时，应注意以下方面：

**（一）实际分类不宜过细**

旅游资源的分类宜简不宜繁、宜宽不宜窄，应能直观体现资源的开发和利用价值。目前《国标》的分类过专过窄，学术味较浓。如地文景观类旅游资源，基本类型过多，一些基本类型多偏重于地质价值，作为旅游吸引物并不常见。而常见的岩溶地貌景观却没有相应的类型，类似的还有观光农业（果园）、红树林湿地甚至海滨沙滩等都没有适当的匹配类型。在实际应用中建议将类型适当简化，重点考虑资源类型的旅游价值，以利于决策层直观地了解当地资源的类型及特征。

**（二）根据实际情况增加新的资源类型**

《国标》的旅游资源分类就目前认知而言，全面而系统，但事物总是在不断地发展的，一些在目前还没有发现和认识的事物将来也有可能成为一种新的旅游资源。事实上，从1992年出版的《中国旅游资源普查规范（试行稿）》颁布以来，大量的旅游资源新类型被发现和确认，如古代地方志、神话诗词等非物质旅游吸引物等都在《国标》中得到了补充。《国标》在旅游资源类型中规定最多允许增加两种基本类型，实际工作中可以考虑到更多的增加空间，让调查人员不受类型和数量的束缚，不断地丰富和完善《国标》的旅游资源类型。《国标》中的旅游资源类别，特别是自然类旅游资源很多是依据其地学特性来划分的，一些基本类型名称如"断层景观"、"褶曲景观"、"节理景观"、"钙华与泉华"、"雅丹"、"极端与特殊气候显示地"等来源于地学专业名称。这需要调查人员认真地理解。

**（三）把握好旅游资源的单体拆分、归类问题**

在实际普查中，发现按《国标》分类的旅游资源单体拆分和归类也存在不少问题（吕连琴，2004）。在《国标》中，旅游资源单体包括独立型旅游资源单体和由同一类型的独立单体结合在一起的集合型旅游资源单体。典型的代表是少林寺的墓塔和塔林。显而易见，少林寺塔林的级别很高，但若拆分成一个个单独的墓塔，单体等级就会大大降低，造成了"只见树木不见森林"的调查效果，不能很好地反映整个旅游景区（点）的总体情况和旅游价值，为此，应当登记为集合型的单体塔林。还有一种情况，以某墓祠为例，它由门楼牌坊、拜殿、东厢房、西厢房、墓冢、墓碑等组成。如果拆分的话，一个几十亩地的小景点就能拆分出数十个小的、基本类型不一致的单体，但每一个单体的级别都很低，每一张单体表的内容尽管不丰富，却都要一一填写，总体耗费很大；如果不拆分，墓祠（其基本类型为FAC宗教与祭祀活动场所）的级别就能高一些，但资源单体的数量就大大减少，且似乎成了一个资源群体（单体有多种基本类型）的概念，与《国标》不相符。因此，对旅游资源的单体拆分实际操作起来，应视情况而定，既按照《国标》，又应有变通的成分。单体拆分越细、填写越多，反映的情况就越细致和全面。同时，单体拆分越多，也经常会降低资源的价值和级别。因此，既不能说拆分的单体越多越好，也不能说单体拆得越少就越好。单体还可以按多层次来进行拆分，单体之间可以相互包容，不易拆分的资源可以按单体来处理。总的原则是：尽量科学、恰当地描述，以体现当地旅游资源的价值。

## 思考与练习

1. 什么是旅游资源分类？有何意义？
2. 游资源分类原则及主要分类方法有哪些？
3. 《国标》旅游资源分类方案在使用中应注意哪些问题？
4. 结合实际对某地旅游资源进行分类。

# 第三章　自然旅游资源

## 第一节　自然旅游资源与自然地理环境

### 一、自然旅游资源与自然地理环境的关系

#### （一）自然旅游资源是自然地理环境的有机组成部分

自然地理环境指人类在其中生存与发展的自然环境。任何生活在地球上的人所接触的外部环境，不外乎两类，一类就是客观存在的自然环境，如人们出外见到的山川河流、湖泊海洋、各种各样的动植物、太阳的升降、繁星的闪烁、雨雪冰霜、四季更替以及我们赖以呼吸的大气等。它们主要由岩石圈、水圈、生物圈、大气圈 4 大圈层和宇宙星空组成。它们不以人类是否存在而存在。比如已知宇宙存在至少有 100 亿光年了，地球也已有 45 亿年历史，而我们人类存在至今至多不超过 350 万年，可见远在人类出现之前，客观存在的自然界就早已存在了。当然，我们人类除去接触自然环境外，还必须接触人类社会。人是群居生物，人类社会的存在与发展离不开人与人之间、国家与国家之间的交流与往来。人类在几百万年的时间中创造了悠久的历史、发达的文明。关于人类社会环境和人文旅游资源将放在第四章讲述，这里只讲自然地理环境和自然旅游资源。

狭义的自然地理环境主要由岩石圈、水圈、生物圈、大气圈 4 大圈层构成，因为人类主要生活在地球表面。随着人类向太空迈步的加速，广义的自然地理环境还包括宇空环境。

众所周知，平均厚度 33 千米的岩石圈（地壳）由坚硬的岩石组成，像一个圈层包裹着地球，相对于半径 6 378 千米的地球来说，犹如一颗柑橘薄薄的表皮，其凹凸不平的表面正如地表的起伏不平。在坚硬的岩石圈之下，是能塑性流动的炙热地幔物质，而地核则被地幔物质包裹着。岩石圈是人类生活在地表的地质、地貌环境的基础。自然旅游资源中的名山大川等旅游资源就赋存于该圈层中。水圈也像一个圈层包裹着地球。海洋占地表 70% 的面积，陆地上到处是河流湖泊，岩石、土壤中富含地表、地下水，就是人自身体重的 70% 也是水，可以说，地球表面及地下一定深度范围内，水无处不在。自然旅游资源中的江河湖海、泉、瀑布等旅游资源就赋存于水圈中。生物圈同样像一个圈层包裹着地球，生物包括动物、植物和微生物。在地表上下一定空间范围内，生命无处不在，尤其是微生物。现代科学已经证明，即使在极端严寒或酷热环境下，甚或是海底火山口附近，都发现了微生物的存在。微生物个体很小，人的肉眼

看不见，需要借助放大镜或电子显微镜，但其群体有时可见，如蘑菇等各种菌类聚合体。能作为旅游资源的生物主要是动物和植物，比如各种珍稀奇特的动物和植物。大气圈包裹着地球，我们每个人要呼吸的氧气就来自大气圈。大气及其所含水分的固、液、气三态变化，形成了雨雪冰霜、雾凇云海等景观。自然旅游资源中的气象气候景观就赋存于大气圈中。可以说我们人类所接触的外部自然环境，主要就是这4大圈层，它们也就是我们通常所说的狭义自然地理环境。自然旅游资源也主要赋存于4大圈层中，它们本身就是狭义自然地理环境的组成部分之一。像日出日落、日食月食、彗星等少数天象资源，它们本身可能不存在于4大圈层中，但可以影响到我们环境的变化，我们在地表也可观察到这些景观现象，它们也属于自然旅游资源。随着对太空的开发，人类所接触的外部自然环境已逐渐包括一部分宇空环境，这就是我们通常所说的广义自然地理环境。比如，人类已实现了真正意义上的太空旅游（非科学考察目的），在太空中欣赏观看地球、在太空中观看宇宙。可以预见，赋存于太空或在太空中能观赏到的自然旅游资源将会越来越多。

（二）自然旅游资源是自然地理环境中的特殊部分

自然旅游资源主要由自然地理要素组成。它们是自然地理环境中的特殊部分，是由地质、地貌、水文、气候、动植物等各种自然地理要素相互联系、相互制约形成的。然而并非所有的自然地理环境都可作为旅游资源。在自然地理环境要素中，能够吸引旅游者，产生旅游动机并实施旅游行为，能被旅游业所利用，具有经济效益、社会效益和环境效益等的那些自然景观和自然环境，当其能够或者已经被开发和利用时，才能成为自然旅游资源。而自然旅游资源周围其他同类或不同类自然景观或自然环境，由于不具备开发和利用价值，则被视为自然地理环境。

## 二、自然旅游资源的形成和演化

地球在45亿年的漫长演变过程中，经历了沧海桑田的变化，形成了各种自然景观资源。在距今6亿~4亿年的早古生代时期，地球上的生命——无脊椎动物在海洋里空前繁殖。到距今4亿~2.25亿年前的晚古生代时期，地球自然演化进入了一个新的阶段，这时，地球陆域面积迅速扩大，陆上裸蕨和蕨类组成的森林繁茂，大地第一次披上绿装，呈现了万木参天、密林成海的郁郁葱葱景象。在距今2.25亿~0.7亿年的中生代时期，陆地面积空前扩大，地形高低起伏随地而异，气候条件也远比以前的海洋占优势的时代要复杂得多，而植物则第一次以苏铁、银杏、松柏为代表的裸子植物组成森林，以高大的恐龙为代表的爬行动物统治着世界。自新生代，特别是第四纪以来的地球演化，对现代自然景观的形成具有划时代的意义，它奠定了现代地貌宏观格局和现代动植物体系，促进了比以往地质时期更为复杂的地表形态结构、气象气候条件、河流山川和植物动物的形成。这些新近的自然产物决定了当今自然环境的面貌，实际上也限制着现代自然旅游资源所能展示的内容。

（一）地质地貌旅游资源的形成和演化

地质作用控制和影响着地质、地貌旅游资源的形成和演化。地质作用分为内动力地质作用和外动力地质作用。前者是由于地球的内能所引起的地质作用，包括地壳运动、火山岩浆活动、地震作用和变质作用等；后者是由于地球以外的能量（主要是太阳热能）所引起的地质作用，它包括风化作用、剥蚀作用、搬运作用和沉积作用。地球表面的千姿百态（地貌）是内动力地质作用与外动力相互作用的结果。内动力地质作用主要形成或加剧地表的高低起伏，地表形态的总轮廓是内动力地质作用奠定的。例如地表大的地形单元——大陆和海洋、高山和平原等都是不同性质、不同强度的构造运动在不同历史阶段的反映。外动力地质作用主要使地表削高填低趋于平整，它在内动力地质作用基础上，以自己独特的方式刻蚀地表，雕塑出各式各样的地貌及环境。在地壳活动期（构造运动时期内），内动力地质作用起主要作用，地表高低起伏程度加剧；在地壳稳定期（两次构造运动之间的时期），则以外动力地质作用为主，地表趋于平整。

总的来看，内动力地质作用起着主导作用，在内、外动力地质作用下，地壳物质组成、构造和地表形态不断变化发展。目前地球上各种地质、地貌自然景观资源，主要是内、外动力地质作用长期作用、发展变化的结果，是不同时期地质作用的自然记录，也是研究地壳发展的最新史料。正是经历了漫长的地质时期，在二者的共同作用下才形成了今日地球表面的基本形态。

（二）其他自然旅游资源的形成和演化

太阳辐射热能、降水量和地形、地貌等因素控制和影响着气象气候、水域风光、生物景观等自然旅游资源的形成、演化。

太阳辐射在地球表面不同纬度上分布不均匀，使地球上的热量随着纬度的增加而减少，并且地表获得太阳辐射的多少还随着时间和季节变化，再加上地面状况不同，因此在地球表面形成了各种各样的气象气候景观。据地质考古资料、历史文献记载和气候观测记录分析，地球上的气候一直不停地在发生周期性的变化。从时间尺度和研究方法来分析，地球气候变化大致可分为三个阶段：一是距今 22 亿年至距今 1.5 万年前的气候变化。这个时期气候变化的幅度很大，不但形成了各种时间尺度的冰（河）期和间冰期的相互交替，同时也相应地存在着生态系统、自然环境等的巨大变迁。二是地球自最末次冰期结束，进入我们现在所处的这个持续约 1.5 万年左右、温暖湿润的间冰期时期气候变化。我国已故物候专家竺可桢先生，论证了我国这一时期气温最高值出现在距今 7 千年左右，这是近代自然气候变化的基础。三是近 200～300 年以来的现代气候变化。随着现代气象观测仪器的出现，可以普遍使用精确的气象观测记录研究气候的变化。随着工业革命在世界范围深入发展，人类排放出越来越多的温室气体，使这一时期的气温有所升高。

关于地球上水的形成，科学家一直争论不休，有的认为来自太空，有的认为来自地球内部。但无论哪种说法正确，地球上的确出现了大量的水，并且随着地球的演变，形成了原始海洋。在太阳辐射和重力作用下，地球上的水在不停地运动着，通过蒸发、冷凝、降水等连续不断地循环，从而构成各种水体，并演化成不同水域风光，如冰川、海洋、河流、湖泊、水库等。

生物景观的形成和演变经历了漫长而复杂的过程。在太阳能和地热能的作用下，简单无机化合物和甲烷等化合形成了简单有机化合物（如氨基酸、单糖等），并逐步演化为生物大分子（如蛋白质、多糖等），为生命的产生创造了条件。大气中氧气的积累主要依赖于生物的光合作用。原始海洋中的蛋白质、氨基酸首先形成无氧呼吸的细菌，并逐步演化为含有叶绿素的藻类，在水体中进行光合作用并放出游离氧。经历了 20 多亿年的进化，终于在 6 亿年前出现了海洋生物群，4 亿年前形成了水陆生物和藻类生命系统，再经逐渐演变，形成了现在的生物资源。

当然，自然旅游资源的形成和演变，不仅指它的自然外貌或形态的变化，而且指其内在本质或旅游价值的形成和演变，包括自然旅游资源的范围、内容、类型及文化内涵等方面的发展。比如，农、林、牧业上的种植、养殖风光，也是重要的自然旅游资源，其形成和演变显然不是纯自然因素的。随着城市化、工业化的发展及现代城市生活的日益单调枯燥，人们比以往任何时候更向往自然、亲近自然。人们不仅对名山大川、湖光山色兴趣不减，还把兴趣转向了对大自然的探索、对恶劣自然环境的征服上。越是危险、越是人迹罕至的地方，如冰山雪地、海底景观、悬崖绝壁等，越是成为了旅游景点。可以预见，随着科技进步及社会的发展，将会有更多的自然景象成为旅游资源。

# 第二节 自然旅游资源的分布规律

自然旅游资源的分布规律是由自然地理环境构成要素在地表呈现差异现象决定的。地带性和非地带性是两种基本的地域分布规律，它们控制和反映自然旅游资源的大尺度差异。

## 一、自然旅游资源的地带性分布规律

### （一）自然旅游资源的水平地带性分布

自然旅游资源的水平地带性分布包括纬度地带性和经度地带性分布两种。太阳辐射热能是产生水平地带性分布规律的根本原因，热能分布主要受纬度因素制约，所以纬度地带性是水平地带性的基础。而经度地带性现象则是在纬度地带性基础上形成和发展起来的。

1. 自然旅游资源的纬度地带性分布规律

所谓纬度地带性是指景观各组成成分和景观的性质由赤道向两极作有规律的更替，并且形成一系列东西延伸的地域单位。景观发生这种差异的根本原因是地球的形状、运动以及它在宇宙中的位置。由于太阳辐射在地表按纬度分布不均（由低纬向高纬逐渐减弱），使得地表的热量条件和许多自然现象随纬度而呈现出有规律的相应变化。形成了由赤道向两极各自然景观带东西延伸，沿着纬度变化方向作有规律的更替。所以自然地理要素的沿纬度成带状分布最终决定了它们组成的自然景观也必然具有纬度地带性。如从赤道至极地可将气候带分为热带、亚热带、温带、亚寒带、寒带等。

不同纬度带的植被特点不同：从赤道至极地表现为热带雨林、亚热带常绿阔叶林、温带阔叶落叶林、亚寒带针叶林和寒带苔原等。在热带，高温多雨、径流丰沛，发育了茂密的热带雨林，这就是热带景观特征。而在亚寒带，严寒少雨、冻土层深厚、风化壳薄，发育了泰加林即寒温带针叶林，这就是亚寒带的景观特征。

不同纬度带的动物特点不同：善于疾驰的食草动物在热带草原带中得到了很好的发展，食肉动物也很丰富，如斑马、长颈鹿、犀牛、羚羊、狮、豹等；温带阔叶林带中，动物种类比热带森林少，但个体数量较多，主要以有蹄类、鸟类、啮齿类和一些食肉动物为最活跃；亚寒带针叶林带动物主要以松鼠、雪兔、狐、貂、麋、熊、猞猁等耐寒动物为多；极地动物比较贫乏，种类也不多，苔原带特有驯鹿、旅鼠、北极狐等，冰原带海水中有鲸和海豹等，南极大陆有企鹅一类的海鸟，在北极诸岛上有时可以看到北极熊和北极狐。

不同纬度带的地貌特点不同，如冰川地貌、冻土地貌主要分布在高纬地区，流水地貌主要分布在降水丰沛的热带、亚热带地区等。

在不同的纬度带里，景观地带性也会存在差异。在低纬和高纬，气候因素起着主导作用，致使其景观地带性横跨整个大陆，并在另一大陆同一纬度常重复出现，成为比较完整的全大陆纬度地带性景观。例如，热带雨林带、亚寒带泰加林带、寒带苔原带等，在世界上几乎呈连续分布或断断续续的带状分布。在中纬度地带，大陆的东岸和西岸可出现不同的景观特征，也就是说，中纬度地带的景观纬度地带不呈连续分布。原因是海陆关系的强烈对比使大陆西东两侧出现了不同的气候类型。大陆内部和沿海地区的气候特点也不相同，因此在中纬度地区，地带性往往带幅较短。

2. 自然旅游资源的经度地带性分布规律

地球表面结构是不均一的，首先是存在着大陆与海洋两个大的基本单元。大陆的水主要来自海洋。一般来说，气流由海洋吹向大陆，距海愈近，大陆上获得的水愈多；距海愈远，获得的水愈少。这样，在辽阔的大陆上，随着距海远近，在同一个温度带，降水量却出现由沿海向大陆内部逐渐减少趋势。在干湿程度上，则出现湿润——半湿润——半干旱——干旱的演变，地表水、植物等也相应地出现更替。这种分布趋势，常常大致与经度线或海岸线相平行。这种主要由于水分状况由沿海向内陆递减，导致自然景观分布呈现南北延伸、东西更替的现象，称为经度地带性规律。

该规律在北半球中纬度表现得最为明显。例如，我国由东南沿海——西北内陆，随着降雨量的递减，自然带从森林、森林草原、草原植被类型的变化明显地符合经度地带性规律。再如北美洲中西部地区，地势自东向西逐渐升高，在夏季，东南风经过长途跋涉，到西部时水汽含量已大大减少。随着降水量逐渐递减，气候东西更替、南北延伸，表现出经度地带性。该地区其他的自然景观要素如植被也相应地发生变化，自东向西依次为森林草原、高草原、矮草原、荒漠草原等。

（二）自然旅游资源的垂直地带性分布

垂直地带性分分布为正向和负向两类垂直地带性分布。垂直地带性分布受水平地带性（纬度地带性和经度地带性）的制约，不同的水平带具有不同的垂直带，其基带、带数、带幅等均有差异。

1. 正向垂直地带性分布

正向垂直地带性分布又称为山地垂直地带性分布，从基带（山体底部所处的地带）开始，即从山麓到山顶，垂直地带性分布呈现出与纬度地带性相似的分布规律，基带与所在地的自然带一致。例如，如果基带为热带雨林带，则山体底部位于热带，随着高度逐渐升高，自然带由热带雨林带向亚热带常绿阔叶林带、温带落叶阔叶林带、亚寒带针叶林带等逐渐变化；如果基带为落叶阔叶林带，则山麓位于温带，且随着高度逐渐升高，自然带由温带落叶阔叶林带向亚寒带针叶林带等逐渐变化。这是因为当大陆上有高大山体存在时，水热状况因海拔高度、坡向而有明显差异。例如，海拔每升高100米，大气温度平均降低0.6℃，从而自山麓到山顶出现垂直温度带。并且由于大气温度随高度增加而降低，潮湿气流遇山地阻挡被迫抬升，因温度降低水汽容易产生凝结，湿度增大，在一定高度范围内，降水量一般随高度增高而增多。超过了该高度范围（即最大降水带），随高度增高降水反而出现减少的趋势（见图3.1）。在湿润的迎风坡，降水随高度增加而增多，在背风坡由于焚风作用，同一高度的降水往往低于迎风坡。如阿尔卑斯山的最大降水带高度是海拔2 000米左右；我国东北的长白山从山麓（海拔500米左右）到山顶（海拔2 749米）降水一直在增加；而珠穆朗玛峰的南坡，从山麓到山顶降水一直递减。在山地，最大降水带出现的高度与气候的干湿度有关，一般是气候越湿润的地区，最大降水高度就越低；相反，越干旱的地区，最大降水高度就越高。

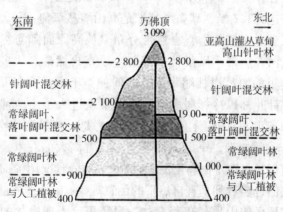

图3.1 四川峨眉山垂直带谱图（单位：米）

山地垂直地带性带谱的多少与山脉所处的纬度、山脉的坡向、山脉的海拔高度和山脉的坡长有关。例如，珠穆朗玛峰的北坡，虽然海拔超过4 000米，但由于位于高原上，山坡短，加之又处于背阴坡和西南季风的背风坡，水汽少，因此，水热状况差，从而北坡带谱少，垂直地带性分布规律不明显；其南坡濒临海洋，属向阳坡和西南季风的迎风坡，水热状况比北坡好，山坡依着山势降低到海拔2 000米以下，相对高差大，山坡长，所以南坡带谱多，从山麓到山顶随高度的升高呈现出亚热带常绿阔叶林带、针阔混交林带、针叶林带、高山灌木林带、高山草甸、寒荒漠、积雪冰川等依次变化的垂直地带性分布规律。因此，纬度越低、山脉海拔越高、山坡越长且又位于水热条件好的坡向，则山地垂直地带性分布带谱越多、越完整。

由于沿海向内陆湿润状况的变化，沿海气候湿润地区的山地形成森林型海洋性垂直地带谱，大陆内部气候干旱地区的山地则产生大陆性草原荒漠型垂直地带谱。一般随着离海距离的增加，带谱的性质由湿润趋向干旱，带谱的结构由复杂趋向简单，同类型垂直分布的分布高度则有上升的趋势。垂直地带性分布在中低纬度高海拔地区表现得更为明显和复杂，如中国的横断山区。

高海拔地区最明显的带谱界线就是雪线，它也是一个完整的垂直带谱的重要的界线。雪线是某一海拔高度，在此高度上，年均降雪量等于年均融雪量，因而该海拔高度是永久冰雪带的下界。受气温、降水的共同影响，气温高的山地雪线也高，而降水多的山地雪线更低。如喜马拉雅山南坡虽然日照高于北坡，但因位于西南季风的迎风坡，有丰富的降水，雪线在4 000米，远低于北坡雪线高度5 800米。一般气温由赤道向两极降低，所以雪线高度大致由赤道向两极降低，如赤道非洲雪线为5 700～6 000米，阿尔卑斯山为2 400～3 200米，挪威在1 540米，北极圈内雪线已低至海平面附近。但雪线位置最高的地方，不在赤道附近，而在副热带高压带降水量比赤道附近少的地区。

2. 负向垂直地带性分布

山地的局部地形如山间盆地、深沟谷地等，可以改变垂直地带谱的结构，引起序带的倒置，我们称为负向垂直地带性。

如雅鲁藏布大峡谷，位于"世界屋脊"青藏高原之上，平均海拔3 000米以上，险峻幽深，侵蚀下切达5 382米，其高原基带是高山灌丛草甸，雅鲁藏布江水汽通道作用造成了大峡谷地区齐全完整的垂直自然带分布。从高原面到河谷底部，由高向低具有从高山冰雪带到低河谷热带季风雨林带等9个垂直自然带。从多雄拉山向下，首先是高山灌丛草甸，这里的灌丛以杜鹃为主，草甸种类丰富；再向下，就是高山、亚高山常绿针叶林，这些针叶林以冷杉居多；继续往下就进入了山地常绿、半常绿阔叶林带，青冈树是半常绿阔叶林中的霸主，苔藓遍地都是，栲林也十分常见；继续下行，到达低山河谷进入季风雨林带，季风雨林带里生长着高大的乔木，大型乔木之间，稍矮些的乔木相互交错生长。在不同高度的垂直自然带里，景观也各不相同。

在澜沧江河谷我们也能看到垂直自然带的倒置现象：山原面的基带是季风常绿阔叶林带，而澜沧江河谷地区的山顶分布着森林，耐寒程度不如冷杉的云杉却长到了冷杉的上方，森林带以下才是灌木丛，再往下就是如火烧过般焦黄的、寸草不生的荒漠流沙带。这是因为降雨从山顶到谷底逐渐减少，或者因为峡谷幽深狭窄，水汽无法深入，只是停在山顶，在河谷留下雨影区的缘故。再如柴达木盆地，其基带是属于温带和暖温带内部的成片荒漠带，这里的垂直自然带也是负向的。在盆地周围的山脊上分布着植被森林，随着海拔降低，森林逐渐转变成骆驼刺灌丛，到达盆地底部时只剩下一片荒漠。主要原因是，从山脊向下，降水逐渐减少，因而树都长在山岭上。

## 二、自然旅游资源的非地带性分布规律

非地带性分布的概念是在 20 世纪 20 年代产生的，指在一定位置的地理环境由于受巨大水体分布、坡向、地表出露的岩石种类、洋流等因素的影响，使陆地自然景观的分布不具备地带性规律，或者地带性规律表现得不完整、不鲜明。这些干扰或控制自然景观地带性规律的因素称为非地带性因素，它们的影响类型主要有以下五种非地带性因素。

### （一）巨大水体影响

纬度分布和陆地大小往往会约束自然带的延伸，甚至使某些自然带的景观在此处缺失。如北半球高纬度的寒带苔原带和亚寒带针叶林带呈东西延伸，南北交替的现象十分明显。而南半球的同纬度却没有这两个自然带，它们的缺失，就是因为在南半球该纬度区绝大部分是海洋。

巨大的湖泊或河流的影响，也会形成非地带性景观。如在副热带高压带和信风带的交替控制下，西亚和北非绝大部分地区属于热带沙漠带，但在北非的撒哈拉沙漠中却出现了一条生生不息的"尼罗河绿色走廊"，它的形成是受了尼罗河潮湿气候的影响。如三峡水库，犹如一个巨大的湖泊，它的存在增加了库区周边一定地域范围内的降雨量，它也像一个巨大的空调机，调节和改变了周围原来的气温变化，因为水的热容量远较空气要大得多。温度和降雨量的变化，经过一定时间，就会改变当地原有的自然环境和景观类型。

### （二）坡向影响

地势的高低、山脉的走向等都会对自然带的水平分布产生一定的影响，从而改变自然景观的地带分布规律。迎风坡降水多，气候湿润；背风坡降水少，气候干燥。因此，迎风坡植物垂直景观的分布与背风坡存在较大差异。如南美安第斯山南端的东西两侧地区，同处于温带范围且纬度位置相同，其地理环境应该具备地理纬度地区的地带特征。但是，安第斯山脉自北而南纵贯南美洲的西部，高大的南北走向的安第斯山脉属于非地带性因素，它叠加在地带性因素之上，使当地的地带性分布规律遭到了干扰和破坏。山脉南端西侧受西风的影响，形成温带海洋性气候，成为温带落叶阔叶林带，而山脉南端东侧的广大地区，因受安第斯山脉的阻挡，西风难以到达，气候干燥少雨，形成干燥的巴塔哥尼亚沙漠景观。

### （三）地表出露的岩石种类

如四川盆地的自然带为亚热带常绿阔叶林带，其典型土壤理应为红壤或黄壤，但由于盆地四周广布着紫红色的砂岩、页岩，经风化而形成紫色土，紫色土便是一种非地带性土壤。再如岩溶地貌，由于地表大面积出露石灰岩，形成特殊的喀斯特地貌景观，一般地表缺水，森林植被覆盖少，生态环境十分恶劣，与正常亚热带常绿阔叶林景观不符。但也有特例，如在贵州茂兰，地表虽也是山坡陡峭、基岩裸露、怪石嶙峋、土壤极少，但其上竟生长着 2 万公顷郁郁葱葱的原生性常绿落叶阔叶混交林，因而又

被称为"石头上的森林"。

（四）洋流性质

信风带大陆的西岸，因受离岸风及沿岸洋流的影响在海岸带可以形成沙漠。如秘鲁西部狭长的沿海岸带分布的沙漠。此地沿岸分布着强大的秘鲁寒流。寒流控制的海区，气流以下旋为主，下旋气流本来就比较干燥，再加上处在冷下旋气垫面上的空气特别稳定，信风又从大陆内部吹来，水汽得不到相应的补充，所以空气的湿度比较小，天气寒冷干燥，陆地上的沙漠一直可以分布到海边，甚至使这些海区内的岛屿，也成了沙漠。同样是受洋流的影响，俄罗斯的港口城市——摩尔曼斯克的港湾终年不冻也可以认为是一种非地带性现象，它是北冰洋沿岸的主要海港，地处北极圈内，但由于深受北大西洋暖流的影响，港湾可以终年不冻。

（五）综合影响

在非地带性因素对自然景观的水平分布施加影响的过程中，往往是诸多因素相互作用，共同产生综合效应。例如，大洋洲的热带雨林带分布的纬度位置比南美洲的高，原因就在于大洋洲的热带雨林带分布在信风带大陆的东岸，又位于来自海洋暖湿的东南信风的迎风坡地带，受地形的抬升作用，形成了大量的地形雨，沿岸又有暖流经过，而发育成热带雨林带。再如位于北极圈附近的冰岛，从地带性看属于亚寒带，苔原是这里的地带性植被，但由于它处于大西洋火山地震带上，地热资源异常丰富，所以，这里的热泉附近分布着草甸。该国的地热资源被广泛应用于采暖、育种、温室、发电、采矿、医疗等方面，使它的某些地区摆脱了亚寒带的热量条件的限制，出现了一些温带的景观。

如果说地带性分布规律决定了自然旅游资源在地表分布的广域性，则由非地带性因素出现的局部自然旅游资源，就表现出自然旅游资源在地表分布的特殊性，它镶嵌于广域的地带性分布自然旅游资源之中，虽然使地理环境变得更加复杂，但是由它形成的自然景观却是宝贵的旅游资源。奇特的自然现象，在同一自然带中，往往能吸引更多的游人。

# 第三节　主要自然旅游资源类型

根据我国 2003 年实施的旅游资源认定国家标准，自然旅游资源包括地文景观、水域风光、生物景观、天象与气候景观 4 个主类。

## 一、地文景观

地球经历了大陆的合并与分离、海洋的诞生与消亡、山地的隆起与凹陷、岩石的形成与消逝等沧海桑田般的巨大变化，在内应力和外应力共同作用下，地球表面变得异常复杂，演变出众多地貌类型，其中山地又控制着陆地地形的基本格局，因而又形成了以山景为骨架的丰富多彩的地文景观旅游资源。

（一）综合自然旅游地

综合自然旅游地包括山丘型旅游地、谷地型旅游地、沙砾石地型旅游地、滩地型旅游地、奇异自然现象、自然标志地和垂直自然带 7 个基本类型。

1. 山丘型旅游地

山丘型旅游地是指山地丘陵区内可供观光游览的整体区域或个别区段。山，是指地壳上升地区经受河流切割而成，高度较大、坡度较陡的高地。自上而下分为山顶、山坡和山麓三部分。按高度可分为高山、中山和低山，"高山"指山岳主峰的绝对高度在 3 500 米以上，相对高度超过 1 000 米；"中山"指其主峰绝对高度在 1 000 米至 3 500 米，相对高度在 350 米至 1 000 米；"低山"指主峰绝对高度在 500 米至 1 000 米，相对高度在 150 米至 350 米。山岳按成因可分为构造山、侵蚀山和堆积山。丘陵一般是海拔在 200 米以上、500 米以下，相对高度不超过 200 米，高低起伏，坡度较缓，由连绵不断的低矮山丘组成的地形。丘陵一般没有明显的脉络，顶部浑圆，是山地久经侵蚀的产物。丘陵在陆地上的分布很广，一般分布在山地或高原与平原的过渡地带。

山丘控制着陆地地形的格局，是风景的骨骼，常能构成各种雄、险、奇、秀、幽之景。中山、低山和丘陵往往因气候宜人、风景秀丽而吸引游人，高山和部分极高山则是科学研究和登山探险的场所。由于气温随海拔高度的增加而递降，山丘中的气温一般低于同纬度平原地区，因此，风光秀丽、环境幽静的山丘特别宜于避暑消夏。某些山丘多奇峰怪石、泉流飞瀑、积雪冰川，又增加了观赏游览的内容。山丘因比一般平原地区开发程度和人为影响相对更低，自然环境保存较好，常形成理想的度假疗养胜地。在众多的山丘旅游资源中，名山具有特别重要的意义。所谓名山，是指自然风光秀美奇特的山地、丘陵，一般都经过人类长期的宗教、文化等活动的影响而形成了丰富的人文景观，二者共同构成各具特色、名扬四海的山丘型旅游资源。以下择要介绍一些国内外重要的旅游名山。

（1）中国古代传统文化中的五岳

五岳是历史上形成的，"五岳"之称起源于汉武帝时期。五岳是指山东泰安市东岳泰山、陕西华阴县西岳华山、山西浑源县北岳恒山、河南登封市中岳嵩山、湖南衡阳市南岳衡山。五岳以不同形胜而闻名于世，向来有泰山之雄、华山之险、恒山之幽、嵩山之峻、衡山之秀的美称。泰山为五岳之首，五岳独尊，有四大奇观：旭日东升、晚霞夕照、黄河金带、云海玉盘；华山为五岳中最高、最险的，有"自古华山一条道"之说；恒山自古为道教圣地；嵩山是佛教禅宗祖庭少林寺所在之地；衡山为五岳独秀。由于历代帝王、佛道僧众和文人学士的瞩目，五岳留下了丰富的历史文物古迹，成为中国古代文化和山水风光荟萃之地。

（2）中国四大佛教名山

我国四大佛教名山是山西五台山、四川峨眉山、安徽九华山、浙江普陀山。"天下名山僧占多"，传说佛教的佛祖释迦牟尼的四大弟子，即文殊、普贤、观音、地藏王四大菩萨，各占一山为自己的道场。五台山为文殊菩萨的道场，峨眉山为普贤菩萨的道场，九华山属地藏王菩萨的道场，普陀山是观音菩萨的道场。这些佛教名山有着各具特色的山水名胜、灿烂的文化遗产及辉煌的寺庙建筑，成为世界佛教人士与旅游者朝拜观光的胜地。

（3）中国四大道教名山

道教名山是被道教作为圣地的山峰或山脉，道教有"十大洞天"、"七十二福地"之说。我国四大佛教名山是湖北十堰市武当山、江西贵溪县龙虎山、安徽黄山市齐云山、四川都江堰市青城山。武当山被称为"道教第一名山"；江西龙虎山是道教正一派发源地；安徽齐云山被乾隆誉为"江南第一名山"。据传道教发祥于江西省贵溪县西南的龙虎山，传说第一代天师张（道）陵，炼九转神丹于此，得道后入蜀，其孙张鲁在巴蜀传其道。除了四大名山之外，道教名山还包括：广东罗浮山、四川鹤鸣山〔相传是张（道）陵修炼成仙之地〕、陕西华山和终南山、山东崂山、河南云梦山（鬼谷山）和王屋山、河北天桂山和苍岩山、江苏茅山、辽宁千山、甘肃崆峒山、福建太姥山、江西阁皂山和三清山等。这些山尽皆千姿百态、妩媚诱人，有的可观赏，有的可访古，有的可寻幽，有的可避暑，有的可猎奇，都是旅游的理想之地。

（4）中国其他名山

我国名山数量之多、分布之广，为世上所少有。除了上述那些名山外，还有以奇松、怪石、云海、温泉四绝著称的安徽黄山，有"东南第一山"和"寰中绝胜"之称的浙江省雁荡山，著名的避暑疗养和观光游览胜地——江西庐山，中国的红石公园——广东丹霞山……这些景色奇绝的名山，往往以其雄、奇、险、秀、幽而闻名于世。还有安徽天柱山、福建武夷山、台湾阿里山、河南鸡公山、新疆天山、贵州梵净山、湖南武陵源、重庆缙云山、广西桂林山水、吉林长白山、辽宁医巫闾山、天津盘山、世界最高峰——珠穆朗玛峰等，皆以不同的奇观景致，给旅游者带来无穷的乐趣。

（5）中国2003年互联网上评选的"中华十大名山"

①泰山、②黄山、③峨眉山、④庐山、⑤珠穆朗玛峰、⑥长白山、⑦华山、⑧武夷山、⑨玉山、⑩五台山这十座名山在2003年被网上推选为"中华十大名山"。

（6）中国2005年互联网上评选的"中国十大名山"

①西藏南迦巴瓦峰、②四川贡嘎山、③西藏珠穆朗玛峰、④云南梅里雪山、⑤安徽黄山、⑥四川仙乃日（稻城三神山之一）、⑦新疆乔戈里峰、⑧西藏冈仁波齐峰、⑨山东泰山、⑩四川峨眉山。此十大名山，三座位于西藏，三座位于四川，其他分布在山东、安徽、新疆及云南。

（7）国外重要的旅游名山

国外重要的旅游名山主要有日本富士山、朝鲜金刚山、韩国雪岳山、德国黑林山、希腊奥林匹斯山、非洲屋脊——乞力马扎罗山、欧洲阿尔卑斯山、美国落基山等，都是旅游者神往的地方。

2. 谷地型旅游地

谷或谷地，是由两侧正地形夹峙的狭长负地形，常有坡面径流、河流、湖泊发育，陡峻的谷地可能有泥石流，根据形态可细分为V形谷和U形谷。其形成原因主要有地堑成谷、背斜成谷、向斜成谷和古冰川谷（U形谷）。

谷地型旅游地简单来说就是指河谷地区内可供观光游览的整体区域或个别区段。

谷地构景特殊，一般由高山、河流、悬崖、瀑布等形成丰富的景观。谷底河流湍急，水声轰鸣；两侧悬崖峭壁，岩体千姿百态；远观如巨龙穿越崇山峻岭。驻足俯瞰，顿感惊心动魄，毛发直立。如你深入谷底向上仰望，有时仅能从两壁夹缝窥见一线天空。游人在感叹大自然的鬼斧神工的同时，又会被美丽多彩的迷人胜景吸引。谷地型旅游地不仅是观光游览的好去处，而且为地质科考提供了宝贵的资源。著名的大峡谷都比较狭长，相对高差大，谷深地险，常横亘于高原或穿越高山屏障，两侧山峰或峭壁，巍峨挺拔，直入云端。有的峡谷水汽浓厚，云雾缭绕，气象万千，布满了浓密的森林，并有很多珍稀的动植物；有的峡谷异常干燥，植被发育单一。但是每个峡谷都有自己奇特的景观，吸引着各地的游人。

（1）雅鲁藏布大峡谷

雅鲁藏布大峡谷位于"世界屋脊"青藏高原之上，险峻幽深，侵蚀下切达 5 382米，它怀抱冰封雪冻的南迦巴瓦峰高山峻岭，劈开了青藏高原与印度洋水汽通道上的山地屏障，像一条长长的湿舌，向高原内部源源不断地输送水汽，使青藏高原东南部由此成为一片绿色世界。1994 年，我国科学考察队对雅鲁藏布大峡谷进行了科学考察，揭开了大峡谷神秘面纱的一角。1998 年国务院正式批准大峡谷的科学正名为"雅鲁藏布大峡谷"。它具有从高山冰雪带到低河谷热带季雨林带等九个垂直自然带，是世界山地垂直自然带最齐全、完整的地方。这里麇集了许多生物资源，包括青藏高原已知高等植物种类的 2/3、已知哺乳动物的 1/2、已知昆虫的 4/5，以及中国已知大型真菌的 3/5，堪称世界之最。雅鲁藏布大峡谷的基本特点可以用高、壮、深、润、幽、长、险、低、奇、秀十个字来概括。它不再是藏于深闺无人识的险山恶水，而是如出水芙蓉般屹立在世界的东方，成为大自然的伟大奉献和人类历史探求的另一种辉煌。

（2）长江三峡

三峡是瞿塘峡、巫峡、西陵峡的总称，位于重庆市与湖北省交界处，西起重庆市奉节县白帝城，东至湖北省宜昌市南津关，全长 193 千米，是世界上著名的大峡谷，被誉为山水画廊，是国家重点风景名胜区。瞿塘峡为长江三峡第一峡，又称夔峡，西起奉节白帝城、东至巫山县大溪镇，全长 8 千米，以雄伟壮丽著称。长江南岸的白盐山与北岸的赤甲山对峙，岩壁如斧劈刀削，恰似一扇屋门，紧锁大江。江水在峡中咆哮奔腾，漩涡四起，山雄水急，气势磅礴，令人叹为观止。峡内有铁锁关、古栈道、风箱峡、粉壁墙、孟良梯、倒吊和尚、凤凰饮泉、犀牛望月、黄金洞、七道门洞等多处景点。巫峡为长江三峡第二峡，西起巫山县人宁河口，东至湖北省巴东县官渡口，峡长 45 千米。其特征是峡长谷深，迂回曲折，幽深秀丽，似一条美不胜收的山水画廊。西陵峡为第三峡，得名于宜昌市南津关口的西陵山。它是三峡中最长的一个峡，东起宜昌南津关，西至秭归香溪河口。峡谷内，两岸怪石嶙峋，险崖峭立，猿猴难攀，滩多流急，以险出名、以奇著称，奇、险化为西陵峡的壮美。西陵峡中有三滩（泄滩、青滩、崆岭滩）、四峡（灯影峡、黄牛峡、牛肝马肺峡和兵书宝剑峡）。整个峡区都是高山、峡谷、险滩、暗礁。峡中有峡、滩中有滩，大滩含小滩，自古三峡船夫世世代代在此与险滩激流相搏。曾有民谣说："西陵滩如竹节稠，滩滩都是鬼见愁。"

（3）美国科罗拉多大峡谷

科罗拉多大峡谷位于美国亚利桑那州的凯巴布高原上，科罗拉多河奔流其中，故名，是世界自然遗产地之一。科罗拉多河在高原上共切割出 19 条主要峡谷，其中科罗拉多大峡谷是最深、最宽、最长的一个。该峡谷全长 446 千米，是世界上最长的峡谷之一。峡谷大致呈东西走向，蜿蜒曲折，北高南低，科罗拉多河在谷底汹涌向前，形成两山壁立、一水中流的壮观景象。峡谷顶宽 6 ~ 28 千米，底宽则小于 1 千米，窄处仅120 米，谷底水面一般不足 1 000 米宽，峡谷最深处相对高差达 1 800 米，从谷顶到谷底需 3 ~ 4 小时。两侧的谷壁呈阶梯状。夏季冰雪融水下注，水位会升高 18 米。从谷底至顶部沿壁露出的山石多为红色，水平层次清晰，并含有各地质时期代表性的生物化石，故有"活的地质史教科书"之称。1919 年美国国会通过法案，将其中最深的一段峡谷辟为国家公园。现在，每年都有很多国内外游客到这里旅游，欣赏大自然的鬼斧神工，认识地球亿万年的神奇变化。

（4）东非大裂谷

东非大裂谷是世界上最大的断层陷落带，纵贯东部非洲。大裂谷分东西两支：西支经鲁夸湖、坦噶尼喀湖、基伍湖、爱德华湖，延伸至艾伯特湖，略呈弧形；东支南起莫桑比克境内西雷河口，向北穿越肯尼亚全境，一直延伸到西亚的约旦河岸，全长5 800千米。裂谷宽约几十至 200 千米，深达 1 000 ~ 2 000 米，谷壁如刀削斧劈一般。这条长度相当于地球周长 1/6 的大裂谷，气势宏伟，景色壮观，是世界上最大的裂谷带，有人形象地将其称为"地球表皮上的一条大伤痕"，古往今来不知迷住了多少人。其中以肯尼亚境内的一段最具特征。这段峡谷两侧断壁悬崖，像筑起的两道高墙。茂密的原始森林覆盖着群山，无数热带野生动物生活在群山的怀抱中，一座座高大的死火山屹立在群山之中。裂谷底部是一片开阔的原野，有 20 多个狭长的湖泊。中部的纳瓦沙湖和纳库鲁湖是鸟类等动物的栖息之地，也是肯尼亚重要的游览区和野生动物保护区。南部马加迪湖产天然碱，是重要的矿产资源。北部的图尔卡纳湖，是人类发祥地之一，曾发现过 260 万年前古人类头盖骨化石。裂谷地带由于雨量充沛，土地肥沃，还是主要的农业区。

3. 沙砾石地型旅游地

沙砾石地形成原因，一是由于常年受副热带高压的控制，气流下沉，降水稀少，气候干燥，如撒哈拉沙漠、卡拉哈里荒漠、索诺拉沙漠等；二是由于地处大陆腹地，距离大海遥远，湿润的海洋气团无法到达，气候干旱所致，如塔克拉玛干沙漠和柴达木盆地、卡拉库姆沙漠、大盐湖盆地沙漠等。沙砾石地主要分布在地球南北回归线两侧的热带和亚热带地区以及温带大陆内部。那里日照强、昼夜温差大、物理风化盛行、降雨少而集中，年蒸发量大，常超过降雨量数倍甚至数百倍，植被稀疏矮小，疏松的沙质地表裸露，并且风大而频繁。沙砾石地型旅游地主要存在于沙漠、戈壁或者荒漠中，由于环境恶劣，人迹罕至，整个自然地理景观保持着原始古朴的面貌，颇富旅游观赏价值。世界上许多国家已经建立沙砾石地型旅游专线和公园，为旅游者游览、探险提供了理想的场所。如中国的西北地区，沿戈壁和沙漠西行的"丝绸之路"，已成为当今世界的一条旅游热线（见图3.2）。

图3.2　内蒙古沙漠旅游图

图3.3　甘肃敦煌鸣沙山

（1）中国鸣沙山

鸣沙山，位于甘肃敦煌城南约5千米处，鸣沙山（和月牙泉）是国家级重点风景名胜区（见图3.3）。它东起莫高窟崖顶，西接党河水库，整个山体由细米粒状黄沙积聚而成，狂风起时，沙山会发出巨大的响声；轻风吹拂时，又似管弦丝竹，因而得名为鸣沙山。鸣沙山有两个奇特之处：人若从山顶下滑，脚下的沙子会鸣鸣作响；白天人们爬沙山留下的脚印，第二天竟会痕迹全无。

（2）非洲撒哈拉沙漠

撒哈拉沙漠是世界最大沙漠、世界第二大荒漠（仅次于南极洲）。它西起大西洋海岸，东到红海之滨，横贯非洲大陆北部，将非洲大陆分割成北非和南部黑非洲两部分，使这两部分的气候和文化截然不同。撒哈拉沙漠东西长达5 600千米，南北宽约1 600千米，面积约906万平方千米，约占非洲总面积的32%。撒哈拉沙漠干旱地貌类型多种多样。由石漠（岩漠）、砾漠和沙漠组成。沙漠的面积最为广阔，除少数较高的山地、高原外，到处都有大面积分布。面积较大的沙漠称为"沙海"。沙海由复杂而有规则的大小沙丘排列而成，形态复杂多样，有高大的固定沙丘，有较低的流动沙丘，还有大面积的固定半固定沙丘。流动沙丘顺风向不断移动。撒哈拉沙漠气候炎热干燥，条件极其恶劣，是地球上最不适合生物生长的地方之一。然而，令人迷惑不解的是：在这极端干旱缺水、土地龟裂、植物稀少的地方，竟然曾经有过繁荣昌盛的远古文明，沙漠上许多绮丽多姿的大型壁画，就是这远古文明的结晶。

4. 滩地型旅游地

滩地是指在波浪或水流作用下，由松散沙子或砾石淤积形成的沿水边的陆地或水中高出水面的平地。滩地，是开展旅游活动的优良场所。美丽的沙滩，阳光照耀，滩缓沙细，环境幽雅，景色壮丽，有的不仅是游览观光的好去处，还兼科考访古之胜，皆吸引着无数游人，如广西北海银滩就是中国著名的滩地旅游地之一。北海银滩位于广西北海市南部海滨，距北海市区8千米。西起侨港镇渔港，东至大冠沙，由西区、东区和海域沙滩区组成，东西绵延约24千米，海滩宽度在30～3 000米之间。沙滩均由高品位的石英砂堆积而成，在阳光的照射下，洁白、细腻的沙滩会泛出银光，故称"银滩"。北海银滩以其"滩长平、沙细白、水温净、浪柔软、无鲨鱼"的特点，被誉为"中国第一滩"。这里的海水水质清洁，透明度在 2 米以上。海水退潮快、涨潮慢，所以游泳安全系数很高，银滩附近海域每年有 9 个多月可以入水游泳。这里空气中负离子含量为内地城市的 50 ~ 1 000 倍，所以特别清新，是各类慢性及老年性疾病患者最适宜的疗养场所，有"南方北戴河"之誉。银滩公园内，楼台阁宇风格各异；林阴小道曲折蜿蜒；椰树林独具风情。信步海堤，海天一色，白云朵朵，令人如入仙境，流连忘返。西南端还有冠头岭，林木茂盛，葱茏苍翠，像一条青龙横卧海边，临海壁陡，峰险洞奇，登高可观日落日出，倚壁可观涛望海。海天相连，白帆点点，波涛滚滚，白云朵朵，令人如入仙境，心旷神怡，流连忘返。

5. 奇异自然现象

大自然在地球内外动力的作用下，在地表形成了各种地文景观，同时还演化出很多奇异的现象。这些奇异的景观，有的还未被科学家弄清楚其形成的原因，有的甚至未被认可，但是它们依然吸引了众多旅游者的兴趣。如神秘的"百慕大三角区"、南极"无雪干谷"和澳大利亚能"报时"的奇石等。

百慕大三角区位于北大西洋西部，是由 7 个大岛和大约 150 个小岛以及一些礁群组成的群岛。在这里，先进的仪器都会失灵，人员一旦遇险则没有生还的可能。有科学家提出：在地震、风暴、火山爆发等自然灾害发生的同时，会产生人耳无法听到但具有巨大的破坏力的次声波，处在振荡频率为 7 赫兹的次声波环境中时，人的心脏和神经系统会陷入瘫痪，次声波可能就是导致这里惨剧频发的罪魁祸首。长期以来，世界各国的科学家提出多种假说，试图揭开此中奥秘，但至今仍无定论。

在南极洲麦克默多湾的东北部，有三个相连的"无雪干谷"。这段谷地周围都是冰雪覆盖，但谷地中却异常干燥，到处都是岩石和一堆堆海豹等海兽的骨骼残骸。一些科学家认为，有些海豹在海岸上迷失了方向，最后因为缺少饮用水，力气耗尽而没能爬出谷地，变成了一堆堆白骨。但是否如此也无定论。

在澳大利亚中部的茫茫沙漠中有一块能"报时"的奇石。这块怪石高达 348 米，周长约 8 000 米，仅其露在地面上的部分就可能有几亿吨重。这块怪石通过每天很有规律地改变颜色而预报时辰，早晨旭日东升的时候，它为棕色；中午烈日当空的时候，它为灰蓝色；傍晚夕阳西沉的时候，它为红色。

6. 自然标志地

自然标志地就是标志特殊地理、自然区域的地点，是一个地区的象征，也常构成该地区的旅游品牌。游人到达一个地方以后，这些地点往往是必游之地。如湖南张家界因为武陵源风景名胜区而成为国际旅游城市，黄龙、九寨沟景区使四川自然景观旅游走向了世界，大熊猫栖息地是卧龙的标志地，等等。

7. 垂直自然带

垂直自然地带指山地自然景观及其自然要素（主要是地貌、气候、植被、土壤）随海拔变化呈递变规律的现象。详见本章第二节相关部分。

（二）沉积与构造

沉积与构造是指沉积岩在地质构造运动中形成的各种景观，主要包括断层、褶曲、节理、地层剖面、钙华与泉华、矿点矿脉与矿石积聚地和生物化石点等。

1. 断层景观

断层是地壳运动中产生强大的压力和张力超过岩层本身的强度从而对岩石产生破坏作用而形成的，是构造运动中广泛发育的构造形态。岩层断裂错开的面称断层面。两条断层中间的岩块相对上升、两边岩块相对下降时，相对上升的岩块叫地垒，常常形成块状山地，如我国的庐山、泰山等。而两条断层中间的岩块相对下降、两侧岩块相对上升时，形成地堑，即狭长的凹陷地带，著名的东非大裂谷和我国的汾河平原和渭河谷地都是地堑。断层大小不一、规模不等，小的不足一米，大到数百、上千千米。但都破坏了岩层的连续性和完整性。在断层带上往往岩石破碎，易被风化侵蚀。沿断层线常常形成断层崖、断层谷、断层海岸、断层瀑布等很多极具旅游价值的自然景观。

2. 褶曲景观

组成地壳的岩层，受构造应力的强烈作用，使岩层形成一系列波状弯曲而未散失连续性的构造，称为褶皱构造，褶皱构造中的一个弯曲，称褶曲。褶曲分背斜和向斜两种基本形式（见图3.4），二者差别很多：背斜中心（核部）为老岩层，两翼为新岩层；向斜反之。背斜一般向上凸起，形成山岭；向斜一般向下凹陷，形成谷地，但也有例外。岩层剖面上出现的褶曲，有独特的观赏价值。坚硬的岩石被弯曲成不同形态，有的呈波浪形，有的呈锯齿形，让人领略到大自然的鬼斧神工（见图3.5），吸引着国内外的学者和游客。

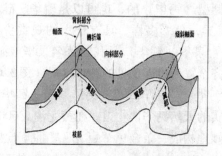

图 3.4 褶曲构造

图 3.5 山体陡壁上褶曲景观

3. 节理景观

节理是很常见的一种构造地质现象，就是我们在岩石露头上所见的裂缝，或称岩石的裂缝。这是由于岩石受力而出现的裂隙，但裂开面的两侧没有发生明显的位移，地质学上将这类裂缝称为节理。在岩石露头上，到处都能见到节理。如太行山、贺兰山一些地区悬崖上的节理，斑驳陆离，显示出一种特有的自然纹理与质地，给人浑厚、古朴、沧桑的美学感受。节理构造还可形成一些奇特的自然景观，如玄武岩冷凝过程中形成六方柱状节理，经过随后的侵蚀作用，便会在地表形成一个个六方形石柱，虽由天成，却宛如人造，让人惊叹不已。如四川峨眉山金顶金刚嘴玄武岩六方柱状节理景观清晰可辨。在垂直节理发育的地方，受节理的控制和影响，风化过程中往往出现崩塌作用，因而形成石柱林立、孤峰擎天、悬崖绝壁等景观。花岗岩及一些岩石经过球形风化和差异性侵蚀、剥蚀作用还可形成石蛋等奇特景观。

#### 4. 地层剖面

地层剖面是地层中具有科学意义的典型剖面。在地球的发展过程中，曾经历了多次地壳运动，每次地壳运动都会在地层中留下若干变动的痕迹。科学家通过对地层剖面的分析，能更准确地划分地质年代和新老地层，恢复和还原当时的自然环境及其演化进程。我国地层出露较全，许多地层在国际上具有代表性。如我国第一个国际地层剖面——云南昆阳寒武系剖面，对探索生命起源以及与生物有关的矿产形成有重要意义。国家地质公园之一的陕西省洛川黑木沟内，现存有世界闻名的第四纪黄土典型地层剖面，是不可多得的第四纪沉积及古气候变迁科普教育旅游资源。云南晋宁梅树村剖面，是反映全球前寒武系～寒武系界线的剖面。除此以外，还有辽宁大连金石滩震旦纪、寒武纪沉积岩剖面，陕西东秦岭岩相剖面、内蒙古东胜区三叠系～中侏罗纪剖面，萨拉乌素组河湖相沉积剖面，宁夏六盘山地质剖面，四川江油县龙门山、四川峨眉山、河北阳原泥河湾地层剖面等，都是很典型的地层剖面，具有很大的科考价值。美国科罗拉多大峡谷，从谷底向上整齐地排列着北美大陆从元古代到新生代不同地质时期的岩层，并含有丰富的有代表性的生物化石，俨然是一部"地质史书"。

#### 5. 钙华与泉华

钙华与泉华是岩石中的钙质等化学元素溶解后沉淀形成的形态。地下水中沉淀析出或地热流体上升至地表沉淀出 $CaCO_3$ 矿物（方解石为主，少量文石）形成钙华。泉华是溶有碳酸氢钙和其他矿物质的地下水、地下热水和地下蒸汽，在洞穴裂隙或在地表泉池边的化学淀积物。泉华成分可以是碳酸钙型（钙华）的，也可以是硫华、硅华、盐华甚至金属矿华等。钙华与泉华多数形态奇异，色彩多样，具有较大的观赏价值，以钙华（石灰华）多见。云南香格里拉县白水台泉华（钙华）是我国著名泉华旅游景观之一；黄龙钙华规模巨大、分布集中、类型齐全，为世界罕见的钙华景观（图3.6）。钙华边石坝彩池、钙华滩、钙华扇、钙华湖、钙华坑、钙华瀑布、钙华洞穴、钙华泉、钙华台、钙华盆景等一应俱全，是一座名副其实的天然钙华博物馆。在黄龙沟3 600米区段内，同时组接着几乎所有钙华类型，并巧妙地构成一条金色"巨龙"，翻腾于雪山林海之中，实为自然奇观。

图 3.6　四川黄龙钙华景观

6. 岩矿景观

各种不同的矿物集合在一起，便组成了各种不同的岩石。地壳就是由岩石构成的。据统计，地壳中的岩石不下数千种，按岩石成因可分为火成岩、沉积岩和变质岩三大类。在旅游资源中涉及最多最易构景的，只有花岗岩、玄武岩、砂岩、石灰岩、页岩、大理岩等少数几种。花岗岩是一种酸性的深成的火成岩，我国众多的名山中，有不少是由花岗岩构成的山岳景观。如泰山、华山、黄山、衡山、崂山、普陀山、莫干山、三清山等。这些名山不仅各有特性，而且具有许多共性。如在垂直节理发育的地方，风化过程中往往出现崩塌作用，因而形成石柱林立、孤峰擎天、悬崖绝壁等景观。玄武岩是一种基性火成岩，是岩浆溢出地表（或海底）冷凝而成的。玄武岩在地球上的分布极广，是自然界中最常见的熔岩。不仅在陆地上有广泛分布，就连太平洋、大西洋和印度洋的洋壳上也几乎全为玄武岩所覆盖。广东湛江市南面的硇洲岛，拥有国内最为雄伟、最具吸引力的玄武岩石柱。广东佛山王借岗、南京六合桂子山、福建澄海牛首山、四川峨眉山等地均有气势磅礴的玄武岩柱状节理景观。在各种沉积岩中最具有观赏意义和旅游价值的是石灰岩和红色砂砾岩。石灰岩经溶蚀、侵蚀作用，形成峰林、孤峰、石林、天生桥、地下暗河、溶洞等景观。湖南张家界为石英砂岩形成的峰林景观，云南陆良县所谓的"彩色沙林"则是新第三纪彩色半固结砂、泥岩经差异性侵蚀而形成的类似峰林、石林的景观，是由半固结岩石形成的，绝非有些人称的"危沙成林"。变质岩中人们最熟悉的是大理石。白色大理石俗称"汉白玉"，除用于建筑外，还可供艺术雕刻。如果其中含有带色的矿物，就使大理石具有各种美丽的彩斑。我国云南大理是大理石的著名产地，大理石就因此而得名。由变质岩构成的名山中，最著名的是山东泰山和江西庐山。

一些矿物、岩石经过人为加工而成为重要的收藏品和观赏物，如各类宝石。天然宝石中的钻石、红宝石、蓝宝石、金绿宝石、祖母绿为国际公认的五大珍贵天然宝石，此外还有海蓝宝石、玛瑙、水晶等。天然玉石中，以翡翠、白玉最为珍贵。以玛瑙为主要成分的优质南京雨花石是一种很好的工艺品。

7. 生物化石点

化石是指保存在地层中已石化的地质时期的生物遗体、遗骸如动物的骨骼、贝壳、牙齿，植物的茎干、花叶、种子等及其活动的遗迹如虫迹、足迹，外壳形成的印模等的总称。化石的形成必须具备一定的条件：①生物死亡后，生物体必须迅速被掩埋，以防止外界的风化和破坏。②被掩埋后的生物遗体还要经过充填、交替、蒸馏等不同类型的石化作用才能形成化石，这个石化过程要经历相当长的时期。③一般必须具有不易分解的生物硬件，如骨骼、牙齿、贝壳、树干、孢粉等。据统计，古代生物能够形成化石的比例大约不会超过5%。目前已知的保存下来的动植物化石物种，全世界只有13万种左右。化石是大自然史册的天然记录者，研究化石对恢复古地理环境提供了重要的依据。

我国著名的生物化石点很多，如四川自贡的恐龙博物馆、北京地质及自然博物馆、广西柳州白莲洞洞穴博物馆和山东山旺古生物化石博物馆等。

其中，山旺化石作为科学考察的旅游资源，其旅游考察价值，不论在数量还是质量上，都举世无双。山旺位于山东临朐县城以东，现已发现和描述过的有 10 多个门类 400 余种化石。还发现了距今约 1 800 万年的中新世化石。全世界在中新世地层中很难 找到化石，像山旺这样保存完好的中新世古生物化石，世界少有。这里于 1976 年发现 的一具鸟化石，完整、清晰，是世界上目前保存最完好的中新世鸟类化石，也填补了 我国第三纪鸟类化石的空白，被命名为"山旺山东鸟"。1980 年国务院批准山旺为国 家重点自然保护区。如今山旺已闻名于世界古生物学界，也是爱好自然的旅游者所向 往的胜地。

"四川恐龙多，自贡是个窝。"自贡市大山铺北场口的恐龙化石点，是一个以恐龙 为主的古脊椎动物群栖息之所。这里不仅化石丰富，埋藏集中，而且种类繁多，保存 完好。目前已挖掘出的有长达 20 米的草食性长颈椎蜥脚龙、长 10 米有余的短颈椎蜥脚 龙、凶猛的肉食性恐龙、身躯细小的鸟脚龙、世界上比较原始的剑龙等。一座新型而 独特的专业化恐龙博物馆，已在大山铺恐龙埋藏现场建成，海内外游客纷至沓来。

前几年，河南南阳西峡恐龙蛋化石群的发现，被国内外专家、学者称为世界自然 奇迹。它不仅数量多，而且有极高的科研价值，是高等级的旅游资源。

硅化木，又叫"木化石"，是地质历史时期的树木经历地质变迁，最后埋藏在地层 中，经历地下水的化学交换、填充等石化作用，使化学物质沉积交换了树木的木质部 分，仅将树木的原始结构保留下来，于是就形成为木化石。

（三）地质地貌过程形迹

地质地貌过程形迹是指在地球漫长的演化过程中，由于内外动力地质作用，在地表 形成的具有重大观赏和重要科学研究价值的地质地貌景观资源。它主要包括喀斯特地 貌旅游资源、丹霞地貌旅游资源和雅丹地貌旅游资源等。

1. 喀斯特地貌旅游资源

喀斯特地貌旅游资源又称为岩溶地貌旅游资源，是指可溶性岩石（主要是石灰岩） 在以地下水为主、地表水为辅，以化学过程为主、以机械过程为辅的破坏和改造作用 下形成的一种特殊地貌旅游资源。世界上喀斯特地貌分布广，从热带到寒带、从大陆 到海岛均有，总面积占地球陆地面积的 10% 左右。在我国，其分布面积占全国总面积 的 13%，以两广、云、贵、川所占面积最大。我国也是世界上最大的喀斯特地貌分布 区。我国古人就已对喀斯特地貌有研究：远在 2 000 多年前的《山海经》中便有"伏 流"（即喀斯特地貌中的地下暗河）的记载。明末（300 多年前）的《徐霞客游记》 是世界上最早而又全面叙述喀斯特地貌旅游资源的伟大著作。桂林山水、路南石林、 肇庆七星岩、贵州织金洞、黄果树瀑布、兴文洞乡、宜兴善卷洞、桐庐瑶林仙境等都 是喀斯特旅游风景区的代表。

（1）喀斯特作用机理

化学、物理和有机成因的二氧化碳（即 $CO_2$）气体，溶解在水中形成碳酸（即 $CO_2 + H_2O = H_2CO_3$)，而石灰岩的化学成分主要是碳酸钙（即 $CaCO_3$），$CaCO_3$ 在含 碳酸的水中溶解形成侵蚀性喀斯特地貌旅游景观，溶解后的重碳酸钙（即 $CaHCO_3$） 随水流流走，在条件适当时又从水中沉淀出来，形成沉积性喀斯特地貌旅游景观。即：

$CO_2 + H_2O + CaCO_3 = Ca(HCO_3)_2$，或：$CO_2 + H_2O + CaCO_3 = 2(HCO_3) + Ca$，这是个可逆反应。当水中 $CO_2$ 含量增加（温度降低，或大气中 $CO_2$ 分压增加）时，正反应进行，形成侵蚀性喀斯特地貌旅游景观；当水中 $CO_2$ 含量减少（温度升高，或大气中 $CO_2$ 分压减少）时，逆反应进行，从而形成沉积性的喀斯特地貌旅游景观。喀斯特作用强弱程度受控于岩石的可溶性和水的溶解力，前者取决于岩石的成分和结构、岩石的透水性等，后者取决于水中溶解的 $CO_2$ 含量多少、水的流动性等。

（2）喀斯特地貌旅游资源类型

喀斯特作用不仅发生在地表，更主要的是在地下，由此产生的景观可分为地表和地下两大类喀斯特地貌景观。地壳抬升，地表受到侵蚀，喀斯特作用加强，地下地貌会逐渐向地表地貌转化。多数优质喀斯特地貌旅游景观都由地下、地上两种喀斯特共同作用形成。按形成原因可分为侵蚀性景观和沉积性景观两大类。

地表喀斯特地貌景观包括：溶沟、石芽、溶斗、落水洞、干谷、盲谷、石林、峰丛、峰林、孤峰、溶蚀洼地、溶蚀谷地等。

溶沟：地表水沿可溶性岩石裂隙进行溶蚀和冲蚀形成的沟槽。

石芽：突出于溶沟之间的石脊。

溶斗：石灰岩地表出现的一种碟形、漏斗形的洼地。底部有消水道，一般深度小于宽度。按成因分为溶蚀漏斗和塌陷漏斗。重庆奉节的小寨"天坑"是世界罕见的特大型溶斗，其深度和直径均达到 600 米以上。

落水洞：开口于地面而通往地下深处的裂隙、地下河或溶洞的洞穴，一般深度远大于宽度。

干谷：石灰岩地区地表干涸的河谷。

盲谷：前方被陡崖阻断的死胡同式地表河谷，河水从崖下落水洞潜入地下变为地下河。

石林：又称"石林式石芽"，一般高为数米至十数米，单体的体积较小，呈林状分布而得名。一般位于高温多雨区，由水流沿石灰岩地层中的垂直裂隙溶蚀而成。石林之间有很深的溶沟，沟坡垂直，坡壁上有平行垂直凹槽。我国的云南路南石林居世界各国石林之首，被誉为"天下第一奇观"。云南路南石林，位于昆明市东南的彝族自治县境内，石林面积约 40 万亩（每亩约为 666.67 平方米，下同），游览区约 1 200 亩，"群峰壁立，千嶂叠翠"，景色雄伟壮丽。在世界同类型石林中，路南石林最大。石林之奇在于石，到处怪石嶙峋，奇峰似林，矮的几米，高的几十米甚至超过百米，千姿百态。在这里，几乎每一块石头都有一个很形象的名字，如莲花峰、剑峰池、母子偕游、万年灵芝等，海内闻名的"阿诗玛"也在这里。这些千奇百怪的石头群，或密集重叠，或稀疏独耸，或错落有致，或成行成片，有的似塔似柱，有的似笋似树，有的似人似兽，更有的神似花鸟虫鱼，简直像一片大森林。天晴时石头呈灰白色，下雨时则变为褐黑色。置身石林，不仅可以得到自然美的享受，还可以了解当地风土人情（见图3.7）。

峰丛：这是基座相连，峰顶到沟底相对高度小于沟底到地表相对高度的一种连座石灰岩山峰（见图3.8）。

峰林：这是基座分离或微微相连，峰顶到沟底相对高度超过沟底到地表相对高度的成群分布的石灰岩山峰。我国的桂林阳朔是典型的峰林、峰丛、孤峰发育地区，有

"桂林山水甲天下，阳朔山水甲桂林"之誉。这里的山，平地拔起，具有奇、秀、险等特点。一座座山峰各不相连，奇峰罗列，形态万千，山上怪石嶙峋，危峰兀立，与清澈无瑕的漓江水相连，色彩明丽。山绕着水，水映着山，构成一幅连绵不断的画卷（见图3.8）。

孤峰：这是石灰岩地表出现的孤立山峰。它们都是石灰岩遭受强烈溶蚀后形成的山峰。峰林较之石林来说，其单体的高度、体积体量、规模都要大得多，峰林是石灰岩的山峰，石林只是石灰岩的石树。

溶蚀洼地：范围较大（一般数平方千米至十数平方千米）的近似圆形的封闭洼地。

溶蚀谷地：范围很大（一般数平方千米至数百平方千米）的宽阔平坦谷地（坡立谷、溶蚀盆地），在我国云贵高原一带称作"坝子"。

图3.7　石林景观

图3.8　峰林与峰丛景观

地下喀斯特景观包括：溶洞及地下暗河（管道）、石笋、石钟乳、石柱、石幔（石幕）、石旗、边石堤（坝）等。

溶洞及地下暗河（管道）：溶洞是地下喀斯特水沿可溶性岩石的各种裂隙溶蚀、侵蚀扩大而形成的地下空间，是溶蚀、流水侵蚀和重力作用的共同产物。在地下水垂直循环带中发育的溶洞多是垂直的，规模较小；在水平循环带中形成的溶洞多是水平的，规模相对更大，若地壳有多次间歇性的抬升，就会出现多层溶洞。有些溶洞内还经常有水，形成地下河、地下湖和地下瀑布。在洞穴内，常有众多洞穴堆积物，存在许多文化景观。在我国南方的碳酸盐岩地区，最典型的是贵州省安顺市的龙宫洞，发育着非常典型的喀斯特地貌，划着小船进入幽深的溶洞暗河之中，耳边是河水荡漾的声音，眼前是姿态万千、优美独特的石钟乳和石笋等美景，让人产生别有洞天之感慨。湖南张家界的黄龙洞是我国目前溶洞形态最全、造型极为奇特的著名洞穴。英国皇家地质队评价说：黄龙洞几乎包含了洞穴学的全部内容，是世界上已经发现的溶洞的"全有冠军"。世界上最大的溶洞是北美阿巴拉契亚山脉的猛犸洞，位于美国肯塔基州境内，洞深64千米，所有的岔洞连起来的总长度达250千米。洞里宽的地方像广场，窄的地方像长廊，高的地方有30米高，整个洞水平面上迂回曲折，垂直向上可分出三层。雨季，整个洞内都有流水，成为地下河流，在坡折断处河水跌落，形成瀑布；旱季，局部地区有水，形成地下湖泊，可能还有积水很深的潭。

石笋：洞底碳酸钙由下往上的堆积物，形如竹笋（见图3.9）。

石钟乳：由洞顶下垂的碳酸钙堆积，形如钟乳状、锥状等（见图3.9）。

石柱：溶洞内由洞顶向下延伸的石钟乳与由洞底向上生长的石笋互相对接连通而

形成，常常由洞底直抵洞顶（见图3.10）。

石幔（石幕）：水溶液沿洞壁漫流时产生的面状、层状碳酸钙堆积，因形如帷幔、帷幕而得名（见图3.11）。

石旗：如果水溶液沿一条凸棱向下流动，则产生突出在洞壁上薄片状的碳酸钙堆积，称为石旗。

边石堤（坝）：发生在接近洞壁的洞底斜面上，形成弧形弯曲的石埂。边石堤（坝）内积水，形如梯田，又名石池或石田。如果洞底平整，坡度较大，则成为平缓的层状堆积，称为钙华板。四川黄龙的坡地上形成了3 000多个梯田状石灰华五彩水池（见图3.12）。

如按成因分类，属于差异性侵蚀喀斯特地貌景观的为：所有地表喀斯特地貌景观和地下暗河（管道）及溶洞；属于沉积性喀斯特地貌景观的为：石笋、石钟乳、石柱、石幔（石幕）、石旗、边石堤（坝）等。

图3.9　石笋、石钟乳景观

图3.10　石柱景观

图3.11　石幔景观

图3.12　边石堤（坝）景观

### 2. 丹霞地貌旅游资源

丹霞地貌是指红色砂砾岩经长期风化剥离、流水侵蚀，重力崩塌等外力作用，形成的孤峰、平顶山、陡壁和奇岩怪石等的地貌组合景观（见图3.13）。它主要发育于侏罗纪至第三纪的水平或缓倾斜的红色地层中，各种造型的红色岩层在阳光辉映下，金光灿烂，十分美观，所以称为丹霞地貌。丹霞地貌分布区常是奇峰林立、景色瑰丽。据统计，我国著名旅游景区有25%左右是丹霞地貌景区，以广东丹霞山最为典型，是世界上分布面积最大、发育最典型、造型最丰富、风景最优美的丹霞地貌集中分布区。

其他著名的丹霞地貌风景还有江西的龙虎山、安徽的齐云山、福建的武夷山、甘肃张掖、江西瑞金、浙江永康、广西桂平白石山、四川都江堰市的青城山、四川乐山、陕西凤县的赤龙山以及河北承德等地。

图 3.13　红色砂砾岩形成的丹霞地貌景观

3. 雅丹地貌旅游资源

雅丹，维吾尔语原意为"险峻的小土丘"，专指发生在干旱区的一种风蚀地貌。在干旱地区的湖积平原上，由于湖水干涸，湖底因干缩产生裂隙，定向风沿着裂隙强烈吹蚀，形成一系列鳍形"垄脊"和宽浅"沟槽"，长几十米到数百米，深可达十米，并沿风向延伸的奇特景观。以新疆罗布泊洼地、乌尔禾与将军崖最为典型。雅丹林有的酷似古城堡、庙宇、帝王坟、军帐；有的类似"鲸群戏沙海"、"百万海狮朝阳"、"万龙布阵"，千姿百态，十分壮观。近几年来，参观雅丹地貌已成为旅游者热衷的一个探险项目。

在风沙作用下，基岩裸露地区往往形成一些风蚀地貌景观，如风蚀城堡、风蚀蘑菇等。这些景观具有很高的游览价值和独特的景观观赏效果。风蚀城堡大部分见于岩性软硬相间的近似水平状的沉积岩，主要是砂岩和页岩相间分布的地区。由于岩性软硬不一和风力吹蚀的差异性，结果形成了许多层状墩台，相对高度多为 10～30 米，墩台的顶部大多很平坦。我国以准噶尔盆地的乌尔禾"风城"和将军戈壁滩上的"魔鬼城"最为著名（见图 3.14）。

在风沙强劲的地方，出露地表如是一块孤立凸起的岩石，在近地表风沙强烈吹蚀作用下，经长期差异性侵蚀，会形成顶部大于下部的蘑菇外形，称为风蚀蘑菇（见图3.15），在我国吐鲁番盆地西北部的石质丘陵地区、准噶尔盆地的乌尔禾和塔克拉玛干沙漠的麻扎塔格等地都可见到。

图 3.14　风蚀城堡景观

图 3.15　风蚀蘑菇景观

新月形沙丘、纵向沙垄、方格状沙丘、蜂窝状沙丘、金字塔形沙丘等各种形态的沙丘广袤千里、气象万千，再加上奇特的沙丘植物，还有埋没其间的古文化遗址，都赋予了荒凉的沙丘以迷人的色彩和无限的魅力。我国新月形沙丘以甘肃敦煌莫高窟之西的鸣沙山最负盛名，并且在内蒙古的巴丹吉林沙漠、腾格里沙漠、南疆的塔克拉玛干沙漠等也都有广泛分布。

### （四）自然变动遗迹

自然变动遗迹包括重力堆积体、泥石流堆积体、地震遗迹、冰川遗迹、火山熔岩，等等。

#### 1. 重力堆积体

重力堆积体是由于重力作用使山坡上的土体、岩体整体下滑或崩塌滚落而形成的遗留物。重力堆积体的遗留物能形成奇异的地貌景观，如陕西翠华山山崩景观就是典型的由于重力作用而导致山体崩塌形成的。在重力的作用下，巨大的岩块崩落谷底，形成残峰断崖、堰塞湖、石海三大部分景观。其中残峰断崖系山体崩塌所形成的临空面，峭壁凌空，气势磅礴。地质遗迹规模巨大，总面积29平方千米，山崩总体积约3亿立方米，至今岩块裂隙仍在发展，崩塌岩块上擦痕、摩擦镜面等形迹清晰，堪称中国独具特色的山崩地质、科普、教育、科研基地。翠华山山崩地貌形态多样、特殊、系统保存完整，是国外罕见、国内仅有的山崩地质遗迹景观。

#### 2. 泥石流堆积体

泥石流是山区特有的一种自然地质现象。它是由于降水（暴雨、冰川、积雪融化水）产生在沟谷或山坡上的一种挟带大量泥沙、石块和巨砾等固体物质的特殊洪流，是高浓度的固体与液体的混合颗粒流，俗称"走蛟"或"出龙"等。由于泥石流爆发突然，运动很快，能量巨大，来势凶猛，破坏性非常强，常给山区工农业生产建设造成极大危害。位于流域的下游或山口之外坡度比较平缓之处，是泥石流固体物质停积的场所，这里大小石块混杂堆积，地面垄岗起伏，坎坷不平，也是重要的地貌景观资源。如昆明的东川是闻名遐迩的典型雨洪型泥石流频发地区，其天然泥石流景观有独特的科研、旅游考察价值。

#### 3. 地震遗迹

地震遗迹旅游资源是由破坏性的地震作用，以突然爆发的形式造成的具有旅游功能的自然遗迹景观，此外还有人造的纪念性的地震标志物。

地震，是一种常见的灾害性自然现象，全世界每年发生的地震多达500万次。但由于绝大部分地震发生在海洋里和人烟稀少的地方，加上地震的分布很不均匀，因此使人感到地震是罕见的。产生地震的原因较多，如火山、熔岩喷发等，但多数是由地壳岩层断裂错动产生。在地应力的长期作用下，地壳中的岩层会发生倾斜、弯曲，当积累起来的地应力超过岩层所能承受的限度时，岩层就会在刹那间发生断裂错动，从而使积累起来的能量得到迅速释放。释放的能量以弹性波的形式从岩层断裂处向四面八方传播，这种波叫做地震波。当地震波传到地面时，地面就会发生震动。强烈地震的发生，一方面可以改变自然面貌，形成堰塞湖、断层崖等地震遗迹风景区；另一方面，由于地震的破坏性使建筑物倒塌、变形，形成地震遗址这种特殊的灾害景观。如2008年5月12日，中国汶川发生的里氏8.0级大地震，其破坏性之强、影响范围之广、人员伤亡之惨重实属罕见，在恢复重建过程中，保留了很多地震遗址遗迹的原貌，开辟为公园，建设成博物馆，对游人进行科普教育。在人类历史上，记录地震的碑文、石刻构成了与地震有关的特有文化，早已成为人们研究和游览的场所。如四川西昌市泸山光福寺有大量碑刻，较详细地记载了历次地震的情况，成为一份难得的史料。

我国地震遗址比较典型的还有唐山地震遗址（见图3.16）和四川叠溪地震遗址（见图3.17）。

1976年7月28日，河北唐山发生里氏7.8级地震，城市顷刻间化为废墟。为了让人们永远记住地震带来的巨大破坏和灾难，同时为了给地震工作者提供一个科学研究的场所，经国务院批准，唐山市在重建过程中留下了7处典型地震遗址，供后人参观、考察。2007年，唐山市政府有关部门宣布，在40公顷地震遗址上建设地震遗址纪念公园。公园分4个区：遗址区、水区、碎石广场区、树林区，并建成长达300多米的地震罹难者纪念墙，上面镌刻着24万地震罹难者的名单和纪念碑文。有关专家指出，地震遗址公园的建设体现了"对自然的敬畏、对生命的关爱、对科学的探索、对历史的追忆"的设计宗旨。

四川叠溪地震遗址位于阿坝州茂县较场乡，背靠七珠山，下临岷江河。叠溪在汉代为蚕陵县，唐初为冀州，明为叠溪千户所，清改为卫，民国隶茂县。而叠溪城为"贞观时筑，明洪武十一年御使大夫丁玉讨复故地，命指挥童胜复筑。高一丈，围三百几十丈，门四，明成化间重修。"叠溪城扼松茂要道，是军事重镇，亦是商品集散地。1933年8月25日，此地发生7.5级强烈地震，山崩地裂，台地下陷，古城沉没，城中军民三千余人全部遇难。地震后古城仅残存东门瓮城一角，南墙一段石狮、石辇、石碑、石缸各一。该遗址保留完好，是世界上保存完好的地震毁灭的古城遗址，成为国际地震界研究地震的重要现场。

图3.16　唐山地震遗址和抗震纪念碑

图3.17　四川叠溪地震遗址

4. 火山熔岩

火山是地壳之下的岩浆从地壳薄弱的地段冲出地表形成的。喷出的大量高温气体、热水溶液、固体碎屑和熔融岩流，形成火山熔岩。火山喷发的强弱与熔岩性质有关，喷发时间也有长有短，短的几小时，长的可达上千年。按火山活动情况可将火山分为三类：活火山、死火山和休眠火山。火山喷发可在短期内给人类和生命财产造成巨大的损失，是一种灾难性的自然现象。然而火山喷发后，它能提供丰富的土地、热能和许多种矿产资源，还能提供丰富的旅游资源。特别是火山遗迹景观往往能吸引大量的游人前去参观游览。例如：我国黑龙江五大连池，素有"火山地貌博物馆"之称。五大连池原名白河，是黑龙江的支流，公元1719年至1721年间火山数次喷发，熔岩将河道截成五段，形成五个串珠状排列的火山熔岩堰塞湖，五池之间相互连通，长达20千米，统称"五大连池"。弯弯曲曲的五池碧水点缀在14座火山锥之间，与广阔的熔岩石海交织在一起，形成了一幅独特的山、水、石风景区。还有如意大利的庞贝古城，公元79年被维苏威火山喷发的白灰色石块埋藏后，今日又以完整的遗址展示在游人面前，成为举世瞩目的火山文化遗迹景观。

海南省琼山县石山区，有70多条火山熔岩隧道。其中一条隧道长度超过4千米，宽度有3~13米，洞高10多米，还有分叉隧道，形成了一个复杂的地下隧道系统，规模十分壮观。这些熔岩隧道的形成，是炽热的岩浆从地下喷出地表后，表面冷却，形成硬壳，下面的熔岩物质仍然在流动。当火山活动减弱或停止喷发，岩浆源枯竭后，在熔岩流内部就留下了巨大的地下空洞即熔岩隧道。游客在隧道两侧岩壁上不仅可看到熔岩流动时的痕迹，还可看到熔岩冷却形成的各种形态的熔岩乳。有些地段，因火山岩浆的气泡逸散，留下了气泡洞穴和竖井，形成了一个奇丽的火山公园，美不胜收。

5. 冰川侵蚀遗迹

冰川地貌景观主要是指冰川后退或消失后遗留下来的各种地形。主要有围椅状冰斗、平直的"U"形谷、单薄的刃脊（见图3.18）、尖峭的角峰、匍匐状的羊背石及冰斗湖等典型地貌景观。冰川地貌多保存在高山或高纬度地区，如珠穆朗玛峰就是闻名世界的冰蚀角峰（见图3.19）。我国山地较多，冰川作用留下来的遗迹也较多，主要分布在青藏高原，滇西北山地，新疆天山、阿尔金山，甘肃祁连山、兴隆山，四川西昌螺髻山、黄龙自然保护区，陇蜀交界的岷山等。近年来，冰川遗迹景观以其形态奇特、稀有少见而引起游客的兴趣，常常用来开展探险旅游。甘肃河西走廊西端祁连山深山里的"七一"冰川，是亚洲距城市最近的可游览冰川。冰舌部海拔4 302米，冰峰海拔5 150米，由峡谷深处，可沿山路攀登，领略"一日四季"的奇妙景色。我国东部地区的中、高山地也有冰川发育的历史，如江西的庐山、安徽的黄山、浙江的天目山等地，李四光认为庐山第四纪冰川遗迹最为典型。

图3.18 刃脊

图3.19 珠穆朗玛峰冰蚀角锋

（五）岛礁

　　岛屿是海洋、江河或湖泊中被水包围的小片陆地，江海中隐现于水面上下的岩石以及由珊瑚虫的遗骸堆积成的岩石状物称之为礁。岛屿按成因通常分为三种类型：基岩岛、冲积岛和珊瑚岛。台湾岛、海南岛是我国面积处于前两位的两大基岩岛。位于我国长江入海口的崇明岛属于典型的冲积岛，也是我国第 3 大岛。而南沙群岛古代就有"千里长沙、万里石塘"之称，是我国南海诸岛中位置最南、岛礁数目最多、分布面积最广的一组珊瑚岛，由 230 多个岛、礁、滩和沙洲组成，最小的太平岛仅有 0.43平方千米。岛屿往往被水阻隔形成封闭环境，构成独具特色的小环境，自然风光十分美丽，使人向往。位于我国辽东半岛东侧的黄海北部海域的长山群岛，由 112 个岛、坨、礁组成。这里岛礁群集、峦峪广布、林木茂盛，秀丽的岬角、曲折的海湾、奇异的礁石、金子般的沙滩和仪态万千的海蚀地貌，构成了一幅异彩纷呈的海岛风光。此外，岛屿与大陆分离，隔水相望，海岛上生活的渔民们，在长期征服海洋、生息繁衍的过程中形成了自己独特的渔家民俗风情，他们的建筑、服饰、饮食、宗教、礼仪、节庆活动、婚丧嫁娶、文化娱乐、乡土工艺都可以成为吸引游客的旅游资源，因此可以在海岛上开展旅游观光和参与性活动，让游人充分体验海洋民俗风情。目前我国乃至世界上的许多海岛都已成为世界驰名的旅游胜地，例如夏威夷群岛、斐济群岛、汤加群岛及我国厦门的鼓浪屿岛、杭州湾外的普陀山、舟山群岛、海南岛等。

　　在热带和亚热带浅海中，死亡的造礁珊瑚骨骼与一些贝壳和石灰质藻类胶结在一起，形成大块具有孔隙的钙质岩体，如此长年累月地堆积起来，在水面下就形成了像岩石一样坚硬的珊瑚礁。珊瑚礁以其特有的结构、形态、生态而极富旅游价值。澳大利亚东岸的大堡礁是世界上规模最大、最著名的珊瑚礁，沿海岸分布，落潮时露出水面，涨潮时大半被淹没。大堡礁形态独特，物种丰富，水下风光旖旎，已成为澳大利亚重要的自然保护区和旅游胜地。岛礁从地貌、气候、植被等自然环境到居民日常生产、生活方式，都具有独特、诱人的魅力。一些无人定居的荒岛，被用来饲养、繁殖与保护动物，开发观光、狩猎等旅游项目。如旅顺口西北的蛇岛，已被列为国家重点自然保护区。在这一总面积约 1.2 平方千米的小岛上，有约 1.3 万条黑眉蝮蛇，吸引着众多游客乘船观赏。分布在热带、亚热带海域中的珊瑚岛和珊瑚礁，由珊瑚虫的石灰质残骸堆积而成。它们像散落在辽阔洋面上的明珠，景色旖旎，有不少已成为国际著名的旅游胜地。我国台湾海峡以南的广东、广西、台湾、海南沿海的一些地区以及东沙、西沙、中沙、南沙群岛等地珊瑚礁广泛发育。岛礁四周金沙环绕，不时有海浪拍打着礁盘，飞溅起白色的浪花，自然景色十分迷人。因此，这些岛礁也已成为人们所向往的旅游景点。

　　我国位于亚洲大陆的东南部，濒临西北太平洋，大陆海岸线长 1.8 万千米，加上沿海 5 000 多个岛屿的海岸线，总长达 3.2 万千米。海岸类型齐全，分为基岩海岸、砂质海岸、生物海岸三类，均为我国重要的海岸旅游资源。

　　基岩海岸指由坚硬岩石组成的海岸，轮廓分明，线条强劲，气势磅礴，不仅具有阳刚之美，而且具有变幻无穷的神韵。基岩海岸具有多种海岸侵蚀地貌景观，如海蚀穴、海蚀拱桥、海蚀柱、海蚀崖、海蚀平台等。波浪侵蚀基岩海岸时，沿着岩石节理、断层等薄弱面，开始时形成较小的内凹壁龛，激浪湍流在壁龛内携带沙砾冲刷，使内凹加深加高，扩大成为海蚀洞穴。两端贯通了的海蚀洞穴成为海蚀拱桥（见图3.20）。海蚀拱桥塌落后剩下的海中残留岩体成为海蚀柱（见图3.21）。海蚀穴不断扩大，重力作用使上部岩体塌落下来形成海蚀崖，在海蚀崖发育和后退的过程中，崖前岸坡逐渐被塑造成向海缓慢倾斜的岩质平台，称为海蚀平台。基岩海岸受海浪侵蚀作用，地势险峻、坡陡水深，岬湾相间、海岸线曲折，岛屿众多，可用作避风良港、旅游胜地。我国的山东半岛、辽东半岛及杭州湾以南的浙、闽、台、粤、桂、琼等省，基岩海岸广为分布。

图3.20　基岩海岸海蚀拱桥景观

图3.21　基岩海岸海蚀柱景观

　　砂质海岸是由砾石和沙子组成，受河流堆积和海水冲刷、搬运共同作用，形成沙堤、沙坝、沙丘等地貌，宽阔平坦，向海洋倾斜，可用作优质海滨浴场。砂质海滩是开展"三S"旅游的最佳场所，因为那里特有的温暖阳光（Sun）、碧蓝的大海（Sea）、舒适的沙滩（Sand），能使旅游者们获得精神和肉体的放松（见图3.22）。在现代旅游业中，"三S"景观已经成为最受人们欢迎的旅游资源，很多拥有"三S"景观的国家，已成为世界旅游大国，像地中海沿岸的西班牙和意大利等。我国沿海各省市基本上都具备"三S"海洋旅游要素，而且因为我国跨纬度广，因此我国的海滨旅游资源跨热带、亚热带和温带三个气候带，加上不同的海岸地貌，使我国的海滨旅游资源呈现出多姿多彩、类别丰富的特点。

图3.22　"三S"旅游资源

图3.23　红树林海岸旅游资源

　　生物海岸是由生长在沿海的特殊生物构成的海岸，主要包括珊瑚礁海岸和红树林海岸。珊瑚礁海岸分布在热带基岩海岸边缘，有利于保护海岸，抵抗海浪侵蚀，红树林海岸是红树林植物与泥沼相结合的海岸，分布在热带、亚热带水域的淤泥质海岸，抵御风浪侵蚀、是鸟类及潮间带动物的栖息地，有利于生物多样性保护、湿地保护和海洋防灾减灾，也是重要的海岸旅游资源（见图3.23）。我国的红树林海岸在海南省发育得最好，种类多，面积广。红树植物有10余种，有灌木也有乔木。因其树皮及木材呈红褐色，因而称为红树或红树林。红树的叶子不是红色的，而是绿色的。枝繁叶茂的红树林在海岸形成的是一道绿色屏障。

## 二、水域风光

水是自然界中分布最广也最活跃的因素之一，它不仅为人类提供了灌溉、蓄水、发电和养殖之利，更能调节气候，是交通运输的重要载体之一，并且还能构景添色，供人游览和娱乐，是一项重要的旅游资源。一泻千里的江河，迂回曲折的溪流，风光秀丽的湖泊；泉水星罗棋布，喷涌而出；瀑布凌空飞洒，珠飞玉溅；海洋浩瀚湛蓝，波澜壮阔；冰川雪白晶莹，景色绮丽……诸多水景，构成绚丽多彩的旅游胜地，对旅游者具有很大的吸引力。因而，水域风光是具有极大旅游价值的自然景观旅游资源。水域风光旅游资源，一般可分为河段、天然湖泊与池沼、瀑布、泉、河口与海面、冰雪地等几类。

### （一）河段

河段是河流的某一段落。河流是陆地表面沿线形凹地运动的常年性水流，由一定区域的地面水和地下水补给。规模较大者称江或河，较小者称溪或涧。一般而言，大河河段可分为河源段、上游河段、中游河段、下游河段和河口区。不同的河段，由于流经不同的地理环境和地貌部位，常形成许多风貌各异的景观，对游客具有不同的吸引功能。顺河沿溪可观赏沿岸大峡谷的壮丽风光或小桥流水、屋舍秀美的水乡风光，或可漂流探险等。可作为旅游资源重点开发的河段主要是风景河段和漂流河段。中国是河川众多的国家，流域面积超过1 000平方千米的河流即有1 600条，大小河流总长度在42万千米以上。有的蜿蜒曲折，有的咆哮奔腾，有的静谧含情，山水相依，雄秀多姿，气象万千。江河奔流的壮景、豪放含蓄的特征，一直为人们所欣赏。

#### 1. 风景河段

风景河段不是河流的自然地理分段，而是指风景优美、具有旅游开发价值的河流的某个区段（见图3.24）。选择与开发风景河段，除区位条件等旅游资源开发的综合因素外，主要有以下选择标准：

（1）河道应蜿蜒曲折，忌直顺、一眼望穿。

（2）两岸远处最好有低山、丘陵，近岸最好有农田、村庄；且植被（或农作物）覆盖好，葱浓绿翠，景色宜人。

（3）河水清澈碧透，水质好（含沙量低，有机质含量少），无污染。

（4）沿河若有名胜古迹、奇山异石更佳。

人们常说"山明水秀"，如桂林漓江，清澈碧透，泛舟漓江上，可一睹"群峰倒影山浮水"、"曲水长流花月妍"的妖娆美景。三门峡市旁的黄河段，每年凌汛之前的两个月，因水流速度减缓，泥沙沉积，河水变清，成为"黄河水清，千古奇观"，吸引着国内外大批游客。我国著名风景河段有长江三峡、桂林漓江、浙江富春江、福建武夷山九曲溪等。

图 3.24　风景河段　　　　　　　　　图 3.25　漂流河段

## 2. 漂流河段

漂流，是一项新兴的旅游产品。它以全程参与、有惊无险、野趣无穷的魅力，吸引着越来越多的游客（见图 3.25）。与风景河段一样，"山明水秀"也是选择漂流河段的基本要求。除此之外，还必须考虑：

（1）河道较顺直，急弯少。

（2）水流速度快。漂流不同于平湖泛舟，需有一定的水流速度作为支撑。许多漂流景点喜欢用"滩多浪急有惊无险"作为宣传促销口号，有意突出"浪急"，有了"浪急"，才能"有惊"，才会让游客得到刺激。

（3）水不宜太深，漂流河段水深以 0.5～1.2 米为宜。水太深，加上水流急，游客一旦落水，就会有危险。

（4）暗礁险滩少。河道、河底暗礁险滩要少，必要时可采用人工爆破等方式予以清除，因漂流时触礁或冲撞险滩，会有危险。

（5）水温适中。漂流活动中，游人衣衫常会湿透，而且有些河段的水源补给，来自冰雪融水，水温偏低，寒气逼人，游客会望而生畏，难以参与。

我国著名漂流河段有湘西猛洞河、贵州马岭河、浙江天目溪、湖北神农溪等。

## 小资料　　　　　　　　　　　　漓江风景河段

漓江发源于"华南第一峰"桂北越城岭，位于广西东部，全长 160 千米，属珠江水系。漓江风景区是世界上规模最大、风景最美的喀斯特（岩溶）山水游览区。桂林风光早已闻名遐迩，著称于世，漓江则是桂林风光的精华和灵魂，千百年来不知陶醉了多少文人墨客。

漓江两岸的山峰伟岸挺拔，形态万千，石峰上多长有茸茸的灌木和小花，远远看去，若美女身上的衣衫。江岸的堤坝上，终年碧绿的凤尾竹，似少女的裙裾，随风摇曳，婀娜多姿。最可爱是山峰倒影，几分朦胧，几分清晰。江面渔舟几点，白帆数页，从山峰倒影的画面上流过，真有"船在青山顶上行"的意境。百里漓江的每一处景致，都是一幅典型的中国水墨画。漓江自桂林至阳朔83千米水程，是广西东北部喀斯特地形发育最典型的地段。她酷似一条青罗带，蜿蜒于万点奇峰之间，沿江风光旖旎，碧水萦回，奇峰倒影、深潭、喷泉、飞瀑参差，构成一幅绚丽多彩的画卷。依据景色的不同，大致可分为三个景区：第一景区为桂林市区至黄牛峡；第二景区为黄牛峡至水落村；第三景区为水落村至阳朔。正如著名文学家韩愈的诗句所言："江作青罗带，山如碧玉簪"，三个景区的这一段水路被誉为"百里漓江、百里画廊"。游览漓江，有一个绝妙之处，就是不愁天气变化，因为不同天气情况下漓江景色有不同特点：晴天，看青峰倒影；阴天，看漫山云雾；雨天，看漓江烟雨；最妙是阴雨天，但见江上烟波浩渺，群山若隐若现，浮云穿行于奇峰之间，雨幕似轻纱笼罩江山之上，活像一幅幅千姿百态的泼墨水彩画。正是"桂林山水甲天下，绝妙漓江泛秋图"。

漓江兼有"山明、水秀、洞奇、石美"四绝，还有"洲绿、滩险、潭深、瀑飞"之胜。江中多洲，岸边多滩，乱石遏流，浪回波伏，茂树环合，翠竹竞秀。漓江景观因时、因地（角度）、因气候不同而变化。晴朗天候，上下天光，一碧万顷，千峦百嶂，尽入眼帘。烟雨之日，岚雾缭绕，若隐若现，若断若续，一派朦胧。明月之夜，群峰如洗，江波如练，若置身空灵境界，清远无限。雄奇瑰丽的百里江水长卷，使人赏心悦目，冶性陶情，净化心灵，弃俗绝尘。可以说"漓江神秀天下无"。

[资料来源] http://baike.baidu.com/view/32679.htm.

## （二）天然湖泊与池沼

湖泊、潭池、池沼与湿地都是陆地水的重要形式，是指地表天然洼地中蓄积的水体，它们形形色色、姿态不一、绚丽多彩。有的烟波浩渺、藏形匿影；有的清新妩媚、宛若明镜；有的曲折幽深、群峰环抱，如一颗颗光彩夺目的宝石，镶嵌在大地上。多姿的风光，不仅给大自然增添了灿烂的风采，给人们也带来了无限的美感。恬静、幽雅、绰约、心旷神怡是它们给人们的馈赠，"湖光山色"、"明珠"是人们赋予它们的美称。天然湖泊与池沼景观是自然风光的重要组成元素，也是天人合一的结晶，满足了众多游人的多种需求。其中湖泊，按成因可分为构造湖、海迹湖（潟湖）、河迹湖（牛轭湖）、冰川湖、火口湖和堰塞湖（熔岩和地震堰塞湖）、风蚀湖、溶蚀湖、人工湖（水库）等；按湖水矿化度分为淡水湖（矿化度小于1克/升）、咸水湖（矿化度为1~35克/升）和盐湖（矿化度大于35克/升）。

构造湖是由于地壳构造运动产生断裂下陷而形成的湖泊。其特点是湖岸平直、湖形狭长、岸坡陡峭、深度大。俄罗斯贝加尔湖是亚欧大陆最大的构造湖（淡水湖），长640千米，平均宽50千米，是世界上第七大湖泊和世界上最深的湖泊（最深处可达1 620米）。我国著名的构造湖有云南滇池和洱海、安徽巢湖、内蒙古岱海、西藏纳木措、台湾日月潭等。西藏纳木措是世界上最高的湖泊。四川最大淡水湖泊——泸沽湖（为川滇两省界湖，四川、云南两省共有，四川约占总面积的2/3、云南约占总面积的1/3，四川一侧湖岸线要比云南的湖岸线长得多）、第二大淡水湖泊——西昌市邛海及第三大淡水湖泊——雷波县马湖均为构造湖。

火山口湖是由于火山喷发停止、火山颈堵塞封闭成的积水洼地。其特点是呈圆形、椭圆形、马蹄形，深度较大。著名的有长白山天池（见图 3.26）、广东湛江湖光岩火口湖、内蒙古阿尔山火山口湖群等。长白山天池是我国最深的湖泊。

河迹湖是由于平原或高原面上河流侵蚀强烈，常呈"蛇曲状"展布，洪水期河道常发生"裁弯取直"的河流改道，遗留下的废弃古河道形成，因形如牛轭，故又名"牛轭湖"。其特点是一般多弯曲、水不太深。我国著名河迹湖有洪泽湖、鄱阳湖、洞庭湖、内蒙古第二大湖乌梁素海等。

海迹湖又称潟湖，是由于沿岸沙嘴和沙洲不断向外伸展，最后封闭成海湾并与海洋分隔形成的湖泊。著名的有杭州西湖、宁波东钱湖、河北昌黎七里海等。

堰塞湖是指山崩、火山熔岩、泥石流等外来物质急剧堆积以及阻塞河流而形成的湖泊。分熔岩堰塞湖和地震堰塞湖两种。我国著名的熔岩堰塞湖有牡丹江镜泊湖（我国最大的熔岩堰塞湖，见图 3.27）、黑龙江五大连池；著名的地震堰塞湖有重庆黔江小南海、西安翠华山堰塞湖、四川叠溪岷江海子、四川"5·12"大地震形成的唐家山堰塞湖等。

冰蚀湖是由于冰蚀作用形成的洼地和冰碛物堵塞冰川槽谷积水而成的湖泊。著名的有新疆喀纳斯湖、青海文果县果海、陕西太白山太白池等。

图 3.26　长白山天池

图 3.27　牡丹江镜泊湖

溶蚀湖是由于地下水和地表水对可溶性岩石的溶蚀作用而形成的湖泊。特点是一般多为圆形、椭圆形。著名的有贵州威宁草海及织金八步湖、云南中甸的帕海等。威宁草海是贵州省最大的湖泊。

风成湖是指沙漠中沙丘间洼地低于潜水面，水由四周沙丘汇集洼地，集水而成的湖泊。特点是面积较小、湖形多变，常称为"鬼湖"。内蒙古阿拉善右旗巴丹吉林沙漠分布有百余个风成洼地湖。

人工湖即水库，是指具有拦洪蓄水、调节径流等特定功能的蓄水区域。我国是世界上水库最多的国家，著名的有千岛湖（见图 3.28）、松花湖、红枫湖、三峡水库等。

咸水湖和盐湖是因海水中含有很多矿物质，水分不断蒸发，矿物质沉淀下来，经漫长岁月而形成。著名的咸水湖有西亚巴勒斯坦和约旦交界处的死海、位于四川大英县的中国死海（见图 3.29）。

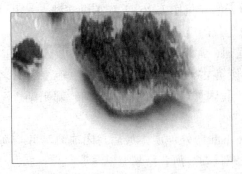
图 3.28　杭州淳安千岛湖

图 3.29　四川大英县的中国死海

**小资料**　　　　　　　　　　著名湖泊旅游资源

**1. 西湖**

西湖位于浙江省杭州市西面，古称"钱塘湖"，又名"西子湖"。古代诗人苏轼对它评价道："欲把西湖比西子，淡妆浓抹总相宜。"它以其秀丽的湖光山色和众多的名胜古迹而闻名中外，是我国著名的旅游胜地，也被誉为"人间天堂"。西湖南北长 3.3千米，东西宽 2.8 千米，水最深处 2.8 米左右，最浅处不到 1 米。湖面被孤山及苏堤、白堤两条人工堤分割为 5 个子湖区，子湖区间由桥孔连通，入湖河流都是短小的溪涧，主要为金沙涧、龙泓涧和长桥溪。西湖于 1982 年被确定为国家风景名胜区，1985 年被选为"全国十大风景名胜"。

西湖的美不仅在湖，也在于山。南、北众山环绕西湖，像众星拱月一样，捧出西湖这颗明珠。山的高度都不超过 400 米，但峰奇石秀，林泉幽美。南北高峰遥相对峙，高插云霄。西湖十景形成于南宋时期，基本围绕西湖分布，有的就位于湖上：苏堤春晓、曲苑风荷、平湖秋月、断桥残雪、柳浪闻莺、花港观鱼、雷峰夕照、双峰插云、南屏晚钟、三潭印月。西湖十景各擅其胜，组合在一起又能代表古代西湖胜景精华，所以无论杭州本地人还是外地山水客，都对此津津乐道，以先游为快。

**2. 死海**

死海位于亚洲西部巴勒斯坦和约旦交界处，希伯来语中被称为"盐海"。死海南北长约 82 千米，东西最宽 18 千米，平均深 146 米，最大深度 395 米，面积 1 049 平方千米，湖面海拔为 -400 米，是世界陆地的最低点。死海含盐量比一般海水高 5～8 倍，湖水比重大大高于人体比重，因此人们可以像躺在床上一样仰卧在死海水面上，即使不会游泳的人，也不会被淹死。死海水中含有很多矿物质，水分不断蒸发，矿物质沉淀下来，经年累月而成为今天最咸的咸水湖。死海一带的气温很高，蒸发量大，干燥少雨，植物稀少。晴天多，日照强，是地球上气压最高的地方，空气中含有大量的氧，让人感到呼吸自在。沉淀在湖底的矿物质多，富含高浓度的盐和硫化氢，能很好地保温，清洁皮肤，减轻关节痛。神奇的功效，吸引着成千上万的人从世界各地来到死海，以求恢复他们的精力和健康。

（三）瀑布

瀑布，又叫做跌水，是指经常性水流从悬崖或陡坡上倾斜而下所形成的水体，亦即河流纵断面上突然产生波折而跌落的水流景观。它是由地球内应力和外应力综合作用所造成的河床不连续的结果。瀑布具有独特的风貌，是大自然的奇景之一，是一项极富吸引力的旅游资源。它的最大特点在于，将山水完美地结合在一起，跌落的形态、磅礴的声势、映照出的缤纷色彩三者自然融合。有的瀑布直落千丈，状如万马奔腾，声若巨雷轰鸣，涌雪如玉，在阳光照射下变幻出七色彩虹；有的跳荡迸溅似飞珠腾玑，如轻纱飘飞，如妩媚的仙女，其声则若管弦丝竹，最后化为霏霏云雾。所以瀑布是最活跃、最生动、最壮观的陆地水景，其雄、险、奇、壮为大自然景区锦上添花，也使旅游区整体景观变得生动活泼起来。

图 3.30　贵州黄果树瀑布

图 3.31　黑龙江宁安县吊水楼瀑布

**小资料**　　　　　　　**我国著名的瀑布**

中国的瀑布很多，受海陆位置的影响，分布是南多北少、东多西少。浙江雁荡山的大龙湫瀑布，高约 197 米，悬空飞洒，像一条白练飘舞在茂林修竹之间，是我国单级落差最高的瀑布；台湾省蛟龙瀑布，瀑布共 5 级，总高 1 000 多米，远眺如玉柱擎天，故有"擎天玉柱"之称，是台湾最大的瀑布，也是我国总落差最高的瀑布。它们以及吉林白头山天池的长白山瀑布、广西隆林冰水山的冷水瀑布、福建周宁县南山中的九龙瀑布、云南路南的大叠水瀑布、江西庐山的三叠泉瀑布……既表现了力量，又体现了柔美，既有粗犷，又含细腻，既磅礴，又潇洒，给人以一种神奇、飘逸之感。其中最著名的当属贵州黄果树瀑布、山西黄河壶口瀑布、黑龙江吊水楼瀑布，它们已经成为国家级或世界级的风景名胜。

1. 黄果树瀑布

著名的黄果树瀑布，位于贵州省安顺市西南45千米处，在镇宁布依族苗族自治县境内，以当地一种常见植物黄果树而得名。黄果树瀑布雄奇壮阔、连环密布，闻名于海内外，十分壮丽，并享有"中华第一瀑"之盛誉，也是世界上最宽阔、壮观的瀑布之一。

瀑布落差74米，宽81米，河水从断崖顶端凌空飞流而下。瀑布对岸高崖上的观瀑亭上有对联曰"白水如棉不用弓弹花自散，虹霞似锦何须梭织天生成"，此乃是对黄果树瀑布的真实写照。瀑布群分布着雄、奇、险、秀风格各异的大小 18 个瀑布，形成一个庞大的瀑布"家族"，被大世界吉尼斯总部评为世界上最大的瀑布群，列入世界吉尼斯记录。巨大的飞瀑未见其景，先闻其声。近处观瀑，如临万马奔腾之阵；水拍击石，犹似雷劈山崩，令人惊心动魄。飞溅的水花，高 50～60 米，在附近形成水帘，雾气腾腾；光照下，五彩缤纷；盛夏到此，暑气全消。明代伟大的旅行家徐霞客考察大瀑布时赞叹道："捣珠崩玉飞沫反涌，如烟雾腾空，势甚雄伟；所谓'珠帘钩不卷，匹练挂遥峰'，俱不足以拟其壮也，高峻数倍者有之，而从无此阔而大者。"瀑布后的水帘洞相当绝妙，134 米长的洞内有 6 个洞窗、5 个洞厅、3 个洞泉和 1 个洞内瀑布。游人穿行于洞中，可在洞窗内观看洞外飞流直下的瀑布。每当日薄西山，凭窗眺望，犀牛潭里彩虹缭绕，云蒸霞蔚，苍山顶上绯红一片，迷离变幻，这便是著名的"水帘洞内观日落"。瀑布下犀牛滩的溅珠上经常挂着七彩缤纷的彩虹，随人移动，变幻莫测。古人认为"天空云虹以苍天作衬，犀牛滩云虹以雪白之瀑布衬之"，故有"雪映川霞"的美称。黄果树瀑布，不仅景色瑰丽，而且在瀑布成因的地学研究上，也具有重要的价值。黄果树上游的陡坡塘瀑布，是我国宽度最大的瀑布，瀑面宽达 105 米（但落差仅 21 米）。

## 2. 壶口瀑布

壶口瀑布是黄河流域的一大奇观，是我国第二大瀑布，位于山西省吉县的黄河壶口处。滔滔河水从千米河床以排山倒海之势涌来，骤然归拢于二三十米的"龙槽"，倾注如壶口，河水奔腾怒啸，山鸣谷应，形如巨壶沸腾，最后跌落深槽，形成极为壮观的壶口瀑布。《书·禹贡》曰"盖河漩涡，如一壶然"，壶口即因此而得名。瀑布落差约 30 米，滚滚洪流，到这里急速收敛，注入深潭，声似雷鸣，数千米外可闻；水波急溅，激起百丈水柱，形成腾腾雾气，真有惊涛拍岸，浊浪排空，倒卷半天烟云之势！每每夏秋之季，彩虹贯于晴空，分外秀丽。其声壮、其势秀、其景奇，使人不能不为之陶醉。壶口瀑布不仅有"水中冒烟"奇景，更有"旱地行船"之说。由于四季气候和水量的差异，壶口景色也时有所变。每年 4～5 月份，正值农历三月间，漫山遍野的山桃花盛开，岸边冻结的冰崖消融，称为"三月桃花汛"；9～11 月份，雨季刚过去时，河边众多山泉小溪，汇集大量清流，阵阵秋风吹过，常有彩虹出现，叫做"壶口秋风"。这两个时期，水大而稳，瀑布宽度可达千米左右。远远望去，烟波浩渺，威武雄壮。大浪卷着水泡，奔腾咆哮，以翻江倒海之势，飞流而下，真是"水底有龙掀巨浪，岸旁无雨挂彩虹"。而数九寒冬，壶口瀑布又换上了一派银装玉砌的景象，在那瑰丽的冰瀑面上，涌下清凉的河水，瀑布周围的石壁上，挂满了长短粗细不一的冰滴溜，配上河中翻滚的碧浪，更显示出一幅北国特有的自然风光。粗犷、深厚、庄严、豪放的黄河，是中华民族的象征；千姿百态、壮观无比的壶口瀑布则是黄河的代表。在这里，古今诗人和音乐家们奏出了一曲曲"黄河大合唱"，唱出了炎黄子孙们的心声！1991年，壶口瀑布被评为全国旅游胜地"四十佳"之一。壶口瀑布景区内景点星罗棋布，有孟门月夜、镇河神牛、旱地行船、清代长城、明清码头、梳妆台、古炮台、克难坡等自然和人文景观。从 1994 年起，每年举办一次壶口瀑布漂流月，亚洲飞人柯受良和吉县飞人朱朝晖先后驾驶汽车和摩托车成功飞越黄河，壶口景区已成为令人瞩目的旅游热点。

图 3.32　黄河壶口瀑布

（四）泉

泉是地下水的天然露头（人工开挖的叫"井"），是地下含水层或含水通道呈点状出露地表的地下水涌出现象，为地下水集中排泄形式。它是在一定的地形、地质和水文地质条件的结合下产生的，在适宜的地形、地质条件下，潜水或承压水集中排出地面成泉。在自然界中，形成泉的条件是多种多样的，因此泉的种类也非常之多：

按照泉水补给性质可将泉分为上升泉和下降泉两大类。上升泉由承压水补给，在泉出口附近水流在压力作用下往往呈上升运动，由地下冒出地面，有时可喷涌很高。上升泉流量比较稳定，水温年变化比较小。下降泉由潜水或上层滞水补给，地下水在重力作用下溢出地表，在出露口附近水流往往做下降运动。下降泉水流量和水温等呈明显的季节性变化，泉水常常是河流的补给水源。在山区，沟谷深切排泄地下水，许多清泉汇合成为溪流。在石灰岩地区，许多岩溶大泉本身就是河流的源头。中国山东淄博的珠龙泉、秋谷泉和良庄泉是孝妇河的水源。泉水常年不断地汇入河流，是河流补给的重要部分。

按照泉水的温度不同可将泉水分为冷泉、温泉和热泉。人们将20℃以下的泉水称为冷泉，20℃～37℃为温泉，超过37℃称为热泉。泉水温度的差别源于地下水循环的深度和所在地区地壳活动情况。在地表的常温带以下，随着距离地表的深度的增加，地温温度逐渐升高，在地表下平均30～45千米范围内，每深1千米温度平均升高30℃。地下水的温度受到地温的直接影响，所以其所处的深度越大，温度越高。其次各地地质活动情况有强有弱，每一次剧烈的地质活动必然伴随着大量的能量释放。因此，即使地下水在同一深度，但因所处的地区不同而水温有别，通常地质活动强烈地区的水温较高。

按照泉水的矿化度可将泉水分为淡水泉和矿泉。所谓矿化度是指地下水中各种元素离子、分子与化合物的总含量。小于1克/升为淡水泉，矿化度≥1克/升、含有一定量的矿物质并且具有医疗和饮用价值的称为矿泉。国际上通常以泉水中六种主要的离子（$HCO_3^-$、$SO_4^{2-}$、$Cl^-$、$Na^+$、$Ca^{2+}$、$Mg^{2+}$）和三种气体（$CO_2$、$Rn$、$H_2S$）与某些活性元素（$Fe$、$As$、$I$、$Br$ 等）的含量作为矿泉标准。泉水用途很多，如造景、美化环境、提供饮料、沐浴治病、疗养健身等，因而具有很高的旅游价值。辽阔大地上存在许多泉水，有的滴滴渗出，汇成涓涓细流；有的奔腾突起，势如鼎沸，喷雪溅玉；有的以水质清洌甘醇而负盛名，成为以茶肆为中心的旅游点；有的优质泉水能酿造美酒；有的泉水含有稀有元素或特有的矿物质，适宜饮用，成为饮用矿泉水，有益于身体健康；有的适于沐浴，有疗养之效，而成为著名的游览疗养胜地。如我国古代五大名泉，至今仍是著名的旅游胜地。

1. 江苏镇江金山"天下第一泉"

镇江金山寺中泠泉又名"南零水"，号称"天下第一泉"。早在唐代该泉就已天下闻名，到清朝末年泉眼完全露出地面。后人在泉眼四周砌成石栏方池，池南建亭，池北建楼。清代书法家王仁堪写了"天下第一泉"五个苍劲有力的大字，刻在石栏上，从而使这里成了镇江的一处古今名胜（见图3.33）。

2. 江苏无锡惠山泉

惠山泉又称"陆子泉"，位于江苏无锡市西郊惠山锡惠公园内，号称"天下第二泉"。此泉始于唐代大历十四年，迄今已有1 200余年历史。张又新《煎茶水记》中说："水分七等……惠山泉为第二。"相传经中国唐代陆羽品题而得名（见图3.34）。

图3.33　镇江金山泠泉

图3.34　无锡惠山泉

3. 江苏苏州虎丘观音泉

观音泉在苏州虎丘观音殿后，泉眼所在的小院，清静幽雅，园门上刻有"第三泉"三个大字，故号称"天下第三泉"。泉畔另有石碑一通，上刻"憨憨泉"三字，故观音泉又名"憨憨泉"。据记载，梁代高僧憨憨尊者在此凿泉眼，据说此泉之泉脉在海眼上，故又称"海涌泉"，距今已有1 400多年的历史。另据《苏州府志》记载，陆羽曾在虎丘寓居，发现虎丘泉水清冽晶莹，甘美可口，便在虎丘山上挖一口泉井，所以观音泉又名"陆羽井"，唐人刘伯刍评此水为第三（见图3.35）。

图3.35　苏州虎丘观音泉

图3.36　杭州西湖虎跑泉

图 3.37 山东济南趵突泉

图 3.38 甘肃敦煌月牙泉

4. 浙江杭州虎跑泉

虎跑泉位于杭州市区约 5 千米处,在西湖和钱塘江之间的群山中。虎跑泉素称"天下第四泉"。这里风光秀丽,四周植有七叶树、桂树、毛竹等(见图 3.36)。

5. 山东济南趵突泉

趵突泉为"济南七十二名泉"之首,位于济南市老城区西南,号称"天下第五泉"(见图 3.37)。趵突泉在《水经注》上有记载:"泉源上涌,水涌如轮。"趵突,即形容泉水上涌跳跃之状。此泉有三个泉眼,终年喷涌,周边面积 50 余亩。水质优良,泡茶清香可口,泉东有望鹤亭、茶座等。宋代诗人曾经写诗称赞:"一派遥从玉水分,暗来都洒历山尘,滋荣冬茹温常早,润泽春茶味至真。"

6. 甘肃敦煌月牙泉

我国甘肃敦煌月牙泉,是一处神奇的漫漫沙漠中的湖水奇观。月牙泉位于敦煌市西南 5 千米处的鸣沙山下,泉水形成一湖,长约 150 米,宽约 50 米,在沙丘环抱之中,酷似一弯新月而得名"月牙泉"。月牙泉古称"沙井",俗名"药泉",自汉朝起即为"敦煌八景"之一,得名"月泉晓彻"。月牙泉的源头是党河,依靠河水的不断充盈,在四面黄沙的包围中,泉水竟也清澈明丽,且千年不涸,令人称奇。可惜的是,近年来党河和月牙泉之间已经断流,只能用人工方法来保持泉水的现状。月牙泉边现已建起了亭台楼榭,再加上起伏的沙山、清澈的泉水、灿烂的夕阳,景致相当不错(见图 3.38)。

我国还有许多景观奇特、具有观赏价值的奇特泉。如云南大理蝴蝶泉,每年农历 4 月 25 日可观赏到无数色彩斑斓的蝴蝶,首尾相衔,从蝴蝶树上直垂到泉水水面。四川广元含羞泉,犹如一个害羞的少女,一旦有响声震动了它,泉水就会悄悄隐退,待安静后又会流出来。湖南石门的鱼泉,常会有许多鱼随泉水从洞中流出。湖北当阳的珍珠泉,因泉涌时泛起串串白色水泡,状若珍珠而得名。广西桂平的乳泉,在泉水喷出后气泡骤然而涌,泉水即变成乳白色。

小资料 　　　　　　　　　　中外著名泉景

**1. 陕西西安华清池**

"天下温泉二千六，唯有华清为第一。"举世闻名的华清池，位于西安临潼骊山脚下，又称骊山温泉，发现于3 000年前的西周时代，唐代在这里建造有富丽堂皇的华清宫，"华清池"由此得名。自古以来，华清池为中国著名的温泉胜地，温泉水与日月同流，不盈、不虚。每天都有很多游人在这里洗温泉澡。华清池温泉共有4处泉源，水无色透明，总流量每小时为100多吨，水温常年稳定在43℃左右。水内含多种矿物质和有机物质，不仅适于沐浴，同时对关节炎、皮肤病等都有一定的疗效。浴池建筑面积约3 000平方米，一次可容纳近400人洗浴。这里作为古代帝王的离宫和游览地，已有3 000多年的历史。周、秦、汉、隋、唐等历代帝王都在这里修建过行宫别苑，以资游幸，冬天温泉喷水，在寒冷的空气中，水汽凝成无数个美丽的霜蝶，故名飞霜殿。飞霜殿原是唐玄宗和杨贵妃的寝宫，白居易《长恨歌》就写道："春寒赐浴华清池，温泉水滑洗凝脂。"今天的华清池，名山胜水更显奇异，自然景区一分为三：东部为沐浴场所，设有尚食汤、少阳汤、长汤、冲浪浴等高档保健沐浴场所；西部为园林游览区，主体建筑飞霜殿殿宇轩昂，宜春殿左右相称；园林南部为文物保护区，千古流芳的骊山温泉就在于此。2007年华清池景区经国家旅游局正式批准为国家5A级旅游景区。它既是一座国内罕见的大型温泉池，又是可供游人游览的文物保护场所。

**2. 美国黄石国家公园温泉**

黄石国家公园位于美国西部落基山熔岩高原上，绝大部分在怀俄明州的西北部，海拔2 134～2 438米，面积8 956平方千米。黄石河、黄石湖纵贯其中，有峡谷、瀑布、温泉以及间歇喷泉等，景色秀丽，引人入胜。其中尤以温泉以及间歇喷泉最著名。园内有温泉1万多个、喷泉3 000多个。温泉碧波荡漾，水雾缭绕，上百个间歇泉喷射着沸腾的水柱。著名的"老实泉"自1870年至今，其喷发的高度、时间及间歇都很有规律，每隔一个小时喷一次，每次喷2～5分钟，喷射高度达40～60米。尤以冷天或早晨最为壮观，热水与冷空气接触，凝成水汽白雾，气象万千。

**3. 日本地狱温泉**

地狱温泉位于日本九州北部的别府。群峰环绕的别府湾，温泉数量居日本第一，素有"温泉天国"的美誉。据统计，此处约有4 400处喷泉口，每天涌出47 000吨以上的泉水。其中9个主要温泉分别命名为山地狱、海地狱、白池地狱、血池地狱等，它们各具特色。海地狱是地狱温泉中最大的一个，已有一百多年的历史，因温泉水的颜色酷似海水而得名。它的泉口常年保持着摄氏98度的高温，不断喷出高温水蒸气和富含硫化物的泉水，在阳光的照射下，泉口的池水和马尔代夫的海水一样蔚蓝。血池地狱早在8世纪就以"赤汤泉"而闻名于日本。其水质富含酸化铁，好似一池翻滚的血浆，夹杂着巨大的轰鸣声，被日本佛教徒认为是来自幽冥地狱中的激流。血池地狱红红的池水面上，阵阵白烟飘逸，给人一种神秘之感。

（五）河口与海面

1. 观光游憩海域

观光游憩海域简而言之就是指可供观光游憩的海上区域。这里一般风平浪静，沙细滩平，阳光充足，海水清澈，是开展"三S"旅游和滨海度假的理想场所。海水和海域空气中含有很多非常重要的元素，有益于身体健康，更有利于创伤、骨折等疾病的康复，所以海滨疗养旅游区在各国得到迅速发展。海域空气清新，太阳紫外线多，海水的气温变化幅度小，环境舒适。同时沙滩、岩石以及海底的珊瑚和水中鱼类等有很高的观赏价值，故观景、疗养、度假、冲浪、潜水、垂钓等多种活动在海域周围开展起来。

我国著名的北戴河海滨疗养胜地，位于秦皇岛市的西南部，距离市区约15千米，风景区东西长约13千米，南北宽约2千米，是著名的避暑度假、疗养休闲胜地，早在1898年，清政府就已正式将北戴河海滨开辟为"各国人士避暑地"。

北戴河森林绿化覆盖率很高，不仅是很多留鸟和夏候鸟聚集的乐园，而且是众多旅鸟迁徙的理想通道和歇脚站。据有关资料所载，我国鸟类共计1 186种，而北戴河就有20个目61个科的405种。其中属国家重点保护动物的68种，不少还是世界著名的珍禽。

北戴河海滨滩面平缓，沙质细腻柔软，潮波平缓，海水清澈水质好，盐度适中，是沙滩沐日、海里弄潮的理想场所，临渤海湾处开辟有30多个海水浴场，是中国著名的天然海水浴场。

北戴河风景区的名胜古迹众多，有"二十四景"之称，主要有联峰山、鹰角亭、通天涧、骆驼石、对语石、观音寺、韦陀像、莲花石公园等，山青海蓝，潮落潮起，风雨阴晴，变幻多姿，美丽异常。风景区西面是婀娜俊美的联峰山，山色青翠，植被繁茂。南面是悠缓漫长的海岸线，东面有鸽子窝公园，是观日出、看海潮的最佳地点。沿海岸线向内，更有秦皇宫、北戴河影视城、怪楼奇园、金山嘴、海洋公园等各种风格、不同特色的旅游景点分布，充分展现了海的魅力、林的幽静、山的灵气。澄碧无涯的大海，喷薄而出的朝阳，蜿蜒如带的金海滩，碧波荡漾的河流，茂密繁盛的丛林，恬静秀美的湿地，峰峦叠翠，海鸟啁啾，构成了一幅优美、和谐的风景画。

2. 涌潮

涌潮是指世界上一些喇叭状河口区，由于受地形影响，外海的潮水来势迅猛，进入窄而浅的河口后，出现潮端陡立、潮流上涌、波涛激荡、水花飞溅的潮汐现象。涌潮也叫"怒潮"。在喇叭状江河入海口处，由于江河之水与海潮相激，会出现大大高于一般潮波的海潮，自有一种惊心动魄的气势。科学家经过研究还认为，涌潮的产生还同河水流速与潮波速度的比值有关，如果两者的速度相同或相近，势均力敌，就有利于涌潮的产生，如果两者的速度相差很远，虽有喇叭形河口，也不能形成涌潮。此外河口能形成涌潮与潮差大小也有关系。东汉的王充就曾指出"涛之兴也，与月盛衰"，意思是说潮汐现象和月亮的圆缺有关，现在看来，这种解释基本上符合科学道理。潮汐是海水周期性的有规律涨落运动，潮汐的产生是由月球和太阳对地球表面海水的吸引力和地球自转造成的。因为每月的农历初一、十五以后两三天，月亮、太阳、地球基本排列在一条直线上，太阳和月亮的引力合在一起吸引着地球表面的海水，力量特别强大，所以这几天世界各地的潮水普遍都比平时高涨。特别是农历的八月十八日前后，是一年中地球离太阳最近、引力最大的时候，此时出现的涌潮，自然也就是全年中最大的一次。涌潮在世界上许多河口处也有所见，至少有15处以上，较为著名的有巴西的亚马逊河口、法国的塞纳河口、英国的塞汶河口和印度的恒河口等处的涌潮，但以我国的钱塘江口涌潮最为壮观。

汹涌壮观的钱塘江涌潮，世界罕见，历来被誉为"天下奇观"。钱塘观潮始于汉魏，盛于唐宋，历经2 000余年，已成为当地的习俗。古时观潮，以凤凰山、江干一带为最佳处，因地理位置的变迁，从明代起以海宁盐官为观潮第一胜地，故亦称"海宁观潮"。自古以来，每年5~10月的初一、十五前后几天都是理想的观潮佳期，尤在农历八月十八日前后几天最佳。钱塘江口杭州湾地形特殊，杭州湾外口宽达100千米，而往西逐渐收缩为20千米左右，到萧山南阳仅2千米，外宽内窄，呈喇叭形。由于江面迅速缩小，当大量潮水从钱塘江口涌进来时，受到两岸地形的约束，潮水进易退难，只好涌积起来，潮头越积越高，好像一道直立的水墙，于是形成后浪推前浪，前浪跑不快，后浪追上来，层层相叠的潮势，气势极其壮观。宋人范仲淹有诗云："海面雷霆聚，江心瀑布横。"每当涨潮时刻来临时，首先映入眼帘的是一个白色小圆点，一会儿又隐隐约约伸展成一缕银丝，并伴有闷雷般的隆隆潮声；那一缕银丝渐渐变粗，最后化为一道海水滚滚而来，且越滚越高，潮声越来越大，仿佛千军万马在厮杀，百万战鼓在轰鸣；最后，潮水汹涌澎湃，犹如一堵直立的水墙，排山倒海地扑面而来，惊天动地，势不可挡。西汉枚乘描述的涌潮景象是："疾雷闻百里，江水逆流，海水上潮，波涌而涛起。"

现在的海宁观潮有三个地方，看到的潮也各有不同，海宁观潮已形成"一潮三看四景"的追溯游线。"碰头潮"（又称交叉潮）：观潮最佳地点在丁桥以及附近的八堡一带，这里江面宽阔，是碰头潮形成的最有利地点。所谓碰头潮，是在东面和南面同时看到两股涌潮，随后相合向前推进，往观潮胜地公园方向涌去，成为一线潮。这里观潮是不收门票的，但同时也是比较危险的，以前曾经发生过观潮的游客被卷入潮水的惨剧，当然最危险的地方肯定也是最精彩的地方。"一线潮"：观潮最佳地点在盐官观潮胜地公园，旅行团以及大多数游人也都在这里观潮，相对而言，这里是最安全的观潮地点。所谓一线潮，也就是看到的潮水如同一条白线向前推进。"回头潮"：观潮最佳地点在老盐仓。这里有一个丁字大坝阻挡潮水，潮水到了这里，几乎直冲大坝，激起的浪花与波涛夹杂在一起，回身反扑，快如闪电，形成了回头潮。在南阳的赭山美女坝不仅会产生回头潮，还会产生"冲天潮"现象。冲天潮是发生在堤、坝相交处的特种潮，是近景潮中最具欣赏魅力的潮。潮水如同被网兜兜住一样，在堤坝相交转弯角处，潮水"哗"地一声碰撞在一起，发出巨响，潮头直冲云天，激起一股水柱，低者二三米，高者可达十多米。清谭吉璁《棹歌》诗云："赭山潮势接天来，捍海塘东石囤摧。"冲天潮由此得名。除了"碰头潮"（交叉潮）、"一线潮"、"回头潮"、"冲天潮"外，还有"半夜潮"。钱塘江大潮，白天有白天波澜壮阔的气势，晚上有晚上的诗情画意；看潮是一种乐趣，半夜听潮是一种遐想。难怪有人说"钱塘郭里看潮人，直到白头看不足"。只要掌握好潮水每小时 25 千米的前进速度，驱车追赶"一潮三看"，乐趣无穷（见图 3.39）。

**图 3.39　浙江钱塘涌潮**

### 3. 击浪

击浪现象就是指海浪推进时的击岸现象。当波浪涌向岸边时，由于海水深度愈来愈浅，下层水运动受到海底阻碍，其运动速度慢于上层水，受惯性作用，波浪最高处向前倾倒，冲击海岸，摔打到海滩上。海浪的波动，可同时出现许多高低长短不同的波，波高几厘米到 20 余米，最大可达 30 米以上。击浪现象也是很有价值的旅游资源。它有时温柔如绵羊，有时壮烈如雄狮。很多旅游区都把击浪现象开发为一种旅游资源，有的景区甚至以击浪而出名。如我国厦门的鼓浪屿，因该岛西南方有一礁石，每当涨潮水涌，浪击礁石，声似擂鼓，人们称"鼓浪石"，鼓浪屿也因此而得名，现已成为国家 5A 级旅游景区。

### （六）冰雪地

#### 1. 冰川观光地

冰川是一种巨大的流动固体，形成于雪线以上的常年积雪区。在极地和高山地区，气候严寒，常年积雪，雪积聚在地面上后，受它本身压力作用经再度结晶而成为粒雪。随着雪层厚度增加，将粒雪往更深处埋，冰的结晶越变越粗，粒雪的密度不断增加，最终使粒雪变成蓝色的紧密的冰川冰。冰川冰形成后，因受重力作用或在冰层压力下沿斜坡缓慢向下运动形成冰川。冰川自两极到赤道带的高山都有分布，覆盖了地球陆地面积的 11%，约占地球上淡水总量的 69%。按照冰川的规模和形态，冰川分为大陆冰盖和山岳冰川（又称山地冰川或高山冰川）。大陆冰盖主要是南极大陆和格陵兰两大冰盖，山岳冰川主要分布在地球的高纬和中纬山地区。现代冰川面积的 97%、冰量的 99% 为南极大陆和格陵兰两大冰盖所占有，特别是南极大陆冰盖，最大冰层厚度超过 4 000 米，冰从冰盖中央向四周流动，最后流到海洋中崩解。

冰川作用包括侵蚀、搬运、堆积等作用，这些作用造成许多地形，使得经过冰川作用的地区形成多样的冰川地貌。冰川地貌景观常见以下类型：

粒雪盆：位于雪线以上区域的洼地，即粒雪形成和集聚的地方。由于低洼的地形一般都状如盆地，所以称其为粒雪盆，它常常是山岳冰川的源头。

冰斗：位于雪线附近由雪蚀凹地或古粒雪盆演化成的斗状基岩冰川侵蚀地貌。主要由冰川在凹地中对底部和斗壁进行旋转磨蚀、刻蚀和拔蚀而产生。冰斗是鉴别古雪线的位置及其变化的主要证据之一。

冰坎：冰斗和粒雪盆朝向山下方向高起的陡坎或冰川谷地中的陡坎。冰川谷总是倾向下游的，但在冰前河谷突起处，或冰床基岩坚硬段，冰川翻越而过，以致流速加快，侵蚀量小，冰面坡度大，多冰裂隙和冰瀑布；冰退后，则形成岩坎横亘谷底，或由一岸突入槽谷，高十数米至数百米，有冰川磨光面和冰川擦痕。多道冰坎使冰川谷呈阶梯状，故又称"冰阶"。

冰舌：山岳冰川离开粒雪盆后的冰体最前端部分，呈舌状，故名。与消融区大体相当，是冰川作用最活跃的一段。表面常有冰面流水、冰裂隙，冰内还能形成冰洞、冰钟乳、冰下河，其前端常因冰雪补给和消融对比的变化而变化，发生冰川的进退。冰舌的长度、宽度大小差异很大，由冰川形成和发展的条件决定。

冰碛垄：冰川消融后，由冰川搬运的巨大石块及泥沙（冰碛物）呈垄状堆积形成。冰碛垄是典型的第四纪冰川遗迹。

冰碛丘陵：由冰碛物组成的丘陵。冰川消融后，原随冰川运行的表碛、中碛和内碛等都将坠落于底碛之上，形成波状起伏的丘陵。它们大小不一，广泛分布于大陆冰川地区，在山岳冰川区则规模较小。

冰面湖：冰面湖的形成主要有三种形式。一种是冰川上的冰下河道溶蚀冰川，产生巨大的洞穴或隧道，洞穴顶部塌陷，便形成较深较大的长条形湖泊。一种是冰川低陷处积水，在夏季产生强烈的融蚀作用而形成的。另外，冰川周围嶙峋的角峰，经常不断地崩落下岩屑碎块。如果较大体积的岩块覆盖在冰川上，引起差别消融，就能生长成大小不等的冰蘑菇。如果崩落的岩块较小，在阳光下受热增温就会促进融化，结果岩块陷入冰中，形成圆筒状的冰杯。冰杯形成速度很快，在冰面上形成大大小小的积水潭，在夏天消融期间，冰面积水温度较高，有时竟达到5℃。因此积水的融蚀作用强烈，能把蜂窝状的冰杯逐渐融合一起，形成宽浅的冰面湖泊。冰面湖泊给冰川景色增添了更为绚丽多彩的风光。夏天，每当朝日初升或夕阳西下的时候，碧绿的湖面上霞光万道，灿烂夺目。

冰面裂隙：冰川体表面常有纵横交错的冰面裂隙，深浅不一，一旦滑入其中，十分危险。

冰川U形谷：指因受固体冰川侵蚀后形成的谷坡，壁陡立，几乎竖直，谷底宽，横剖呈U字形的谷地，与河流成因的剖面呈V字形河谷明显不同。

我国的冰川面积位于加拿大、俄罗斯和美国之后，居世界第4位，总共有46 298条冰川。最西到帕米尔高原，最东到贡嘎山，最北到阿尔泰山，最南到云南丽江的玉龙雪山，均有分布。冰川不仅是一种固体水资源，还是一种具备特殊形态和地貌景观的水域风光旅游资源，具有重要的观赏价值和科考价值。目前世界上很多高山冰川已被开发为旅游景区。冰川景观雄伟瑰丽、险峻、寒冷、晶莹剔透、景象万千，冰川所在地环境质量也比较好，因此越来越受到旅游爱好者的青睐。我国著名的冰川景区有四川海螺沟冰川森林公园和新疆天山一号冰川。

海螺沟冰川森林公园，位于四川甘孜州泸定县境内，在大雪山山脉中段的贡嘎山东坡，是世界上仅存的低海拔冰川之一（见图 3.40）。贡嘎山主峰脊线以东为陡峻的高山峡谷，地势起伏明显，大渡河咆哮奔流，谷窄水深，崖壁陡立。在水平距离不足 30 千米范围内，地势相对高差达 6 500 余米，形成举世罕见的大峡谷。海螺沟景区就位于峡谷之间。这里地形复杂，气候类型特殊，山下长春无夏，郁郁葱葱。气候宜人，年平均气温在 15 摄氏度左右。山顶终年积雪，年平均气温在负 9 摄氏度左右。

海螺沟是贡嘎山主峰东坡一条冰融河谷，身处山脚，在阳光照耀下，远望终年积雪不化的贡嘎雪山，气势恢弘，光芒万丈，瑰丽辉煌。海螺沟冰川在国内同纬度冰川中海拔最低，最低点为海拔 2 850 米，冰川舌伸入原始森林 6 千米，冰川与森林共生。海螺沟冰川有一宽 1 000 多米的大冰瀑布，直落 1 080 米，举世无双。雪崩时，蓝光闪烁，雪雾漫天，倾泻而下，声动如雷，1~2 千米外亦能听见，一次崩塌量达数百万立方米，堪称自然界一大奇观。在这冰天雪地的冰川世界里，有温泉点数十处，可供游人洗温泉浴。温泉水温大多介于 40 摄氏度至 80 摄氏度之间，但其中更有一股温泉，水温高达 90 摄氏度，是为沸泉。冷热集于一地，甚为神奇。

图 3.40　四川海螺沟大冰瀑布

图 3.41　新疆天山一号冰川

新疆天山一号冰川位于乌鲁木齐河的源头、距乌鲁木齐市区西南 120 余千米处的天格尔山中。这里海拔 3 740~4 480 米，雪线平均高度为 4 055 米，有 1~5 号共五条现代冰川，被誉为"冰川王国"。最大的是天格尔峰北坡的一号冰川，它是世界上离大都市最近的冰川（见图 3.41）。

一号冰川长 2.4 千米，平均宽度 500 米，面积 1.95 平方千米，最大厚度 140 米，年均运动速度约 5 米。其周围分布着大小 76 条现代冰川，冰川地貌和沉积物非常典型，古冰川遗迹保存完整清晰，有"冰川活化石"之誉。在一号冰川下面海拔 3 500 米以上，可以看到成层的槽谷、岩坎、岩盆、冰斗、状似绵羊脊背的羊背石等冰蚀景观，在海拔 2 800 米以上的谷地保存着各时期的冰川堆积物。冰川内部晶莹蔚蓝，冰面裂隙纵横，弧形的冰川和喧腾的冰川河独具魅力，令人震撼。1959 年，中国科学院兰州冰川冻土研究所在此建立了天山冰川研究站，这里成为了我国观测研究现代冰川和古冰川遗迹的最佳地点。

### 2. 长年积雪地

在地球表面，雪线以上地方，由于天气寒冷，经常降雪，导致地面长时间积雪，终年不化。当然，那些积雪不是绝对终年不化的，如果有强烈阳光的照射，也会融化一些，但是不久后又有降雪落下来补充，所以冰雪能始终保持存在。并且，冰雪堆满后，冰雪表面反射阳光的作用非常强，照射到这里的阳光，一般50%～90%的光热被反射回去，使这里气温更低，冰雪在长时间内更不容易融化。日积月累，就形成了美丽壮观的雪景，深受游人喜爱，也是摄影爱好者们的素材。

这样的景象，在两极和中、低纬地区的高山顶峰雪线以上常见。特别是高山山峰上，终年积雪，像戴着一顶"白帽子"，即使是在炎热的夏天也不消失。甚至在热带的一些山脉也会出现这种现象，如非洲的乞力马扎罗山。因为山越高，空气就越稀薄，太阳照射来的热量越容易散失。大约每升高100米的高度，气温要下降0.6℃左右，所以到了一定高度，气温就会降到0℃以下，在这样的高度以上冰雪就会终年不化。"冰冻三尺，非一日之寒。"高山顶上的那些"白帽子"，也不是一朝一夕形成的，而是由雪花堆积慢慢变成的，有的还形成冰川向下运动。很多像这样的长年积雪地已经被开发成著名的旅游景区。

### 三、生物景观

生物，是地球表面有生命物体的总称，包括植物、动物和微生物三大类。生物的存在使得自然界变得更精彩，各种动植物使地球表面生机勃勃。作为生物景观旅游资源的主要是植物和动物。在旅游观光活动中，生物景观与地理环境中的地质、地貌等要素共同组成一个景区中自然旅游资源的总体系，但生物景观还具有它自身的特点。

第一，在旅游中，生物景观的作用主要是以背景来体现的。大范围的森林、草原及栖息于其中的动植物，是各地富有生气的自然风光的组成部分，它们构成了景区的肌肤和容貌。在这个大背景下，景区才会变得"山明水秀"、"鸟语花香"。如果失去它们，旅游景观便会失去魅力。第二，生物景观是所有背景材料中最丰富多彩、最变化无穷、最富有生气的组成内容。在景区内，动物的奔腾飞跃、怒吼鸣叫，植物的开花结果、随风摇曳，都使景观充满生命的活力和灵气。动植物的存在，与地球演变形成的非生命景象相结合，使大自然成为一种充满生机、千变万化、动和静相结合的景观综合体。第三，生物景观比其他自然旅游资源具有更多的旅游功能。动植物种属和数量繁多，可以适应不同的环境生存，到处都有动植物繁衍和生息。每种生物又有各自的生态、习性、色彩、造型等特点，可以满足人们的不同需求，有利于人们身心健康、增加知识、扩大视野、陶冶情操、发展精神文明等社会、经济目的等多种精神需求。第四，生物还有造景的功能。生物是活的有机体，可以被人类栽培、饲养、引种、驯化。因此，动植物不仅可以组合造景，还可以独立成景，甚至还能衍生、繁殖新的物种，构成不同的新奇景观，以满足不同地域人们的求知和观赏反差的心态。

在现代旅游活动中，随着人类对重返大自然的向往，生物景观正在发挥着越来越重要的作用。

### （一）植物旅游资源

植物是自然环境特征的重要标志物，往往构成了一个地区的主要风光特色。它具有生态的要求，也具有综合观赏的特性，以多样的姿态组成丰富的主体轮廓线，以不同的色彩构成瑰丽多彩的景观。它不但以其本身的色、香、形态作为造景的主题，同时还可陪衬其他造景元素产生生机盎然的画面。

植物旅游资源在旅游活动中，经常会体现出"幽"、"翠"、"形"、"色"、"香"、"奇"、"古"等特点。所谓"幽"，主要指深、暗、静、黝等风韵；"翠"指春绿色，它可使人们产生翠绿、翠微之感受；"形"指风景植物在造型上的千姿百态；植物本身含有各种色素，所以能呈现出多种多样的色彩，不同的植物还能散发出不一样的香味；"奇"，主要指各种奇树、奇花、奇草等。作为旅游环境的构成要素，植物是开展旅游活动必不可少的重要环境背景，植物对旅游活动起着极其重要的作用，其中具有特色的植物更是重要的旅游资源。

1. 森林景观

森林景观指具有独特的美学价值和功能的野生、原生以及人工森林。森林景观可以开展探险、探奇、探幽、科学考察、疗养、健身、生态旅游和野生动植物标本的采集。中国森林旅游资源主要有：湖南张家界国家森林公园（中国第一个国家森林公园，见图3.42）、云南西双版纳原始森林景观（有"植物王国"和"动物王国"之称）、东北长白山原始森林（温带生物自由基因库、红松之乡）、广东肇庆鼎湖山亚热带季风常绿阔叶林（北回归线上的"绿宝石"）、安徽金寨县天堂寨国家森林公园（中华植物王国之最）、广西合浦县东南部山口红树林景观、四川长宁和江安之间的"蜀南竹海"、浙江"安吉竹海"、湖南"益阳竹海"等。世界主要森林景观：欧洲北部的亚寒带针叶林（世界最大针叶林）、南美洲亚马孙河流域和非洲刚果河流域的热带雨林、地中海沿岸的亚热带常绿林景观等，瑞典有"锯木场"之称，芬兰有"森林之国"之称。

图3.42　湖南张家界国家森林公园

图3.43　内蒙古呼伦贝尔草原风光

2. 草原景观

草原景观主要指大面积的草原和牧场形成的植被景观。一望无际的大草原上，到处盛开着艳丽的鲜花，骏马奔驰在莽莽原野上，白云似的羊群浩浩荡荡，一座座蒙古包像珍珠般撒落在绿浪起伏的草原上，景色特别迷人。中国著名的草原景观资源主要有：内蒙古锡林郭勒草原，是世界著名的天然草原；呼伦贝尔草原是世界四大草原之一，被称为"世界上最好的草原"。新疆巴音布鲁克草原，是中国第二大草原。世界主要草原景观有澳大利亚中西部大草原、阿根廷潘帕斯大草原和非洲热带稀树草原等。

3. 古树名木

古树名木主要指单体存在的古老名贵的树木。千年古树是历史馈赠给我们的活标本、活文物。中国名木主要有：世界植物活化石水杉、银杏、鹅掌楸、珙桐等；黄山迎客松（"黄山四绝"之首）；陕西黄帝陵的"轩辕柏"，已经有5 000年的历史，堪称"世界柏树之父"；山东孔庙2 000多岁的"孔子桧"；泰山"五大夫松"等。在中国，古树名木最集中、数量最多的地方就是孔林。孔林属全国重点文物保护单位，林内生长着各类古树名木，孔林内栽植树木始于孔子弟子庐墓植树，有"弟子各以四方奇木来植……鲁人世世代代无能名者"之说。现存最古老的名树，相传为孔子弟子子贡的"手植楷"，原树已死，只有根节，位于享殿后。孔林经历代长期栽植衍生，至南北朝时期已初步成林。明清两代孔林内不断扩林种树，使林内树木有了较大的发展。现孔林内仍有古树近2万株。

### 4. 植物园

植物园可作为科研、科普园地。欧洲最古老的帕多瓦植物园建于1533年。世界最大的加尔各答热带植物园建于1787年，1947年起改名为"印度植物园"。国外著名的植物园还有英国皇家植物园、美国的阿诺尔德树木园、加拿大的蒙特利尔植物园等；中国最早的植物园是1929年建立的南京中山植物园，其次是1934年建立的庐山森林植物园。现在，北京及全国很多地方都建有植物园。

### 5. 珍稀花卉和草类

古人给名花异草起了许多优雅的名字，如"岁寒三友"：松、竹、梅；"四君子"：梅、兰、竹、菊；"花草四雅"：兰、菊、水仙、菖蒲；"园中三杰"：玫瑰、蔷薇和月季；"花中四友"：山茶花、梅花、水仙、迎春花；中国"十大名花"：花王牡丹、花相芍药、花后月季、空谷佳人兰花、花中君子荷花、花中隐士菊花、花中高士梅花、花中仙女海棠花、花中妃子山茶花、凌波仙子水仙花。

中国主要观花之地有：苏州吴县乃赏梅胜地，洛阳牡丹"甲天下"，杭州玉帛玉兰林，云南乃奇花异卉大观园，如昆明市花山茶花、杜鹃花、百合花、龙胆等。中国最大的杜鹃花观赏胜地为贵州"百里杜鹃"林，福建漳州"百里花市"看水仙，此外还有扬州琼花、广州菊花、桃源桃花园，等等。世界著名花卉有日本樱花、荷兰郁金香等。还有集色、形、味为一体、享誉世界的十大名果："果中之王"榴莲、"瓜中上品"西瓜、超级水果——中华猕猴桃、"百果之祖"——梨、"记忆之果"——苹果、"水晶明珠"——葡萄、美味佳果柑橘、长腰黄果香蕉、"果中皇后"——荔枝、"微花巨果"菠萝蜜。

图3.44 洛阳牡丹

植物资源中，有的植物随着环境的变迁，不能自然繁殖而濒临灭绝，成为人类主要保护的珍稀物种；有的植物与人们日常认识的一般植物有所不同，以其独特的或地球上绝无仅有的某一特征而闻名，构成奇特的植物景观。这些植物都具有极高的旅游价值，在整个世界兴起的旅游大潮中都受到游客的青睐。

著名的世界八大珍稀植物是王莲、水杉、望天树、桫椤、百岁兰、珙桐和海椰子。

神奇的莲中王——王莲，生长在南美洲亚马孙河流域，是世界上最大的莲，直径2米多，最大可达4米，圆形，叶缘向上卷曲，浮于水面，可承载约30千克重的小孩，也不会沉没（见图3.45）。

古老的活化石——水杉（见图3.46）。1946年在我国四川万县发现一株人们普遍认为亿万年前地球上早已绝灭的水杉，被称为"古老的活化石"。

热带雨林巨树——望天树（见图3.47）。1974年在我国西双版纳发现一种异常高大的树木，最高达80多米，比周围其他乔木高出20多米，欲见其树冠需抬头仰望才能见。

蕨类植物之冠——桫椤（又名树蕨，图3.48），为孑遗植物，是恐龙时代就有的木本蕨类，极为珍贵。现仅我国四川、贵州等少数省尚有分布，茎高5.8米，最高的可达20米。蕨类是古老的原始植物，现今的蕨类多为草本。

奇异的长命叶——百岁兰，是非洲西南部沙漠地区生长的一种矮树桩似的植物，整株植物只一对叶子，百年不凋，称为百岁兰（见图3.49）。

中国的鸽子树——珙桐。珙桐原产中国，初夏开花，花形奇特，似白色鸽子，随风而舞，极为漂亮，西方人引种后称为"中国的鸽子树"（见图3.50）。

最重量级椰子——海椰子。海椰子树又叫塞舌尔王棕榈树，只生长在非洲的塞舌尔群岛上，果实重可达25千克，是世界上最重的坚果。海椰子果实虽可随海水流走他乡，却不能在异地定居。其雄花像男人的生殖器，足有80厘米长；果实则酷似少女的臀部，被认为是伊甸园的神秘植物，还经常被挂在卫生间门口用以区分男女。其果实也是世界上最大和最重的种子，一粒种子的重量可达15千克。海椰子树生长25~40年后才能开花、结果，8年后成熟掉落。每年仅可收获1 000粒种子（见图3.51）。

稀世之宝——金花茶。1960年，在中国广西南宁发现一种花呈金黄色的稀世之宝——金花茶，花色娇艳，分布面积狭小，数量极少（见图3.52）。

图3.45　王莲

图3.46　水杉

图 3.47　望天树

图 3.48　桫椤

图 3.49　百岁兰

图 3.50　珙桐

图 3.51　海椰子

图 3.52　金花茶

　　中国的珍稀植物，无论其珍稀程度还是数量，在世界上都占有瞩目的地位，上述八大世界珍稀植物中，中国就占 5 种。在众多的中国珍稀植物中，根据其保护价值的大小分为三类，据《中华人民共和国野生植物资源保护条例》，中国已公布一类保护植物 8 种、二类保护植物 147 种、三类保护植物 212 种。其中一类保护植物有：金花茶、银杉、桫椤、珙桐、水杉、人参、望天树和秃杉。这些植物除具有科学研究价值外，也具有科学考察旅游和极高的观赏价值。

　　世界著名的植物奇观还有：

　　吃人树。生长在印度尼西亚爪哇岛上的奠柏，居然能吃人。它高八九米，长着很多长长的枝条，垂贴地面，有的像快断的电线，随风摇曳，如果有谁不小心碰到它，树上所有的枝条就会像魔爪似地向这个方向伸过来，把他缠住，而且越缠越紧，使之脱不了身，而且树枝很快就会分泌出一种粘性很强的胶汁，能融化被它捕获的猎物。动物粘到这种液体，就会慢慢地被融化掉，成为树的美餐。

蜡烛树。在美洲中部的巴拿马生长着一种怪树，结出的果实酷似一根根奇特的蜡烛，当地居民把它摘下来带回家，晚上点着了用来照明，所以人们叫它"蜡烛树"，称它的果实为"天然的蜡烛"。

柴油树。巴西热带丛林中有一种能长柴油的树——香胶树。这种树属于苏木科，为常绿乔木。其树干里含有大量的树液——一种富含倍半萜烯的柴油。这种树液可不经提炼，直接当柴油用。人们只要在香胶树上打个洞，在洞口插进一根管子，油液便会排出。一株直径 1 米、高 30 米的香胶树，2 小时便可收得 10~20 升树液。而取树液后用塞子将洞口塞住，6 个月后还可以再次采油。据估计，1 公顷土地种上 90 棵香胶树，可年产柴油 225 桶。目前，巴西、美国、日本、菲律宾等国已开始种植这种柴油树。

还有能产"大米"的西谷椰子树、流"糖浆"的糖槭树、分泌"奶汁"的奶树、洗衣树——普当、灭火树——梓柯树、气象树——青冈栎、变味果——神秘果、大胖子树——波巴布树、绿色水塔——纺锤树，等等。

世界著名的植物之最有：

最高的植物——杏叶桉。澳大利亚草原上的杏叶桉，一般树高百米左右，最高竟达 156 米，比美国巨杉还高 14 米。

最粗的植物——百骑大栗树。地中海西西里岛的百骑大栗树主干直径达 17.5 米，周长 55 米，巨大浓密的树冠可容百骑人马遮阳避雨。

最大的花——大王花。印度尼西亚的爪哇和苏门答腊热带森林中的大王花奇大无比，直径约 1.4 米，最重的超过 50 千克。

树冠最大的树——榕树。"独树成林"的榕树闻名世界，孟加拉的一棵榕树树冠投影面积竟达一万平方米之多，可容纳几千人在树阴下乘凉（见图 3.53）。

最好吃的树——面包树。面包树，是一种四季常青的高大乔木，被广泛地种植在南太平洋的一些海岛上。成熟的面包树果实有橄榄球那么大，可以放在火上烘烤，至金黄色便可食用。烤熟了的面包树果，松软可口，酸中带甜，与面包风味相近，所以大家亲切地称这种树为"面包树"。面包树果在太平洋很多岛上都是深受岛民喜爱的主要食物，同时它还有重要的经济价值（见图 3.54）。

最轻的树木——轻木。南美洲厄瓜多尔的轻木树生长速度特别快，植株的各部分都异常松软，干燥的轻木比重只有 0.1~0.25。

最古老的树——银杏。远在 2 亿 7 千多万年前银杏就开始出现，1 亿 7 千多万年前与恐龙一起称霸一时，而今恐龙早已绝灭，银杏仍然独存在我国，被誉为"活化石"。

植物中的老寿星——龙血树。非洲西部加那利群岛的俄尔他岛上有一棵树，受伤后会流出暗红色树脂，被称为龙血树，其树龄至少有八千岁。

最长寿的种子——古莲子。在我国辽宁省金县的深泥炭层中挖出的古莲子，寿命长达 830~1 250 岁，经处理后仍能发芽、开花和结果。

最小的有花植物——微萍。我国南方池塘水面上生长的微萍很小，只有1/4圆珠笔芯大，其花小如针尖，只有在显微镜下才能观察到。

最孤单的植物——独叶草。在中国的云南生长着一种植物，仅有一片叶子，真是孤单到"独花独叶一根草"。

图 3.53　独树成林

图 3.54　面包树果

**6. 种植田园风光**

人类的种植农业活动，形成与大自然协调的田园风光，充满美学价值，对游客尤其是城市游客具有较强的吸引力。种植田园风光指由单一作物品种种植形成的具有一定规模和美学价值的田园风光。根据种植作物不同分为乔木、矮树、灌木与草本四类。较为典型的乔木林如热带种植的橡胶林。橡胶在南亚等热带地区均有大片种植，我国海南及云南热带区域也有大面积种植。橡胶林高大、排列整齐，形成了与天然林一样的茂密景观。温带水果的桃、梨、苹果等多属于矮树，粉红的桃花、洁白的梨花十分艳丽。成规模种植的果园，春之花、秋之果，不仅具有观赏价值，更有品尝意义，成为这几年兴起的果园旅游的旅游对象。灌木方面，典型的有热带种植的咖啡园和干旱地区的枸杞园。鲜艳似火的枸杞果使丰收之季的枸杞园充满生机和活力。种植风光最引人注目的、面积最大的要数草木。人类主食的水稻和小麦都属于草木。种植在辽阔平原上的小麦，一望无际，春季绿油油，夏秋季金灿灿，随风起伏，稻浪、麦浪滚滚，好一派田园风光；山区的水稻梯田，沿等高线拾级而上，弯弯曲曲的田埂和如镜的田水，使梯田极有韵律，在蓝天白云衬托下似仙景般迷人。亚洲南部的丘陵和山区的梯田风光尤为典型，中国云南元阳的梯田堪称人间一绝，有"元阳梯田甲天下"之美誉。另外，金灿灿的万亩油菜花、布满山头的荞麦花等也都是极具美学价值的种植风光。

图 3.55　云南元阳梯田

（二）动物旅游资源

动物旅游资源的旅游价值较明显和突出，其主要特点是：

（1）奇特性。即动物在形态、生态、习性、繁殖和迁移、活动等方面的奇异表现。游人通过观赏可获得奇特、怪异等美感。动物是活的有机体，能够跑动或飞翔、迁移，还能做出种种有趣的"表演"，对游人的吸引力大大超过植物。其中鸟类、兽类是最重要的观赏动物，它们既可观形、观色、观奇、观动作，还可听其鸣叫声，获得从视觉到听觉的多种美学效果。

（2）珍稀性。动物资源之所以吸引人还在于其珍稀性。有许多动物是某一个地方所特有或稀有的，甚至是濒于绝灭的。这些动物由于具有"珍稀"这一特性，往往成为人们注目的中心。

（3）驯化性。动物不仅有自身的生态习性，而且在人工饲养、驯化条件下，某些动物会产生各种模拟动作，如模拟人类动作或在人的指挥下做出某些粗犷而可笑的"表演"动作等。

（4）造园性。动物和植物一样，具有造园功能，给社会提供参观场所。主要表现形式有动物园、野生动物园、水族馆、标本馆等。

动物以其体形、色彩、习性、动态、鸣叫等不同的特征，使旅游景观生动活泼，深受人们的喜爱，有的被视为民族精神的象征，甚至作为国宝如中国大熊猫，因而具有很高的旅游价值。

1. 珍稀动物

在地球上很多种类的动物中，有些现在数量已很稀少或濒临灭绝，并且还具有经济、科学、文化教育等多方面的重要意义，被称为珍贵稀有动物，简称珍稀动物。我国《刑法》第一百五十一条第二款规定的"珍稀动物"，是指列入《国家重点保护野生动物名录》中的国家一二级保护野生动物和列入《濒危野生动植物种国际贸易公约》附录一、附录二中的野生动物以及驯养繁殖的上述物种。

我国的一级重点保护动物有 90 多种，其中，大熊猫、金丝猴、白鳍豚和白唇鹿被称为"四大国宝级动物"。

大熊猫是世界上最珍贵的动物之一，一万多年前曾遍布我国，现遗留下的数量极少，仅分布在四川、甘肃、陕西的个别崇山峻岭中，成为研究生物进化的活化石。大熊猫身体胖软、头圆颈粗、耳小尾短、四肢粗壮、一对"8"字形的黑眼圈犹如戴着一副墨镜，非常惹人喜爱，我国把它视为国宝，列为国家一类保护动物，世界野生动物协会还把它选为会标（见图 3.56）。

白鳍豚是我国特有的珍稀潜水动物之一，是一种最大的哺乳淡水动物，长 2 米多，重约 100 千克，背部浅灰蓝色，腹部纯白，善于游水，时速可达 80 千米左右，由于长期生活在浑浊的江水中，其视听器官已退化，但大脑特别发达，声纳系统极为灵敏，头部还有超声波功能，一遇紧急情况，立即潜水躲避。白鳍豚仅分布在我国长江中下游江湖中，数量极为稀少，十分珍贵（见图 3.57）。

白唇鹿生长在"世界屋脊"青藏高原的黄河源头巴颜喀拉山北麓的鄂陵湖和扎陵

湖地区,是世界珍稀的一种鹿,因鼻端两侧和下唇为纯白色而被称为白唇鹿。白唇鹿特别温顺,你若喂它草,它会亲昵地闻闻你的手,任你抚摩拍照,深受小朋友喜欢。1972 年,一对白唇鹿曾作为和平使者由周总理代表中国少年儿童赠予斯里兰卡小朋友(见图 3.58)。

金丝猴是灵长类中最漂亮的动物,圆头长尾、青面蓝鼻、鼻孔朝天,肩背毛光亮如黄金丝,因此得名。金丝猴仅生活在中国部分海拔 1 400~3 000 米的高山密林中,擅长攀树,动作灵敏,聪明可爱,在神农架等地建有专门保护它的自然保护区(见图 3.59)。

图 3.56　大熊猫　　　　　　　　　图 3.57　白鳍豚

图 3.58　白唇鹿　　　　　　　　　图 3.59　金丝猴

世界其他地方还有很多珍稀动物。珍稀动物不仅具有很高的观赏价值,而且在动物学研究上具有特别重要的科学价值,是全社会的共同财富。

2. 动物园

搜集并饲养各种动物,进行科学研究和科学普及并供群众观赏游览的园地即动物园。分专设和附设于公园内的两种。园中有饲养各种动物的特殊建筑和展出设施,并按动物进化系统结合自然生态环境规划布局。

据《诗经·大雅》记载,中国早在周文王时已在酆京(现陕西西安沣水西岸)兴建灵台、灵沼,自然放养各种鸟、兽、虫、鱼,并在台上观天象、奏乐。这是世界上最早由人工兴建的自然动物园。此后的封建帝王也多建有不同规模的苑囿,选择山丘茂林或水草丛生之地，设专人管理，放养禽兽，供戏乐或狩猎。秦汉后，多在种植花木的苑囿中放养或设笼舍圈养动物，以供玩赏。中国现代的动物园大多兴建于20世纪50年代后。许多著名的珍稀濒危动物如大熊猫、金丝猴、扭角羚、亚洲象、东北虎、华南虎、丹顶鹤、黑颈鹤等都已能在动物园正常繁殖。

在欧洲，古罗马时已有动物园的雏形，从18世纪末开始兴建较为现代化的动物园，其中有的开展了科学研究工作。美洲动物园的兴建起步较晚，较早的是1859年创建的美国费城费尔蒙特公园。世界上最古老的动物园是澳大利亚的墨尔本动物园，建于1857年，也是世界著名动物园之一。

动物园是城市绿地系统的一个组成部分，主要饲养并展出野生动物，是观赏动物的主要场所，并对广大群众进行动物知识的普及教育，宣传保护野生动物具有重要意义，同时还是进行动物科研工作的基地。

3. 综合性动物园

综合性动物园饲养有不同地域、不同种属的各类动物。例如北京动物园是我国最大动物园之一，饲养着我国珍奇动物和来自世界各地的代表性动物500多种，建有犀牛馆、河马馆、熊猫馆等专属场馆。目前，上海、杭州、福州、大连、沈阳等地均建有综合性动物园。英国伦敦动物园，是欧洲最大最闻名的动物园之一，拥有900多种、8 000多只世界各国珍奇动物，被列入伦敦十个最能吸引游客的地方之一。

4. 专门性动物园

专门性动物园指专门饲养、繁育某一种或某一类动物为主的场所。例如无锡凤鸣谷鸟园，是继广州白云山、大连老虎滩之后的目前国内规模最大的鸟园，占地约2万平方米，园内有孔雀、天鹅、八哥、画眉、丹顶鹤等40多个品种的数千只鸟。又如世界著名的新加坡裕廊飞禽公园，拥有南极企鹅、北极鹅、非洲鸵鸟、美洲巨嘴鸟、欧洲黑鹳、澳洲鸸鹋、我国知更鸟等世界各地区的上万只不同种属、形体奇特的珍禽。此外，我国青岛海产博物馆中的水族馆，美国西部圣迭戈城的海洋世界、檀香山的海生动物园，都养殖着各种供研究、观赏用的海生动物，成为专项旅游产品。近年来，世界各地尤其是沿海大城市，争相建设该类产品，仅日本就建有一百多个水族馆。

5. 野生动物园

野生动物园是指野生动物，即非人工驯养的各种哺乳动物、鸟类、爬行动物、两栖动物、鱼类、软体动物、昆虫及其他动物，生存于自然状态下的动物园。中国最大野生动物园——新疆野生动物园，全国第一家返璞归真的开放式动物园——深圳野生动物园，可以观赏到世界上最大的人工繁殖国家一类保护动物棕尾虹雉、白尾梢虹雉、绿尾虹雉等，珍稀动物种群动物园——北京野生动物园，自然环境最优美的野生动物园——秦皇岛野生动物园，国家AAAAA级旅游景区——上海野生动物世界，还有合肥野生动物园、青岛野生动物园、重庆野生动物园、广州野生动物园等。世界上著名的野生动物园有：面积最大的西南非的艾托夏动物保留地（近10万平方千米），比爱尔兰还要大；南非、莫桑比克和津巴布韦三国联合建立的世界上最大的跨国野生动物园——大林波波跨国公园，目前占地面积为3.5万平方千米，包括南非著名的克鲁格国家野生动物园、莫桑比克的库塔拉禁猎区及津巴布韦东南部的戈纳雷若禁猎区。

## 6. 珍禽异兽及栖息地

现存数量较少或者濒于灭绝的珍贵稀有动物和保护珍稀动物栖息地的自然保护区。中国有：中国国宝大熊猫及其故乡四川卧龙自然保护区，中国特有的金丝猴及四川九寨白河自然保护区，长江白鳍豚被称为"长江里的大熊猫"，"世界屋脊"之鹿——白唇鹿，"东方宝石"——朱鹮（红鹤）及栖息地陕西洋县自然保护区，东北虎及栖息地长白山自然保护区，丹顶鹤及栖息地广东鼎湖山自然保护区，青海湖鸟岛自然保护区，保护藏羚羊、野牦牛等蹄类动物的阿尔金山自然保护区，还有辽宁老铁山蛇岛、海南猴岛等珍稀动物栖息地。世界上珍稀动物及栖息地有：澳大利亚特有动物鸭嘴兽、袋鼠、考拉（树袋熊）、鸸鹋（澳洲鸵鸟），尼泊尔奇特皇家公园是孟加拉虎最后的避难所和亚洲独角犀牛的栖息地，世界著名的羚羊保护区——非洲卡拉哈里羚羊国家公园，还有南极大陆及其主人——企鹅。

## 7. 狩猎场

狩猎是一项集健身、探险、旅游为一体的活动。狩猎场的动物既有野生的，也有人工养殖的。如我国甘肃哈尔腾、哈什哈尔、康龙寺三个狩猎场，均属高山草原型天然野牛等动物猎场，具有动物种类多、密度大、开阔地能见度高等特点。浙江宁波南方狩猎俱乐部，开发了近海的 5 个荒芜海岛，以放养人工养殖的"野生动物"为特色，可猎"野猪"、"野鸡"、"野鸭"、"野兔"、"角鹿"、"果子狸"等各类动物。坦桑尼亚的塞卢斯野生动物保护区，是世界上规模最大、动物种类最多的天然游猎区之一。在塞卢斯，游客可申请执照后在园中狩猎。

## 8. 动物奇异景观

动物特殊的体态、色彩、运动姿态和声音都极具美学观赏价值，动物能主动改变其生活场所，还能形成壮观的群体运动景观（迁飞、迁移、洄游等）。

动物的体形可说是千奇百怪、各具特色，特别是一些体形奇异的动物，更蕴藏着一种气质美。如虎，体形雄伟，给人以王者之气概，我国的东北虎颇有山中之王的气度；雄狮，体形高大，毛色壮观，发威时头部之毛发根根竖立，其王者风范一点不亚于虎；腿修长、头高昂的长颈鹿的体态给人以典雅华贵的感觉；四腿如柱、身躯魁梧的长鼻子大象，虽大却不称王，给人以沉稳之感；尤其是尾巴似马而非马、角似鹿而非鹿、蹄似牛而非牛、颈似骆驼而非骆驼的"四不像"——麋鹿，其体形更是耐人寻味，极具观赏价值。

世界上以斑斓色彩吸引旅游者的动物比比皆是。有的为纯一色彩，如北极熊，雪一般的白色绒毛给人以洁白无瑕的感觉；黑叶猴从头到脚闪亮的黑色如乌金一般。更多的为彩色组合，如黑白条斑排列极具韵律的斑马；圆形褐斑均匀撒落在黄色皮毛上的金钱豹；黑背白腹的企鹅；红色只点顶的丹顶鹤。更为有趣的是海南岛的坡鹿，背部有一条黑褐色的条带，条带下面点缀着若干平行排列的白斑，肋和腿呈土黄色，腹、胸、脚趾则呈一片雪白，色彩极为美丽。还有那五彩缤纷的昆虫世界和鸟儿王国，更是让人陶醉。

动物的行动也能引起人的美感，猛虎下山之威武、鱼游水中之自由、骏马奔腾之矫健、猿猴攀援之灵巧、象出深林之雄壮、雁过蓝天之整齐、熊猫行走之憨态，以及孔雀开屏之美丽，常令人赞叹不已。猴、熊、狗和海狮等聪明的动物，经过人们的精心训练，可进行杂技表演，更是老少皆宜的旅游娱乐项目。

不少动物发出的悦耳之声能激发人们的听觉美。"鸟语花香"一词揭示出了绝大多数鸟是大自然"歌唱家"的奥秘。夜莺之鸣声，悠扬婉转、娓娓动听；黄山八音鸟之鸣声，音调尖柔多变，音色清脆悦耳，一声能发出八个音；善仿人言的鹦鹉更是历来受人宠爱；有的动物能发出奇特的声音，澳大利亚的国鸟——笑笑鸟能发出像人一样爽朗洪亮的笑声，云南鸡足山的念佛鸟发出"弥陀佛"的叫声，峨眉山万年寺的弹琴蛙，叫声如委婉动听的古琴声。

为繁殖、捕食和寻找更为舒适的环境，许多野生动物都有集体随季节变化而迁徙的本能。这种大规模的集体远征，使某一物种的动物在某一时段具体空间内形成极具观赏价值的旅游胜景。根据动物迁徙的空间位置和迁徙方式，迁徙动物可分为迁飞动物、迁移动物和洄游动物。

迁飞动物主要指随季节变化在空中长途迁飞的鸟类和昆虫。如新疆天鹅湖的天鹅、青海湖鸟岛的鸟群、鄱阳湖的鹤群及昆明的红嘴鸥都构成了引人入胜的旅游胜景。旅鸟途经的云集地也颇为壮观，云南大理的鸟吊山"鸟会"的热闹喧腾的盛况，使游人有如置身于童话世界一般。昆虫的迁飞最闻名的要数蝴蝶，地球上 14 000 多种蝴蝶中有 200 多种能像候鸟一样随季节迁飞。最著名的要数美洲的彩蝶王，每年春天从中美洲长途迁飞到加拿大过夏，秋天又从加拿大返回中美洲，途经 45 000 多千米，历时几个月的迁飞途中，千百万只彩蝶王在碧空长天中与飞云竞驰、和流霞争艳，蔚为壮观。台湾高雄的蝴蝶谷闻名于世，尤为奇特的是在美侬的"黄蝴蝶谷"里，蝴蝶择色为伍，满谷几乎清一色的都是黄蝴蝶，构成了自然界一大奇景。云南大理的"蝴蝶会"也是极为壮观的旅游胜景。

生活在北半球寒带及北极圈内的驯鹿，每年春季从苔原南部的针叶林中迁移到苔原带的北部，这是由于冬季驯鹿在森林中不会被大风雪所袭击，而且又有充足的食物，有利于冬季的繁殖活动；夏季离开森林地带可以躲避蚊虫侵扰，同时在苔原地带可以找到更好的食物，便于抚育幼鹿。非洲的一些哺乳动物也进行周期性的迁移。在热带非洲，当雨季开始时，一些沙漠和草原地带旱生植物迅速复苏生长起来，地面为鲜艳的花草所覆盖，这时羚羊、斑马等草食动物离开高山和河流洼地，向复苏了的草原和沙漠集中。跟踪在这些有蹄类动物后面的是狮、豹等肉食类猛兽和猎狗、豺狼等。当雨季结束后，草原在阳光的照射下干枯死去，动物又开始反向迁移。

水中鱼类的周期性迁移通常称为鱼类洄游。鱼类和其他动物一样，在其生命过程的不同阶段要求不同的生存环境条件。如产卵期要求的条件和育肥期不同，而越冬又需要一些特殊的条件。这些因素导致鱼类在寻找每一个生活时期所需要的生存条件时进行迁移。如中华鲟鱼、俄罗斯远东地区的大马哈鱼就属于洄游鱼。大马哈鱼栖息在北太平洋中，每年初秋，成熟的大马哈鱼开始集中，成群到达鄂霍次克海沿岸的河流河口地区，然后逆流而上，到达河的上游产卵。大马哈鱼能以每昼夜 30～35 千米的速度沿河上溯，并能克服极大的湍流和瀑布障碍，形成"鲤鱼跳龙门"式的自然奇观。小鱼在第二年的春天开始沿河而下，在夏天到达海中，在海洋中生活 3～5 年成熟后，又开始向它们出生的方向游去。

动物由于生殖、觅食或为了寻找适宜的生存环境，往往群居于一地，形成壮观的动物集聚现象。如青海湖地区由于独特的自然条件，每年夏季吸引了大批的鸟类在此集聚，形成奇特的景观。每年 4~6 月间，当青海湖冰雪消融时，各种鸟类便离开南方越冬地，不远万里到这里聚会，生儿育女，繁衍后代。青海湖为群山所环抱，大大小小的河流奔涌下来，汇聚其中，湖畔的湖滨平原、沼泽草甸和湖中的小岛为鸟类提供了良好的栖息地和繁殖场所；丰美的水草、藻类和水中肥美的湟鱼为鸟类提供了充足的食料，因此这里成为了鸟儿的乐园。青海湖观鸟已成为国内知名的旅游品牌。

## 四、天象与气候景观

所谓天象，泛指各种对旅游者具有吸引力，可以借此开展旅游活动的天文现象。目前天象景观主要指日出、日落、日食、月食、极昼、极夜、彗星、陨石等景观。气象和气候可以直接造景、育景，即在不同的气象和气候条件下，形成不同的自然景观和旅游环境，如南方的热带、亚热带景观，北方的冰雪景观，海洋和沙漠上的蜃景幻影，不同地方的避寒、避暑佳境等。具体的云景、雾景、雪景、雨景、日景、佛光景等奇妙的气象气候景观，是自然风光中不可缺少的一大要素。此外，气候的变化，影响风景地貌、风景水、风景生物以及某些人文景观的形成和表象，从而间接地对人类的旅游活动产生影响。天象和气候既是一项自然旅游资源，又是影响旅游活动的重要条件。

### （一）光现象

作为一种旅游资源，光现象是指具有旅游吸引功能的光成景观。它主要由光色要素对比组合，造型构景，具有神、奇、绝、妙、幻等景象艺术特征，成为许多景区的主景、名景或绝景，对游客有巨大的吸引力和广泛的吸引范围。游客主要通过对光现象的视觉感知，产生丰富的联想感应，进而获得旅游美感享受。

自然界中光现象的形成，主要源于太阳光、大气放电发光、特殊物质自然光、火山光等自然光线在传播过程中，受介质折射、反射、散射等作用而造型构景或对原有景物照射、投影等再次造景，从而成为具有吸引功能的旅游资源。根据成因特点及景观特征的差异，光现象主要包括：

1. 蜃景

蜃景是光线通过垂直方向或水平方向上温度和密度差异较大的空气层时，产生多次折射和全反射，将远方景物的形状和色彩改变后投影而成的幻影。它不仅出现在海面，也常出现在沙漠、草原、平原、山谷、冰原、江河湖面以及白雪覆盖的田野和灼热的道路上。我国出现蜃景几率较高的景区有山东"蓬莱仙境"、庐山五老峰、塔克拉玛干沙漠、河西走廊，还有长江南通江面、洞庭湖面、巴丹吉林沙漠等（见图 3.60）。世界上著名的蜃景景区有意大利西西里岛沿岸海面、澳大利亚的维多利亚大沙漠、非洲撒哈拉沙漠、美国科罗拉多大峡谷、阿尔及利亚峡谷，还有南北极冰山间的海面也常有海市蜃楼景观出现。

图 3.60　海市蜃楼

图 3.61　峨眉山佛光

2. 佛光

佛光是太阳照射人物并在天空云雾上投影出的人物影像，是太阳光线通过云雾中的水滴产生衍射作用而形成的。佛光发生在白天，产生的条件是有太阳光、云雾和特殊的地形。早晨太阳从东方升起，佛光在西边出现，上午佛光均在西方；下午太阳移到西边，佛光则出现在东边；中午太阳垂直照射，则没有佛光。只有当太阳、人体与云雾处在一条倾斜的直线上时，才能产生佛光。如果观看处是一个孤立的制高点，那么在相同的条件下，佛光出现的次数要多些。佛光由外到里，按红、橙、黄、绿、青、蓝、紫的次序排列，直径约 2 米左右。有时阳光强烈，云雾浓且弥漫较宽时，则会在小佛光外面形成一个同心大半圆佛光，直径达 20～80 米，虽然色彩不明显，但光环却分外明显。佛光中的人影，是太阳光照射人体在云层上的投影。观看佛光的人举手、挥手，人影也会举手、挥手，但每人只能看到自己的影像，神奇而瑰丽。佛光出现时间的长短，取决于阳光是否被云雾遮盖和云雾是否稳定，如果出现浮云蔽日或云雾流走，佛光即会消失。一般佛光出现的时间为半小时至一小时。而云雾的流动，促使佛光改变位置；阳光的强弱，使佛光时有时无。佛光彩环的大小则同水滴雾珠的大小有关：水滴越小环越大；反之，环越小（见图 3.61）。

在南北极地区的山峰，阿尔卑斯山峰，斯里兰卡的亚当山峰，我国庐山、泰山、黄山和三清山等地都是观赏佛光的好去处。而久负盛名的峨眉山金顶佛光不仅出现的次数多，时间长，而且光影清晰，影像分辨率高，异常精彩。

3. 极光

极光是吹向地球的太阳风在地球磁场的影响下，偏向两极地区，由于高能带电粒子流冲击极地高空稀薄大气分子，从而产生强大放电发光现象。它的出现和太阳活动有密切的关系，在太阳活动高峰期，出现的次数多、范围广、规模大。常见的有激光束、极光弧、极光流星等，景观内容多姿多彩。有时犹如节日的焰火闪现即逝，有时像一条彩带轻飘慢舞，有时宛如孔雀开屏，蝶翼飞舞。在我国湖北、陕西、山东、河北，特别是新疆、内蒙古、辽宁、吉林、黑龙江等省区曾多次出现极光。而在加拿大、俄罗斯和北欧三者北部地区，极光也经常出现（见图 3.62）。

图 3.62　极光

图 3.63　日环食

**4. 极昼、极夜**

　　所谓极昼，就是太阳永不落，天空总是亮的，这种现象也叫白夜；所谓极夜，就是与极昼相反，太阳总不出来，天空总是黑的。在南极洲的高纬度地区，那里没有"日出而作，日落而息"的生活节律，没有一天 24 小时的昼夜更替。昼夜交替出现的时间是随着纬度的升高而改变的，纬度越高，极昼和极夜的时间就越长。在南纬 90°，即南极点上，昼夜交替的时间各为半年，也就是说，那里白天黑夜交替的时间是整整一年，一年中有半年是连续白天、半年是连续黑夜，那里的一天相当于其他大陆的一年。如果离开南极点，纬度越低，不再是半年白天或半年黑夜，极昼和极夜的时间会逐渐缩短。极昼和极夜的这种自然现象在地球的另一极北极也同样出现，不过它出现的时间同南极正好相反，北极若处在极昼，则南极为极夜；反之亦然。

　　极昼与极夜的形成，是由于地球在沿椭圆形轨道绕太阳公转时，还绕着自身的倾斜地轴旋转而造成的。地球在自转时，地轴与其垂线形成一个约 23.5°的倾斜角，因而地球在公转时便出现有 6 个月时间两极之中总有一极朝着太阳，全是白天；另一个极背向太阳，全是黑夜。南、北极这种神奇的自然现象是其他大洲所没有的。这种天象景观，已经成为高纬度地区一些国家或城市争相开发和利用的旅游资源。

**5. 日出、日落**

　　日出指太阳初升跃出地平线或最初看到的太阳，一般也是指太阳由东方的地平线徐徐升起的时间，而确实的定义为日面刚从地平线出现的一刹那，而非整个日面离开地平线。日落指太阳徐徐降下至西方的地平线下的过程，亦即是夕阳时分，而确实的定义为日面完全没入地平线下的时间。日出和日落时候，太阳光因为受到地球大气层的影响而产生瑞利散射，所以这时的天空都会弥漫着霞光。然而日出的霞气较日落的淡雅，这是因为日出时大气层里的灰尘较日落时为少。日出、日落景观早已经成为很多旅游胜地开发的重要旅游资源。

　　日出景色迷人，鲜红的太阳从天边升起，顿时整个大地笼罩在一片艳丽的光芒之中，气势磅礴，绚丽壮观；日落同样精彩，从灿烂的晚霞，一直到夜幕降临，都会给人带来无穷的有趣景象。观日多在名山之巅，也常在大海之滨，因为海面平坦宽广，视野辽阔，又有波光水影映衬，别有一番特色。在我国，各地风景名胜区几乎都有日出夕照美景，如泰山玉皇顶、五台山望海峰、黄山光明顶、大连老虎滩、北戴河鹰角亭、普陀山朝阳洞、嘉峪关及山海关的雄关夕照等，都是观日的好去处。在国外，吸引游人的日照美景也不胜枚举，如澳大利亚的艾尔斯彩色巨岩，美国的"彩虹岩"等，在一日之内，从不同的角度、在不同的时间里，因受阳光的照射不同，呈现出五彩斑斓的胜景。

6. 日食、月食

当月球绕地球转到太阳和地球中间时，如果太阳、月球、地球三者正好排成一排或接近一条直线，月球挡住了射到地球上的太阳光，月球身后的黑影正好落到地球上，这时就发生日食现象。在地球上，月影里的人们开始看到阳光逐渐减弱，太阳面被圆的黑影遮住，天色转暗；太阳被全部遮住时，天空中可以看到最亮的恒星和行星，几分钟后，从月球黑影边缘逐渐露出阳光，开始生光、复圆。由于月球比地球小，只有在月影中的人们才能看到日食。月球把太阳全部挡住时发生日全食，遮住一部分时发生日偏食，遮住太阳中央部分则发生日环食。发生日全食的延续时间不超过 7 分 31 秒，日环食的最长时间是 12 分 24 秒（见图 3.63）。

当月球运行至地球的阴影部分时，在月球和地球之间的地区会因为太阳光被地球所遮蔽，就看到月球缺了一块，这时就发生月食现象。也就是说，此时的太阳、地球、月球恰好（或几乎）在同一条直线，因此从太阳照射到月球的光线，会被地球所掩盖。月食可分为月偏食、月全食及半影月食三种，当月球只有部分进入地球的本影时，就会出现月偏食；而当整个月球进入地球的本影之时，就会出现月全食；至于半影月食，是指月球只是掠过地球的半影区，造成月面亮度极轻微的减弱，很难用肉眼看出差别，因此不为人们所注意。

日食和月食，都是一种罕见的天象奇观，引起了人们普遍的关注。日食是月球遮掩太阳的一种天象。只有朔日，地球才可能位于月球的背日方向，因而日食只发生于朔日。1987 年于太原、邯郸、南通一带发生的日全食，1996 年 5 月于黑龙江一带发生的日环食，吸引了成千上万的天文爱好者及旅客。月食是地球遮掩太阳后，月球因没有可被反射的阳光，而失去光明的一种天象。只有望日，月球才可能位于地球的背日方向，因之月食只发生于望日。1993 年 6 月我国许多地方均见到了月食。

7. 彗星、陨石

彗星一般由头和尾组成。头的中心是彗核，彗核的外面包着彗发，彗发的外面再包着彗云。彗尾有直的、弯的，或者两种混合的。尾巴有 1 条、2 条以致数条的。彗尾长短不一，最长的有几亿千米，有的彗星没有彗尾。在太阳系的成员中，有着数量极其众多的彗星和流星体。彗星的特征同它们的轨道有关，有些彗星的轨道呈椭圆，但多数彗星的轨道几乎呈抛物线，远远伸展到九大行星轨道以外，它们大部分时间是在极其遥远的地方运行，以至于它们很少出现。如著名的哈雷彗星，它的公转周期为 76年，有的彗星有史以来只出现过一次。

陨石是来自地球以外太阳系其他天体的碎片，绝大多数来自位于火星和木星之间的小行星，少数来自月球和火星。全世界已收集到 4 万多块陨石样品，它们大致可分为三大类：石陨石、铁陨石和石铁陨石。陨星的形状各异，最大的陨石是重 1 770 千克的吉林 1 号陨石，最大的陨铁是纳米比亚的戈巴陨铁，重约 60 吨；中国陨铁石之冠是新疆清河县发现的"银骆驼",约重28吨。目前世界上已建有数十座陨石博物馆,加上各地陨石坑的开发,陨石已成为重要旅游资源。

由光构成的景观种类很多,除了上述几种之外,还有彩虹、光晕、夜光、火山光、月色光景等。光现象,在旅游活动中,不仅具有时代性、变异性、地域性、季节性、永续性和增智性等普通旅游资源的一般特点,而且在构景与吸引功能上还有独特的特点:①光现象只出现在特殊地域的特定时间内,它的形成依赖于多种自然条件的特殊组合,并随之变化而变化或消失。如海市蜃楼,只有在特定的条件下才能出现,如果条件发生变化,其景象也随之变化或消失。②绝大多数光现象必须借助背景、副景的陪衬才能构成完整的景观。极光需要以黑暗天幕为背景,日景多需云海、远山、大海、原野等做衬托。③光景观主要靠视觉感知,其景象内容具有不确定性,因此感知也可能是多样的和可变的,导致其吸引功能具有显著的意向朦胧性。不同的游客甚至同一游客对同一光景象内容的感知也可能是不一样的。④光景象对游客具有巨大的吸引力,并且吸引范围广泛。不同性别、年龄、职业的游客,不论其文化素质、经济收入、社会地位等构成差异有多大,他们对自然光景象都怀有不同的旅游心理要求从而具有极大的兴趣。

光现象由于具有独特性、神秘性和不可预测性,正好满足人们求奇、求异的心理,因此越来越成为受追捧的旅游资源。

## (二) 天气与气候现象

天气和气候是构成地理环境的普遍要素,是开展旅游活动的必要环境条件。天气、气候不仅能够直接造景、育景,并为其他景观提供背景,还影响地貌、水体、生物等其他自然要素以及各种人文旅游景观的特征,从而影响人们的旅游活动。天气和气候现象是一种自然景观旅游资源,如宜人的气候资源、云雾景、雾凇、烟雨等。这些资源主要分布在云雾多发区、避暑气候地、避寒气候地、物候景观、极端与特殊气候显示地等地区,这些区域也因为有了天气与气候景观而变得更加富有特色,从而成为深受游客喜爱的旅游名胜。

### 1. 宜人的气候资源

宜人的气候资源泛指能使人感到舒适、有利于开展旅游活动的气候条件。不少国内外学者开展了气候舒适度的研究,指出气候的舒适程度是温度、湿度、风速、日照等气象要素的综合效应(用舒适指数 CI 和风效指数 WEI 表示)通过人体的感觉来反映的。通常认为某地舒适指数在"-1"至"+1"间,同时风效指数在"-c"至"-a"之间时,是人们理想的旅游气候。对于同一气候条件,由于年龄、体质、身体调节机能、生活环境等的差异,不同的人的感觉并不完全相同。江西庐山、浙江莫干山等作为我国著名的避暑胜地,大连、青岛、北戴河等海滨型旅游城市,都与"气候宜人"有关,气候成了这些地区旅游开发的前提与基础条件。例如庐山海拔高出九江1 500米,平均气温比九江市低5.6℃,因而成为盛夏炎热的长江中下游地区人们的首选避暑胜地。反季节的差异,也会使人有舒适之感。隆冬腊月,游客流向海南岛,他们所追求的是严寒季节时的温暖。

图 3.64　云海

图 3.65　吉林雾凇

图 3.66　庐山雨凇

图 3.67　江面轻舟烟雨

### 2. 云海

　　云雾是空气冷却饱和凝结而形成的现象，云雾常见于山谷地带。云雾景观是由于天气与气候原因形成的一种旅游资源，特别是高山云雾景观，大多反映了变幻无穷的山地气候特点。盛夏时节，热量和水汽变化剧烈，清晨太阳升起之后，淡淡的云雾开始缓缓地从山谷中升起，并逐渐越聚越浓，上午登山有时就会遇到云逐渐从脚下、身边漫过，伸手就可以摸到浮云，宛若步入仙境。尤其是辐射热聚集的中午稍后，山谷云层随山谷气流急剧运行，游人挺立山顶岭脊，即可观赏到瞬息万变的云海怒潮。这云海以万马奔腾之势，纵横捭阖，波澜壮阔，游人观之，无不心潮澎湃，豪情横溢。正因为云雾景观有如此魅力，才使得许多古今文学家、诗人为之写下了大量美文佳句，如宋代画家韩拙在《山水纯全集》中写道："云之体聚散不一，轻而为烟，重而为雾，浮而为霭，聚而为气。"郭熙亦云："山无云则不秀。"中国著名的云雾景区有长江流域四大云海的"黄山云海"、"庐山云海"、"峨眉云海"、"衡山云海"，此外还有壮观的"泰山云海"（见图 3.64）。

### 3. 雾凇、雨凇

　　当气温低于0℃时，雾或水汽在附着物上凝结成华，便是雾凇，俗称"树挂"。如果出现过降水，附着物上的水滴被冻结，就形成了雨凇。雾凇和雨凇都属于冰雪景观。

　　雾凇现象在我国北方是很普遍的，在南方高山地区也很常见，只要雾中有过冷却水滴就可形成。雾凇出现最多的地方是吉林安图长白天池一带，年平均178.9天，最多年达187天；峨眉山有142天，最多年162天。东北吉林市松花江两岸，由于气温低，多偏南风，空气湿度大，以及受水电站泄水增温的影响，常常在行道树和沿江柳枝上，形成洁白晶莹的雾凇奇观，长达几十里，酷似"春风一夜，千树梨花"，吸引着大批中外游客。吉林雾凇霜花具有色相浓重、分布密集、出现日数最长、姿态最为优美等特点，被人们列为中国四大自然奇观之一（见图3.65）。

雨凇是在低温条件下，小雨滴附着于景物之上冻结形成的半透明、透明的冰层与冰块。雨凇的产生，必须是低层空气有逆温现象，小水滴从上层气温高于零度的空气中，下降至下层气温低于零度的空气中，处于过冷却状态，过冷却水滴附着在寒冷的物体表面，立即冻结成雨凇。我国峨眉山雨凇最多，庐山雨凇誉称"玻璃世界"。其他还有衡山、九华山等，也常见雨凇（见图3.66）。

### 4. 烟雨

烟雨俗称"毛毛雨"，是指从层积云和层云中降落的大量小雨滴或极小雪花组成的降水。在特定地理环境和人们的心境下，观赏和品味降雨过程，也有无穷韵味。我国著名雨景有江南烟雨、巴山夜雨等。江南烟雨是指东南沿海和四川盆地秋季降落的丝丝细雨，呈细雨霏霏、烟雾缭绕景观。"巴山夜雨"现象是指川陕交界大巴山地区的山间谷地，气温高、湿度大，谷地中湿热空气不易扩散，夜间降温后湿热的空气上升使水汽凝结，出现的皓月当空、细雨蒙蒙的景观（见图3.67）。

### 5. 避暑气候地

避暑胜地是指具有优良的气候条件，或在山中或近海或湖边等，能够让人暂避夏天炎热的地区。盛夏时节，热浪袭人，酷暑难耐，空调的凉气也无法解除心中的燥热，这时，到大自然中去，来一次人与自然之间的亲密接触，这是何等的惬意！出游，远离都市的喧嚣，在避暑的旅行中感受那满目的青山，那悠悠的绿水，那来自大地深处的凉凉的清新的气息。

避暑旅游具有以下五大特点：①季节性。避暑旅游的时间是在每年的夏季，与夏季旅游在时间上完全一致，在内容上也有很多相同之处。②地域性。避暑旅游的地域取向十分明显，一般为海滨、江河、湖泊、水库、山地、森林、草原、湿地以及我国的北方地区等。③重复性。避暑旅游活动每年夏季循环往复，呈现出重复性，因而回头客很多，尤其是在一些海滨旅游地表现得更为突出。④大众性。每年夏季参与避暑旅游的游客很多，特别是各类院校的教师和学生更多。⑤组合性。避暑旅游是一个概念性的旅游活动的集合体，其所包含的内容比较广泛，可以串联、组合成为不同的旅游产品链。

避暑旅游是世界上历史比较悠久，而且目前仍然盛行的夏季旅游活动，也是在我国历史较长的传统型活动，并形成了不少避暑旅游胜地。世界避暑气候分为三种类型：①高山高原型，如我国避暑胜地庐山，在夏季比山脚下的九江市平均气温低5.6℃。中国南方大多数名山属于这种类型，如峨眉山、武夷山等。世界著名山地避暑胜地主要有：菲律宾的碧瑶、埃塞俄比亚的亚的斯亚贝巴、厄瓜多尔的基多、墨西哥的墨西哥城等。②海滨型。由于海洋的影响，海滨地带夏季气温比内陆低，以温和湿润为其特点，因而宜于避暑。如中国的大连、青岛、北戴河等。③高纬度型。如挪威的哈默菲特、我国黑龙江省的漠河等地，均因纬度高、夏无酷暑而成为避暑胜地。

6. 避寒气候区

生活在中高纬度地区的人们，在严寒的季节，常会选择避寒旅游。即为了躲避居住地冬季的严寒而到其他气候温暖地方去的一种旅游方式。避寒旅游不仅能躲避寒冷，还能欣赏美景，享受阳光，体验大自然的温暖气息，也是一种休闲疗养方式。避寒旅游的特点：①旅游流向的稳定性，即从高纬度地区流向中、低纬度。②旅游时间的周期性，即每年冬季为避寒旅游活跃期。③中、高纬度地区冬季长达 3~6 个月，而且光照时间短，因此避寒时间一般较长。④旅游目的地为阳光充足、少雨、气候温暖的阳光地带。

避寒的旅游者，主要来自寒冷的高纬度地区。综观世界，有三大地域是高密度避寒旅游者产出地：①北中欧各国，诸如挪威、瑞典、芬兰、丹麦、德国等；②加拿大和美国北部；③日本中北部、韩国和俄罗斯西伯利亚与远东地区。这些地区冬季气候严寒，日照短，阴天多，但这里的居民收入高，有较强的避寒出游愿望和支付能力。如今进入后工业化社会，避寒潮流更加强劲。他们不仅作短期的旅游休闲，有的甚至置产越冬。

世界上的避寒旅游胜地，主要分布在南北纬 20° 之间的热带或亚热带海洋气候区，这里阳光充足、气候宜人。如美洲西印度群岛的巴巴多斯，非洲的佛得角群岛，中美洲的尼加拉瓜，亚洲的巴基斯坦、马来西亚、新加坡、泰国，澳大利亚的悉尼海滨，美国的夏威夷群岛等。中国海南岛正致力于国际旅游岛建设，很大程度上也是定位于避寒休闲；深居内陆的云南西双版纳，是热带雨林保护重地，气候舒适度高，现正规划建设大型避寒山庄，以迎接北国的避寒休闲生态旅游者。

# 思考与练习

1. 如何理解自然旅游资源与自然地理环境的关系？
2. 简述自然旅游资源的宏观分布规律。
3. 如何理解喀斯特地貌旅游景观、丹霞地貌旅游景观和雅丹地貌旅游景观的概念？简述这些景观形成的基本条件。
4. 自然旅游资源有哪些主要类型？
5. 简述喀斯特地貌旅游景观的主要类别和形成机理。

# 第四章　人文旅游资源

## 第一节　人文旅游资源与人文地理环境

### 一、人文旅游资源与人文地理环境的关系

(一) 人文旅游资源是人文地理环境的有机组成部分

人文地理环境（或称人文环境）是人类在自然环境的基础上，通过政治、经济、社会文化等活动所形成的人文事物与人文现象的地域组合。它与自然环境共同构成了人类赖以生存和发展的外部环境。人文环境的形成和演化是与人类及人类社会的产生和发展密切相关的，因而也更为复杂多变。人文环境通常分为三个部分：①文化环境。它是指由人类生存及活动所创造的社会物质条件和精神条件的地域组合，包括人口、种族、民族、宗教、聚落、语言文字、民情风俗、医疗卫生等要素的空间分布与地域结构特征。它是影响和制约政治、经济、军事活动的重要因素。②经济环境。它主要是人类经济活动所形成的生产力地域体系，包括自然资源、经济结构、生产布局、交通运输、城镇等要素，它是构成国家综合国力的重要组成部分。③政治环境。它指人类社会的政治活动与政治现象的地域结构和分布状况所构成的环境。它包括国家或国家集团、社会制度、政府对内对外政策、政党和社会团体、行政区划和行政中心、武装力量编成等方面的地域分布和组织机构，以及领土与疆界、海洋权益等内容。人文环境各组成部分在地域上和结构上互相重叠、相互联系，从而构成人文环境的综合体。人文环境的地域分布差异，受控于社会发展和科学技术水平，同时也受自然地理环境地域分布差异的影响，可分为全球性、各洲（洋）、各地区以及国家等若干单元。所以人文地理环境与自然地理环境比较，更具动态变化性。

人文旅游资源是人文地理环境的有机组成部分，是人类有意识活动的产物，不是自然形成的。它也是人类诞生以来，在长期的生产、生活实践过程中改变人类与自然关系的结果，是人类智慧和劳动的结晶，是由人类行为促使形成的具有人类社会文化属性的悦人事物。

(二) 人文旅游资源是人文地理环境中的特殊部分

人文旅游资源是在特定的地域环境和历史条件下形成的，而不同的历史阶段、不同的种族、不同制度的国家和地区，所处的社会、经济、文化各方面环境存在地域差异，这就使受其影响而形成的人文旅游景观资源具有鲜明的地域性特征。这种地域差

异既是形成人文旅游景观的重要原因，也是形成人文旅游景观的永恒动力。

并非所有的人文地理环境因子都能作为旅游资源进行开发。人文地理环境中，只有那些能对旅游者产生吸引力，能产生经济效益、社会效益和环境效益的各种事物和因素才称为人文旅游资源，因此人文旅游资源是人文地理环境中的特殊部分。被作为人文旅游资源的人文地理环境因子，与其所处的其他没有作为人文旅游资源的人文地理环境因子相比较，前者就是人文旅游资源，后者则为它的人文地理环境。由于这类资源与其生成环境紧密联系，人为割裂其环境联系势必会影响到旅游资源所承载信息的完整性、原生性和真实性，使资源的价值降低。

## 二、人文旅游资源的形成和演化

人文旅游资源是人文地理环境的一部分，是人类长期活动的产物，因而人文旅游资源的形成和演化，就是人文地理环境形成和演化的一部分。中国人文旅游资源的形成和演化过程表现出以下三个明显的特征：

（1）人文旅游资源记录了中华民族前进的步伐，是世界历史文化遗产的组成部分，在旅游资源体系中，占有重要的地位。其中，许多反映中华文明的古代历史文化遗存，是人文旅游资源中的精华，引起了世人的广泛关注。中国是人类祖先最早的发源地之一，旧石器时代人类文化遗址遍布全国，不少已开发为旅游点。新石器时代中国历史经历了母系氏族社会、父系氏族社会和阶级社会三个历史阶段，至今已发现了近七千处代表这些历史阶段的文化遗址，分布范围以黄河中下游和长江流域为主，各类型都保护和开发了一些遗址，成为旅游资源。此后中国进入了有历史文献记载的时代。这一阶段，中华文明日益发扬光大。黄河中下游地区成为最重要的文化中心，出现了各种反映工业与手工业、农业、文学艺术、建筑业、商贸业、军事、宗教文化进步的古文化遗存。其中的一些佼佼者，被命名为"世界历史文化遗产"（见附录1）、"历史文化名城"（见附录2）、"重点文物保护单位"（我国从1961年至2006年已批准6批全国重点文物保护单位，共2 343处），成为文物精华，得到了良好的保护，绝大部分已成为重要的旅游资源。

（2）人文旅游资源类型丰富，充分反映了中华民族文化的多元性质。具体表现为资源类型多样、数量大、地域性显著。人文旅游资源总的来说，可以划分为物质型和精神型两类。前者包括各时期古人类文化遗址、历代社会经济文化遗址、军事工程遗址、城市聚落与民间建筑、宫廷与官署建筑、宗教与礼制建筑、产业建筑、社会公益建筑、游乐场所、纪念性建筑、文化艺术产品、旅游商品等。后者包括文学创作、民间传说、节日庆典、艺术活动等。这些不同的类型各自含有许多基本类型，如新旧石器古人类文化遗址就已发现了七八千处，各民族民间节日就达500个以上。这些旅游资源类型还具有明显的地域性分布，其地域差异使旅游资源的开发更具有了显著的地方特色。如古建筑的体量、建材、色调、风格等，符合于各自区域的环境和当地条件，造成了北方古建筑的恢弘、浑厚，南方古建筑的精美、纤秀。又如中国56个民族所聚居的区域环境差异，形成了多姿多彩的乡风民情。

（3）深厚的中华文化淀积，支撑了人文旅游资源的蓬勃再生和向深层次演化。中国社会的快速进步，又出现了许多经过改革更新和刻意创造出来的新型人文旅游资源。如根据历史名人效应和重大历史事件新建的纪念性建筑物、保护遗址，重现历史辉煌的仿古建筑，根据史籍开辟的古代游路、复原的古曲古舞。至于现代人文旅游资源，如现代建设工程与生产地、新型城镇、现代化街区、标志性建筑、游乐场所等，则更是数不胜数。

相对于自然界来说，人类短短350万年历史，不过是时间长河中的一瞬间。从此意义上讲，人文旅游资源较之许多自然旅游资源，其存在的历史要短暂得多。

## 第二节　人文旅游资源的分布规律

人文旅游资源的形成和分布受政治、经济、社会文化、自然环境等因素的深刻影响，具有一定的分布规律性。

### 一、世界人文旅游资源的地带性分布规律

#### (一) 世界发达的经济文化景观带

发达的经济文化景观带一般地处一个国家或地区沿海经济最发达的区域，这里现代交通发达、基础设施完善，已形成完善的以城市为中心的旅游经济系统。旅游景观以近现代人文旅游景观为主体，风景名胜区的形成多与城市功能的发展紧密相连。这里城市人口密集，国与国之间的经济、文化、社会交往频繁，国内外旅游需求量最大，既是主要的旅游客源地，也是主要的旅游目的地。如美国及加拿大东部沿海带、西欧、北欧大西洋沿岸带及环太平洋带为发达的经济文化景观带。

#### (二) 中等发达的经济文化景观带

一般地处一个国家或地区的中部地带，多为古代各民族文化发源地，以及现代人类积极开发区域。这里出现了许多新兴的工业和大小城市，但开发程度和经济发展水平居于一个国家的中等水平。有类似沿海地区的近现代人文旅游景观系统，但仍以历史遗产旅游景观为主，还有许多风景名胜区，是人文旅游景观和自然旅游景观同等重要的地带。

#### (三) 落后的经济文化景观带

此即次发达的经济文化景观带，一般地处一个国家或地区的边远区域，多为山区、高原及河流上游地带，属于人类开发较差的区域。这里人口稀少，城市化水平和经济发展水平低，交通条件差，现代交通网络基本未形成或十分单一，景区、景点较分散，未形成完善的景观系统。但由于自然环境受人类干扰、破坏少，保存了大量的原始自然风光，同时又是少数民族聚居区，保留了大量独特的少数民族建筑、民情风俗，因而旅游景观以民族风情、自然和历史遗产地以及自然风光为主体。目前，世界上大致可分为欧洲文化圈、东亚文化圈、阿拉伯文化圈、非洲文化圈以及土著文化圈五大文

化圈。文化圈内还可进一步划分出文化区和民族小区。在同一文化圈内，尽管各文化区和民族小区之间存在差异，但在社会文化的许多方面却表现出广泛的同一性文化特质。而不同的文化圈之间，由于文化氛围、文化背景等各文化因素组合形成的文化特质差异较大，因而受其影响的人文旅游景观也存在较大的差异。这就导致人文旅游景观资源形成以文化圈为地域的分布规律。

## 二、我国人文旅游资源的地带性分布规律

### （一）我国人文旅游资源分布呈现明显的南北差异

我国人文旅游资源大致随纬度方向产生有规律的南北变化。中国人文旅游资源的"北雄、南秀、中古"的地带性特征鲜明。我国人民的性格特征、语言、服饰、饮食、园林、民居、文学、音乐、戏剧、书法、绘画等文化事象更是南北有别，地域风格存在明显反差，不少文化产品"北雄南秀"的地带性特征十分明显。这种地域分布差异现象即使在一个小的区域也是存在的，例如同是陕西民歌，北、中、南三个地带就有明显的不同风格：陕北民歌粗犷豪放，陕南民歌委婉流畅，陕中民歌清新雅致。

### （二）我国人文旅游资源分布的东西差异

我国人文旅游资源大致随经度方向产生有规律的东西变化。例如，我国社会现代经济发展水平由于沿海与内陆在区位、地形、气候、交通诸方面的不同影响，东西之间存在着严重的不平衡性，即存在着较发达的东部地带、次发达的中部地带和较落后的西部地带，表现出自然条件和社会经济条件上的经度地带性差异。但在历史上，我国中原地区是古文明高度发达地区，东部沿海地带和西部高山高原地带则长期处于蛮荒之地。

此外我国人民的心理与性格特征、思想观念、人才分布、文化教育水平、民居建筑等文化现象在沿海与内陆也存在着较大的东西差异。上述这种社会、经济、文化的经度地带性差异，在欧洲、北美洲及俄罗斯、澳大利亚等地区也表现得比较明显。从社会发展的历史看，在农业社会时期，在许多国家和地区，社会、经济、文化的纬度地带性特征比较鲜明；在工业社会时期，则经度地带性特征较为突出，东西差异（或沿海与内陆的差异）的矛盾已超过了南北差异的矛盾。

### （三）我国人文旅游资源在山区与平原的明显差异

不同海拔高度上的人文事象也各不相同，人文旅游资源也随着海拔高度的上升而产生变化。在社会、经济、交通、文化等方面，山区与平原均差别很大。在山高谷深的我国西南山区，农业呈现出立体布局，农作物与耕作制度随海拔高度的增加而有规律地递变的社会经济现象，"十里不同音、百里不同俗"的地域文化现象非常突出，即使在具体的文化产品上也呈现出这一特点。如同是气候寒冷地区的民族舞蹈，居住在低海拔平地的民族舞蹈动作幅度大，运动剧烈；而地处高海拔的青藏高原藏族人的舞蹈动作幅度小，运动和缓（高原缺氧，动作幅度小、运作和缓可减轻疲劳程度）。同是民歌，山区民歌的音量、音调都高于平原民歌。

### 三、影响人文旅游资源分布的因素

人文旅游资源，是在不同的环境中人类社会演变发展的阶段性产物，是各历史时期人类社会、经济、文化景观不断积淀、叠加的结果。因此，人文旅游资源的分布主要受到以下几个因素的影响：

**（一）时代性和自然条件**

时代性和自然环境条件深刻地影响着人文旅游资源的存在与分布。早期的农业社会，只能依靠自然生产力，人类严重地依赖于自然条件和自然资源，因此自然界的地域差异对人文景观的形成和分布产生了深刻的影响。在气候条件较好的中纬度地带，在平原以及河流两岸等自然条件、自然环境优越的地区，首先形成了世界上最早的古文明景观带，其中包括古埃及、古希腊、古波斯、古印度和古代中国等文明国家。这些古文明景观带分布着丰富的人类历史遗产旅游景观资源，至今仍是人们观光旅游、科学考察和探寻古代文明的主要旅游目的地。然而这些古文明发达地区，多数并非处于现代世界的发达经济文化景观带，反映出人文旅游资源分布的时代性。

**（二）工业生产力和经济发展水平**

19 世纪中叶的产业革命，导致了工业社会的出现，使人类社会结构、文化结构等发生了质的变化，从而引起人文景观地带的进一步差异。随着工业生产力和经济发展水平的不断提高，自然条件的影响力逐渐减弱，地理位置和交通条件成为工业地带形成的制约条件和直接动力。海岸地带因优越的地理位置和海运条件，同时又是内陆河流出海口及河流下游平原地区，历史基础好，并可通过河流和铁路网构成广大的内陆腹地市场，因而经济发达，形成沿海发达的经济文化景观带。受市场经济规律的制约，经济文化景观带从沿海向内陆逐渐出现分布差异，最终出现生产力和经济发展水平存在梯度差异的若干地带。如美国及加拿大东部沿海带、西欧、北欧大西洋沿岸带及环太平洋带为发达的经济文化景观带，亚洲、非洲、拉丁美洲和极地区域是落后的经济文化景观带，介于二者之间的是次发达的经济文化景观带。我国的东、中、西三个地带也体现了这种人文景观的地带差异。这种人文景观地带差异的存在，使得整个人文旅游景观资源也存在明显的地域差异。

**（三）社会文化**

由于生活在世界上不同区域的人群，他们的民族构成、社会理想、道德规范、观念信仰、生产和生活方式、审美意识、风俗习惯、语言、音乐艺术等社会文化呈现出不同的特征，这就使得深受社会文化因素影响而形成的人文旅游景观具有明显的地域差异。在目前世界五大文化圈之间，由于文化氛围、文化背景等各文化因素组合形成的文化特质差异较大，因而受其影响的人文旅游景观也存在较大的差异。这就导致人文旅游景观资源形成以文化圈为地域的分布规律。如东、西方古典园林在园林风格、造园手法、园林建筑等各方面都存在很大差异，这种差异其实反映了东、西方两个文化圈的社会文化差异。

尽管随着世界文化的发展、交流与传播，各文化圈之间的文化差异在不断发生变化，各种文化互相联系和融合，社会文化在时间上和空间上的距离越来越小，但各种文化中最具特色和最发达的因素却保存了下来，有的还得以发扬光大。这些由于地理、历史、种族、观念、信仰、爱好、语言等原因影响形成的社会文化差异，是质的差异。这种文化特质的差异是不会改变的，因而人文旅游景观资源以文化圈为地域的分布规律将客观地存在下去。

## 第三节　主要人文旅游资源类型

人文旅游资源种类繁多，分类标准也各不相同，可以根据开发与利用状况、管理级别、旅游资源质量高低等不同的分类目的和要求进行分类。依据 2003 年颁布的国家标准《旅游资源分类、调查与评价》，人文旅游资源分为遗址遗迹、建筑与设施、旅游商品和人文活动四大主类。

### 一、遗址遗迹

遗址遗迹是指能够对旅游者产生吸引力，满足其旅游体验的要求，能够为旅游业所利用并产生效益的历史遗址。它们是人类在发展过程中留下的历史遗迹、遗址、遗物，是古代人们适应自然、利用自然和改造自然的结果，是人类历史的载体和见证。并不是所有的历史遗址都可以成为旅游资源用于旅游业开发，遗址遗迹只有具备以下三个条件才可以视为旅游资源：首先是历史的知名性，即该遗址在社会历史发展中曾发挥过重要作用，具有典型性和代表性，享有较高的知名度，能够对旅游者产生吸引力；其次是文化的展示性，历史遗址旅游是历史文化的体验之旅，只有物质遗存丰富、文化内涵浓厚的历史遗址，才能让普通游客看有所知、知有所思、感触深刻、难以忘怀；最后是开发的可能性，旅游者大量进入，必然会对历史遗址的遗存环境带来干扰，影响遗址的寿命，旅游开发不会对其造成负面影响的历史遗址才允许旅游业开发和利用。

（一）遗址遗迹主要类型

遗址、遗迹类旅游资源包括史前人类活动场所、社会经济文化活动遗址遗迹两大亚类。

1. 史前人类活动场所

史前人类活动场所包括人类活动遗址、文化层、文物散落地、原始聚落这四个基本类型。下面分为史前人类活动遗址与原始聚落及史前人类活动文化层及文物散落地两部分介绍。

（1）史前人类活动遗址与原始聚落

史前人类活动遗址与原始聚落是指从人类形成、发展到有文字记载以前的这段历史时期留下的人类活动遗址和原始聚落。主要包括古人类化石，史前人类居住的洞窟、地穴、房舍及公共建筑，古人类生产工具和生活用品、原始艺术品等。古人类遗址是人文旅游景观资源中年代最古老的形态表现，它记录和反映了人类起源以及进化过程中的居住环境、生活习惯、生产和生活工具等方面的特点，可以帮助人们了解和认识人类进化史。考古界把古人类的历史按生产工具的性质分为旧石器时代和新石器时代。

根据坦桑尼亚发现的距今 350 万年的莱托里（能）猿人化石资料，人类起源可前溯到距今 350 万年左右。人类起源后经历了早期猿人阶段和晚期猿人阶段，发掘的典型猿人化石有：坦桑尼亚莱托里（能）猿人（距今 350 万年）、奥尔都维（能）猿人（距今 175 万年）；肯尼亚的杜卡纳（能）人（距今 200 万年）；中国云南的元谋猿人（距今 175 万年）、陕西蓝田县的蓝田猿人（距今 100 万 ~50 万年）；印尼的爪哇猿人（距今 150 万 ~50 万年）；中国的北京猿人（北京人，距今 70 万 ~25 万年），与北京猿人同期的有安徽的和县猿人，湖北的郧县猿人、郧西猿人，欧洲的海德堡猿人等。伴随着这些猿人化石的发现，发现在发掘物中已经有了粗糙的打制石器。考古界把自人类起源起到距今 20 万年这一时期，称为旧石器时代早期（见表 4.1）。该阶段的主要特点是：初期人类只能利用天然石块和树枝作为工具，后期出现了少量粗糙的作为生产工具的打制石器，人类过着原始的采集、狩猎和渔猎生活。生产技术条件极端落后，缺乏修建居住场所的能力，以天然岩洞穴居为主，但已能利用天然火种。

表 4.1　　　　　　　　　　遗址、遗迹类旅游资源年代对照表

| 历史及考古分期 | 距今年代 | 地质年代（代号） | 延续时间 |
|---|---|---|---|
| 人类起源 | 距今 350 万年 | 第四纪（Q）① | 350 万年 |
| 旧石器时代早期 | 距今 20 万年 | 第四纪更新世（Q1~2）② | 约 330 万年 |
| 旧石器时代中期 | 距今 20 万 ~5 万年 | 第四纪更新世（Q2~3） | 约 15 万年 |
| 旧石器时代晚期 | 距今 5 万 ~1.5 万年 | 第四纪更新世（Q3） | 约 4.5 万年 |
| 中、新石器时代 | 距今 1.5 万 ~0.5 万年 | 第四纪全新世（Q4）③ | 约 1 万年 |
| 青铜器、铁器（商、周）时代 | 距今 0.5 万年 ~ 公元前 256 年 | 第四纪全新世（Q4） | 约 2 650 年 |
| 秦汉、三国、两晋、南北朝 | 公元前 221—公元 589 年 | 第四纪全新世（Q4） | 约 800 年 |
| 隋、唐 | 公元 589—公元 907 年 | 第四纪全新世（Q4） | 约 300 年 |
| 宋、元、明、清 | 公元 960—公元 1911 年 | 第四纪全新世（Q4） | 约 950 年 |

　　① 国内外关于第四纪（Q）的起始年代，有 200 万年、240 万年、300 万年等多种观点。根据第四纪以出现包括人类在内的灵长类生物为标志，本书主张第四纪起始于距今 350 万年。
　　② 由于第四纪起始于距今 350 万年，全新世起始于距今 1.5 万年，因而修订早更新世（Q1）为距今 350 万 ~73 万年，中更新世（Q2）为距今 73 万 ~12.5 万年，晚更新世（Q3）为距今 12.5 万 ~1.5 万年。
　　③ 国内外关于第四纪全新世的起始年代也有不同观点，多数人认为起始于距今 1 万年。根据全新世是最末一次冰期以来温暖湿润的间冰期，人类孕育了较高文明为特征，本书主张全新世起始于距今 1.5 万年。

考古学上将距今 20 万~5 万年期间，划分为旧石器时代中期（见表 4.1）。这一时期已发掘的古人类化石有：德国的尼安德特人（距今 12 万~3 万年），中国广东的马坝人（距今 13 万年），湖北的长阳人（距今约 10 万年），陕西的大荔人（距今约 20 万年），山西丁村人（距今 21 万~16 万年）、许家窑人（距今 12.5 万~10 万年），贵州的桐梓人（距今约 20 万年）等。伴随化石发掘的其他器物表明，当时人类已能人工取火，能用兽皮做衣服，结束了茹毛饮血的生活。作为生产和生活工具的石器数量越来越多，制作越来越精细。后期出现了穿孔饰品，标志着原始审美意识的形成。

人类发展史上划分的"晚期智人"或"真人"、"新人"阶段，距今 5 万~1.5 万年，考古学上将这一时期称为旧石器时代晚期（见表 4.1），出现了极为精细的骨器、石器，人类已掌握了捕鱼技术、雕刻技艺，有了原始艺术、宗教和民族公社的雏形。如北京的山顶洞人（C$^{14}$测定年代为距今 2 万年）的文化遗址中，发现了大量装饰品、穿孔兽牙、骨针、石珠、砾石石坠。其中，砾石石坠的穿孔由两面对钻而成，有的装饰品还用赤铁矿粉染成了红色，表明中国古人在距今约 2 万~1 万年时已经掌握了原始的选材、打制、钻孔、研磨、着色的工艺美术过程。

山西朔县的峙峪文化遗址中发现了大量用石英岩、硅灰岩、玉髓等制成的细小精致的各类型石器，其中一件是用石墨制成的钻孔装饰品。与此同期的还有内蒙古河套人遗址（距今 5 万~4 万年）、广西的柳江人（距今 4 万~1 万年），法国的克罗马农人（或称克人，C$^{14}$测定年代为距今 2.5 万年）。迄今为止，欧洲已发现了 100 多件克人化石和其他文物，表明当时其文化已相当发达，有雕刻、绘画、装饰美术工艺品以及大量精致的石器和骨器。

新石器时代是指距今 1.5 万年到 5 000 年之间的历史阶段（见表 4.1），相当于氏族公社时期。这一阶段的主要特点是：广泛使用磨制石器，原始农牧业逐渐形成，能种植粟、黍、水稻等粮食和饲养猪、羊、狗等家畜。人们开始定居生活，形成原始聚落，有一定的生产能力和技术条件，能建造简单的木架构房屋和石垒房。人类开始纺纱织布，以制陶为主的手工业发达，部分陶制器皿上有几何图案或动物花纹图案。如我国仰韶文化遗址出土的陶器，大多有彩绘，图案美观，制作精致，故仰韶文化又称"彩陶文化"。新石器时代后期纺织技术和玉器琢磨技术提高，能生产一些丝绸和玉器，并能生产简单的铜器。我国已发现的新石器时代遗址有 7 000 多处，其中著名的西安半坡遗址，为黄河流域一个典型的母系氏族公社村落，原址上已建立了中国第一座遗址博物馆，向人们生动形象地展示了半坡人的居住环境和房舍、储藏用的窖穴、烧制陶器的窑址以及大量的生产工具和生活用品，对了解和研究中国氏族公社的历史有极为重要的价值。此外，还有仰韶文化遗址、大汶口文化遗址、龙山文化遗址、河姆渡文化遗址、良渚文化遗址、马家窑文化遗址和齐家文化遗址等。以往史学界认为黄河流域是中华民族文明的摇篮，浙江余姚河姆渡新石器时代遗址的发掘，充分证明长江流域和黄河流域都是中华民族的文明发祥地。

**小资料**　　　　　　　　　　　　　**我国典型新石器时代遗址**

**1. 黄河流域西安半坡遗址**

　　距今约 6 000 年的半坡聚落位于陕西西安半坡村，现存遗址面积约 5 万平方米。遗址北部是公共墓地，南部是居住区，东部是烧制陶器的窑厂。居住区内有一座很大的长方形房屋，是氏族成员共同活动的场所。四周建有许多圆形或方形小屋，是氏族成员的住处。居住区周围有用于防护的壕沟。我国是最早种植粟的国家之一。半坡居民已种粟、白菜或芥菜等农作物，他们在居住区内建起圈栏，饲养猪、狗等家畜。此外，他们还经常去打猎、捕鱼，以补充食物。半坡遗址是黄河流域一处典型的新石器时代仰韶文化母系氏族聚落遗址，自 1953 年春被发现以来，中科院考古研究所组织近 200 名考古工作者，前后发掘 5 次，延续近 4 年时间，获得了大量珍贵的科学资料。共发现房屋遗迹 45 座、圈栏 2 处、窖穴 200 多处、陶窑 6 座、各类墓葬 250 座以及生产工具和生活用具等近万件文物。

**2. 长江流域浙江河姆渡遗址**

　　河姆渡遗址位于浙江省余姚市河姆渡镇，遗址发现于 1973 年。遗址面积 4 万平方米，由相互叠压的四个文化层组成，距今已有 6 900 多年的历史。遗址先后经过两期考古发掘，共出土七千余件文物，是目前所发现的中国东南沿海最早的新石器时代遗址，其文化特征具有浓郁的江南水乡地域特色。它说明早在七千年前，生活在中国东南沿海一带的先民们，已经脱离了原始的状态，发展到使用成套农业生产工具、普遍种植水稻的阶段，农业已成为当时主要的生产活动。河姆渡遗址发现了大量的稻谷堆积，鉴定确认为人工栽培水稻，这证明了长江下游是世界上最早栽培水稻的地区之一。更令人惊叹的是，在遗址第三、第四文化层中，发现了大面积木结构建筑遗迹，纵横交错、蔚为奇观，这种成熟地使用卯榫的木结构建筑，设计之科学、规模之宏大，不仅中国罕见，更是人类文明史上最早的建筑杰作。近年来，在宁波、余姚、慈溪、奉化、象山、鄞县以及舟山等地，又先后发现了一批植根于河姆渡文化后期的良渚文化遗址。在浙江仙居山间平原、温州楠溪江下游发现了河姆渡文化晚期遗址，更丰富了河姆渡文化的内涵。台湾的考古学家从大岔坑、圆山等遗址中也发现了河姆渡文化类型的陶器。河姆渡文化的农具，最具有代表性的是大量使用骨耜。河姆渡文化的建筑形式主要是埋桩架板高于地面的干栏式建筑。干栏式建筑有利于通风防潮和防兽类侵袭，非常适应当时的河姆渡气候及地理环境，是中国长江以南新石器时代以来的重要建筑形式之一，目前以河姆渡发现的为最早。它与北方地区同时期的半地穴房屋有着明显差别，成为当时最具有代表性的特征。因此，长江下游地区的新石器文化同样是中华文明的重要渊薮。它是代表中国古代文明发展趋势的另一条主线，与中原地区的仰韶文化并不相同。发掘的遗址二期文化距今 5 600 年左右，有由 200 余根椿木和长圆木等组成的水井，是中国迄今发现的时代最早的木结构水井。遗址入口"双鸟朝阳"的河姆渡出土石刻图腾，三块巨石堆砌成品字型中空洞状，寓意着人类从山洞走向平畴的历史过程。事实充分说明，早在七千年前，生活在长江下游一带的先民们，就在同大自然的艰苦奋斗中开发着长江流域，直至进入文明社会。

（2）史前人类活动文化层及文物散落地

史前人类活动文化层及文物散落地指古代遗址中，由于古代人类活动留下来的痕迹、遗物和有机物所形成的堆积层。每一层代表一定的时期。通过文化层的包含物和叠压关系，可以确定遗址各层的文化内涵和相对年代。史前文物散落地是在地面和地下松散地层中有丰富文物碎片的地方。

2. 社会经济文化活动遗址遗迹

社会经济文化活动遗址遗迹是指人类有文字记载以来，从事社会、经济和文化活动留下的活动场所遗址，主要包括古代人类从事政治、经济、军事、科学、文化、教育、艺术等活动的场所以及古城和古城遗址等。一般认为它包括以下九项内容：

（1）历史事件发生地

历史事件发生地是历史上发生过重要贸易、文化、科学、教育事件的地方。具体来说，包括在一定历史时期内，对推动全国或某一地区的社会经济文化发展起过重要作用，具有全国或地区范围的影响的地方；或系当地水陆交通中心，成为闻名遐迩的客流、货流、物流集散地；在一定历史时期内建设过重大工程，并对保障当地人民生命财产安全、保护和改善生态环境有过显著效益且延续至今；在革命历史上发生过重大事件，或曾为革命政权机关驻地而闻名于世；历史上发生过抗击外来侵略或经历过改变战局的重大战役以及曾为著名战役军事指挥机关驻地。如革命纪念圣地遵义、延安、南昌；早在南宋时期就成为我国对外重要港口城市，且宋元时期就成为我国著名造船中心的福建泉州；因位于东西方经济、文化交流的重要通道——"丝绸之路"上而繁荣一时的新疆喀什等。

（2）军事遗址与古战场

军事遗址与古战场就是发生过军事活动和战事的地方，包括古城墙、炮台、要塞、古战场及其遗迹等。

古城墙：古代许多城池都建有城墙，由城门、城楼、角楼、城台、堞墙、垛口、护城河等组成一个完整的城市防御体系，但因年代久远或现代城市修建，多已毁掉或成为断壁残垣。目前保存较完整的有西安古城墙、平遥古城墙（见图4.1）、荆州古城墙和兴城古城墙以及明南京城的部分城墙等。

图4.1 山西平遥古城

炮台：顾名思义，就是架设火炮的台基，是随着火炮的发展而出现的一种战时工事。旧时在江海口岸和要塞构筑的火炮阵地，主要装备大口径、远射程火炮，阵地为永备工事，比较坚固。炮台一般设在进可攻、退可守的战略要塞，具有两门以上的火炮。由于现代战争的变革和火炮的机动性，古时炮台已不再作为战时工事而遭遗弃，只有一些具有战略意义或历史意义的大炮台被保护下来成为历史遗址，如中国沿海城市的厦门胡里山炮台、上海吴淞口炮台、烟台东西炮台、旅顺电岩炮台和西藏的江孜宗山炮台等。这些炮台架设的多为近代岸炮，在抗击外来侵略中发挥了积极的作用。

要塞：即筑有永久工事、准备长期坚守的国防要地或是构筑了堡垒的地方。要塞是一个特别加固的、不动的军事设施。今天，"要塞"一词一般指16世纪在欧洲特别流行的一种对抗炮兵的防御设施，这种设施不但提供对当时炮兵的防御，而且还给防御者提供射击要塞周围地区的条件。最初的要塞往往是特别加固的城堡，约从公元1500年到17世纪中，要塞主要是一种混合了城堡、宫殿和要塞的建筑结构，此后这三种建筑开始分化。

古战场：不仅是指那些历史上发生过惊心动魄的战争所遗留下的战场遗址，还包括与之相关联的历史人物、历史事件、历史典故传说，以及石刻、诗词歌赋等。古战场遗址不仅有险要的地形，还具有丰富的文化内涵，展示了古人的智慧和勇敢，令人感动、深思。世界著名的古战场遗址有比利时的滑铁卢古战场遗址、法国的马其诺防线遗址等。我国历史上曾发生过多次具有重要历史意义的战争，留下多处古战场遗址。如现已成为旅游胜地的三国赤壁之战遗址，就位于湖北省蒲圻县长江南岸，这里三山毗连，江水直扑崖壁，气势险峻磅礴，更主要的是保留下了许多古建筑和历代文人留下的诗赋佳句和大量石刻。此外在我国还有晋楚的城濮之战、齐魏的马陵之战、楚汉的城皋之战、曹袁的官渡之战、东晋的淝水之战、重庆合川的钓鱼城和中日甲午海战等，都是著名的古战场遗址，正在或有待开发。

图4.2　湖北赤壁古战场摩崖石刻

（3）废弃的寺庙

废弃的寺庙指已经消失或废置的寺、庙、庵、堂、院等场所。"寺"最初并不是指佛教寺庙，秦代通常将官舍称为寺，自汉代始把接待从西方来的高僧居住的地方称为寺，此后"寺"便逐渐成为中国佛教建筑的专称，如白马寺等。而"庵"，常指尼姑修行处。

**图 4.3　河南洛阳白马寺**

（4）废弃的生产地

废弃的生产地指已经消失或废置的矿山、窑、冶炼场、工艺作坊等生产地。如景德镇陶瓷古窑，安溪冶铁、银、铜遗址，南陵大工山古铜矿遗址等。

（5）交通遗迹

交通遗迹是指已经消失或废置的交通设施。从古至今，交通都与一个国家、地区或民族的政治、经济、军事以及对外交往等方面有着密切的关系。因此，在古代很早就开始了道路的开凿和修筑。如历史上地跨亚、欧、非三大洲的波斯帝国，为了加强与各地的联系，修筑了四通八达的驿道。古罗马帝国更是建立了"条条大路通罗马"的全国道路网络。中国早在战国时期就开凿了穿越秦岭、连接川陕的金牛栈道，北魏时又开辟了子午道，为沟通南北交通发挥了重要作用。汉代随着东西方经济贸易往来和文化交流的发展，开创了从古都长安经中亚、南亚、西亚，通往欧洲的国际性道路——"丝绸之路"。这是最早的"欧亚大陆桥"，沿途经过了咸阳、天水、敦煌等历史名城和西出"春风不渡"的玉门关，既可领略大漠孤烟、长河落日、神奇鸣沙交响、天边幻影绿洲、风蚀雅丹地貌等神奇的自然风光，又可欣赏长城、烽燧、石窟等名胜古迹，还可到楼兰古城探幽。此外，唐蕃古道、剑南栈道、秦驰道等都是我国著名的古代交通要道。这些古道路在历史上不同时期都发挥了重要作用，后由于各种自然原因和社会历史原因，现大多已废弃，成为古道路遗迹。但沿古道留下的众多历史古迹和的历史传说，以及优美奇特的自然景观，却依旧对旅游者有较强的吸引力。

我国古代交通遗迹按类型大致可分为驰道、驿道、栈道三类。其规模和工程的难度不仅在当时堪称壮举，即使在今天也令人叹为观止。驰道是天子专用之道路。史载秦始皇修驰道，"东穷燕齐，南极吴楚，江湖之上，滨海之观毕至。道广五十步，三丈而树"。秦之驰道不仅平坦宽阔，而且通达全国各地。现在陕北榆林地区发现的 120 余千米秦驰道遗址，宽达百米，可并行六七辆卡车。道两侧还分布有兵城、烽火台、馆驿、行宫等遗址，极适于现在开展访古旅游。驿道是供邮传和民间之用的道路。其规格较低，但长度远在驰道之上。我国汉代时驿道已通达西南少数民族地区，总长度在几十万千米，沿途设有邮亭。现存古栈道以四川境内最著名，为秦汉时所凿蜀道之遗存，在四川北部从剑阁至阆中，绵延 150 余千米。绝危岩，渡崇岭，形如鸟道。行道两旁，广植松柏，夏日不知炎暑，故名"翠云廊"。壮观秀丽，是古时沟通秦蜀之咽喉。蜀道自古有名，唐朝大诗人李白曾有《蜀道难》一诗，惊叹"蜀道之难，难于上青天"。现在以剑门关为中心的蜀道已成为独具特色的旅游路线，有"剑门天下险"之说。

（6）废城与聚落遗迹

废城与聚落遗迹指已经消失或废置的城镇、村落、屋舍等居住地建筑及设施。

在原始公社制度下，以氏族为单位的聚落是纯粹的农业村社。进入奴隶制社会后出现了居民不直接依靠农业营生的城市型聚落。但是在奴隶制社会和封建制社会，商品经济不占主要地位，乡村聚落始终是聚落的主要形式。

人类历史经历了众多朝代的演变更替，各朝代都修建了自己的都城和城市体系。这些城市有的被修缮改造，至今依然存在，成为著名的古城。但还有相当多的城市现已废弃，成为古城遗址。它们虽饱经风雨沧桑、战火摧残，成为废墟，但人们依旧能从这些古城中残存的建筑、宫殿城垣以及众多的历史古迹中，感受到它们昔日的雄伟和辉煌。如被火山喷发所埋没后又被发掘出的意大利庞贝古城、希腊的雅典卫城、柬埔寨的吴哥古城等。作为东方文明古国的中国，遗存了自商周以来各朝代的古城遗址，其中著名的有河南安阳的殷商都城殷墟遗址、西安的周朝都城丰镐遗址、春秋战国时期的东周都城洛阳遗址、秦朝都城咸阳遗址、汉代都城长安遗址、西藏古格王国遗址以及"丝绸之路"上的敦煌沙州古城遗址和新疆的高昌古城遗址、交河古城遗址、罗布泊附近的楼兰古城遗址等。在众多的古城遗址中，选择那些区位条件好、历史地位高、保存较好的进行保护性开发，无论是对开展旅游活动，还是对城市和历史的发展研究，都具有重大的价值。

聚落通常是指固定的居民点，只有极少数是游动性的。聚落由各种建筑物、构筑物、道路、绿地、水源地等物质要素组成，规模越大，物质要素构成越复杂。聚落的建筑外貌因居住方式不同而异。例如，婆罗洲伊班人的大型长屋，中国黄土高原的窑洞，中亚、北非等干燥地区的地下或半地下住所，某些江河沿岸的水上住所，游牧地区的帐幕等，都是比较特殊的聚落外貌。聚落有不同的平面形态，它受经济、社会、历史、地理诸条件的制约。历史悠久的村落多呈团聚型，开发较晚的区域移民村落往往呈散漫型。城市型聚落也因各地条件不同而存在多种平面形态。聚落的主要经济活动方向决定着聚落的性质。乡村聚落经济活动的基本内容是农业，习惯上称为乡村。城市聚落经济活动内容繁多，各种经济活动变量间的关系，反映出城市的功能特征和性质。

图4.4　楼兰古城

图4.5　意大利庞贝古城

（7）长城遗迹及长城段落

长城遗迹是指历史上曾经修建过长城，但现在长城已经基本消失了的地方。长城段落则专指保存较完整的地方，尤其是指保存下来的，作为古代军事防御工程的长城段落。史籍明确记载和遗址实物考证，从公元前 7 世纪到公元 17 世纪的 2 000 多年间，中国人一共修筑了 5 条万里长城，总长度达 5 万千米，投入了巨大的人力物力。如秦始皇长城，修筑了两次，动员了 30 万军人和 50 万民夫；北齐长城，修筑了 10 次，动员了 180 万人；隋长城，修筑了 7 次，动员了 140 万人。明长城从立朝之始至灭亡前夕，200 多年来较大规模的修筑有 14 次，所调动的人力、物力、财力已大得无法统计。如果它们都完好无损，那么中国大地上将纵横交错或并列一条条巨大的城垣。这些浩大的建筑工程现在大多数仅以残墙颓壁的遗迹形式存在着。以战国长城为例，较完整的楚国方城就算最好的了；原上千里的齐长城现在只在山东胶南市 6 个乡间发现 12 处遗迹；山西宁武县残留着 60 千米东魏长城遗迹；河北宣化青边口村山坡上 2 尺高的碎石带就是北魏长城遗迹；金长城说起来还有数百里遗迹，但那只不过是一条稍稍隆起在蒙古大草原上的土埂子而已。长城及其长城遗迹都是古代中国人民血汗和智慧的结晶，除古埃及人以近千年时间修筑的一系列金字塔外，人类文明史上没有任何建筑能在时间和空间上与之相媲美，它雄伟壮观、举世无双，是世界建筑史上的奇迹，也是我国人文景观第一景。

现在通常所说的长城遗迹及其长城段落，即中国的"万里长城"，是指位于中国的北部，西起嘉峪关，东至鸭绿江虎山，横贯河北、北京、内蒙古、山西、陕西、宁夏、甘肃七个省、市、自治区，全长 7 350 千米，东西延伸蜿蜒万里的未封闭城圈。

①长城的修筑历史

历史上最先出现的长城是楚长城和齐长城。楚长城利用淝水、泚水的堤防，再接伏牛山，筑成长 500 千米的楚方城；齐长城建于春秋时期，以防鲁、楚之入侵，沿泰山、鲁山、沂山，于小珠山入海，全长 500 多千米。其余的秦、魏、赵、韩、燕等国都修筑了长城。有的完全是高墙，有的墙、堑、沟结合，充分利用地形、地物，在山河险要处筑寨，把孤立的据点连接起来，形成防御体系。

秦始皇统一六国后，为防北方少数民族南侵，于公元前 213 年，派大将蒙恬组织军队、民夫、战俘、有罪官吏近 200 万人，大举筑长城，将秦、赵、燕三国没连在一起的进行补筑，年久破坏的进行整修，对新扩疆域进行新修，形成西起临洮（甘肃岷县）经甘、宁、晋、冀、辽五省区，直到朝鲜大同江，绵延万余里的万里长城。

汉代长城在秦长城的基础上向西延伸，将长城由永登延伸到酒泉、玉门，直至罗布泊，使长城东西蜿蜒 1 万多千米。汉代是中国历史上修筑长城最长的朝代。

汉以后各朝代都有修长城之举，唯独唐、元两个朝代，因国势鼎盛，边界远在长城以外，所以无需修筑原长城或增筑新长城。明代北部满族兴起，不得不派重兵把守，并组织修筑从嘉峪关至虎山的长城，其工程质量和施工技术都有较高的发展。特别是在大量用砖、改进敌台和增设墙上障墙等工事方面，达到了前所未有的水平。据 2009 年的最新资料，明长城总长度为 8 851.8 千米，东起辽宁虎山，西至甘肃嘉峪关，从东向西行经辽宁、河北、天津、北京、山西、内蒙古、陕西、宁夏、甘肃、青海十个省

（自治区、直辖市）的 156 个县域。其中人工墙体的长度为 6 259.6 千米；壕堑长度为 359.7 千米；天然险的长度为 2 232.5 千米。调查结果还显示，明长城现存敌台 7 062 座，马面 3 357 座，烽火台 5 723 座，关堡 1 176 座，相关遗存 1 026 处。另外，通过调查还新发现了与长城有关的各类历史遗迹 498 处。中国修筑长城的历史长 5 000 余年，前后经历 20 多个朝代，若把各个朝代所筑长城的长度相加起来，大约有 5 万千米以上。这是多么惊人的数字！

②长城的特点

长城雄伟壮观处莫过于八达岭。八达岭是北京延庆县军都山的一部分。八达岭上依山据险，设有关城。有"居庸关之险不在关，而在八达岭"之说。八达岭关城建于明弘治十八年（公元 1505 年），在东门悬有匾额，题字为"居庸外镇"。长城在八达岭段，平均高 7.8 米，最高达 14 米，底宽 6.5 米，顶宽 5.8 米，可容五马并驰、十个列队并行，远远即可见到高大城墙（见图 4.6）。

长城结构复杂，由关隘、城墙和烽火台组成。关隘是长城沿线的重要驻兵据点，多建在出入长城的咽喉要道上。它由方形或多边形的城墙、城门、城门楼（战斗观察所、指挥所）、瓮城（城门外再构筑成的"门"形城墙，以增大防御纵深）、罗城（类似瓮城，但比瓮城城墙长）、护城河组成。城墙，由券门（内墙拱形小门，供战士登城之用）、垛口（为瞭望敌情、射击敌人的掩体）、守墙（女儿墙）、马道、城门洞、城楼、城台等组成。城台，即城墙上每隔 200～300 米有一高出城墙顶面的台子，突出于迎敌方向的墙身以外，用于侧翼射杀架梯攻城的敌人。还可分墙台、敌台、战台。烽火台设置在长城内外最易瞭望的山顶上。有敌人到来，白日升烟，晚间点火，起通信联络的作用。长城布局走向合理，依山而筑，因地形用险制塞。蜿蜒起伏，盘旋于崇山峻岭之中，宛如群龙啸天，巨蟒窜洞，前不见首，后不见尾，气势磅礴，令人叹为观止。

③长城的重要关隘

随着时代的变迁，长城已失掉了作为军事工程的意义，其高超的建筑艺术却是中华民族大智大勇的历史见证，成为中华民族的象征，具有极高的旅游价值。尤其关隘之地，城墙完好无损、地势雄伟、关塞险峻，是长城的典型代表。如"天下第一关"的山海关、气壮山河的嘉峪关（见图 4.7）、"重关迢递接燕山"的居庸关、紫荆山上的紫荆关、重峦深处的平型关、九塞要隘雁门关、临渊据险的娘子关、翁郁秀丽的慕田峪关，等等。

图 4.6　长城八达岭段

图 4.7　长城嘉峪关

（8）烽燧

烽燧是古代边防报警的构筑物。烽燧建于关口外或长城外的制高点上，是利用烟火传递军事情报的墩台式建筑。夜间遇敌情放火称为"烽"，白天遇敌情燃烟称为"燧"。明代还完善了报警制度，视来敌的多少而定举烟、燃火的数目与颜色，并鸣炮，各墩位、炮位相继行动。通过这一方式，可将敌情迅速而准确地传遍边防乃至京师。

## 二、建筑与设施

建筑与设施是指对政治、经济与科学技术曾经或仍在产生重大影响的建筑与设施，既有传统古建筑设施，也包括近现代可供游客游览观赏的重要建筑与设施，它们是发展现代旅游业的重要物质基础，对游人访古探幽、欣赏艺术、考察研究、增进知识都有极高的价值。如著名的世界七大古建筑奇观，堪称传统古建筑的代表。早在2 300年前（公元前3世纪），腓尼基旅行家昂蒂帕克就写下了七大古建筑奇迹清单：埃及吉萨金字塔、奥林匹亚宙斯巨像、阿泰密斯神庙、摩索拉斯基陵墓、亚历山大灯塔、巴比伦空中花园、罗德岛太阳神巨像。后来各国专家陆续有不同提法，较典型的有埃及金字塔、罗马大斗兽场、巴比伦空中花园、中国万里长城、（利比亚）亚历山大地下陵墓、印度泰姬陵、土耳其索菲亚大教堂（或圣殿）；世界中古七大古建筑奇迹提法即意大利罗马大斗兽场、利比亚亚历山大地下陵墓、中国万里长城、英国巨石阵、中国大报恩寺的琉璃宝塔、意大利比萨斜塔、土耳其索菲亚大教堂。在2001年，由法国人创办的新七大古建筑奇迹基金会，发起新七大奇迹网上选举，耗时6年从200多个世界景点中筛选出21个景点，最后于2007年7月8日凌晨在葡萄牙首都里斯本宣布新七大古建筑奇迹为：中国长城、约旦佩特拉古城、巴西基督像、印加马丘遗址、奇琴伊查库库尔坎金字塔、古罗马斗兽场、印度泰姬陵。中国的万里长城居于首位。

中国建筑与设施历史悠久，数量繁多，成就卓越，是我国人文旅游资源的主要组成部分。本书介绍的建筑与设施，就侧重于中国的古建筑与设施。我国人文旅游资源中的建筑与设施，按国家标准分类方案，主要有综合人文旅游地、单体活动场馆、景观建筑与附属型建筑、居住地与社区、归葬地、交通建筑、水工建筑7个亚类。为便于学习理解，本书分为宫殿与礼制建筑、古民居建筑、园林建筑、陵寝建筑、交通建筑、水工建筑、历史文化名城、宗教建筑、其他古建筑和现代重要建筑与设施10个部分论述。

（一）中国古建筑类型与特点

1. 中国古建筑的主要特点

中国古建筑在悠久的历史长河中，形成了独特的建筑风格，是东方文化的重要组成部分，在世界建筑中以其鲜明的特点而自成体系。中国古建筑有以下主要特点：

（1）采用组群布局，主次分明

西方古建筑的艺术主要体现在个体建筑所表现的宏伟与壮丽上，而中国古建筑的艺术则主要体现在建筑群体所表现的宏大与壮观上。中国古建筑的最基本形式就是建筑个体多由单栋房屋围合成的院落，平面为简单的矩形，单纯而规整。这些院落能够组成住宅、寺庙、坛庙、宫殿等各种不同类型和不同规模的建筑群体，即根据需求将大小不同的院落纵向或横向串联组合，创造出丰富多彩的建筑群体形态。如北京故宫就是中国规模最大、形态最复杂的院落式组群。当然，这种组合不是简单的串联、叠加、重复，而是有主次之分。主体建筑一般高大，布局在中轴线上；次要建筑对称地布局在中轴线两侧，形成主次分明、规整严谨的布局风格。

（2）普遍采用木结构

首先，与西方古建筑的砖石结构体系相比，中国古建筑的最大特点就是建筑上采用木结构体系。用木料做成房屋的架构，以柱、梁、檩为主要构件，各构件之间由卯榫连接，富有韧性，因此抗震能力强，这是木结构建筑的优点之一。如1996年2月，丽江地区发生大地震，许多新建的钢筋混凝土大楼倒塌了，但丽江古城许多老建筑的构架却依然挺立，保持着原来的形态，出现了"墙倒屋不塌"的现象。山西应县的木塔，距今已有900多年，其间经历了多次地震的袭击，至今依旧巍然屹立。这些都充分显示了木结构建筑的抗震能力。其次，木结构建筑还具有采伐、运输和施工较便利的优点。如1420年动工兴建的砖石结构的意大利佛罗伦萨主教堂，花了50年时间才最后完工；而同时期兴建的中国紫禁城，大小房屋近万幢，占地72万平方米，却只花了13年时间就全部完工。当然木结构建筑也有自身的缺点。首先是易发生火灾，如紫禁城自建成到清末的400多年中，宫内主要建筑就发生过24次较大的火灾，紫禁城的重要建筑——太和殿就曾两次被烧毁。其次是木结构建筑还怕潮湿和虫害。这也是中国古建筑有许多不能保存至今的重要原因。

（3）形制装饰多样

建筑装饰是中国古建筑的重要组成部分，内容丰富多样。中国古代的艺匠们将雕刻、绘画、工艺美术等应用到建筑装饰中，对建筑各部位的构件进行美的加工，在简单的梁、枋、柱、端部进行巧妙加工，做出各种花样或雕刻成各种植物和龙、象等兽头；对门窗、廊檐、天花及室内分隔构件进行艺术处理，特别是建筑物的门窗是装饰的重点，常雕刻各种花饰，并制造出千变万化的窗格花纹式样；在屋顶上塑造出鸱吻、宝顶、仙人、走兽等奇特的形象；在门前、石台基上，通过平雕、立雕、浮雕、透雕等多种雕饰，使那些砖石富有了生气。建筑装饰不仅加强了建筑的艺术魅力，使简单、平直的房屋躯体具有了艺术的外观形象，而且还使建筑具有了思想内涵，通过建筑装饰表达出主人的意志与追求。有的建筑装饰中还表现出情节内容，如颐和园内有一条长达728米的长廊，在这条长廊的梁枋上采用彩画形式绘制了《西游记》、《三国演义》、《水浒》、《红楼梦》等名著中的精彩情节片断以及自然山水与植物花卉，使长廊成为一条画廊。漫步其间，既能观赏廊外的湖光山色，又能欣赏廊内的历史画卷。

中国古建筑装饰还是显示建筑社会价值的重要手段，无论是装饰的色彩、式样还是材料的质地、题材等，都要服从建筑的社会功能。如宫殿建筑为黄色的琉璃瓦屋顶，宽大的汉白玉台基，红色的柱子、墙和门窗，彩画用的是贴金龙凤，色调强烈、鲜明，殿前摆放的是龟鹤、日晷等建筑小品，以显示帝王的权贵尊严；而江南私家园林则是白墙黛瓦、本色的原木和精巧自由的砖木雕刻，色调宁静、淡雅，以体现超然、淡泊的士人风格。此外，装饰油漆对木架构为主的房屋有防虫、防湿等保护功能。

建筑装饰的艺术风格还带有鲜明的时代性、民族性和区域性特点。如唐代建筑装饰豪放开朗，宋代则活泼流畅，而到了明、清却显示出严谨典雅的风格。藏族建筑装饰色彩浓艳，风格粗犷，追求较强的对比效果。在区域上，一般北方建筑装饰较朴实（皇家建筑除外），装饰只作重点处理，善用彩画砖雕；而南方建筑装饰较丰富，装饰手法细腻精致，砖雕、石雕、木雕都有较高造诣。

（4）等级森严

中国古建筑在建筑形态上最显著的特征就是特有的大屋顶。房屋的面积越大，屋顶就越高大。大屋顶无论是屋面、屋脊还是屋檐，没有一处不是曲线的。这种曲面形的屋顶，不仅出现在宫殿、陵墓、寺庙建筑上，而且民房、住宅也都是这样。有的屋顶四个屋角高高翘起，如展翅欲飞的鸟。硕大的屋顶经过曲线、曲面的处理，显得轻巧了，极富神韵和表现力。这种大屋顶与斗拱密切相关。斗拱是分布在柱子上梁枋与屋顶架构之间，由弓形短木（称为"拱"）与小方形木块（称为"斗"）结合成的构件。它既能支撑伸出的沉重的屋檐，又能加大梁枋的承受力，还能起装饰作用，是中国木结构建筑上一种特有的构件（见图4.8）。

中国古建筑屋顶的式样和屋檐的重数还是重要的等级标志。其最高形制是庑殿顶，这是由一条正脊、四条斜脊和四面斜坡组成的四坡顶，屋面稍有弧度，屋角和屋檐均向上翘起。常用于最尊贵的建筑物，如北京故宫太和殿（见图4.9）、太庙前殿的屋顶；其次是歇山顶，它由一条正脊、四条斜脊和四条戗脊以及四个斜面和两个三角形的直面组成，又称九脊顶，用于规格稍低的建筑物，如故宫的保和殿（见图4.10）、天安门城楼的屋顶；第三是悬山顶，由一条正脊、四条垂脊和两个坡面组成，因屋顶的两端悬于山墙之外而得名。多用于大型古建筑群中次要的配殿或配房，以及一般的民居和寺庙，如颐和园文昌院的卷棚式悬山顶建筑（见图4.11）；第四是硬山顶，组成和用处与悬山顶相同，只是屋顶的两端与山墙平齐，侧看如同一块硬板壁而得名，如杭州胡雪岩故居洗秋堂的硬山顶（见图4.12）。还有一种是攒尖顶，无正脊，为锥形屋顶，平面形态可为圆形、方形和多边形，是坛、亭、塔、楼常用的形式，如天坛的祈年殿（见图4.13）。

图4.8 苏州盘门瑞光塔的斗拱

图4.9 故宫太和殿的重檐庑殿顶建筑

图 4.10　故宫保和殿的歇山顶建筑

图 4.11　颐和园文昌院的卷棚式悬山顶建筑

图 4.12　杭州胡雪岩故居的硬山顶建筑

图 4.13　天坛祈年殿的攒尖顶建筑

### 2. 中国古建筑的主要类型

中国古建筑的类型丰富多样，目前尚未有公认的分类体系，常用的有按照建筑材料结构分类和按照建筑物的性质与功能分类等方法。本书采用后者分类法，主要介绍宫殿与礼制建筑、古民居建筑、园林建筑、陵寝建筑、交通建筑、水工建筑、宗教建筑、古都及历史文化名城等。

### (二) 宫殿与礼制建筑

#### 1. 宫殿建筑

宫殿是帝王居住和处理朝政的地方，是皇权的象征。在中国古建筑中，宫殿是形制最高、最富丽堂皇的建筑类型，因而也最能反映中国古建筑高超的技艺和独特的风格。宫原本指一般的房屋居所，殿是指高大的房屋。秦汉以后，"宫殿"逐渐成为帝王居所的专用名。

历代帝王为突出皇权的至高无上，都不惜重金建造宫殿。如秦始皇统一中国、定都咸阳后，便大兴土木修建皇宫。据《史记秦始皇本纪》记载，"咸阳之旁二百里内，宫观二百七十，复道甬道相连"；《三辅黄图》中描述的汉未央宫是用名贵的木兰树、文杏树作房屋的梁、柱、檩、椽，用玉石作门户和碑碣，墙上用黄金、珠宝玉石作装饰，柱子和栏杆上布满雕刻，极尽奢华。宫殿建筑具有规模宏大、装饰富丽堂皇、陈设豪华的特点。金黄色的琉璃瓦，配以红墙和宽大的汉白玉台基，色彩绚丽，各种雕刻精致细腻，建筑装饰中随处可见龙的身影。高大的盘龙金柱、御道上石刻的游龙、天花藻井上的坐龙、梁枋上彩画中的龙更是形态各异，台基的栏杆上、大殿的屏风上、皇帝的御椅上到处都布满了龙的形象。龙是皇帝的象征，宫殿建筑就成了龙的世界。据统计，仅故宫的太和殿上下里外就有 12 654 条龙。宫殿建筑的另一特点是采取前朝后寝的布局形式。在皇宫的前半部分，是帝王处理政务或举行大典的殿堂，称为前朝；皇宫的后半部分是帝王与后妃生活起居的场所，称为后寝。整个皇宫的主要建筑都位于中轴线上。如故宫前朝的太和殿、中和殿、保和殿，后寝的乾清宫、交泰殿和坤宁宫，都分布在中轴线上，两边对称分布的则是次要建筑。这种严格的中轴对称布局格式，更能突出帝王的威严和至尊。由于时代的久远以及朝代的更替，大部分宫殿建筑都已被毁掉，留给后人的只有遗址和史书上的记载。我国目前保存较完好齐全的皇宫主要有北京故宫和沈阳故宫。

我国现存规模最大、规格最高的四大古建筑群则是北京故宫、山东曲阜孔庙、山东泰山岱庙和河北承德避暑山庄（后三大古建筑群不是皇宫，但均按皇宫规格修建）；现存规模最大、规格最高的三大宫殿是故宫太和殿（金銮殿）、泰山岱庙天贶殿和山东曲阜孔庙大成殿。

（1）北京故宫

故宫又称"紫禁城"，始建于明永乐四年（公元 1406 年），历经明清两个朝代 24 个皇帝，是世界上最大最完整的古代宫殿建筑群。故宫规模宏大，占地 72 万平方米，建筑面积 15 万平方米，有房屋 9 999 间。按照"前朝后寝"的古制，其重要的主体建筑位于贯穿宫城南北的中轴线上，如象征政权中心的三大殿（太和殿、中和殿、保和殿）和帝后居住的后三宫（乾清宫、交泰殿、坤宁宫）。在其内廷部分，左右各形成一条以太上皇居住的宫殿——宁寿宫和以太妃居住的宫殿——慈寿宫为中心的次要轴线，这两条次要轴线又和外朝以太和门为中心，与左边的文华殿、右边的武英殿相呼应，两条次要轴线和中央轴线之间，有斋宫及养心殿，其后即为嫔妃及宫女居住的东西六宫。出于防御的需要，这些宫殿建筑的外围筑有周长 3 千米、高达 10 米的城墙，城墙上开有 4 门，南有午门，北有神武门，东有东华门，西有西华门，城墙四角，还耸立着 4 座角楼，外有护城河。

（2）山东曲阜孔庙

孔庙又称"至圣庙"或"文庙"。山东省曲阜市南门内孔庙，是祭祀孔子的庙宇，也是我国祭祀孔子的庙堂中建造年代最早、规模最大的一座。曲阜孔庙的主殿为大成殿，后设寝殿，仍是"前朝后寝"的皇宫传统建筑形式。前庭中设杏坛，此处原是孔子故宅的讲学堂，后世将它改为孔庙正殿。据称孔庙始建于孔子死后第二年（即公元前 478 年），由鲁哀公将其故宅改建为庙。此后历代帝王不断加封孔子，扩建庙宇，到清代，雍正帝下令大修，扩建成现在这个规模。曲阜孔庙以皇宫的规格而建，占地面积约 9.5 万平方米，规模宏大，在世界建筑史上占有重要地位，是分布在我国及国外的 2 000 多座孔子庙的先河和范本。庙内共有九进院落，以南北为中轴，分左、中、右三路，纵长 630 米，横宽 140 米，拥有各种建筑 100 余座，计 460 余间。孔庙内的圣迹殿、十三碑亭及大成殿东西两庑，陈列着大量碑碣石刻，其碑刻之多仅次于西安碑林，有我国"第二碑林"之称，特别是这里保存的汉碑，在全国是数量最多的。

（3）山东泰山岱庙

岱庙位于泰安市泰山南麓，又称东岳庙（东狱庙）或泰山行宫，属全国重点文物保护单位。岱庙创建于汉代，有"秦即作畤"，"汉亦起宫"之载。其建筑风格采用帝王宫城的式样，其南北长406米，东西宽237米，总面积9.6万平方米，是泰山最大、最完整的古建筑群，为道教神府，是历代帝王举行封禅大典和祭祀泰山神的地方。总体布局以南北为纵轴线划分为东、中、西三轴；中轴前后建有正阳门、配天门、仁安门、天贶殿、中寝宫、后载门；东轴前后设汉柏院、东御座、花园；西轴前后置唐槐院、环咏亭院、雨花道院；钟、鼓二楼左右对峙，周围连筑城堞，四隅各建角楼，东西南北原开八门，主体建筑天贶殿高踞庙内正中台基之上。唐开元十三年（公元725年）进行了增修，殿阁辉煌；在宋真宗大举封禅时（公元1009年）又大加拓建，修建天贶殿等，更见规模。据《重修泰岳庙记碑》所载，时有"殿、寝、堂、阁、门、亭、库、馆、楼、观、廊、庑八百一十有三楹"。金代时部分建筑被毁，元时又有增修，明嘉靖二十六年（公元1547年）庙内大部分建筑遭到焚毁，清代再次修缮。岱庙城堞高筑，庙貌巍峨，宫阙重叠，气象万千。

（4）河北承德避暑山庄

河北承德避暑山庄又名"承德离宫"或"热河行宫"，是清王朝的夏季行宫，位于河北承德市中心区以北武烈河西岸谷地上。山庄始建于公元1703年，历经清朝康熙、雍正、乾隆三代皇帝，耗时约90年才建成。避暑山庄占地564万平方米，环绕山庄蜿蜒起伏的宫墙长达万米。山庄共分为宫殿区、湖泊区、平原区、山峦区四大部分。宫殿区建于南端，占地10万平方米，地形平坦，由正宫、松鹤斋、万壑松风和东宫四组建筑组成，是皇帝处理朝政、举行庆典、生活起居、读书和娱乐的地方，至今珍藏着两万余件皇帝的陈设品和生活用品。湖泊区在宫殿区的北面，湖泊面积包括洲岛约43公顷，有8个小岛屿，将湖面分割成大小不同的区域，层次分明，洲岛错落，碧波荡漾，富有江南鱼米之乡的特色。东北角有清泉，即著名的热河泉。平原区在湖区北面的山脚下，地势开阔，有万树园和试马埭。平原区西部绿草如茵，一派蒙古草原风光；平原区东部则古木参天，具有大兴安岭莽莽森林景象。山峦区在山庄的西北部，面积约占全园的4/5，这里山峦起伏，沟壑纵横，众多楼堂殿阁、寺庙点缀其间。整个山庄东南多水，西北多山。避暑山庄之外，半环于山庄的是雄伟的寺庙群，共占地47.2万平方米，如众星捧月，环绕山庄，这就是著名的"外八庙"。外八庙以汉式宫殿建筑为基调，吸收了蒙、藏、维等民族建筑艺术特征，创造了中国的多样统一的寺庙建筑风格。寺庙殿堂中，完好地保存和供奉着精美的佛像、法器等近万件。每处寺庙都像一座丰碑，记载着清王朝统一和团结的历史。避暑山庄以朴素淡雅的山村野趣为格调，取自然山水之本色，吸收江南与塞北之风光，以多种传统手法，营造了120多组建筑，融会了江南水乡和北方草原的特色，构成了18世纪中国古代建筑富于融合性和创造性的杰作，也成为中国皇家园林艺术荟萃的典范。清朝的康熙、乾隆皇帝时期，每年大约有半年时间要在承德度过，清前期重要的政治、军事、民族和外交等国家大事，都在这里处理。因此，避暑山庄也就成了北京以外的陪都和第二个政治中心。它不仅有丰富的文化内涵，同时是中国统一多民族国家巩固和发展的象征，也是一部研究 18 世纪中国历史的教科书和珍贵历史文化遗产的博物馆。避暑山庄及周围寺庙已成为国家级重点文物保护单位、全国十大名胜、全国首批二十四座历史文化名城和四十四处风景名胜保护区之一。

（5）北京故宫太和殿

太和殿是故宫前朝三大殿中最大的一座，也是故宫中规格最高的宫殿，民间俗称"金銮殿"，位于故宫南北中轴线的显要位置。始建于明永乐十八年（公元 1420 年），清康熙三十四年（公元 1695 年）重建。殿高 35.05 米，面积 2 377 平方米，共 55 间，72 根大柱，是故宫中最高大的建筑。自太和殿建成后，距它 90 千米范围内就发生过 6 级以上强烈地震 7 次。其中 1730 年北京西郊 6.5 级地震，震中距太和殿 15 千米；1665 年通县 6.5 级地震，震中距太和殿 20 千米；1679 年三河平谷 8 级地震，震中距太和殿仅 45 千米。这些大震都曾使北京遭到严重破坏，多次震动金銮殿，但都不曾使其遭到破坏。

（6）泰山岱庙天贶殿

天贶殿为岱庙的主体建筑，东西长 43.67 米，南北宽 17.18 米，高 22.3 米，面积近 970 平方米。"天贶"即"天赐"的意思。整座大殿雕梁画栋，贴金绘垣，丹墙壁立，峻极雄伟，檐间悬挂"宋天贶殿"的巨匾，虽历经数朝，古貌犹存。殿内供奉泰山神即东岳大帝。民间传说此神即黄飞虎。《封神演义》中，姜子牙奉太上元始天尊敕命，封屡立战功的武将黄飞虎为"东岳泰山天齐仁圣大帝"，命他总管天地人间的吉凶祸福。天贶殿内北、东和西三面墙壁上绘有巨幅《泰山神启跸回銮图》。"启"是出发，"跸"是清道静街，亦作停留意，"回銮"是返回之意。壁画高 3 米多，长 62 米，描绘了泰山神出巡的浩荡壮观的场面。画中人马，千姿百态，造型生动逼真，是泰山人文景观之一绝。

（7）曲阜孔庙大成殿

大成殿为曲阜孔庙的主殿，后设寝殿，仍是"前朝后寝"的皇宫传统建筑形式。前庭中设杏坛，此处原是孔子故宅的讲学堂，后世将它改为孔庙正殿。宋真宗末年，增扩孔庙，殿移后，此处设坛，周围环植杏树，故称"杏坛"。金代在其上建亭，明代又改建成重檐十字脊亭，遂成现状。东西两庑各 40 件，供历代著名先贤先儒的神主，到清末共 147 人。大成殿建于雍正七年（1729 年），重檐歇山，面阔九间，用黄色琉璃瓦，殿前檐柱用十龙柱 10 根，高浮雕蟠龙及行云缠柱，为他处殿宇所少见。内外悬清世宗、清高宗所书的 3 副对联。1966 年"文化大革命"初起时，大成殿内的文物受到破坏，现存龛、像、匾、联均为 1983 年照原样复制的。

2. 礼制建筑

"礼"为中国古代六艺之一，集中地反映了封建社会中的天人关系、阶级和等级关系、人伦关系、行为准则等，是上层建筑的重要组成部分，在维系封建统治中起着很大的作用，能够体现这一宗法礼制的建筑就称为礼制建筑。礼制建筑不同于宗教建筑，但与宗教建筑又有着密切的联系。中国古代传统文化思想中，包含着浓重的对祖先的崇敬，对土地、粮食、天地、日月以及各种文神、武神及其他神的崇敬。为了寄托这种崇敬和感恩的心情，产生了许多祭祀性的坛、庙建筑，这些祭祀性的坛、庙建筑也称为礼制建筑。

（1）平地及平坑

平地是最原始最简单的祭祀场所。古人认为把一块平地扫除干净即可祭祀，称之为"墠"。而平坑就是在地上挖一个大平坑作祭坛，古人称"坎"。坛与坎是相对的，坛高起为阳，坎下陷为阴。

（2）坛

坛即用土石堆砌成一个高出地面的祭坛。因祭祀对象不同，坛有不同的形状。祭天用圆坛，称"圆丘"或"天坛"；祭地用方坛，称"方丘"或"地坛"；祭日谓"日坛"；祭月谓"月坛"；祭土地神和粮食神的坛谓"社稷坛"（方坛）。坛的高度和宽度因时间、地点、等级而不相同。坛和墠通常位于城郊，偶尔也有设于山上的。秦汉封禅礼，就是在泰山顶封土为坛以祭天，叫"封"；又在梁父山扫地为墠以祭地，叫"禅"；合称为"封禅"。按礼制祭天场所设在都城的南郊，祭地场所设在北郊，东郊祭日，西郊祭月。因为在阴阳学中，天属阳，地属阴；在方位中，南属阳，北属阴，"日出于东，月生于西"。这样祭祀天、地、日、月，便在南、北、东、西各占其位，以达到天下之和。北京的天坛、地坛、日坛、月坛就分别建在都城的南、北、东、西四郊。"天"是至高无上的，因此在各种祭礼中，祭天最隆重，天坛也就成为各种祭坛中规格最高、规模最大的建筑。北京天坛始建于公元1420年（明永乐十八年），与故宫同时建成，占地270多万平方米，相当于故宫面积的4倍，是目前我国规模最大、保存最完整、艺术水平最高的祭祀建筑。整个天坛建筑群有里、外两道围墙环绕，围墙北圆南方，表示"天圆地方"。沿南北中轴线分布着祭祀的主要建筑。最南端是汉白玉石砌的三层露天圆形坛，是每年冬至皇帝举行祭天仪式的中心场所。圜丘以北是皇穹宇，是平时放置昊天上帝神牌的地方，四周有回音壁相围。中轴线的最北端是每年皇帝祈求丰年的地方，主殿是天坛的主体建筑——祈年殿。圜丘与祈年殿分别位于中轴线的南北两端，一个祭天神，一个祈丰年，这两个具有不同祭祀内容的建筑由丹陛桥连接起来，形成一组完整的祭祀建筑群。祭社稷则要用五色土（按中黄、东青、西白、南红、北黑摆放）覆盖于坛面，以象征"普天之下莫非王土"，并祈求全国风调雨顺、五谷丰登。此外历史上许多皇帝如秦始皇、汉武帝等，都要登五岳之首泰山祭泰山神。

（3）庙

在坛或墠的基础上又筑墙盖屋，即成为宫；宫中陈列上祭祀对象以后，就成为庙。宫庙最初只是为人神而建造的，如文庙、武庙、宗庙、太庙，后来许多神灵也有了庙，如岱庙、土地庙、龙王庙、城隍庙等。但社坛上不得盖房，否则会被视为"丧国之社"。

文庙即祭祀孔子的庙，也称孔庙。我国文庙很多，规模大小不等，形制高低有别，遍布全国各地。其中以山东曲阜的孔庙最典型，北京孔庙、上海嘉定文庙、四川富顺孔庙、贵州安顺孔庙也是国内著名的文庙。山东曲阜的孔府、孔庙、孔林，统称"三孔"，是中国历代纪念孔子、推崇儒学的表征，以丰厚的文化积淀、悠久历史、宏大规模、丰富文物珍藏以及科学艺术价值而著称，也是我国重要的世界文化遗产地之一。

武庙即祭祀三国时关羽的庙，又称关帝庙、关爷庙或关公庙。我国关帝庙很多，以山西运城解州的关帝庙最大、最著名。解州关帝庙位于关羽的家乡，被奉为武庙之祖。关帝庙分南北两部分，南部为结义园，北部以崇宁殿和春秋楼为中心，沿中轴线排列，左右对称分布，形成一个建筑群。除解州关帝庙外，以北京武庙为大。

宗庙即祭祀祖宗的庙堂，又称宗祠或祠堂。祠堂最初是祭祀祖先的地方，后演化出设私塾、置义田、修族谱、宗族议事、审断族人犯事、执法以及族人举行各种礼仪活动的场所等多种功能，使祠堂演变成代表宗族权力的神圣场所。祠堂的规模、装饰和建筑形象都显示出一个宗族的地位与权势。广州陈家祠堂是广东省72县陈姓氏族的总祠堂，建筑规模大；此外山西太原的晋祠、浙江兰溪诸葛村的丞相祠堂、浙江武义郭洞村的何氏祠堂都非常著名。这些祠堂集中地反映了一个地区民间高超的技艺和建筑风格，具有很高的艺术欣赏价值和历史文化价值。

太庙是帝王祭祀祖宗的庙堂。我国历史上唯一保存下来的皇室宗庙只有北京明代太庙，现在是北京劳动人民文化宫。按照"左祖右社"的礼制，太庙建在紫禁城的左前方，两层围墙。太庙的中心部分位于内墙内，这里三座殿堂前后排列在南北中轴线上。最前面的是太庙正殿，是皇帝举行祭祖仪式的地方；正殿的后面为中殿，是平时供奉皇帝祖先牌位的地方；最后面的后殿是供奉皇帝远祖牌位的地方。中轴线的两侧建有配殿，殿中存放祭祖用具。太庙庭院广阔，松柏环绕，环境肃穆、幽雅，无论是建筑形象，还是总体环境，都充分显示了皇家宗庙的身份与气势。

岱庙又称东岳庙，是历史上帝王举行封禅大典和祭祀泰山神的场所。我国祭祀山岳神灵的庙很多，东有泰山的岱庙，西有华阴的西岳庙，南有衡山的南岳庙，北有曲阳的北岳庙，中有登封的中岳庙，其中以东岳泰山的岱庙最著名。雄伟挺拔的山脉，高出云端与天相接，被古代人们认为是天帝神仙居住之处，于是人类很早就产生了对山岳的敬畏和崇拜之情。早在春秋战国时期，周王就对泰山进行了隆重的祭祀。后来历代帝王都将祭祀山神和封禅大典当成重要的政治活动，希望通过这种祭祀活动，求得统治地位的巩固，因此各地的名山大都成了朝廷祭祀山神的对象。到汉武帝时，按当时儒家提倡的五行学说，逐渐将祭祀对象集中在五岳，在这些名山上采用仅次于皇宫、皇陵建筑的等级，修建了相应的庙宇专作祭祀之用。

（三）古民居建筑

古民居建筑是具有地方建筑风格和历史色彩的单个居住区。民居虽不像宫殿、坛庙、陵墓建筑那样雄伟辉煌，富丽堂皇，却是在当地特有的自然环境、社会经济条件、生活方式以及审美意识等因素的综合影响下形成的。在建筑的选址与结构上，在建筑的形象与装饰上，无不反映了鲜明的地方特色和民族特色。如北京的四合院、江南的"四水归堂"、闽南客家人的大土楼、云南等地的干栏式民居、黄土窑洞、藏族的碉房、蒙古族的蒙古包、新疆的"阿以旺"、最简易的民居"仙人柱"，等等，都包含了丰富的地方文化和民间艺术，也是中国古建筑中的珍宝。

四合院是我国北方地区常见的民居建筑，以北京四合院最具代表性。北京四合院的基本形式是由四面房屋围合成一个矩形院落，房屋多按南北中轴线对称分布，大门开在院落的东南角或西北角。院内正面坐北朝南的为正房，是一家之主的居室；院的左右两边为厢房,是儿孙辈居住的地方;院的南面为客房或书房,院落中央多由砖石铺成十字形路面以便于行走,路周围的空地种上花木美化环境。大户人家是将几座基本四合院或纵向或横向连接,院与院相通,组合成一个大型的四合院。整个四合院建筑既体现了中国传统的礼制,又充满着舒适的感觉与祥和的气氛。

中国南部江南地区的住宅名称很多,平面布局同北方的四合院大体一致,只是院子较小,称为"天井",仅作排水和采光之用("四水归堂"为当地俗称,意为各屋面内侧坡的雨水都流入天井)。这种住宅第一进院正房常为大厅,院子略开阔,厅多敞口,与天井内外连通。后面几进院的房子多为楼房,天井更深、更小些。屋顶铺小青瓦,室内多以石板铺地,以适应江南温湿的气候。江南水乡住宅往往临水而建,前门通巷,后门临水,每家自有码头,供洗濯、汲水和上下船之用。

大土楼是客家人居住的一种非常有特色的民居建筑,主要分布在福建南部客家人聚居处。它是客家人在战乱纷繁、社会不安定的年代,为保安全聚族而居所创造的独特建筑形式。土楼的平面有圆形、方形、半月形等不同形状,但以圆形、方形为主,尤以圆形土楼最具特色。土楼的中央为全族人的祖堂,几十间房屋围合成一圆形楼房,有的甚至分布着3~4圈房屋。如福建永定的承启楼,共建有四圈房屋,全楼的300多间房屋供全族80多户、600多人同时生活。楼内所有房屋同样大小,不分等级高低,都朝向中央的祖堂,显示了祖先对全族人的凝聚力。楼内房屋为木结构,外墙用土夯筑成1~2米厚的墙,墙上开设枪眼,像一座坚实稳固的城堡。土楼的大门非常牢固,门面覆以铁皮,在门的上方特置水槽,以防火攻。土楼的最外圈为3~4层高的楼房,底层为厨房,二层存放粮食,三层、四层住人。土楼内还有水井、饲养牲畜的地方,在敌人围攻时能坚持数月而不会缺水断粮。整个土楼设计巧妙,风格独特,功能齐全,显示了客家人的智慧和文化传统。

黄土窑洞式住宅主要分布在中国中西部的河南、山西、陕西、甘肃、青海等黄土层较厚的地区。利用黄土壁立不倒的特性,水平挖掘出拱形窑洞。这种窑洞节省建筑材料,施工技术简单,冬暖夏凉,经济适用。窑洞一般可分为靠山窑、平地窑、砖窑、石窑或土坯窑三种。

干栏式住宅主要分布在中国西南部的云南、贵州、广东、广西等地区,为傣族、景颇族、壮族等的住宅形式。干栏是用竹、木等构成的楼居。它是单栋独立的楼,底层架空,用来饲养牲畜或存放东西,上层住人。这种建筑隔湿通风,并能防止虫、蛇、野兽侵扰,在气候炎热、潮湿多雨的中国西南部亚热带地区非常适用,因此广泛分布于广西、贵州、云南、海南岛、台湾等地区,应用干栏式民居的有傣族、壮族、侗族、苗族、黎族、景颇族、德昂族、布依族等民族。这类民居规模不大,一般三至五间,无院落,日常生活及生产活动皆在一幢房子内解决,在平坎少、地形复杂的地区,尤能显露出其优越性。傣族民居多为竹木结构,茅草屋顶,故又称为"竹楼",其下部架空,竹席铺地,席地而坐,有宽大的前廊和露天的晒台,外观上以低垂的檐部及陡峭的歇山屋顶为特色。壮族称干栏式建筑为"麻栏",以五开间者居多,采用木构的穿斗屋架。其下边架空的支柱层多围以简易的栅栏作为畜圈及杂用。上层中间为堂屋，是日常起居、迎亲宴客、婚丧节日聚会之处。围绕堂屋分隔出卧室。侗族干栏与壮族麻栏类似，只是居室部分开敞外露较多，喜用挑廊及吊楼。同时侗族村寨中皆建造一座多檐的高耸的鼓楼，作为全村人活动的场所。村村各异，争奇斗巧，是侗族的一项宝贵的建筑遗产。苗族喜欢用半楼居，即结合地形，半挖半填，干栏式架空一半的方式。黎族世居海南岛五指山，风大雨多，气候潮湿。其民居为一种架空不高的低干栏，上面覆盖着茅草的半圆形船篷顶，无墙无窗，前后有门，门外有船头，就像被架空起来的纵长形的船，故又称"船形屋"。景颇族、德昂族的干栏式建筑的屋顶皆有民族的独特形式。而布依族的民居原来亦是干栏式房子，但居住在镇宁、安顺、六盘水一带的布依族，由于建筑材料的限制，则完全改用石头做房子，但其原型仍是干栏式规制。

碉房是中国西南部的青藏高原的住宅形式，当地并无专名，外地人因其用土或石砌筑，形似碉堡，故称碉房。碉房一般为 2~3 层。底层养牲畜，楼上住人。过游牧生活的藏、羌等民族的住房还有毡帐，这是一种便于装卸运输的可移动的帐篷。

蒙古包是中国西北部蒙古族住的毡帐，是用木枝条编成可开可合的木栅做壁体的骨架，用时展开，搬运时合拢。小型的毡帐直径为 4~6 米，内部无支撑，大型的则需在内部立 2~4 根柱子支撑。毡帐的地面铺有很厚的毡毯，顶上开天窗，地面的火塘、炉灶正对天窗。

"阿以旺"是新疆维吾尔族住宅常见的一种民居建筑形式，已经有三四百年的历史。所谓"阿以旺"即是一种带有天窗的夏室（大厅）。这种房屋连成一片，庭院在四周。带天窗的前室称"阿以旺"，又称"夏室"，有起居、会客等多种用途。后室称"冬室"，是卧室，通常不开窗。住宅的平面布局灵活，常以土坯建筑为主，多为带有地下室的单层或双层拱式平顶，室内设多处壁龛，墙面大量使用石膏雕饰。农家还用土坯块砌成晾制葡萄干的镂空花墙的晾房。住宅一般分前后院，后院是饲养牲畜和积肥的场地，前院为生活起居的主要空间，院中引进渠水，栽植葡萄和杏等果木，葡萄架既可蔽日纳凉，又可为市场提供丰盛的鲜葡萄和葡萄干，从而获得良好的经济效益。院内有用土块砌成的拱式小梯通至屋顶，梯下可存物，空间很紧凑。

"仙人柱"又称"斜人柱"，它是鄂伦春族游猎生活的产物。定居以后，鄂伦春人大都已住上了宽敞明亮的砖瓦或土木结构的房屋，这种较为原始的活动性住房只有在秋冬季外出狩猎时才偶尔搭建，用以栖身或暂避风寒。它是一种用二三十根五六米长的木棍，相互咬合支成一个圆锥形架子，上面再覆盖上兽皮或桦树皮搭盖而成的很简陋的圆锥形房屋。"仙人柱"的顶端要留有空隙，以便里面生火时通风出烟，又可采光，还要留出一个让人进出的门。"仙人柱"多搭建在山坡的背风向阳处，而夏天则多搭在地势较高、通风凉爽的地方。"仙人柱"结构简单，拆盖极为容易，所用原料几乎俯拾即是。

图 4.14　北京四合院

图 4.15　江南"四水归堂"

图 4.16　福建客家人大土楼

图 4.17　黄土高原窑洞式住宅

图 4.18　干栏式住宅

图 4.19　青藏高原碉房

图 4.20　蒙古包

图 4.21　新疆维吾尔族"阿以旺"

（四）园林及其建筑

　　园林是人们对一定区域内的山水地形、花草树木以及各种建筑物进行艺术加工后所创造的生态环境。园林是一种立体的综合艺术，园林的规模和风格特征反映了园林拥有者的地位和造园者的艺术匠心，也反映了一个国家和地区当时的审美意识和文化理念。世界上的古典园林可分为两大系统，一是西方园林，以18世纪以前的欧洲园林为代表；二是东方园林，以中国古典园林为代表。由于东西方文化的差异，因而东西方园林的风格特征也存在较大的差异。

　　1. 东方园林的风格特征

　　东方园林的风格特征也就是中国古典园林的风格特征。中国古典园林所具有的个性是鲜明的，可以概括为一句话，即"虽由人作，宛自天开"。具体表现在本于自然、高于自然，建筑美与自然美的融糅，诗画的情趣和意境的蕴含四个方面。

　　（1）本于自然、高于自然

　　自然风景以山、水为地貌基础，以植被作为装点。山、水、植物乃是构成自然风景的基本要素，也是风景式园林的构景要素。中国古典园林绝非一般地利用或者简单地模仿这些构景要素的原始状态，而是有意识地加以改造、调整、加工、剪裁，从而表现一个精炼概括的自然，典型化的自然，是感性、主观的写意，侧重于表现主体对物像的审美感受和因之而引起的审美感情，同时这样的创作又必须合乎自然之理，以获天成之趣。这就是中国古典园林的一个最主要的特点，是中国古典园林创作的主旨。

　　（2）建筑美与自然美的融糅

　　中国古典园林建筑无论多寡，也无论其性质、功能如何，都力求与山、水、花木这三个造园的要素有机地组织在一系列风景面中，突出彼此协调、互相补充的积极的一面，限制彼此对立、互相排斥的消极的一面，从而园林总体上的建筑美与自然美融糅起来，达到天人和谐的境界。虽然处处有建筑，却处处洋溢着大自然的盎然生机。这种和谐情况，在一定程度上反映了中国传统的"天人合一"的哲学思想，体现了道家对大自然的"为而不持，主而不宰"的态度。

　　（3）诗画的情趣

　　中国古典园林的创作，能充分运用各艺术门类之间的触类旁通，融诗画艺术于园林艺术，使得园林从总体到局部都包含着浓郁的诗画情趣。这就是通常所谓的"诗情画意"。诗情，不仅是把前人诗文的某些境界、场景在园林中以具体的形象复现出来，或者运用景名、匾额、楹联等文学手段对园林建筑直接点题，而且还在于借鉴文学艺术的章法、手段使得园林景观出现颇多类似文学艺术的结构。园林或多或少具有画意，都在一定程度上体现绘画的原则。中国的山水画不同于西方的风景画，前者重写意，后者重写形。西方的画家临景写生；中国的画家研究大自然的千变万化，领会在心，归来后于几案之间挥洒而就。这时候所表现的山水风景已不是个别的山水风景，而是画家主观认识的对时空具有较大概括性的风景。而中国园林，是把作为大自然的概括和升华的山水画，以三维空间的形式创作而导入人们现实生活中的。

　　（4）意境的蕴含

　　意境是中国艺术创作和鉴赏方面的一个极重要的美学范畴。简单地说，意即主观的理念、感情，境即客观的生活、景物。意境产生于艺术创作中此两者的结合，即创作者把自己的感情、理念熔铸于客观生活、景物之中，从而引发鉴赏者类似的情感激动和理念联想，引发意境的遐思。中国的诗、画艺术十分强调意境，园林艺术也不例外。园林由于其与诗画的综合性、三维空间的形象性，其意境内涵的显现比之其他艺术门类就更为明晰，也更易于把握。其实，园林之有意境不独中国为然，其他的园林体系也具有不同程度的意境蕴含。但其蕴含的广度和深度，则远不及中国古典园林。

2. 西方园林的风格特征

法国的规整式园林和英国的风景式园林是西方古典园林的两大主流。前者按古典建筑的原则来规划园林，以建筑轴线的延伸而控制园林全局；后者的建筑物与其他造园三要素之间往往处于相对分离的状态。但是这两种截然相反的园林形式有一个共同的特点，即把建筑美与自然美对立起来，建筑要么控制一切，要么退避三舍。

西方古典园林风格特征与中国古典园林截然不同，强调人工美。其园林的空间布局讲究轴线引导、均衡对称、整齐一律。将山水地形、树木花草都构建成不同的几何图案，配以笔直的林阴道，道旁是修剪过并具有一定造型且排列整齐的树木，按照图案纹样布置的地毯式草坪和花圃随处可见，不同几何形状的规整的水池、华丽的雕像和喷泉以及壮丽的建筑物等，都强烈地表现出人对自然的控制与改造，充分反映了当时西方上层社会的人文意识和审美情趣。典型的西方古典园林有法国的凡尔赛宫。此外我国上海的中山公园也是较典型的西式园林。

3. 中国古典园林的造园手法

中国园林具有悠久的历史，从商、周的苑囿发展到明、清时期的园林，形成了独特的风格，运用灵活多变的造园手法，将山、水、花木、建筑四大园林要素巧妙组合，高度统一，再现自然山水，达到"虽由人作，宛自天开"的境界。

文学是时间的艺术，绘画是空间的艺术。园林的景物既需"静观"，也要"动观"，即在游动行进中领略观赏，故园林创作是一门综合性很强的技术。正如钱泳所说，"造园如做诗文，必使曲折有法，前后呼应；最忌堆砌，最忌错亲，方称佳构"，务求其开合起承，变化有序，层次清楚。这个层次的安排具有诗歌般的韵律感，有前奏、起始、主题、高潮、转折、结尾，形成内容丰富多彩、整体和谐统一的连续流动空间，在这个序列之中往往还穿插一些对比、悬念、欲扬先抑等手法，既合乎情理又出乎人意料。因此人们游览中国古典园林所得的感受，往往仿佛朗读诗文一样的酣畅淋漓，无异于凝固的音乐、无声的诗歌。

（1）堆山叠石

建造园林时，要将自然界的山水名胜再现于特定环境中，就需对原有地形进行再创造，使其山水的位置、朝向、形态、山的高度、大小都要符合整个园林的总体规划设计，因而每个园林都需根据造园意向进行堆山叠石。自然界的山岳，以其丰富的外貌和广博的内涵而成为大地景观的最重要的组成部分，所以中国人历来都用"山水"作为自然风景的代称，相应地，在古典园林的地形整治工作中，筑山便成了一项最重要的内容，历来造园都极为重视，而园林假山都是真山的抽象化、典型化的摹写，能在很小的地段上展现咫尺山林的局面，幻化千岩万壑的气势。园林中的山包括土山、石山和土石混合的山，无论哪种类型，堆山时都应像自然山脉一样，高低错落，主从有别。山的多少、大小及其走势应因地制宜，顺其自然，山上应有树木，使山体郁郁葱葱，富有生机。

叠石是指人工堆叠的假山，它是渲染山林气氛的重要手段。叠石以产于太湖西山的太湖石为最好，其次为黄石、宣石等。

太湖石即是经过强烈差异性侵蚀的石灰岩，具有瘦、透、漏、皱的特点，玲珑剔透，多作假山的山峰，或在厅前屋后由单一石头自成一景，犹如雕塑，如苏州留园的冠云峰。

黄石是带橙黄色的细砂岩，产地很多，以江苏常州、苏州、镇江所产为佳。石质坚硬，块钝而棱角分明，具厚重、刚硬平直、雄伟粗壮的特点，有强烈的光影效果。黄石多作假山的奠基或建造悬崖峭壁等地形，广泛应用于小桥流水和建造瀑布，所叠之假山粗犷又具野趣，在现代造园中应用较广泛，如扬州个园之秋山，可谓黄石假山之上品。

宣石即石英岩，颜色有白、黄、灰黑等，以色白如玉为主，与雪花相近。山石迎光发亮，具有雪的质感，背光则皑皑露白似蒙残雪，主要产于安徽宣城、宁国一带山区。石质细致坚硬、性脆，表面棱角明显，有沟纹，体态古朴，貌如积雪覆于石上，最适宜作表现雪景的假山，也可做盆景的配石。

（2）理水造池

水是中国园林的重要组成部分。水景能使园林充满活力，增添情趣。理水就是按园林设计要求，遵循水体运动规律，经人工整理、改造，或挖地造池，艺术地再现河湖、泉瀑、溪涧等自然水景。水体处理应自然流畅、曲折多变、动静结合，给人源远流长之感。湖池形状避免规整呆板，水面分聚要得当，小水面宜聚，可增加水面辽阔感；大水面宜分，可增加曲折深邃感。水面分隔多用桥、廊、岛等，使水面分而不断，在有限的空间内组成富于变化的不同景观。园林内开凿的各种水体都是自然界的河、湖、溪、涧、泉、瀑等的艺术概括。人工理水务必做到"虽由人作，宛自天开"，哪怕在小的水面亦必做到曲折有致，并利用山石点缀岸、矶，有的还故意做出一湾港汊，水口以显示源流深远。稍大些的水面，则必堆筑岛、堤，架设桥梁，在有限的空间内尽量展示天然水体的全貌，即所谓"一勺则江湖万里"之立意。

（3）配置花木

花草树木是园林中重要的造景和构景要素，使园林色彩丰富，鸟语花香，充满生机。园林植物配置尽管姹紫嫣红、争奇斗艳，但都以树木为主调，因为林木最能让人联想到自然界丰富繁茂的生态。配置花木时，要讲究不同树种与花卉的搭配，使园林景色四季有变。春天桃红柳绿，玉兰飘香，翠竹在春雨中摇曳；夏季，"国色天香"的牡丹雍容华贵，出污泥而不染的荷花香飘阵阵；秋季菊花烂漫，丹桂飘香，山林红枫尽染；寒冬松柏常青，更有腊梅雪中傲立。花木配置要与园林环境、意境相协调，疏密相间，错落有致。此外，观赏树木和花卉还按其形、色、香而予以拟人化，赋予不同的性格和品德，在园林造景中尽量显示其象征寓意。如松、竹、梅"岁寒三友"与荷花成了中国园林普遍配置的花木。园林中的花木不仅具有较高的观赏价值，还具有分隔空间、导引道路的功能，使园林空间灵活变化，层次丰富。

（4）营造建筑

建筑是园林的第一要素，园林建筑主要有厅、堂、楼、阁、亭、台、榭、舫、廊、桥、斋、轩以及建筑小品等，类型多样，形态各异。园林建筑既要满足居住、休息、游览的需要，又要成为观赏对象，造型独特、优美的建筑本身就自成景观，同时许多建筑又是欣赏园林风景的最佳观赏点。因此，园林建筑的布局、造型设计非常讲究，体现了造园家的艺术构思。

园林建筑在布局和造型设计上要因地制宜，与周围的山、水、花木相协调，追求自然情趣，避免对称分布、规整呆板的形式，采用灵活多变的手法，创造一个层次丰富、风格独特的空间环境。厅、堂、楼、阁是园林中的主体建筑或造景中心，常布局在园林中较显要的位置，如拙政园的远香堂、颐和园万寿山的佛香阁等。亭、榭在园林中是观景、点景建筑，尤其是造型优美、别致的亭子在园林景观中常起到画龙点睛的作用，与周围景物共同构成一幅幅优美的风景画。亭、榭的布局和造型极为灵活自由，或临水而建，或倚墙而立，或建于山上林间，或从平地、水中凸起，造型多姿多彩，飞檐翘角，如网师园的冷泉亭、拙政园的雪香云蔚亭与荷风四面亭等。廊、桥不仅本身构成园林景观，同时也有引景作用，布局时应依山随势，曲折多变，人行其间有步移景异的效果，如颐和园的长廊、沧浪亭的复廊等，造型上丰富多彩，曲桥、曲廊，蜿蜒迂回，高低错落；桥廊、水廊、爬山廊与周围环境完美结合，如拙政园的柳阴路曲廊、波形水廊等。园林建筑中的门、窗形态各异，方形、圆形、月形、扇形、梅花形、花瓶形，应有尽有，它们不仅装饰、美化景观，还是人们透过它欣赏外面风景的"审美之窗"。

中国园林建筑一反宫廷、坛庙、衙署、宅邸的严整、对称、均齐的格局，完全自由随意，因山就水，高低错落，以这种千变万化的面上的铺陈更强化了建筑与自然环境的嵌合关系。同时，还利用建筑内部空间与外部空间的通透、流动的可能性，把建筑物的小空间与大自然的大空间沟通起来，把人为的建筑与天成的自然贯穿结合起来，常见山石包镶着房屋的一角，堆叠在平桥的两端，甚至代替台阶、楼梯、柱墩等建筑构件，成为建筑物与自然环境之间的过渡与衔接。随墙的空廊在一定的距离上故意拐一个弯而留出小天井，随意点缀少许山石花木，顿成绝妙小景。那白粉墙上凿开的种种漏窗，阳光透过，图案倍觉玲珑明澈。而在诸般样式的窗洞后面衬以山石数峰，花木而本，犹如小品风景，处处动人。园内的动观游览路线绝非平铺直叙的简单道路，而是运用各种构景要素迂回曲直形成渐进的空间序列，即所谓"小径通幽"、"移步换景"。

（5）巧于因借

明朝的造园家计成在他的造园专著《园冶》中提出"园林巧于因借，精在体宜，借者园虽别内外，得景则无拘远近"，一语道出了中国园林的造园精髓。"因"是要因地制宜，顺其自然，宜山则山，宜水则水；"借"是要将园林外的美好景物巧妙地组合到园内来，审美视野冲破园林的边界，使园林空间无限扩大，园内外的景观融为一体。借景可远借亦可近借，可仰借亦可俯借，借景对象既有山水花木、田园风光，又有各类建筑，还有朝霞夕阳等天气现象。如颐和园将西面的玉泉山借入园内，山上的玉峰塔仿佛成了园内的景观；拙政园巧借园外的塔，耸立天际的北寺塔被园内绿树浓荫簇拥着，塔的倒影在园内碧波中荡漾，极大地丰富了园林景观；沧浪亭的园门、面水轩、复廊等，均面向园外之水而建，园内园外，似隔非隔，借园外之水，补园内缺水的不足，将园外的水景当作"园内园"来欣赏，造园手法真是巧妙高明。

4. 中国古典园林的主要类型

中国古典园林主要包括北方的皇家园林、江南的私家园林、岭南园林、寺观园林、名山胜景园林等类型，以皇家园林和江南园林最具代表性。

（1）皇家园林

皇家园林是帝王所拥有的园林，北京的颐和园、北海、圆明园、香山的静宜园、玉泉山的静明园以及承德避暑山庄等都属于皇家园林。皇家园林的规模宏大，建筑丰富多样，宫殿式建筑金碧辉煌，绚丽多彩，建筑装饰华美富贵，显示了帝王的显赫和气势，园内风景优美壮观，融合了我国南北方园林的美景和造园艺术的特色。其中最典型的代表是颐和园和承德避暑山庄。

（2）江南园林

江南园林多属私家园林，以宅园为主，主要集中在苏州、杭州、无锡、扬州、镇江等江浙一带，其中尤以苏州园林最具代表性，故有"江南园林甲天下，苏州园林甲江南"的美誉。

江南园林的规模不大，以小中见大取胜，在有限的空间内采用灵活多变的造园手法创造出富于变化的风景。追求秀丽淡雅、精巧玲珑的园林风格。精心设置景点，注重细部处理，一道门、一扇窗、一株树甚至地面零砖碎瓦的铺造都是经过精心设计和制造的。山水、花木、建筑的布局自由巧妙、因地制宜、顺其自然，艺术地再现自然山水，以达到"不出城郭而获山水之怡，身居闹市有林泉之趣"的意境。园林构思强调诗情画意和文化内涵，不仅通过景观的空间组合来加以表达，还通过园林建筑上的诗词、书画、楹联、题额加以渲染，点明主题，使园林成为富有意境和内涵的山水画，成为典雅的交响乐。

江南园林的精妙之处还在于各园林都有自己独特的风格和优势。有的以水见长，有的以山取胜，有的则以园林建筑著称。以苏州古典园林为例，拙政园是苏州最大的一处古典园林，名冠苏州，环境清幽，淡泊自然，茂树曲池，巧妙地创造了"山花野鸟之间"的天然意境。园内景色宜人，犹如一幅山水长卷。一副"四壁荷花三面柳，半潭秋水一房山"的楹联，巧妙地点出了荷风四面亭的四季景色。留园则以厅堂华丽、装饰精致见长，特别是园林建筑布局尤为出色，在苏州园林中首屈一指。全园有限的空间被各种园林建筑、山池花木，巧妙地分隔、组合成数十处各具特色的大小庭院，营造出园中有园、曲径通幽的佳境。网师园以精致小巧闻名。园内结构紧凑，亭、台、楼、阁等园林建筑与山水错落有致，疏朗适宜，布局十分巧妙，给人园小不觉小、迂回不尽之感。环秀山庄以堆叠假山奇巧而取胜。全园1/3的地方为假山洞壑，假山变化万端，溪谷曲折，洞壑深幽，岩壁峻峭，犹如真山绝谷，所创造的"高山深壑"的艺术效果，有"独步江南"之誉。

（3）中国现存的四大古名园

中国现存的四大古名园为北京颐和园、承德避暑山庄、苏州拙政园和苏州留园；苏州著名的四大古名园为沧浪亭、狮子林、拙政园和留园；广东四大古名园为清晖园、可园、余荫山房、十二石斋；其他著名园林为苏州网师园、扬州个园、江苏无锡寄畅园、上海豫园等。

图 4.22　苏州拙政园

图 4.23　苏州留园

### （五）陵寝建筑

丧葬是人类重要的传统民俗之一。陵墓作为人类历史的产物，其建筑形式既反映了不同历史时期的建筑水平和风格，同时也反映了人们当时的生活环境、宗教信仰和生活需要，具有极高的艺术价值和历史文化价值。尤其是帝王陵寝，其宏伟的建筑、丰富的陪葬文物和优美的环境，更是具有强大的旅游吸引力。

1. 帝王陵寝的特点

帝王陵寝具有规模宏大、建筑雄伟、富丽堂皇；文物丰富珍贵，极具历史文化价值和科研价值；自然环境优美三个特点。

（1）规模宏大、建筑雄伟、富丽堂皇。帝王为了使自己在地下也能永享人间的帝王生活，都不惜耗费大量的人力、物力、财力为自己建造陵墓。秦、汉时期的帝王在即位的第二年就开始兴建自己的陵墓，如汉武帝在位54年，他的茂陵就建造了53年之久。只有宋朝规定每朝皇帝死后才能开始建陵，且必须在7个月内施工、安葬完毕，因而宋朝帝王的陵墓规模都不是很大。其余朝代的帝王陵墓规模一般都很大。如号称世界第八奇迹的秦始皇陵兵马俑坑，一号坑是由步兵和战车组成的主力军阵，共有陶俑6 000多件；二号坑是由骑兵、战车、步兵以及车步混合兵四大方阵组成的机动军阵；三号坑是指挥中枢。这支庞大的阵势威严的秦军陶俑，仅是秦始皇陵陪葬的守陵卫队，可见这座动用了70万人力、耗时近10年的帝王陵墓的规模有多大。北京昌平县的天寿山，东、西、北三面山势环抱，向南敞开，在这个环状环境中散布着明朝13个皇帝的陵墓，占地面积40平方千米，是中国历史上最大的帝王陵区。帝王陵寝除建筑雄伟壮丽外，装饰也富丽堂皇。如慈禧太后的定东陵，其隆恩殿全部用金丝楠木和花梨木构筑，梁、枋和天花表面均用金丝绘出龙、祥云、花卉等图案，殿内大立柱上装饰着鎏金盘龙和缠枝金莲，大殿的内墙上镶嵌着贴金的雕花面砖，大殿下的石台基上布满石雕，台基四周的栏杆望柱上，柱身雕龙柱头雕凤，龙向上仰望凤。据统计，像这种"龙引凤追"的石雕，仅在四周的栏板上就有 138 幅，大殿内外共有金龙 2 400 多条。故宫的金銮宝殿只有 6 根贴金明柱，但慈禧陵墓的三殿内却用了 64 根贴金明柱，仅此一项就耗用黄金 4 600 两，充分展示了帝后极尽奢华的生活。

（2）文物丰富而珍贵，极具历史文化价值和科研价值。帝王陵寝中极为丰富的殉葬品，包括金银珠宝、文献古籍、雕刻绘画、生产工具、生活器皿、丝绸锦缎、食品药品、兵器乐器甚至植物种子等。这些文物多是稀世珍宝，价值连城。如定陵中一顶镶有 5 000 多颗珍珠的皇冠，仅其中的一块宝石就价值 500 两白银；慈禧陵墓的地宫中陈设的西瓜、甜瓜、白菜、桃子、李子、杏子、枣子等蔬菜水果，全由颜色鲜艳的天然美玉与宝石雕成，做工精湛考究，是精美绝伦的艺术佳品。帝王陵寝中的文物不仅珍贵，具有很高的艺术价值，而且极具历史文化价值和科研价值。通过陵墓建筑、雕刻、绘画、出土文物等，可以了解当时的生产水平和科技发展水平，了解那个时代的社会状况和文学艺术。各朝各代陵墓的出土文物，是我们国家几千年文明史的缩影，为研究历史提供了珍贵的资料。

（3）优美的自然环境。帝王陵墓选址讲究"风水、龙脉"，要求山环水抱，山要重峦叠嶂、秀丽挺拔，水要清澈明净，自然环境非常优美。加上"皇陵禁地"保护严密，使优美的生态环境得以保存，成为可开发观赏、休闲、避暑、考古研究等多种旅游活动的特色风景区。

2. 帝王陵寝的结构

帝王陵寝结构分为地上结构和地下结构，前者包括封土和陵园建筑；后者主要指墓室（地宫）。

封土指地上的坟头，即封土建坟。历史上帝王陵寝封土形式在不断地发展变化，主要有三种类型。第一种是方上式。即在地宫之上用土夯筑成一个截顶方锥形为坟头（即陵体），形如覆斗，陵体四周筑有方形城垣。这是秦汉两代最盛行的封土形式，如秦始皇陵和汉代帝王陵寝均采用这一类型。第二种是山陵式。即利用自然山体作为陵体，陵体之外有方形陵墙相围。这类封土形式既能体现帝王的气魄，又可防盗，唐代最盛行。第三种是宝城宝顶式。即在地宫之上筑高大圆形的砖城，称宝城；宝城内填土形成一个高出城墙的大圆顶，称宝顶；在宝顶前筑一方形城台，城台上建一方形明楼，楼内立皇帝或皇后的谥号碑。这种由宝城宝顶和方城明楼组合成一体的陵体，是明、清两代帝王陵采用的封土形式。

陵园建筑主要包括神道、祭祀区建筑和护陵监三大部分。神道是通往陵墓的大道，宽广笔直。一般在神道的入口处建有阙门或牌楼，神道两旁排列着文臣、武将和马、象、骆驼等石雕，造成神圣而肃穆的视觉效果和心理环境。祭祀区建筑主要有用来祭祀先皇的殿坛。如唐昭陵，在陵体南面有献殿，北面有祭坛；明代帝王陵中的祾恩殿、清朝帝王陵中的隆恩殿都属于祭殿，它们在帝王陵寝中的地位相当于故宫中的太和殿，因而采用最高形制建造。祭殿两侧建有配殿、廊庑，在第一进院落中还建有陵门、碑亭、神厨、神库等建筑。护陵监是守护陵墓人员的住所。据记载，汉武帝的茂陵区人口达 27 万，仅日常浇树、洒扫就有 5 000 多人。

墓室（地宫）是地下盛放棺木的宫室，正中放棺木，周围放置殉葬品。最初的墓室地宫由木料构成,后发展为砖石地宫。从已发掘的帝王陵寝看,地宫采用"前朝后寝"的布局方式,规模大,中轴线上排列着前、中、后三殿,左右分布配殿,各殿之间均有甬道相连。中殿里设有帝后的宝座。后殿是地宫的正殿,是安置帝后的棺椁和陈设各种殉葬品的地方,规模最大。地宫的门和四壁都布满了石雕装饰,精美庄重,反映了当时高超的建筑技术和艺术水平。

3. 主要帝王陵寝

中国历史上主要的帝王陵寝旅游资源有秦始皇陵(及兵马俑坑)、汉陵、唐乾陵、唐昭陵、明孝陵、明十三陵、清东陵等。

(1)秦始皇陵(及兵马俑坑)

据记载,秦始皇陵高 120 米,底边周长 2 167 米。因乃黄土堆积,经过 2 000 多年来的风雨剥蚀,现高度已降到 64 米。秦陵四周分布有大量形制不同、内涵各异的陪葬坑和墓葬,现已探明的有 400 多个。兵马俑陪葬坑位于秦始皇陵园东垣外 1 000 米的地方,是一组模拟军事序列,是旨在拱卫地下皇城的"御林军"。最早发现于 1974 年,先后发掘三处。1 号坑面积 14 620 平方米,分长廊和 11 条过洞。在发掘的 96 平方米范围内,出土武士俑 500 余个,战车 4 辆,马 24 匹,估计全部坑内埋葬有兵马俑 6 000 余个,列为纵队和方阵。2 号坑面积 6 000 平方米,由骑兵、战车、步卒、射手混编而成,有兵马俑千余件,还配备各种实战武器。3 号坑面积 500 平方米,似为军旅中的统帅机构,也配备了大批武器。秦兵马俑皆仿真人、真马制成,武士俑高约 1.8 米,面目各异,神态威严,从服饰、甲胄和排列位置可分为将军、军吏、骁士、伍卒等,形象地再现了秦始皇统一六国的雄伟军容。

据司马迁的《史记·秦始皇本纪》中寥寥 160 多字的记载,除随葬品丰富外,内部建筑还十分奢华且多弓弩暗器等机关,地宫内"……以水银为百川江河大海……"。通过物探证明,地宫内的确存在着明显的汞异常,秦始皇以水银为江河大海的目的,不单是为了营造恢弘的自然景观,汞也可使入葬的尸体和随葬品保持长久不腐烂,而且汞是剧毒物质,大量吸入可导致死亡,因此地宫中的水银还可毒死盗墓者。专家们对陵区及地宫上的封土堆进行了数次详尽、全面而科学的勘探考察,仅发现了两个宋代的盗洞,但都距离地宫中心较远。

(2)汉陵

中国西汉和东汉的皇帝陵墓,分别在陕西西安和河南洛阳附近,年代约自公元前 2 世纪~公元 2 世纪。20 世纪 60 年代后曾作调查验证和少量发掘。

西汉 11 陵,除文帝霸陵在西安的霸陵原上、宣帝杜陵在西安的杜陵原上外,其余 9 陵都在西安市北面渭河北岸的咸阳原上。西汉陵中,文帝霸陵采用依山为陵的形式,墓室开在山崖中,不另起坟丘,其余 10 陵都在地面上夯筑高大的方上形坟丘。当时帝后合葬,同茔而不同陵,皇后埋在帝陵东边,后陵规模略小。

据记载,东汉 12 陵除献帝禅陵在山阳(今河南焦作)外,其他 11 陵,或在雒阳(洛阳)故城的东南,或在雒阳故城的西北,大体可以肯定的,只有位于北邙山与黄河之间(今河南孟津)的光武帝原陵;另外 10 个陵,具体位置均未能确定。据记载,从汉明帝显节陵开始,不置陵邑,不建庙,陵园四周不筑垣墙,改用行马(临时性的竹木屏篱）；坟丘前建石殿，石殿前建神道，神道两旁列置成对的石象、石马。东汉开创的这种陵寝布局，为以后各朝所沿用。

（3）唐代皇陵

被誉为中国封建社会最高峰的唐朝，共有 21 个皇帝，这 21 个皇帝共建有 20 座皇陵（武则天与唐高宗合葬于乾陵），因唐代建都于关中地区，所以唐朝除了最后两位皇帝即昭宗李晔建和陵于河南洛阳、哀帝李柷建温陵在山东菏泽外，其余 18 座皇陵都在陕西咸阳的二道原坂的漫漫黄土中。这 18 座帝陵号称"关中十八陵"，以唐昭陵和唐乾陵最为有名。

唐昭陵位于今陕西礼泉县境内的九嵕山上，是唐太宗李世民的陵墓，也是陕西关中唐十八陵中规模最大的一座。陵园周长 60 多千米，总面积 2 万余公顷，陪葬墓 180 余座，其中有长孙无忌、程咬金、魏征、房玄龄、李靖、尉迟敬德等人之墓，被誉为"天下名陵"和世界最大的皇家陵园。昭陵首开中国封建帝王依山为陵的先河，并保存有大量的唐代书法、雕刻、绘画作品，为研究中国传统的书法、绘画艺术提供了珍贵的资料。昭陵墓志碑文，堪称初唐书法艺术的典范，或隶或篆，或行或草，多出于书法名家之手。"昭陵六骏"浮雕，构图新颖，手法简洁，刻工精巧。昭陵陪葬墓壁画，多为唐代现实生活的写照，又不乏浪漫主义色彩，其用笔或奔放泼辣，或遒劲有力；其用色或简洁明快，或细腻精致；人物造型无不形神兼得，栩栩如生，堪称唐墓壁画之上乘。昭陵陪葬墓出土的大量彩绘釉陶俑，工艺精湛，造型优美，色彩绚丽，亦为全国罕见。

唐乾陵位于今陕西乾县城北 6 千米的梁山上，是中国历史上唯一埋葬两位皇帝的帝陵，是唐高宗李治与皇后武则天的合葬墓。乾陵地宫在梁山北峰，凿山为穴，辟隧道深入地下。隧道墓门用石条层层填塞，缝隙以熔铁汁浇铸锢闭，因此迄今无损。陵体四周为神墙，近方形平面，四面正中辟门，各设门狮一对；神墙四隅建有角楼；南神门内为献殿址，门外列石象。唐代于陵区植柏树，文献称为"柏城"。用松柏作为纪念祭祀场所绿化树种，在中国有久远的传统，见于文字制度则始于唐代。乾陵最著名的则是武则天的无字碑，其与高宗的有字碑相对。千百年来，有字碑经过风吹雨淋，上面的字已看不清，相反无字碑上却刻上了历代文人的评价，这或许也体现了武则天的高明。

（4）明代皇陵

明代皇陵以明孝陵和明十三陵为代表。明孝陵即明朝开国皇帝明太祖朱元璋与皇后马氏合葬陵墓，位于南京市紫金山。孝陵壮观宏伟，代表了明初建筑和石刻艺术的最高成就，直接影响了明清两代 500 多年帝王陵寝的形制。明孝陵始建于公元 1381 年，历时 30 余年方建成。公元 1382 年马皇后去世，先葬入此陵，公元 1398 年朱元璋病逝，启用地宫与马皇后合葬。明孝陵也是我国现存古代最大的皇家陵寝之一，至今已有 600 多年历史。2003 年明孝陵作为明清皇家陵寝扩展项目被列入《世界遗产名录》，成为世界遗产成员。

明十三陵是明朝迁都北京后 13 位皇帝陵墓的总称，坐落在北京昌平区天寿山，总面积 120 余平方千米。这里自公元 1409 年始作长陵，到明朝最后一帝崇祯葬入思陵止，先后修建了 230 多年。13 座皇陵均依山而筑，形成了体系完整、规模宏大、气势磅礴的陵寝建筑群，被称为"世界上保存完整、埋葬皇帝最多的墓葬群"。其中定陵是新中国成立以来第一座主动发掘的帝王陵墓，是明神宗万历皇帝及其两位皇后的合葬陵，现已建为定陵博物馆。十三陵景区已开放景点有长陵（明成祖）、定陵（明神宗）、昭陵（明穆宗）和神道。

（5）清代皇陵

清朝是中国历史上最后一个封建王朝。清入关以后十个皇帝，除末帝溥仪没有设陵外，其他九个皇帝都分别在河北遵化市和易县修建了规模宏大的陵园。由于两个陵园各距北京市区东西 50 千米，故称"清东陵"和"清西陵"。尤以清东陵著名。

清东陵坐落在河北省唐山市的遵化市境内，始建于公元 1663 年，陵区南北长 125 千米、宽 20 千米。清东陵是清朝主要的帝王后妃陵墓群，也是中国现存规模最大、体系最完整的古帝陵建筑，共建有皇陵五座（顺治帝的孝陵、康熙帝的景陵、乾隆帝的裕陵、咸丰帝的定陵、同治帝的惠陵），以及东（慈安）、西（慈禧）太后等后陵四座、妃园五座、公主陵一座，计埋葬 14 个皇后和 136 个妃嫔。

整座东陵在木构和石构两方面都有精湛的技巧，可谓集清代宫殿建筑之大成，其中孝陵的石像最多，共达 18 对，造型多朴实浑厚；乾隆的裕陵规模最大、最为堂皇，而慈禧的定东陵则是首屈一指的精巧建筑。1928 年 7 月，东陵遭遇浩劫：以孙殿英为首的盗墓者用了 7 天 7 夜的时间，盗掘了慈禧太后陵，掠走大量随葬珍宝，包括闻名中外的夜明珠在内。据赵汝珍《古玩指南》一书称："慈禧葬物若均追回以之还外债，尚可余若干万，足可富国也。"后至宣统元年，经中外古玩收藏家及珠宝商估计，所有价值均涨十倍。民国后期又行估价，又涨百倍，今日已无法计价矣。目前，清东陵 15 座陵园中，只开放了裕陵和东、西太后陵及香妃墓等四处供游客参观。

图 4.24　秦始皇陵

图 4.25　唐乾陵

图 4.26　明孝陵

图 4.27　清东陵

4. 崖墓与悬棺葬

崖墓是古代开凿于山崖或岩层中的洞穴墓葬。战国崖墓集中分布在江西省境内的武夷山地区，形式有单洞单葬、单洞群葬及联洞群葬，棺用整木刳成，为百越族属中一支的墓葬。汉代崖墓分布于黄河中下游地区的多为诸侯王陵或贵族大墓，一般有墓门、墓道、享堂和棺木，随葬大量精美器物，著名的如满城汉墓和曲阜九龙山汉墓。东汉至六朝，四川宜宾、乐山、彭山一带流行崖墓，往往几十座崖墓聚集在一面山坡上，形成墓地，有的单室，有的前后双室，也有的多室。有一些在墓门、墓壁及石棺上雕刻图案，其题材与当地同时期的画像砖类似。乐山麻浩崖墓有一尊佛像浮雕，是现存有准确年代的最早佛像雕刻。埃及在中王国至新王国时代，为了防盗，国王死后也葬于崖墓（岩窟墓）中。

悬棺是中国南方古代少数民族的葬式之一，属崖葬中的一种。其方法是：在悬崖上凿数孔，钉以木桩，将棺木置其上；或将棺木一头置于崖穴中，另一头架于绝壁所钉木桩上。人在崖下可见棺木，故名。悬棺葬在我国主要分布于三处：四川宜宾地区的珙县、兴文、筠连；三峡风箱峡和福建武夷山九曲溪。宜宾地区的悬棺属于西南一支少数民族僰人。僰人在明朝一次反抗中几乎被全部消灭，幸存者融入了汉族和彝族中。各地发现的悬棺葬，葬具与年代各不相同。武夷山地区的多系整木挖制的船形棺，属春秋、战国之物。四川珙县、兴文一带的多系整木挖制的长方形棺，其上为人字坡盖，属元、明时期之物。

图 4.28　四川珙县洛表镇悬棺

（六）交通建筑

1. 古桥梁建筑

桥梁是跨越河流、山谷、障碍物或其他交通线而修建的架空通道。我国造桥历史悠久，古桥梁种类多，有拱桥、梁桥、索桥、廊（屋）桥、亭桥、栈桥等类型。其中许多具有高超的建筑技术和艺术水平。如河北的赵州桥、北京的卢沟桥、福建洛阳桥及安平桥、广东的广济桥、广西的永济桥、颐和园的十七孔桥、泸定大渡河铁索桥、青岛栈桥等，都极具旅游吸引力。

（1）拱桥

赵州桥堪称我国拱桥类的典型。赵州桥位于河北赵县，又名"安济桥"。建于隋朝，为单孔圆弧形石拱桥，桥两侧的栏板、望柱上有精美的石雕。在主拱的两肩对称地各砌有两个小拱。此建筑设计既减轻了桥的自身重量，节省材料，又提高了泄洪能力，还增加了桥形美观，为我国首创。整座石拱桥设计科学巧妙，造型美观，将高度的科学性、艺术性与建筑水平完美结合，虽历时近 1400 年，饱受风吹雨打以及地震和战争的考验，仍傲然挺立，充分显示了中国古代高超的桥梁建筑水平。

卢沟桥也是我国著名的石拱桥，位于北京市丰台区永定河上，是北京市现存最古老的石造联拱桥、华北最长的古代石桥。始建于公元 1189 年（金代），全长 267 米，宽 7.6 米，有桥墩 10 座，共 11 孔。

桥东为宛平县城。1937 年 7 月 7 日，日本帝国主义者在此发动全面侵华战争，宛平城的中国驻军奋起抵抗，史称"卢沟桥事变"（亦称"七七事变"）。

桥东头则立有乾隆题写的"卢沟晓月"碑。桥上的石刻十分精美，桥身的石雕护栏上共有望柱 281 根，柱高 1.4 米，柱头刻莲座，座下为荷叶墩，柱顶刻有众多的石狮，总数达到 491 只。石狮大小不同，造型各异，雕刻精美，神态毕现。天下名桥各擅胜场，而卢沟桥却以高超的建桥技术和精美的石狮雕刻独标风韵，誉满中外，实属世界上一大奇观。

（2）梁桥

梁桥以福建洛阳桥和安平桥为代表。

洛阳桥，原名万安桥，位于福建泉州洛阳江上，始建于北宋（公元 1053 年），历时七年之久始建成。建桥 900 余年以来，先后修复 17 次。现桥长 742.29 米、宽 4.5 米、高 7.3 米，有 44 座船形桥墩、645 个扶栏、104 只石狮、1 座石亭、7 座石塔。洛阳桥首开世界桥梁筏形桥墩基础的先河，并首创世界桥梁"养蛎固基法"，即在桥下养殖了大量牡蛎，使桥基石和桥墩石凝结成牢固的整体，为世界上首先把生物学运用于桥梁工程的成功范例。洛阳桥也是我国现存年代最早的跨海梁式大石桥。

安平桥位于福建晋江市安海镇，民间多称为"五里桥"。始建于南宋（公元 1138 年），前后历经 13 年始建成。桥全长为 2 255 米，有"天下无桥长于此桥"之称。桥面宽 3 ～ 3.6 米，以巨型石板铺架桥面，最重者单个达 2.5 吨。桥上有五座凉亭，以供人休息，并配有菩萨像。中亭刻有两尊护桥将军，是宋代石雕艺术的精华。桥基也采用筏形基础形式和养蛎固基方法，共有桥墩 361 座。安平桥是中国古代最大的梁式石板平桥，也是我国现存最长的海港大石桥。

广济桥俗称"湘子桥"，原名"康济桥"，位于广东潮州城韩江之上，全长 518 米，始建于宋代（公元 1171 年），至明朝（公元 1513 年）形成"十八梭船廿四洲"的独特风格，是世界上第一座启闭式桥梁。桥墩、桥梁均以巨石砌成，石梁长 13 ～ 15 米，宽近 1 米，桥中间以 18 只梭船连成浮桥。该桥集梁桥、拱桥、浮桥于一体，是我国桥梁史上的孤例。桥墩上建有形式各异的廿四对亭台楼阁，兼作经商店铺，故有"廿四楼台廿四样"、"一里长桥一里市"之美称。与赵州桥、安平桥、卢沟桥并称中国四大古桥梁。

图4.29 河北赵县赵州桥

图4.30 北京市永定河卢沟桥

图4.31 福建泉州洛阳桥

图4.32 福建晋江安平桥

（3）索桥

我国代表性古索桥有：四川泸定桥、四川都江堰安澜桥和云南霁虹桥。

云南霁虹桥位于云南保山县与永平县交界处的澜沧江上，跨度为57.3米，宽3.7米，由18根铁索链悬吊两岸，上铺桥板。它是我国最古老的铁索桥，也被誉为世界上最早的铁索桥。霁虹桥是西南古丝绸驿道上的咽喉，古为舟筏渡口，东汉永平年初架起藤蔑桥，元朝改架木桥，得名霁虹桥。明代（公元1475年）改建铁索桥，清康熙年间重修。霁虹桥两个桥墩上有古朴典雅的桥堡，分别名为"武侯祠"和"观音庙"。西岸绝壁上刻有历代文人墨客书写的"西南第一桥"、"悬崖奇渡"、"金齿咽喉"等（在公元1986年，古桥已被洪水冲毁）。

安澜索桥坐落于都江堰首鱼嘴上，索桥以木排石墩承托，用粗如碗口的竹缆横飞江面，上铺木板为桥面，两旁以竹索为栏，全长约500米。始建于宋代以前，明末毁于战火。现在的桥，下移100多米，将竹改为钢，承托缆索的木桩桥墩改为混凝土桩，是都江堰最具特征的景观。

泸定桥坐落在四川泸定县城大渡河上，该桥建成于公元1706年（清朝）。有康熙御笔题书"泸定桥"三字御碑立于桥头。桥长103米，宽3米，13根铁链固定在两岸桥台，9根作底链，4根分两侧作扶手，共有12 164个铁环相扣，全桥铁件重40余吨。两岸桥头堡为木结构古建筑，风貌独特，为国内独有。自清以来，此桥为四川入藏的重要通道和军事要津。1935年中国工农红军长征途经这里，"飞夺泸定桥"使该桥闻名中外。

**（4）廊（屋）桥**

廊（屋）桥以广西永济桥为代表。永济桥又名"程阳桥"、"风雨桥"、"盘龙桥"，位于广西三江县林溪乡程阳村，始建于1912年。全桥长77.76米，桥面宽3.75米，高10.6米，有5孔4墩，桥墩由石头垒成，墩上是木梁结构。桥建有避风雨的长廊。在5个桥墩上各有楼亭一座，屋面均为四重塔式重檐，上覆小青瓦，飞檐高翘，犹如羽翼舒展。桥的壁柱、瓦檐均雕花刻画，富丽堂皇。整个建筑没有用一颗钉子，全是凿榫衔接，楼阁、廊檐上绘制了精美的侗族民间传统图案，体现了侗族人民高超的建筑水平和工艺水平，是侗族民间建筑精品。

**（5）亭桥和栈桥**

园林中加建亭廊的桥，称为亭桥或廊桥，可供游人遮阳避雨，又增加桥的形体变化。如杭州西湖三潭印月，在桥转角处设三角亭，巧妙地利用空间，给游人以小憩之处；扬州瘦西湖的五亭桥，多孔交错，亭廊结合，形式别致。廊桥有的与两岸建筑或廊相连，如苏州拙政园小飞虹；有的独立设廊如桂林七星岩前的花桥。苏州留园曲溪楼前的一座曲桥上，覆盖紫藤花架，成为别具风格的绿廊桥。

我国栈桥以青岛栈桥最著名，位于青岛市南区海滨，始建于公元1892年（清朝），全长200米，宽10米，石基灰面，桥面两侧装有铁护栏，是青岛最早的军事专用人工码头建筑。后改建为钢筋混凝土34排桩通透结构，桥面铺以水泥，桥身延长至440米，同时将桥面高度提高了0.5米，并在南端增建了防波堤，堤内筑有八角亭阁，定名"回澜阁"。从此，栈桥成为青岛的重要标志性建筑物和著名风景游览点。近几年，青岛开展了"挽留海鸥"的活动，每逢风平浪静之时，成千上万只海鸥在湾内自由翱翔，使美丽的青岛湾充满了勃勃生机。

**2. 古栈道**

栈道是在悬崖绝壁上凿孔支架木桩，铺上木板而形成的窄道。在我国古代《三十六计》中，有一计为"明修栈道，暗渡陈仓"。此计为汉代大将军韩信所创，是古代战争史上著名的成功战例。至今在我国一些陡峭的山崖上，还保存有古老的栈道，其特点不在长，而在险。如长江三峡栈道、陕西华山的长空栈道；四川峨眉山的黑龙江栈道，则陡壁夹峙，下临清溪，幽曲可爱。

**（七）水工建筑**

古水工建筑包括堰、水坝、灌渠、运河、海塘、河堤、古水井等。它们不仅反映了一个国家、地区或民族的建筑水平、科技水平，展示了人类的聪明才智，同时很多工程设计精妙、造型美观、风格独特、雕饰精美，具有很高的科学技术价值和艺术欣赏价值，成为宝贵的人文旅游景观。中国古代著名的水利工程包括都江堰、京杭大运河、灵渠、荆江大堤、黄河大堤、海塘和吐鲁番的坎儿井、河姆渡古文化遗址水井等，其中京杭大运河和灵渠不仅是水利工程，也是重要的古代交通工程。

**1. 四川都江堰水利工程**

都江堰是2 000多年前，战国时期秦国蜀郡太守李冰率众在岷江上游修建的一座大型水利工程，是世界上最早的、极富科学性的伟大水利工程，由鱼嘴、飞沙堰、宝瓶口、金刚堤四大主要工程组成（见图4.33）。鱼嘴是江心分水岭，把岷江分成内外二江，外江是正流，内江是人工渠道，将岷江之水引入成都平原，为灌溉和航运之用。宝瓶口起调节闸的作用，与飞沙堰共同控制内江进水量。飞沙堰具有泄洪排沙的显著功能，当内江的水量超过宝瓶口流量上限时，多余的水便从飞沙堰自行溢出，回归外江，有效地控制了内江的流量，同时飞沙堰还起到了减少内江泥沙淤积的作用。都江堰的这四大工程，设计科学，巧妙利用地形地势，布局合理，互相配合，互相制约，构成了一套科学、完整的排灌系统。且两千多年来完好无损，一直造福于人类，历久不废，令中外水利专家和世人赞叹不已。现已成为世界文化遗产和著名的风景名胜区。

图4.33　四川都江堰水利工程

2. 京杭大运河

京杭大运河是世界上开凿最早、里程最长的大运河，也是我国重要的南北水道，为南粮北运、北煤南运提供便利，同时也是目前南水北调东线工程的通道。它南起浙江杭州，北至北京通县北关，全长1 794千米，贯穿六省市，沟通了钱塘江、长江、淮河、黄河、海河五大水系。

京杭大运河畅通了数百年，对促进大江南北经济文化的交流、解决南粮北调等问题，均发挥了重要作用。但自19世纪后，由于南北海运开辟、津浦铁路通车，加之黄河改道淤塞运河中段，因此部分河段被迫断航，只有江浙一线仍畅通无阻，并成为旅游热线。为适应我国现代旅游业迅猛发展的需求，近年来已在北京通县北运河、温榆河等四条河流的交汇处，即通州北关、张家湾的古运河遗址处，兴建起大运河旅游区及纪念馆等，供广大中外游人到此一览昔日京杭大运河的迷人风姿。

3. 灵渠

灵渠又称"湘桂运河"、"兴安运河"，位于广西兴安县境内，是中国和世界最古老的人工运河之一，也是现存世界上最完整的古代水利工程之一。与四川都江堰、陕西郑国渠齐名，并称为"秦朝三大水利工程"。郭沫若先生称："与长城南北相呼应，同为世界之奇观。"灵渠全长37千米，开凿于公元前214年。灵渠设计科学，建造精巧。其提高水位、束水通舟的"陡门"，为世界最早的船闸通航设施，其原理至今仍适用。据记载，在明、清两代，灵渠仍有陡门30多处。灵渠的修建对岭南的经济和文化发展有过很大促进作用。湘桂间铁路和公路建成后，灵渠已被改造为以灌溉为主的渠道。灵渠现属全国重点文物保护单位。

#### 4. 黄河大堤

黄河大堤是中华民族的伟大工程。大堤包括两岸的临黄大堤、北金堤等，是黄河下游防洪工程体系的重要组成部分，总长达 2 100 千米，犹如"水上长城"。黄河下游河道是一条地上河，历史上河道多次决口改道，在海河与淮河之间形成了一个游荡区，威胁着 25 万平方千米地区内人民的生命财产安全。故黄河下游除个别河段傍依山麓外，两岸皆筑有大堤。堤防工程历史悠久，远在春秋中期就已经逐步形成。当时诸侯各霸一方，所修堤防线路极不合理。至秦统一六国后，才使黄河大堤成为一个防洪整体。后来，历代王朝虽也多次修缮和改建，但直到新中国成立前，黄河大堤也只有 4 ~ 5 米高的两道土木堤坝，防洪能力极差，历史上多次决口形成"黄泛"。抗战时期出于军事需要的黄河"花园口决堤事件"震惊世界。新中国成立后 60 年来，黄河大堤经过不断改造，加高加固，现在大堤一般高 10 米以上，个别地段高达 15 米，巨石砌成的堤坝普遍高 8 ~ 9 米；堤顶宽 12 ~ 15 米，个别地段宽 50 ~ 80 米。除加固了两岸的临黄堤外，还新修缮加固了南北全堤、展宽区围堤、东平湖围堤、沁河堤和河口地区防洪堤等，加上干支流防洪水库的配合，大大提高了黄河防洪的能力，多年来没有发生大规模决口。目前正在大堤临河的内侧建 50 米宽的防浪林，大堤背河的一侧建 100 米宽的防风林带，在加宽加固大堤的同时，把大堤建成一个绿色长廊，构造出一条生态景观线。

#### 5. 荆江大堤

长江流经湖北省荆州地区，上起枝城下至湖南城陵矶约 340 千米的河段称为荆江。荆江大堤上起江陵县枣林岗，下抵监利县城南，长 182.35 千米，自公元 345 年（东晋）肇基以来，至今已有 1 600 多年的悠久历史。大堤直接保护着 1 100 余万亩耕地、1 000 多万人口和武汉市、江汉油田以及数条铁路、公路交通干线。因此荆江大堤被列为长江防洪重点确保堤。

大堤自公元 1542 年连成一线时长仅 124 千米，当时称作"万城大堤"或"万安大堤"。1918 年因堤居荆江北岸，改称"荆江大堤"，沿用至今。1954 年将下游 50 千米原有干堤划为荆江大堤的范围。至此荆江大堤全长 182.35 千米。据有关史志记载，自公元 1560 年到 1949 年，大堤溃决 36 次，灾情都很严重。新中国成立以来，对荆江大堤进行了五次大规模的加固培修，经过历年的努力，目前大堤堤身断面全面达到了设计标准，堤身高度为 10 ~ 12 米，最高达 16 米，堤顶面宽 8 ~ 12 米，堤防的抗洪能力显著提高，抗御了 1998 年、1999 年长江流域的特大洪水。

#### 6. 海塘

海塘是人工修建的挡潮堤坝，亦是中国东南沿海地带的重要屏障。海塘的历史至今已有两千多年，主要分布在江苏、浙江两省。从长江口以南，至甬江口以北，约 600 千米的一段是历史上的修治重点，其中尤以钱塘江口北岸一带的海塘工程最为险要。高大的石砌海塘蜿蜒于几百千米长的海岸上，蔚为壮观。

海塘修建最早源于钱塘江口，因为钱塘江口一带的潮水特别大。钱塘潮是大自然的胜景，但是也对沿海地区造成了巨大的破坏。宋时（公元 1219 年），距今海宁县南 20 多千米的土地，曾因海潮而沦入海中。此外海盐县的望海镇，也曾被海潮整个吞没。

时至今日，海塘仍是长江三角洲经济区的重要沿海屏障。

**7. 坎儿井**

新疆的坎儿井与万里长城、京杭大运河并称为"中国古代三大工程"。坎儿井早在《史记》中便有记载，时称"井渠"，是开发与利用地下水的一种很古老的水平集水建筑物，适用于山麓、冲积扇缘地带，主要是用于截取地下潜水来进行农田灌溉和居民用水。坎儿井的结构，大体上是由竖井、地下渠道、地面渠道和涝坝（小型蓄水池）四部分组成。吐鲁番盆地北部和西部山区，春夏时节有大量融化的积雪和雨水流下山谷，潜入地下，地表却严重干旱缺水，形成戈壁滩。古人利用山的坡度，巧妙地创造了坎儿井，引地下水灌溉农田。坎儿井不因炎热、狂风而使水分大量蒸发，因而流量稳定，保证了自流灌溉。据统计，我国新疆共有坎儿井约 1 700 条，灌溉面积约 50 万亩。其中大多数坎儿井分布在吐鲁番和哈密盆地，其中吐鲁番盆地就有坎儿井约 1 100 条，全长约 5 000 千米，灌溉面积 47 万亩，对发展当地农业生产和满足居民生活需要等都具有很重要的意义。吐鲁番现存的坎儿井，多为清代以来陆续修建，如今仍浇灌着大片绿洲良田，市郊的五道林坎儿井、五星乡等地的坎儿井，可供参观游览。

**8. 浙江余姚河姆渡古文化遗址水井**

水井出现之前，人类逐水而居，只能生活于有地表水或泉水的地方，水井的发明使人类的活动范围进一步扩大。中国是世界上开发与利用地下水最早的国家之一。中国已发现最早的水井是浙江余姚河姆渡古文化遗址水井，其年代为距今约 5 700 年。这是一口相当精巧的方形木结构井，井深 1.35 米，边长为 2 米。由此可推断，原始形态的井的出现还要早得多。

**9. 灌区及提水设施**

灌区指引水浇灌的田地。如我国的青铜峡灌区、河套灌区、汾河灌区，世界上著名的尼罗河灌区、乌兹别克灌区、美国科切拉灌区等。提水设施是农村地区用来提取引水灌溉农田的设施，古时的提水设施主要有手摇水车、脚踏水车、牛车、撩车、吊桶等，现今这些设施已基本不存在，更多的是借助于机械灌溉和电力灌溉。

**（八）历史文化名城**

历史文化名城是指在历史上有着重要的或独特的政治、经济、军事、科学、文化、建筑、艺术、交通地位，或在人类文明史上具有特殊地位和意义，保存了较多的历史文物古迹，且至今仍具有较大的城市规模，具有重要的历史价值、文化艺术价值和科学价值的城市。我国迄今为止已公布四批历史文化名城，共 109 处（见附录 2）。

**1. 历史文化名城的类型**

根据历史文化名城的历史形成和作用、民族文化特色以及城市功能特点等，可将其划分为以下五种不同的类型：

（1）古都类

古都指历史上有一个或多个王朝建都于此，曾是该国的政治、经济、文化中心，有的至今仍是该国的首都，拥有大量的历史文物古迹的城市。这是历史文化名城中最重要的一类，是世界各地旅游者的向往之地。如意大利的罗马，希腊的雅典，我国的北京、西安、洛阳、南京、开封、杭州、安阳七大古都等。我国七大古都中，除安阳外其余六大古都仍保存较好。

北京，在周代是燕国的国都，以后，辽、元、明、清四代都先后在此建都，其作为都城的历史长达千年之久，可谓古迹众多、文物荟萃。其中故宫、颐和园、天坛、长城以及周口店北京人遗址等被列为世界文化遗产，是中外闻名的历史文化名城和国际旅游热点城市。同时，北京又是新中国的首都，是全国的政治、文化、科技和交通中心，拥有大量现代化的城市基础设施和服务设施，四通八达的铁路网、公路网和航空网，是东北、内蒙古联系中原的枢纽，也是全国重要的旅游集散地。

西安，自西周到唐朝有 10 多个王朝在此建都，有古陵墓、古遗址 4 000 多座，旅游资源品位高、内容丰富。巍然屹立的明城墙和钟、鼓楼以及保存完好的城门的箭楼和城楼，是古城西安的象征，也是我国保存最完整、最雄伟的古城墙体系。此外，大雁塔、小雁塔、碑林、骊山华清池、汉唐两朝的帝王陵墓、大明宫和未央宫遗址、半坡氏族文化遗址、蓝田猿人遗址等旅游景观，多姿多彩，文化内涵极为丰富，使西安成为与罗马、雅典、开罗并列的世界四大古都，成为世界级的旅游胜地。

（2）区域统治中心类

它们主要是历史上各郡国的都城或政权所在地，一般都是某区域的统治中心，现多成为各省、市的首府所在地和当地重要的中心城市。如古蜀国都城——成都、吴国都城——苏州等。

（3）少数民族文化特色类

它们主要是指那些保留着地方历史文化和民族风情，具有明显的民族文化特色的城市。这类历史文化名城多分布在少数民族聚居区域，如西藏的拉萨、云南的大理和丽江古城等。

（4）纪念胜地类

它们主要包括历史上发生过革命事件，在该国革命斗争史上占有重要地位，且保留了革命纪念地和革命遗址的城市，以及历史名人遗址和故居。如遵义、延安、南昌、孔子故乡曲阜、鲁迅故乡绍兴、莎士比亚故乡斯特拉特福等。

（5）古代交通重镇和手工业、工矿业发达类

这类城市一般因位于重要的交通枢纽地位或重要的对外港口而经济繁荣，或位于中外商贸、经济、文化交流中转站，或因某类手工业、工矿业特别发达而著名。如福建泉州，早在南宋时期就是我国对外重要港口城市，宋元时期成为我国著名的造船中心；新疆喀什，因位于东西方经济、文化交流的重要通道——"丝绸之路"上而繁荣一时；江西景德镇则因盛产瓷器而闻名。德国的弗尔克林根市在 1873 年建铁工厂，由此带动了当地的手工业、制造业和贸易迅速兴起，使弗尔克林根中心地区由古老的农庄发展成了交通枢纽和钢铁工业区。弗尔克林根铁工厂在 19 世纪的科学技术史和工业文明史中占有独特的地位，成为著名的世界文化遗产地。

2. 历史文化名城的特征

（1）丰富的历史文化内涵，使其极具旅游吸引力

历史文化名城在历史长河中有着特殊的地位和作用，它们都曾有辉煌的历史，是

人文旅游景观的荟萃之地。它们保存的各种古建筑和丰富多彩的文物古迹，是一部用特殊文字书写的历史书卷，记载了不同时代的民族智慧和精神风貌，有深厚的历史文化积淀，向人们再现了历史风貌。历史文化名城对现代人了解和研究历史文化、考察古代城市体系规模和民俗风情、研究古建筑艺术等都具有宝贵的价值。其丰富的、深厚的历史文化内涵是其他人文旅游景观所无法比拟的。加之许多历史文化名城地理位置优越，自然景观优美，使其极具旅游吸引力，成为中外游客争相拜访的旅游热点城市。

（2）重要的政治、经济、文化、交通地位，使其成为重要的旅游集散地

许多历史文化名城不仅在历史上是一个国家或地区的政治、经济、文化、交通中心，而且大多数城市也是现代化大都市，至今依然具有一个国家或地区重要的政治、经济、文化、交通地位。这些历史文化名城拥有现代化的旅游基础设施和服务设施、便捷的交通条件、丰富的名胜古迹，使其不仅是观光旅游的理想之地，也是发展商务旅游、会展旅游、购物旅游的理想之地，同时也使它们成为重要的旅游集散地。

（3）富有地方特色和民族特色，使其具有珍贵的历史文化价值

有些历史文化名城，尤其是少数民族聚居区的历史文化名城，是在特定的历史条件和文化背景下形成的。各民族在悠久的历史进程中，形成和发展了自己的民族文化、建筑风格和民俗风情，使这些城市富有浓郁的地方特色和民族特色，对于研究当地的历史与文化，了解当地的民俗风情等有着重要的价值。如云南丽江古城，位于古代南"丝绸之路"与滇藏茶马古道交汇处，建于宋末元初，古城中心是由成排相互连接的瓦屋楼房铺面围成的一块方形广场街面，叫"四方街"，从四方街往四个方向辐射出四条主街。城中小巷如网，潺潺的溪流穿街过巷，城中不时传来一阵阵具有独特纳西风格的古乐演奏，将人们带回到古老的年代。丽江古城还保留了纳西族在 2 000 多年前所创造的古老的文字——东巴文和最原始的纳西绘画——东巴画，它们与古城建筑一起记载了纳西族悠久的历史、古老的文化、纯朴的民风，具有极其珍贵的历史文化价值。

（九）宗教建筑

宗教是人类社会发展到一定历史阶段出现的一种文化现象，属于社会意识形态。宗教所构成的信仰体系和社会群组是人类思想文化和社会形态的一个重要组成部分。宗教文化是人类传统文化的重要组成部分，它影响到人们的思想意识、生活习俗等方面，并渗透到文学艺术、天文地理等领域，是旅游资源的重要组成部分。我国与宗教有关的名胜古迹共有 3 000 多处，全国重点文物保护单位中，各种宗教名胜古迹就有 150 多处。丰富的宗教文化资源吸引了大量海内外信徒、专家学者和一般游客。在世界众多种类宗教中，这里仅重点介绍世界三大宗教（佛教、伊斯兰教、基督教）和中国土生土长的宗教——道教。

1. 佛教及佛教建筑

（1）佛教概况

佛教起源于公元前 6 世纪至公元前 5 世纪的古印度，距今已有 2 500 多年的历史，由古印度迦毗罗卫国（在今尼泊尔境内）的净饭王子乔达摩悉达多创立。因为他的父

亲为释迦族，故他得道成佛后被尊称为"释迦牟尼"，意思是"释迦族的圣人"。佛又称"佛陀"，意思是"觉悟者"。佛教是世界三大宗教之一。发源于古老的印度佛教，在长期的发展和传播过程中，逐渐形成了北传和南传两大支系。南传佛教又称南传上座部佛教，俗称小乘佛教，主要分布在亚洲南部，包括斯里兰卡、缅甸、泰国、柬埔寨、老挝和我国的傣、佤等少数民族的佛教在内。北传佛教俗称大乘佛教，其中的一支以中国中原汉传佛教为主体，还包括朝鲜、日本、越南及近代传入的马来西亚、新加坡和菲律宾等国佛教；另一支为藏传佛教，由我国西藏北上南下，逐渐传入蒙古、前苏联地区、不丹、尼泊尔、锡金和北印度。

佛教于汉武帝后期传入中国，距今已有 2 000 多年了。公元 67 年（东汉时期）在洛阳建造了中国第一座佛教寺院——白马寺。

佛教教义主要有三：其一是"无常"、"无我"、"空"的哲学观念。"无常"指世界万事万物变化无常。"无我"指一切形象都是因缘聚合，没有独立的实体或主宰者存在（即"缘起论"）。其二是"四谛"，即苦、集、灭、道。"谛"是指真理。"苦谛"——在佛教看来，人生有"生、老、病、死、怨憎会、爱别离、求不得、五盛阴"等身心烦恼和痛苦（即人生有 8 苦）。"集谛"——苦是人自身招集的情感烦恼，称为"集"。分析造成痛苦与烦恼的原因，不在天、不在地，而在人主观上的"业"（造作）、"惑"（见惑、思惑），即产生这类痛苦的根源是人的贪、嗔、痴、慢疑、恶见等业因。"灭谛"——指熄灭造成烦恼痛苦的原因，达到涅槃寂灭境界，亦称"解脱"。就是说人的痛苦是可以根除和消灭的，只有当人真正认识到造成自己痛苦的根本原因时，才能彻底了断苦根，进入解脱的境界。"道谛"——指消灭痛苦的方法或解脱途径，也就是达到涅槃境界的道路和办法，即坚持"戒、定、慧"三学，亦即戒体定识，化识成慧。①戒学：戒是调整身心，使身心养成好的习惯。不只要避开宗教上、道德上的不善与恶德，在经济、法律及肉体健康方面，也不做与理想相违的事，即防非止恶。②定学：如果依戒调整身心，接着就会产生统一的定。为了得到定，而要调身、调息、调心，也就是调整身体、呼吸与精神，这可说是广义的戒。③慧学：佛教最后的目的在于获得悟的智慧。智慧有多种，佛的智慧是最高的智慧，也就是佛经中常说的"八正道"（正见、正思、正语、正业、正命、正进、正念、正定），彻底转变世俗欲望和认识，只有"无相"（灭众欲）、"无作"（灭造作）才能得以理想地解脱。所以"四谛"实际上是以苦谛为核心的求解脱的真谛。其三是以"十二因缘"为核心的因果报应论和三世两重因果。"因缘"即为原因和条件，有无明、形、时、名色、六处（六入）、触、受、爱、取、有、生、老死"十二因素"，说明众生生死流转的因果联系，宣传"善有善报，恶有恶报"，这便是因果报应论。过去世的因，造成现在世的果；现在世的因，又是造成未来世的果，这便是三世两重因果。佛教的"四谛"所依据的基本原理则是"缘起论"。佛教所说的道理很多，其实都是围绕"四谛"来展开讨论的。而佛教的所有教义，又无不是从"缘起论"源流出来的。"缘起论"是佛陀的宇宙创造论，认为宇宙和世间万物都是因缘而起的。这种思想保存并贯穿在佛教经典中。

佛教经典为"经藏"——释迦牟尼说法的言论集；"律藏"——佛教戒律和规章

制度的汇集；"论藏"——释迦牟尼后来大弟子对其理论、思想的阐述汇集；故称"三藏经"，或称"大藏经"、"佛经"和"一切经"。其中律藏主要是"戒律"，有五戒、十戒、具足戒三级。佛教的戒律因对象不同而不同，不出家的男女信徒称居士，要遵守五戒：不杀生、不偷盗、不邪淫、不妄语、不饮酒。这五条戒律也是佛教最基本的戒律。未正式受戒的出家人称沙弥、沙弥尼，要遵守十戒，除以上五戒外还有不涂饰香鬘、不观听歌舞、不卧高广大床、不非时食、不蓄金银财宝。僧人正式受戒称"具足戒"，又称"大戒"，意思是所受戒条已经完备。具足戒男僧 250 条，女尼 348 条。

佛教尊奉的对象主要是佛、菩萨、罗汉等。"佛、法、僧"称为"三宝"，皈依佛教者常自称为"三宝弟子"。

佛教主要节庆有佛诞节、成道节、盂兰盆节、法会等。佛诞节又称"浴佛节"、"灌佛会"、"龙华会"、"华严会"等，是北传佛教纪念和庆祝佛教创始人、佛祖释迦牟尼诞生的日子。由于各地历法的转换，依据不同佛经以及流传到不同地域形成的传统，在公历日期上差距甚大。于中国而言，一般把佛诞节定在阴历四月初八这一天，但也有二月初八、十二月初八等说法。成道节是在腊八节，也就是旧历十二月八日那一天，是佛祖释迦牟尼得道成佛的日子，故叫做"成道节"。

佛教传入中国后分为汉地佛教（汉语系）、藏传佛教（藏语系）和南传佛教（巴利语系，亦称"上部座"或"上座部"佛教）三大系列，前二者属北传佛教。

汉地佛教的八个宗派是：天台宗、三论宗、法相宗、律宗、净土宗、密宗、华严宗、禅宗。

藏传佛教是中国佛教的一支，主要流行于中国藏族、蒙古族、土族、裕固族等少数民族地区，又称"喇嘛教"。其四大派别分别是红教、黄教、白教和花教，另外还有黑教等。

红教（宁玛派）即旧教派，是藏传佛教中最早产生的一个教派。该教派僧人只戴红色僧帽，故称红教。红教不仅在中国藏区传播，在印度、尼泊尔、不丹、法国、美国等多个国家也有分布。

黄教（格鲁派）。格鲁，藏语意为"善律"，是藏传佛教中形成最晚的一个教派，创建于 1409 年，是著名的宗教改革家宗喀巴在推行宗教改革过程中形成的教派。由于此派戴黄色僧帽，故又称为"黄教"。哲蚌寺、色拉寺、扎什伦布寺、塔尔寺、拉卜楞寺与甘丹寺一起并称为格鲁派的六大寺院。此外，昌都寺、青海塔尔寺、隆务寺、佑宁寺，甘肃拉卜楞寺、卓尼寺，四川格尔底寺、甘孜寺，云南中甸的格丹松赞林寺，北京雍和宫等也是格鲁派的著名大寺院。黄教还创建了达赖、班禅两个最大的活佛转世系统。

白教（噶举派）。因该派僧人按印度教的传统穿白色僧衣，故称为"白教"。噶举派主要寺院有西藏墨竹工卡的止贡寺、四川德格的八邦寺等。噶举派注重修身，主修大手印法。

花教（萨迦派）创始于 1073 年。由于该教派寺院围墙涂有象征文殊菩萨、观音菩萨和金刚手菩萨的红、白、黑三色花条，故又称"花教"。僧人戴红色莲花状僧冠，穿着红色袈裟。四川德格贡钦寺的德格印经院，是藏区最著名的印经院，专门刻印藏传佛教经书、历法和医学等千多种典籍，对保护和弘扬佛教起了重要作用。

黑教（苯教）。苯教又叫"奔波教"或者"觉囊派"，相信万物有灵，相信各种征兆，擅长巫术。他们一般采用占卜的方法来解除人世间的各种灾难。其教徒常穿黑衣戴黑帽，所以又叫"黑教"。但黑教的基本色调是蓝色，象征海洋，博大无边。黑教僧人是可以吃肉和结婚的。

南传佛教又称南传上座部佛教，俗称小乘佛教。云南地区上座部佛教按其名称可分为润、摆庄、多列、左抵四派，又可细分为八个支派。傣族男童达到入学年龄后必须出家为僧，在寺院中学习文化知识，接近成年时再还俗。个别被认为优秀的，可继续留寺深造，并按僧阶逐步升为正式僧侣。僧阶分为十级，自五级以上，晋升条件十分严格，最后两级在整个西双版纳地区只分别授予傣族和布朗族各一个，成为地区最高宗教领袖。

（2）佛教建筑

佛教建筑遍布全国，主要包括寺庙、佛像雕塑、佛塔和石窟等种类。

①佛教寺庙及佛像雕塑

寺庙是佛教的主要建筑，是供奉佛像、存放佛经、举行各种法事活动以及僧侣居住和修行的地方。寺院建筑受当地建筑风格和审美意识的影响，不同的教派，其寺院建筑各具特色。我国的寺院建筑主要有汉地佛教寺院、藏传佛教寺院（喇嘛庙）和南传佛教寺院三大类型。

藏传佛教寺院一般由佛殿、扎仓、活佛住处、印经院、藏经楼、灵塔、僧舍组成。建筑群体规模宏大，没有中轴线和对称的房屋布局，寺内文物众多，金碧辉煌。其中著名的有西藏的布达拉宫、大昭寺等。

南传佛教寺院主要分布在云南南部，一般由佛殿、佛塔、藏经室、僧舍四部分组成。其中佛塔建筑最具特色，其建筑形式与结构受缅、泰建筑风格的影响，屋顶高挑，塔形千姿百态。如云南德宏州的曼飞龙佛塔、版纳白塔等。

汉地佛教寺院是最常见的寺院，以历史悠久、形制巨大、技艺荟萃、风格独特而著称。寺庙建筑因地势不同而显示出不同特点，如山寺、平原寺、丘陵寺、临水寺。

山寺，即在山顶、山内、山腰筑寺。如山西悬空寺建在陡崖上；布达拉宫以寺镇山，在山顶筑寺，随山势造型，打破了平原寺的规矩和对称，从山下到山上，因势筑殿，群楼重叠，殿宇嵯峨，气势雄伟，体现了藏式密檐平顶碉房式建筑的鲜明特色和汉藏文化融合的风格，山景庙宇融为一体，美学价值极高。

平原寺，即在平坝上建寺。这种寺庙受我国古建筑风格影响，强调对称规则，如福建泉州开元寺，主要建筑有大雄宝殿、金刚殿、普贤殿、文殊殿、观音殿、罗汉堂等。它以大雄宝殿、藏经楼等为轴线，渐次增大增高；而其他殿宇在中轴线两边遥相对应，并以游廊连接，形成严密、规整、对称的四合院式建筑群。其主体建筑大雄宝殿无论是面积，还是高度，都堪称寺庙中心。

丘陵寺和临水寺，建寺丘阜之上，依山傍水，受园林构造方法的影响，显得轻灵活泼，充满世俗的情调。如镇江焦山、金山、北固山，三山皆有寺，寺寺皆不同，山因寺胜，寺因山异，依山傍水巧建寺、亭、楼、阁。佛教还有些独特的建筑样式，如无梁殿，因供奉无量寿佛，故借谐音，造成无梁的建筑。无梁殿一般以纵横磨砖嵌缝砌成卷洞结构。

大部分寺院的基本布局是平原院落式组群。在中轴线上布局主体建筑，由南向北依次为山门殿、天王殿、大雄宝殿、法堂、藏经楼等，正殿两侧是配殿、配屋。山门殿内塑有两大金刚像；天王殿正中供奉弥勒佛像，东西两侧塑四大天王像，弥勒佛背后塑守护神韦驮像；大雄宝殿（正殿）是寺院的主体建筑，高大雄伟，正中供奉佛祖释迦牟尼像，神态庄严肃穆。殿中供奉的佛像有坐、立、卧三种姿势，主尊佛也有一尊、三尊、五尊、七尊几种形式。

正殿主尊佛为一尊时，常是供一佛两头陀，或一佛两菩萨，称"释迦三尊"，即正中为释迦牟尼佛，两侧为迦叶头陀（年长者）和阿难头陀（年轻者），或两侧为文殊菩萨（骑青狮，手托莲花）和普贤（骑6牙白象，手执如意或莲花）。另还可有："东方三圣"（中间是东方净琉璃世界药师佛，左右为日光和月光菩萨）、"西方三圣"（中间是西方极乐世界阿弥陀佛，左右为大势至菩萨和观世音菩萨）、"华严三圣"（中间是毗卢遮那佛，左右为文殊菩萨和普贤菩萨）。

正殿供三尊佛时，有三身佛、三世佛之分。三身佛：中尊是法身佛毗卢遮那佛，左尊为报身佛卢舍那佛，右尊为应身佛释迦牟尼佛（佛有"三身"、"三十二应身"、"千百亿化身"等说法，即所谓理法聚而为法身，法身就是自己真正的生命；智法聚而为报身，报身就是报应所得之身；功德法聚而应身，应身是由法身或报身所化现之身，又称"化身"，就是变化万千之身份。因一佛具三身之功德性能，所以三身即一佛）。三世佛又有按空间分的横三世佛和按时间分的竖三世佛。横三世佛：中央婆娑世界的释迦牟尼佛、东方净琉璃世界的药师佛和西方极乐世界的阿弥陀佛。竖三世佛指过去佛燃灯佛、现在佛释迦牟尼佛和未来佛弥勒佛。我国现存年代最早、保护最好、位于最东南的"（竖）三世佛"石雕造像，在福建泉州清源山风景区，中尊为现在佛，左尊为过去佛，右尊为未来佛，造像布局匀称，雕刻精湛，造型优美。佛教还有"十方三世佛"之说，十方指东、南、西、北、东南、西南、东北、西北、上、下。

正殿供五尊佛：正中为法身大日如来或称毗卢遮那佛。左手第一尊为南方宝生佛，表佛德；第二尊为东方不动如来或称东方阿閦佛，表觉性。右手第一尊为西方阿弥陀佛，表智慧；第二尊为北方不空成就佛，表事业。

正殿供七尊佛：中间一尊为释迦牟尼佛，其余六尊为过去佛，从右至左依次为：拘留孙佛、拘那含牟尼佛、迦叶佛、毗舍佛、尸弃佛、毗婆尸佛。

佛教除尊佛外，也尊仅次于佛的菩萨。菩萨又称"大士"，任务是帮助佛解救众生。佛教著名的四大菩萨为：文殊菩萨，表大智，在中国的道场是山西五台山；普贤菩萨，表大行，在中国的道场是四川峨眉山；观音菩萨，表大悲，在中国的道场是浙江普陀山；地藏王菩萨，表大愿，在中国的道场是安徽九华山。

佛教等级中，菩萨之下是罗汉。有十六罗汉、十八罗汉、五百罗汉、八百罗汉、一百零八罗汉之说。佛经中讲，十六罗汉是释迦牟尼佛的弟子，他们遵佛的嘱托，不入涅槃，常住人间，普度众生。传入中国后，又增加了两位成为十八罗汉。五代时把印度高僧庆友（《法注记》的作者）和尚称为第十七罗汉，把庆友的助手宾头卢或中国的玄奘（《法注记》的译者）作为第十八罗汉。到宋代，十八罗汉造型开始多了起来。元代以后，佛寺中罗汉塑像一般模式都是十八罗汉。清朝乾隆年间，乾隆皇帝曾钦定十八罗汉的最后两位应该是降龙罗汉（迦叶尊者）和伏虎罗汉（弥勒尊者）。东晋以后，不少佛寺中除十八罗汉外，还有 500 罗汉塑像。

佛教传入中国后，弥勒佛的造型增加了一个"大肚笑面弥勒佛"形象，据传是按照布袋和尚的形象塑造的。布袋和尚，明州（宁波）奉化人，或谓长汀人，自称契此，又号长汀子。他身体胖，经常佯狂装颠，出语不定，笑口常开，且就地而卧，随遇而安，给人以欢喜快活、逍遥自在、大肚能容的印象。常手持锡杖，杖上挂一布袋，出入于市镇乡村，在江浙一带行乞游化，见物就乞，把别人供养的东西统统放进布袋，从来没有人见他把东西倒出来，那布袋却又是空的。公元 916 年，契此坐化于明州岳林寺庑下的一块磐石上，圆寂前曾留下一偈："弥勒真弥勒，分身千百亿，时时示时人，时人自不识。"于是后人认为他是弥勒转世，为他建塔供养。宋崇宁三年（公元 1104 年），岳林寺住持为他建阁塑像。大约在五代以后，江浙一带就逐步流行一种按布袋和尚形象塑成的袒腹大肚、喜笑颜开的笑弥勒像，并将他安置在天王殿中，令人一进山门就有皆大欢喜的感觉，深受世人喜爱，以后大肚弥勒的这一布置就成了寺庙的定制。

②我国现存著名佛像雕塑

全国最大的木胎泥塑卧佛像，是甘肃张掖大佛寺的巨型释迦牟尼卧像，长 34.5 米；全国最大的铜铸卧佛像，是北京卧佛寺的巨型释迦牟尼卧像，长 5 米；全国同时也是世界最大的摩崖石刻弥勒佛坐像，是四川乐山大佛，高 71 米；全国同时也是世界最大的镀金铜制弥勒佛是西藏日喀则扎什伦布寺中的铜制强巴佛（藏语中"强巴"是"弥勒"的意思），高 26.2 米；全国最大的木雕弥勒佛像在北京雍和宫万福阁（又称大佛楼），佛像高 18 米，埋入地下部分 8 米，总高 26 米，由一根完整的白檀香木雕成。此外还有河南洛阳龙门石窟奉先寺卢舍那大佛，唐高宗时所建，相传仿照武则天真身雕塑而成，佛身高 17.14 米，是龙门石窟近 11 万尊佛像中，体型最大、形态最美、艺术价值最高、最富有佛教艺术特色的雕像；山西大同云冈石窟第 20 窟释迦坐像，着右袒袈裟，结跏趺坐，高 13.7 米，高鼻薄唇深目，是佛教初传入中国时还未中土化的证明；宁夏固原须弥山高 20.6 米的摩崖石刻弥勒大佛，高踞于半山之上，气势尤为宏伟；此外还有甘肃永靖炳灵寺泥塑大佛和甘肃敦煌莫高窟的大佛，等等。

图 4.34　洛阳龙门石窟奉先寺卢舍那佛

图 4.35　大同云冈石窟第 20 窟释迦坐像

图 4.36　甘肃张掖大佛寺释迦牟尼卧像图

4.37　四川乐山摩崖石刻弥勒大佛

图 4.38　西藏札扎什伦布寺铜铸弥勒佛

图 4.39　北京卧佛寺铜铸释迦牟尼卧像

③佛塔

佛塔也叫"浮屠"、"浮图"、"佛图"等，最初为分藏佛祖舍利和遗物而建造，后成为寺庙建筑的一部分和与信仰朝拜有关的宗教建筑物。佛塔由印度传入我国，中国佛塔由地宫、塔基、塔身、塔刹四部分组成。地宫是安放舍利的地方，里面主要是一个石函及一些随葬物；塔基覆盖于地宫之上；塔身是佛塔的主体，塔的级数一般为单数，且多为 7 级，故有"救人一命，胜造七级浮屠"之说；塔顶上为塔刹。塔的造型、风格受中国古建筑中亭台楼阁的影响并与其相结合，类型丰富多样，造型美观，极具旅游魅力。著名的有西安大雁塔和小雁塔、应县木塔、开封佑国寺塔等。

我国最早建的塔都是木塔，东汉洛阳白马寺大方塔就是木塔。因为木头可塑性大，塔檐可较大延伸，形成飞翔的活跃气势。线条流畅，形式多样，可施雕刻、彩绘，因此木塔气宇轩昂，金碧辉煌。但木塔易受到虫蛀、风灾和火毁，难以留存后世。北魏中期开始，砖塔逐渐替代了木塔。隋唐砖塔建筑技术已很成熟，出现了阁式塔。宋代建塔技术达到了新的水平，在平面上出现了六角形、八角形和十边形，其中以八角形最为普遍。元代，统治阶级把西藏喇嘛教作为主要宗教，使政权和宗教紧密结合起来，喇嘛教建筑得到了发展，出现了许多喇嘛塔。明清继承了元代的传统，喇嘛塔屡有所建，并出现了金刚宝座塔新形式。同时缅甸式佛塔也传入我国，如云南傣族地区的曼飞龙白塔和八角亭塔。

我国早期塔多为中间大、两端小、曲线柔和、韵律自如、以密檐式塔为主；晚期塔，则挺拔刚直、轮廓分明、隽雅秀丽、雕刻装潢日趋精美、以能够登临的楼阁式砖塔为主。在地区间亦有差别，北方塔，雄伟稳重，多简洁豪放；南方塔，玲珑精细、轻巧秀气。在塔的组合上有单塔、双塔、三塔、五塔和群塔。

塔是我国古文化、古建筑中一朵灿烂的奇葩。根据塔的结构和建筑风格可分为下列几种类型：单层塔、密檐式塔（著名的有嵩岳寺塔、大理三塔、西安小雁塔、法王寺塔、北京天宁寺塔和辽阳白塔）、楼阁式塔（是我国古塔中规模最庞大、艺术水平最高、建造最普遍的一种造型）、喇嘛塔（是藏传佛教一种特殊的建筑形式，源于元朝，主要建筑在寺庙中）、金刚宝座塔（在高大台基上建造五座密檐方形石塔和一个小佛殿）、南传佛教佛塔（塔基呈正方形，高度1米左右。塔身大多为圆形葫芦状，塔刹由一节比一节小的环节堆积而成，最上面是塔针，规模一般较小）。

塔是佛教建筑，但以它的历史久远性、建筑结构的多样性和孤峰突起的高耸性，成为重要旅游资源，并且后期冲出佛教范畴，在纪念地、风景区中建起各种造型的塔，打破了周围单调、平淡气氛，勾画出生动的天际线，还起到引景、借景和鸟瞰观景的作用。明清时，伴随着科举和风水盛行之风，中原和南方大举造塔，出现了大量与佛教无关的塔。如太原的文笔塔、避暑山庄的风水塔、扬州的文峰塔、无锡的灵光塔。同时纪念性塔也已出现，如易水的荆轲塔、吐鲁番的额敏塔等。据不完全统计，我国现存各类古塔共有3 000多座。

④佛教石窟

佛教石窟源于印度，是利用天然峭壁或人为加工的石壁，在石壁上开凿洞窟，在窟内通过石刻、塑像、壁画等手法，塑造佛像人物，讲述佛教故事等，具有重要的历史价值和艺术价值。我国著名的佛教四大石窟是甘肃敦煌莫高窟、山西大同云冈石窟、河南洛阳龙门石窟、甘肃天水麦积山石窟。

号称"东方艺术之都"的敦煌石窟，是我国现存规模最大、内容最丰富的石窟艺术宝库。敦煌石窟现保存了洞窟492个，壁画45 000多平方米，彩塑2 400多尊。其中艺术价值最高的是壁画，内容丰富，构图宏伟精巧，色彩鲜艳，线条清晰流畅。著名的飞天壁画，描绘出了天女轻盈飞舞、姿态优美的形象，表现了高超的绘画艺术和技巧，不愧为世界宗教艺术中的瑰宝。另外，有"东方雕塑艺术馆"之称的麦积山石窟，洞内保存了历代的泥塑、石雕7 200余尊，壁画1 300多平方米。洞内的佛像多为泥塑，造型生动，栩栩如生，表情丰富，姿态动人。泥塑采用了高浮雕、圆雕、壁塑、粘贴塑等技法，表现出高超的雕塑水平，虽为泥塑，但效果仿佛为石雕，堪称一大奇迹。

2. 伊斯兰教及伊斯兰教建筑

（1）伊斯兰教概况

伊斯兰教创始于公元7世纪初的阿拉伯半岛，创始人为穆罕默德。他生于阿拉伯半岛的麦加，是一位宗教家、思想家、政治家和军事家。公元630年，他亲率万人组成的穆斯林大军攻克麦加城，并以麦地那为中心，统一了阿拉伯半岛，建立了政教合一的国家。伊斯兰教于唐朝（公元651年）传入中国，一是沿陆上的"丝绸之路"进入中原；二是沿海上的"香料之路"到东南沿海广州和泉州等地。伊斯兰教在中国又称"清真教"、"天方教"或"回教"，其教徒称"穆斯林"，这是阿拉伯语的音译，本意为"顺服者"，即顺服安拉意志的人。

伊斯兰教的教义由三部分组成：伊玛尼、仪巴达特、伊赫桑。其一是伊玛尼，即信仰，可概括为六大信仰：①信安拉（真主）。可有99尊美德和美名称颂安拉，如大仁大慈、全知全能、创造万物、主宰一切、无可匹敌、洞察一切等。对安拉忠诚，是伊斯兰教信仰的基石。②信使者。因他是安拉的忠诚使者和人类朋友，如阿丹、努哈、易卜拉欣、穆萨、尔撒等都是使者，穆罕默德为使者的集大成者，是封印使者，他专门传主意，开导世人，因此服从安拉的人，也需无条件服从穆罕默德。③信天使。即相信天使是安拉用光创造出来的一种纯粹的精灵和妙体。④信经典。《古兰经》是该教的根本经典，也是伊斯兰国家立法、道德规范和思想学说的基础。⑤信前定。世界一切事物由安拉前定，无法改变，承认和顺从是唯一的出路。⑥信后世。在今世与后世之间为世界末日，其时死去的人灵魂复活。安拉根据天使的记录，表现好的入天国，表现坏的下地狱。其二是仪巴达特，即为五功：①念功。念诵"万物非主，唯有真主，穆罕默德是主的使者。"②礼功。一日五次礼拜，即晨拜、晌拜、晡拜、昏拜、宵拜。礼拜必须面向沙特阿拉伯境内的圣城麦加。③斋功。每年伊斯兰教历9月全月斋戒，昼间禁止饮食，并禁房事。④课功。缴纳定量课税，以救济穷人。⑤朝功。凡身体健康、旅途方便，并有经济能力的穆斯林一生中至少应去麦加朝拜一次，也可由别人代为朝拜。其三是伊赫桑，即善行，指穆斯林必须遵守的道德规范。可见"伊玛尼"属于世界观、理论和思想方面，"仪巴达特"、"伊赫桑"则属于实践和行为方面。

伊斯兰教的主要经典为《古兰经》和《圣训》。"古兰"是阿拉伯语的音译，意为"诵读"、"读本"；《圣训》为穆罕默德的言行录，是对《古兰经》的补充和注释。

伊斯兰教的标记为新月。

伊斯兰教主要节庆有圣纪节、开斋节、宰牲节（称为伊斯兰教的三大节日）等。圣纪节亦称圣忌节、冒路德节，是纪念穆罕默德诞辰和逝世的纪念日。中国境内的少数民族穆斯林基本是逊尼派，其圣纪节是伊斯兰教历3月12日（什叶派是3月17日）。现在穆斯林过圣纪节并不斋戒，而是准备许多好吃的食品庆祝，讲述穆罕默德生前的事迹等。

开斋节在伊斯兰教历10月1日。伊斯兰教历每年9月为斋戒月。凡成年健康的穆斯林都应全月封斋，即每日从拂晓前至日落，禁止饮食和房事等。封斋第29日傍晚如见新月，次日即为开斋节；如不见，则再封一日，共为30日，第二日为开斋节，庆祝一个月的斋功圆满完成。是日，穆斯林前往清真寺参加会礼，听伊玛目宣讲教义。教法还规定在节日进行七件事：①拂晓即吃食物，以示开斋；②刷牙；③沐浴；④点香；⑤穿洁美服装；⑥会礼前开斋施舍；⑦低声诵念赞主词。根据各地的风俗习惯，庆祝形式不尽相同，有的炸香油制美食互赠或款待亲友；有的请阿訇诵经祈祷；有的聚会联欢等。

宰牲节即"古尔邦节"，又叫"库尔班节"、"尔德节"等，即宰牲献祭的节日。时间定在伊斯兰教历的12月10日。过节前，家家户户都把房舍打扫得干干净净，忙着精制节日糕点。节日清晨，穆斯林要沐浴熏香，严整衣冠，到清真寺去参加会礼和宰牲，在城市或农村的广场上都要举行盛大的歌舞集会。在新疆的哈萨克、柯尔克孜、塔吉克、乌孜别克等民族，节日期间还举行叼羊、赛马、摔跤等比赛活动。这一节日，已成为中国信仰伊斯兰教的少数民族的传统民族节日。

伊斯兰教圣地为麦加（大清真寺）、麦地那（先知寺）、耶路撒冷的阿克萨清真寺等。沙特阿拉伯的麦加，是穆罕默德的诞生地和伊斯兰教的发源地，被誉为"宗教之都"，是伊斯兰教第一圣地，每年举行一次朝觐活动，吸引着世界各地上百万的穆斯林前来参加。虔诚的穆斯林将一生能有一次到麦加朝觐作为最大的愿望。沙特阿拉伯的麦地那是伊斯兰教第二圣地。公元632年，穆罕默德在这里逝世。麦地那先知寺有穆罕默德的陵墓。麦地那在历史上曾长期是伊斯兰国家的首府，城郊有不少伊斯兰教遗迹。以色列首都耶路撒冷的阿克萨清真寺，是伊斯兰教庄严的圣地之一。耶路撒冷是世界著名古城（巴勒斯坦自治政府也宣布耶路撒冷将是未来巴勒斯坦国的首都，故今天耶路撒冷仍然是巴以冲突的中心），是犹太教、基督教、伊斯兰教共同的圣城。犹太人在城内锡安山上建有圣殿，现在圣殿只遗留下一段50多米长的护墙，犹太人在这里凭吊历史，把它叫做"哭墙"，视为心目中最神圣的地方。在穆斯林心中，耶路撒冷是先知穆罕默德神秘夜行的目的地和伊斯兰教庄严的圣地之一。而基督教教徒则认为，救世主耶稣基督在耶路撒冷受难和升天，所以也把这里看成最神圣的地方。

（2）伊斯兰教建筑

伊斯兰教的代表建筑清真寺，是伊斯兰教徒做礼拜的场所。清真寺多采用阿拉伯建筑风格，正殿为圆形穹隆顶，有的单独建有尖塔。清真寺建筑结构严谨、质朴，礼拜大殿是其主要建筑，殿内不设任何神像，伊斯兰教认为真主是无形象、无方位、无所不在的，伊斯兰教徒礼拜时必须朝向麦加。清真寺内的装饰忌用动物图案，多采用植物图案或几何图案。沙特阿拉伯的麦加大清真寺、麦地那的先知寺以及耶路撒冷的阿克萨清真寺，是伊斯兰教的三大圣寺。

随着伊斯兰教的传入，独特的清真寺形式也不断发展，逐步形成了中国清真寺建筑风格和艺术体系。沿海地区清真寺建筑比较早，多由大食、波斯等国的传教士和商人建造，通常为砖石结构，平面布局，外观造型和细部处理受阿拉伯建筑形式影响较深。如中国古代四大清真寺，即广州怀圣寺、泉州麒麟寺、杭州凤凰寺和扬州仙鹤寺。后三座皆为象形寺，是阿拉伯风格和中国风格的有机融合。扬州仙鹤寺形如仙鹤，并且保存完整，是中、阿建筑风格的巧妙糅合，一直为海内外游客所珍视。

我国内地的清真寺大部分为元代建筑，受中国传统风格影响，多为院落式布局、木结构体系。西安化觉巷清真寺，是典型的中国传统式建筑清真寺中规模最大、保存得最为完整的一座。它仅在中轴线方向上由南北向改为东西向，因为正殿中的圣龛须背向西方麦加，其余建筑吸取中国园林清静幽雅的意境，殿宇雄伟，飞檐翘角，雕刻彩绘，华丽工细。而新疆地区的清真寺则保留了伊斯兰建筑形式，新疆喀什的艾提尕尔清真寺是现存中国最大的清真寺。

3. 基督教及基督教建筑

（1）基督教概况

基督教起源于公元1世纪古罗马统治下的巴勒斯坦地区，是对信奉上帝及其儿子耶稣基督为救世主的各教派的统称，包括天主教、东正教、新教三大派系，是目前世界上最大的宗教，创始人是耶稣。基督教于中世纪传遍欧洲，公元 1054 年，在罗马分裂为西部的天主教和东部的东正教，16 世纪时天主教内部又分裂出新的宗派，称为新教。基督教于唐太宗贞观九年（公元 635 年）传入中国。新教在中国通称"基督教"或"耶稣教"，其余仍沿袭原称天主教和东正教。

基督教教义主要有四：一是"上帝创世"说。即在宇宙造出之前，无任何物质存在，连时间和空间也没有，只存在上帝及其"道"。上帝通过"道"创造一切，包括地球和人，所以上帝是全能的，是真善美的最高体现者，是人类的赏赐者。故而人只有无条件地敬奉和顺从上帝，否则将受上帝惩罚。二是"三位一体"说。即宣称上帝只有一个，但包括圣父（上帝）、圣子（基督）、圣灵三个位格。圣父是天地万物的创造者和主宰；圣子耶稣基督是上帝之子，受上帝派遣，通过童贞女圣母玛利亚降生为人，形成肉身，并受死、复活、升天，为全人类作了救赎，必将再来审判世人；圣灵即上帝圣灵，三者是一个本体的三个不同位格。三是"原罪救赎"说。即上帝创造人类始祖亚当和夏娃，并将他们安置于伊甸园，过着无忧无虑的生活。后来，由于他们受蛇的引诱，偷吃了知善恶树上的禁果，因而被驱逐出园。这样，亚当、夏娃的罪世代相传，成为整个人类的原始罪恶和灾难的根源，即使刚生下就死去的婴儿也有原罪。这种原罪，人类无法自救，只有忏悔，请求基督为之赎罪。四是"天堂地狱"说。即信天堂和永生，信地狱和永罚。认为人的生命是有限的，但人的灵魂会因信仰而重生，并可得上帝的拯救而获永生，在上帝的国——天堂里得到永福。人若不信或不思悔改，就会受到上帝的永罚，要在地狱里受无尽的煎熬。天堂是上帝的居住处，是极乐世界。天堂宝座上坐着上帝，其右坐着基督，宝座前有众天使侍立，黄金铺地，宝石盖屋，眼看美景，耳听音乐，每一感官都有相称的福乐；而地狱中燃烧着不灭之火，凶狠的蛇蝎到处咬人。既不能上天堂又不能入地狱的人将进入炼狱，炼净灵魂、赎完罪后可再升入天堂。

基督教的经典是《圣经》，即《旧约圣经》和《新约圣经》的总称。基督教的标志物是十字架。

基督教的节庆期主要有圣诞节、复活节等。

圣诞节是庆祝耶稣基督诞生的日子，是基督教世界最大的节日。教会规定每年 12 月 25 日为圣诞节。因各地教会使用的历书不同，具体日期不能统一，于是就把 12 月 24 日到第二年的 1 月 6 日定为圣诞节节期，各地教会可根据当地具体情况在这段节期之内庆祝圣诞节。

复活节是纪念耶稣基督被钉死在十字架上后第三天复活，西方信基督教的国家都过这个节。规定每年春分后第一个星期日（在 3 月 21 日至 4 月 25 日之间）为节庆日。

（2）基督教建筑

基督教的主体建筑是教堂，又叫"礼拜堂"，原意为"上帝的居所"，现在是基督教徒举行宗教活动的场所。在漫长的历史发展过程中，教堂的建筑风格由最初的宫殿式发展到罗马式、哥特式、文艺复兴式、巴洛克式等不同的建筑风格。罗马式采用古罗马式券、拱，建筑线条简单明朗，造型浑圆、厚重敦实，部分具有封建城堡的特征；哥特式强调建筑线条，以墩柱、薄围护墙、尖形肋骨交叉拱顶、飞扶壁、花窗棂、彩色镶嵌玻璃、高耸尖塔为其特征；文艺复兴式以古典柱式、半圆形拱券、以穹隆为中心的建筑形体为特征，强调模仿人体美的对称、和谐，显示庄重、华贵、典雅的审美趣味；巴罗克式与文艺复兴式同期产生，它强调追求在建筑空间组合中产生出复杂的明暗变化的效果。法国的巴黎圣母院、德国的科隆大教堂、梵蒂冈的圣彼得大教堂、英国的圣保罗大教堂等都是著名的基督教建筑。其中圣彼得大教堂是世界上最大的教堂。中国最早的基督教堂是西安大秦寺，始建于公元638年（唐朝）。现存的著名教堂有北京南堂（即宣武门教堂）、上海徐家汇天主教堂、上海沐恩堂、上海圣母大教堂、广州石室堂、南京天主教堂、天津老西开教堂、哈尔滨大教堂等，此外全国各地尚有许多规模较小的基督教堂。它们一直是基督教徒的活动之地，也成为宗教旅游的重要场所。

### 4. 道教文化及道教建筑

#### （1）道教概况

道教是中国土生土长的宗教。道教的名称来源，一是古代之神道；二则起于《老子》（即《道德经》）的道论，道教徒尊称创立者之一张（道）陵为天师，因而又叫"天师道"。

道教的正式形成在东汉顺帝以后，到南北朝盛行起来。东汉顺帝时（公元126—144年）张（道）陵创立的"五斗米道"、东汉灵帝（公元167—189年）时，张角创立的"太平道"，是道教最初的两大教团组织。道教的正式宗教组织成立距今只有1 800多年，但道教推崇的思想文化源远流长，博大精深，承传了有数千年历史的华夏古代传统文化。直接吸收了殷商的鬼神崇拜、春秋战国时期的老庄道家思想、始于战国盛于秦汉的方仙道以及汉初盛行的以老子之名言修道养寿的黄老道。道教奉老聃（李耳）为教祖，尊称"太上老君"。但要注意道教与道家是截然不同的两码事。道家所讲的道学不是宗教，也不主张立教。《道德经》是道家思想的源流，被后世的张（道）陵等人奉为经书，但并不是"太上老君"为布道而写的经书。道教教义中虽有道学成分，但远不足以代表道学精神，也不足以传达老庄思想。

道教教义就是以"道"或"道德"为核心，认为天地万物都由"道"而派生，社会人生都应法"道"而行，最后回归自然。具体而言，是从"天"、"地"、"人"、"鬼"四个方面展开教义系统的。天既指现实的宇宙，又指神仙所居之所。天界号称有三十六天，天堂有天门，内有琼楼玉宇，居有天帝、天尊、天神、天兵天将、天女，骑有天马，饮有天河，其奉行者为天道。地既指现实的地球和万物，又指鬼魂受难之地狱，其运行受制于地道。人既指总称之人类，也指局限之个人，人之一言一行当奉行人道、人德。鬼，指人之所归，人能修善德，即可阴中超脱，脱离苦海，姓氏不录于鬼关，是名鬼仙。神仙是道教教义思想的偶像体现。道教是一种多神教，沿袭了中国古代对于日月、星辰、河海、山岳以及祖先亡灵都奉祭的信仰习惯，形成了一个包括天神、地祇和人鬼的复杂的神灵系统。道教的标志物是太极（鱼）图。

道教以《道德经》、《正一经》、《南华经》和《太平洞经》为主要经典。道教的第一部正式经典是《太平经》，完成于东汉。道教的经书数量非常庞大，各派的主要经典也各不相同。

道教供奉对象是庞杂的神仙系统，分尊神和俗神等。道教尊神包括"三清"，即居玉清境的元始天尊、居上清境的灵宝天尊和居太清境的道德天尊，它们是道教的最高主神；"四御"是地位仅次于三清的四位天帝，即玉皇大帝、中央北极紫微大帝（总御万星）、勾陈上宫天皇大帝（统御万雷）、承天效法后土皇地祇（执掌阴阳生育、万物之美、大地山河之秀）；"三官大帝"，即天、地、水三官，据称天官能赐福、地官能拔罪、水官能解厄；"星神"，主要有五星神，即岁星（木星）、镇星（土星）、太白星（金星）、辰星（水星）、荧惑星（火星）；此外还有东西南北中"五斗星君"，以及二十八宿星君、紫微垣众星君、太微垣众星君、天市垣众星君等。二十八宿中，东方七宿组成龙形，称青龙；西方七宿组成虎形，称白虎；南方七宿组成鸟形，称朱雀；北方七宿组成龟形，称玄武。青龙、白虎、朱雀、玄武合称"四方之神"。道教俗神包括雷公、门神、灶君、财神、山神、土地神、四值功曹、阎罗、龙王、城隍、药王、瘟神、蚕神、文昌帝君、关帝、妈祖等。还吸收了众多中国古代神话中的西王母、八仙等作为天庭秩序之外的"散仙"。此外，道教认为人身也是一个小天地，因此人身上的各种器官，例如毛发、五官等也都有神灵驻守。而且还有相应的修持方法。以上仅是道教所崇神灵中很小的一部分。实际上，道教崇拜的神灵成千上万，各路神仙的事迹在道教经典中也多有记载，如汉代的《列仙传》、晋代的《神仙传》以及元代的《历世真仙体道通鉴》等，俱记有历代神仙得道之事。

道教宗派众多，据现在北京白云观藏的《诸真宗派总簿》所载，道派共有86家。但道教历史上比较有影响的是正一道、全真道、真大道教、太一道和净明道5个大派。其中真大道教和太一道均系金朝时创立，元朝以后逐渐衰微；净明道系南宋时创立，明朝以后衰微。自明朝以后，道教分为正一道和全真道两大派别，其他宗派全部归纳到这两个宗派之下。正一道即东汉末年的"五斗米道"，后更名为"天师道"，下面又分有灵宝派、正一派、净明派等，其道士可以在家修行，不戒荤腥，可婚娶生子；全真道兴盛于金元时代，是宋元新道派中最大也是最重要的一派，其代表人物为王重阳、丘处机。全真道讲求清修，其道士必须出家、素食，有南宗和北宗之分，支派也很多，如龙门派、遇仙派和南无派等。丘处机曾为成吉思汗讲道，颇受信赖，并被元朝统治者授予主管天下道教的权力。而同时，为应对全真道的迅速崛起，原龙虎山天师道、茅山上清派、阁皂山灵宝派合并为正一道，尊张天师为正一教主，从而正式形成了道教北有全真、南有正一两大派别的格局。明代时永乐帝自诩为真武大帝的化身，从而对祭祀真武的张三丰及其武当派大力扶持。此时道教依然在中国的各种宗教中占据着主导的地位。清代开始，满族统治者信奉藏传佛教，并压制主要为汉族人信仰的道教，道教从此走向了衰落。

道教戒律分成上品戒、中品戒、下品戒。根据节律的多少，有"三戒"、"五戒"、"八戒"、"十戒"、"老君二十七戒"等。

道教的宗教活动十分庞杂，主要分两大类，即道士的自身修行（称为道术）和道教仪式等。道术包括内丹、外丹、内观、守静、存思、辟谷、服食、房中等内容。外丹是指烧炼丹砂铅汞等矿物以及药物，制作能够使人长生不老的丹丸。现代科学认为这些丹药大多有毒，古人也有很多服食致死的例子。外丹也被认为是现代化学的先驱，道教的炼丹术对火药的发明有着重要的影响。内丹则是指通过行气、导引、呼吸吐纳，在身体里炼丹以达到长生不老的目的。道教的仪式统称为"斋醮科仪"，斋是清洁的意思，醮是指进行祭祀活动、祈祷，又称为"道场"。祭祀前需要沐浴更衣，不喝酒吃荤，进行斋戒。道教认为通过这些仪式可以去灾求福。占卜也是道术的一部分，包括卜卦、抽签、测字等。此外道教很有特色的是使用符、箓。符是用朱砂画在黄纸上的一些符号，道教认为可以用来治病，而箓则被认为可以驱使天神。另外，道教认为口念禁咒可以治病、驱使鬼神、赶走野兽。这些主要都是正一道的法术。道教中一些宗派还师徒相传一些武术和气功，例如武术中很出名的武当派，据说就是武当山上的许多道士传承的武术。道教的武术也和许多武术不同，讲究圆柔、后发制人，充分体现了道教的教理。其中像太极拳这样的简单武术套路，已经逐渐成为人们的日常健身活动。道教气功也是中国气功中的一大流派，全真道的修炼方法基本上就是气功，对气功的探索和发展贡献很大。道教的养生术还继承和发展了中国传统医学《黄帝内经》中经络学等方面的内容。许多道教徒研习医术，对于中医学的发展颇有贡献，如葛洪、陶弘景等人。一些中医理论亦源自道教。

道教节庆主要以与自己信仰关系重大的日子和所奉神灵、祖师之诞辰日为节日。重大节日将举行盛大斋醮，以示庆祝。三会日、三元日、五腊日等是较早的节日，各派共尊的最高神三清、最高天神玉皇及历史悠久的三官、社会影响很大的西王母、东岳大帝、文昌帝君、真武大帝等之"诞辰"日，是各派共奉的节日。各派所奉的祖师，如正一派的张（道）陵、三茅真君、许真君，全真道的吕洞宾、王重阳、丘处机等之诞辰日，则是分奉的节日。

①三会日：（以下均指农历）正月初七日、七月初七日和十月初五日，此三日为天、地、水三官分别考核（道民）功过的日子，也是早期正一道道民聚会的三个日子。

②三元日：又称三元节，即为三官的生日，正月十五日为上元节，即天官圣诞（也是元宵节，闹花灯的日子）；七月十五日为中元节，即地官圣诞（鬼节）；十月十五日为下元节，即水官圣诞。

③五腊日：正月一日为天腊，是"五帝校定生人神气、时限长短"之日；五月五日为地腊，是"五帝校定生人官爵、血肉衰盛"之日；七月七日为道德腊，是"五帝校定生人骨体枯盛"之日；十月一日为民岁腊，是"五帝校定生人禄科官爵"之日；十二月初八日为王侯腊，是"五帝校定生人处所、受禄分野"之日。此节日南北朝已时兴，至今亦为道教所奉行。特别是正月初一日的天腊之诞辰，仍为今日道教之重要节日，届时要按传统设醮祭天、祭先祖，以求福寿。

④"三清"圣诞：元始天尊诞辰是冬至日；灵宝天尊诞辰是夏至日；道德天尊诞辰是二月十五日。

⑤玉皇大帝诞辰：正月初九日（燕九节）。

⑥王母诞辰：七月十八日。

⑦东岳帝君诞辰：三月二十八日。

⑧九皇大帝诞辰：九月初九日（重阳节）。

⑨文昌帝君诞辰：二月三日。

⑩真武大帝诞辰：三月初三日。

图 4.40　道教标志物太极（鱼）　　　图 4.41　道教"三清"圣像

（2）道教建筑

道教建筑主要为宫观，是道教的活动场所。宫观在布局上采用院落式组群，一般由神殿、膳堂、宿舍、园林四部分组成，主体建筑分布在中轴线上。三清殿是宫观的主殿，宫观多建于名山胜境处，突出仙境，建筑依山随势，与周围秀美的自然风光融为一体，加上宫观内的书画、诗文、碑刻、壁画、联额等多种艺术品，既给人庄严肃穆之感，又能感受园林的清新幽雅，具有较高的宗教吸引力和艺术感染力。道教建筑具有的明显特点是多高居楼阁，道院规模一般较小；道观大殿与帝王宫殿一样雄伟壮观；常有由金属铸成的大殿（金殿）等。

道教历来有"十大洞天"（仙居之处）、"三十六小洞天"和"七十二福地"之说，相传这些小洞天福地都是通天之境，后人多在这些地方潜修炼养，兴建宫观，故道教宫观多建于山中。其大门称为"山门"，山门多为三个门洞（常称为"一天门"、"二天门"和"南天门"），寓示进山门就是由人间逐次进入天界。我国道教宫观相对集中的道教名山有一百多处，著名的就有十多个，诸如"五岳"、广东罗浮山、四川青城山、四川鹤鸣山、江西龙虎山、江西三清山、江西皂山、湖北武当山、湖北九宫山、江苏茅山、山东崂山、辽宁千山、陕西终南山、福建霍桐山、福建武夷山、安徽齐云山、浙江仙都山、云南巍宝山、河南王屋山、甘肃崆峒山等。其中武当山古建筑群最为著名，主要包括太和宫、南岩宫、紫霄宫、遇真宫 4 座宫殿，玉虚宫、五龙宫 2 座宫殿遗址，以及各类庵堂等共 200 余处。建筑面积达 5 万平方米，占地总面积达 100 万平方米，规模极其庞大。著名的道教建筑还有北京白云观、山西芮城永乐宫、沈阳太清宫、洛阳上清宫、苏州玄妙观三清殿、成都青羊宫、武汉长春宫、台北指南宫、昆明太和宫等。

道教宫观的园林建筑因地域和所处环境不同而不相同，总体上可分为两大类：一是以人造景观为主，例如北京白云观的小蓬莱，在人造的山林中建有亭、台、楼、阁及回廊。成都的青羊宫、二仙庵等均属这一类。二是以自然景观为主体，辅以人工造景，例如陕西楼观台，建于小山顶上，四周古木竹林，南望终南起伏绵延，台下建生活用房和大的殿宇及附属景点，太上老君殿等主要殿宇建在台上。四川青城山天师洞，建在崖壁洞穴中，周围空谷环抱，古树垂萝，清静幽深，山门、三清殿、黄帝殿建在中轴线上，庄严肃穆，十多个大小不等的天井和曲折的回廊随地形而高低错落，以亭、桥、牌坊点缀于自然山林之间。此外，陕西龙门洞、千山无量观、崂山太清宫等道观均属此类。道教宫观的园林建筑为道教徒提供了接近自然、返璞归真和静心修炼的环境，也成为信徒、游人参观游览的胜地。

（十）其他类型古建筑

在前述几类古建筑之外，其他古建筑包括可供人们观赏的各种建筑如楼阁、摩崖字画、古代广场等，既有美学价值、建筑价值，又有丰富的文化价值。

1. 古楼阁

楼阁是中国古代建筑中的多层建筑物，指二层或二层以上的建筑，包括酒楼、茶楼、戏楼、城楼、钟楼、鼓楼、观景楼等。早期楼与阁有所区别，楼指重屋，多狭而修曲，在建筑群中处于次要位置；阁指平面呈方形，下部架空、底层高悬的建筑，在建筑群中居主要位置。后来楼与阁互通，无严格区分，早期多为木结构。佛教传入中国后，大量修建的佛塔即为楼阁建筑。

中国四大古名楼是蓬莱阁、黄鹤楼、岳阳楼、滕王阁。黄鹤楼位于武汉市，现高51.4米，顶层中部冠以四方攒尖顶，飞檐出挑甚远，黄色琉璃瓦屋面。岳阳楼位于岳阳市，西临洞庭湖，始建于唐代，为三层三檐盔顶建筑，宋代滕子京重修岳阳楼，请著名文学家范仲淹撰写了《岳阳楼记》，由书法家苏舜钦书写，邵竦篆刻，人们称为"天下四绝"，并立"四绝碑"。滕王阁位于南昌市，为唐高祖李渊之子滕王李元婴所建，因王勃的《滕王阁序》而名扬天下。举世闻名的蓬莱阁位于山东蓬莱市丹崖山上，始建于公元1061年（北宋）。素有仙境之称的蓬莱，传说为神仙居住的地方，自古便是秦皇汉武求仙问药之处。广为流传的"八仙过海"传说，便源于八仙在蓬莱阁醉酒后，凭借各自的宝器，凌波踏浪、漂洋渡海而去的神话。整个蓬莱阁规模宏大，古建筑群占地面积1.89万平方千米，阁内文人墨宝、楹联石刻，不胜枚举，现已是国家重点文物保护单位。

图 4.42　黄鹤楼

图 4.43　滕王阁

图 4.44　蓬莱阁

图 4.45　岳阳楼

2. 摩崖字画及碑碣（林）

摩崖字画是在山崖石壁上镌刻的文字、绘制的图画。如汉碑中之《石门颂》，魏碑中郑道昭之云峰山题诗、题名等。碑碣是为记事颂德而筑的刻石。古人把方形的刻石叫"碑"，把圆首形或形在方园之间、上小下大的刻石叫"碣"。西安碑林为全国碑林之最。曲阜孔庙十三碑亭碑刻之多仅次于西安碑林，为我国第二大碑林，特别是这里保存的汉碑，在全国是数量最多的。此外江苏镇江焦山碑林为江南最大的碑林。

3. 名人故居与历史纪念建筑

名人故居与历史纪念建筑是指有历史影响的人物的住所或为历史著名事件而保留的建筑物。包括历代名人故居、名人活动遗址与相关的纪念性文物与建筑。

在我国各地，分布有历代名人的纪念祠庙，如山东曲阜的孔庙、浙江杭州的岳庙、山西的晋祠、湖南汨罗的屈子祠、陕西韩城的司马迁祠、四川成都的武侯祠、四川成都的草堂寺、广西柳州的柳侯祠、河南开封的包公祠、四川眉山的三苏祠，等等。

4. 古书院

书院是中国旧时地方上设立的供人读书或讲学的处所。书院起源于唐代，兴盛于宋代，从唐中叶到清末，经历了千年之久的办学历史，形成了一套独具特色的办学形式、教授方法、管理制度等教育模式，使源远流长的传统私学趋于成熟和完善。书院主要分为中央官办和民间设立两类。从宋朝开始，书院作为一种教育制度正式形成。我国古代四大书院是岳麓书院、白鹿洞书院、石鼓书院和嵩阳书院。也有学者以岳麓书院、白鹿洞书院、石鼓书院、应天书院为中国古代四大书院。

岳麓书院位于湖南长沙，是我国目前保存最完好的一座古代书院。建于公元976年（北宋），宋真宗赐"岳麓书院"题额，书院主体建筑左为文庙，右为百泉轩，讲堂正中悬清乾隆御书"道南正脉"匾，一度曾"书院称闻天下，鼓简登堂者不绝"。历宋、元、明、清四朝，到公元1903年改为湖南高等学堂，绵延927年，不愧为"千年学府"。1926年，复以书院旧址创办湖南大学，后被日军飞机两次轰炸，炸毁斋舍及御书楼。1945年后，柳士英等曾主持修复。1981—1986年大修后，已复旧观。1988年岳麓书院被列为全国重点文物保护单位。

白鹿洞书院为宋代四大书院之一，位于江西庐山五老峰后屏山下。号为白鹿洞，其实并没有洞，只因四周青山环抱，貌如洞状，因此而名。南唐开元年间，李善道、朱弼等人在此置田聚徒讲学，白鹿洞正式辟为书馆，称白鹿洞学馆，亦称"庐山国学"。公元940年，南唐政权在白鹿洞建立学馆，称"庐山国学"，又称"白鹿国学"。是一所与金陵（今南京）国子监相类似的高等学府。宋初扩建书院。南宋时白鹿洞书院达到了它的鼎盛时期，被誉为"海内书院第一"。自宋至清的700年间，白鹿洞书院一直是我国宋明理学的中心学府，书院殿阁巍峨，亭榭错落，师生云集，俨如学城。进入清代后，白鹿洞书院仍有多次维修、办学不断。公元1898年清帝下令变法，改书院为学堂。白鹿洞书院现已成为文化旅游的佳境。院内松柏青翠，花草争芳，环境幽静秀丽。馆内有古代青铜器和历代陶瓷、著名书法家和画家的字画卷轴，最珍贵的《五百罗汉图》、血书《华严经》和水晶佛珠，皆属国家一级文物珍品。

嵩阳书院位于河南省登封市，原名嵩阳寺，始建于公元484年，武则天封嵩山时曾以这里为行宫，至宋仁宗时，正式定名为嵩阳书院。它始于唐朝，盛于北宋，直到清朝末年兴学堂以后书院制才被废除。嵩阳书院是我国古代的高等学府之一。宋时程颢、司马光、范仲淹均在此讲学，书院主要文物有西汉的"将军柏"和唐朝的"大唐碑"。嵩阳书院在古代是由一个主体院落和周围多个单体建筑群组合而成的，其地域分布比较广阔，除今嵩阳书院中属于书院的建筑物外，还有位于嵩阳书院东北逍遥谷中的天光云影亭、观澜亭、川上亭；位于太室山的嵩阳书院别墅——君子亭和书院西北玉柱峰下的仁智亭等建筑。

石鼓书院位于湖南衡阳石鼓山，故名。始建于唐（公元810年），次年朝廷赐额"石鼓书院"，迄今已有1 199年的历史。以后各朝书院屡经扩建修葺，主要建筑有武侯祠、李忠节公祠、大观楼、七贤祠、敬业堂、合江亭。公元1902年改为中学堂，后改称南路师范学堂，民国时改为女子职业学校，抗日战争中毁于战火，今辟为公园，尚有明清碑刻留存，有明新版《石鼓书院志》三种。

应天书院位于河南商丘旧城。其前身是后晋时杨悫所办的私学，北宋政权开科取士，应天书院人才辈出，百余名学子在科举中及第的竟多达五六十人。公元1009年宋真宗将该书院正式赐额为"应天府书院"；公元1043年宋仁宗将其改名为"南京国子监"，使之成为北宋的最高学府之一，相当于现在的社会科学院。宋时著名的政治家、文学家范仲淹等一批名人名师在此任教，书院兴盛一时，后人还立有《范文正公讲院碑记》以兹纪念。

5. 会馆

会馆是旅居异地的同乡人共同设立的馆舍，主要以馆址的房屋供同乡、同业聚会或寄居。会馆始设于明代前期，迄今所知最早的会馆是建于永乐年间的北京芜湖会馆。嘉靖、万历时期趋于兴盛，清代中期最多。明清时期的会馆大体可分为三种：北京的大多数会馆，主要为同乡官僚、缙绅和科举之士居停聚会之处，故又称为"试馆"；北京的少数会馆和苏州、汉口、上海等工商业城市的大多数会馆，是以工商业者、行帮为主体的同乡会馆；四川的大多数会馆，是入清以后由陕西、湖广、江西、福建、广东等省迁来的客民建立的同乡移民会馆。

图 4.46　湖南会馆

（十一）现代重要建筑与设施

1. 建设工程与生产地

建设工程与生产地指经济开发工程和实体单位，如工厂、矿区、农田、牧场、林场、茶园、养殖场、加工企业及各类生产部门的生产区域和生产线。

（1）三峡工程

长江三峡水利枢纽工程简称三峡工程，是当今世界上最大的水利枢纽工程，位于湖北宜昌市的三斗坪，西陵峡中段。由大坝、水电站厂房和通航建筑物三大部分组成。大坝坝顶总长 3 035 米，坝高 185 米，总库容 393 亿立方米。共设 26 台水轮发电机组，总装机容量为 1 820 万千瓦，年平均发电量 847 亿千瓦时。后又在右岸大坝白石尖山体内建设地下电站，设 6 台 70 万千瓦的水轮发电机，三峡工程完工后，届时年发电量可达 1 000 亿千瓦时。

通航建筑物包括永久船闸和垂直升船机。永久船闸为双线五级连续船闸，可通过万吨级船队，年单向通过能力 5 000 万吨。升船机为单线一级垂直提升式，一次可通过一艘 3 000 吨级客货轮或 1 500 吨级船队。三峡工程主要用于防洪、发电和航运，同时在养殖、旅游、生态保护、净化环境、开发性移民、南水北调、供水灌溉等方面均有巨大效益。

三峡大坝旅游观光区主要有坛子岭、185 平台、截流纪念园、坝顶等处，是湖北省仅有的两个 5A 级国家旅游区之一，也是全国唯一的 5A 级工业旅游区。随着三峡库区蓄水，湖北和重庆两地原来藏在深山的大批新景观展现在世人面前，成为长江三峡旅游的新景观。随着三峡宽谷成平湖，在长达 650 千米的水库里，可形成峡谷及漂流河段 37 处、溶洞 15 个、湖泊 11 个、岛屿 14 个。未来的三峡风光更加迷人。

图 4.47　长江三峡水利枢纽工程

图 4.48　三峡五级船闸全景

（2）长江大桥

旧时长江上没有一座大桥，只能通过轮渡过江，交通十分不便。新中国成立后，于 1954 年在长江上建起了第一座桥梁——武汉长江大桥。改革开放后，特别是 1995 年以来，大量高投入、高技术、大跨径的长江大桥如雨后春笋一样纷纷修建起来。截至 2005 年，长江从上海至宜宾江段共有 73 座长江大桥和长江隧道（含在建）。它们依次分布在：上海（2 座）、江苏（11 座）、安徽（4 座）、江西（1 座）、湖北（20 座，含隧道）、重庆（29 座）、四川（6 座），其中已建成通车的特大型桥梁 41 座，在建的桥梁 18 座（含隧道），还有尚未正式开工的越江通道 14 座。它们既是我国长江上重要的交通建筑，也是可供观光游览的现代重要建筑与设施。

（3）杭州湾跨海大桥

杭州湾跨海大桥北起浙江嘉兴，南至宁波慈溪，全长36千米，于2008年通车，是世界上最长的跨海大桥，比连接巴林与沙特的法赫德国王大桥还长11千米，成为继美国后的世界第二长桥梁。此外我国著名的跨海大桥还有东海跨海大桥、澎湖跨海大桥、平潭跨海大桥和青岛跨海大桥，均为著名的桥梁景观。

图4.49　武汉长江大桥　　　　图4.50　杭州湾跨海大桥

2. 现代城市标志性景观建筑

（1）广场建筑

城市广场是指用来进行休憩、游乐、礼仪活动的城市内的开阔地，是城市道路枢纽，是人们进行政治、经济、文化等社会活动或交通活动的空间，通常是大量人流、车流集散和游客集聚的场所。在广场中或其周围一般布置着重要建筑物，往往能集中表现城市的艺术面貌和特点。如位于北京市中心的天安门广场，它南北长880米，东西宽500米，面积达44万平方米，可容纳100万人举行盛大集会，是当今世界上最大的城市广场。

（2）广播电视塔

电视塔常是现代城市标志性建筑之一。我国在建的广州新电视塔，整体高度达到610米，其中塔身主体454米，天线桅杆156米；共约37个楼层，在塔顶平台上将兴建跳楼机，比目前世界最高的拉斯维加斯游乐场内的300多米高跳楼机还高出约150米；是一座以观光旅游为主，具有广播电视信号发射、文化娱乐和城市窗口功能的大型城市基础设施，将取代加拿大的西恩塔成为世界第一高塔，也将成为广州的新地标，预计2010年6月试运行；高水准、高标准、高起点建设的观光塔与432米高的"双子塔"建筑"三足鼎立"，和广州歌剧院、广东省博物馆等广州新建筑遥相呼应；全部采用高强钢，总重不到5万吨，采用特一级的抗震设计，即使遇到百年一遇的大风和8级地震，也可保高塔安然无恙；将安装6部高速电梯，提升高度世界上最高，这些高速电梯可在1分半钟内直达顶层；为解决电梯升降对耳膜的影响，将安装气压调节装置，这是中国电梯首次安装该装置；新电视塔预测客流量为每天一万人，预计接待的人流量将超过东方明珠广播电视塔。

上海东方明珠广播电视塔位于上海黄浦江畔浦东新区内，与外滩的万国建筑博览

160

群隔江相望，于 1994 年建成，塔高 468 米，是亚洲第二、世界第四之高塔，仅次于广州新电视塔、加拿大多伦多电视塔和俄罗斯莫斯科奥斯坦金诺电视塔。东方明珠电视塔与纽约的自由女神、悉尼歌剧院、巴黎的埃菲尔铁塔一样，为当地的标志性建筑，与左侧的南浦大桥和右边的杨浦大桥一起，形成双龙戏珠之势，与后方新耸立而起的金茂大厦和环球金融中心交相辉映，展现了国际大都市的壮观景色。东方明珠塔集观光餐饮、购物娱乐、浦江游览、会务展览、历史陈列、旅行代理等服务功能于一身，成为上海旅游热点之一。目前东方明珠塔年观光人数和旅游收入在世界各高塔中仅次于法国的艾菲尔铁塔而位居第二（东方明珠塔原设计接待能力为每天 6 000 人，最多每天 2 万人），从而跻身世界著名旅游景点行列。

（3）现代重要场馆建筑

现代重要场馆建筑包括展示演示场馆、体育健身场馆、歌舞游乐场馆、聚会接待厅堂（室）、社会与商贸活动场所等。目前主要旅游目标有奥运场馆"鸟巢"、"水立方"；中国国家大剧院；海南博鳌亚洲论坛永久会址；世博会场馆；广交会场馆等。

①奥运场馆"鸟巢"及"水立方"

国家体育场位于北京奥林匹克公园中心区南部，为 2008 年第 29 届奥林匹克运动会的主体场馆。它各个结构元素之间相互支撑，汇聚成网格状——就如同一个由树枝编织成的鸟巢，简洁而古朴，被誉为"第四代体育馆"，入选了美国《时代》周刊评选的 2007 年世界十大建筑奇迹，见证了中国这个东方文明古国不断走向开放的历史进程。工程总占地面积 21 公顷，建筑面积 258 000 平方米。场内观众坐席约为 91 000 个，奥运会后这里会成为文化体育、健身购物、餐饮娱乐、旅游展览等综合性的大型场所，并成为具有地标性的体育建筑和奥运遗产。

"水立方"是世界上最大的膜结构工程，除了地面之外，外表都采用了膜结构材料，蓝色的表面柔软又充实。作为一个摹写水的建筑，水立方纷繁自由的结构形式，源自对规划体系巧妙而简单的变异，简洁纯净的体形谦虚地与宏伟的主场对话，不同气质的对比使各自的灵性得到趣味盎然的共生。椰树、沙滩、人造海浪等将奥林匹克的竞技场升华为世人心目中永远的水上乐园。

图 4.51　北京奥运场馆"鸟巢"夜景

图 4.52　北京奥运场馆"水立方"

②中国国家大剧院

国家大剧院位于北京市天安门广场西面，于 2007 年 9 月建成。由大剧院主体建筑及南北两侧的水下长廊、地下停车场、人工湖、绿地组成，总占地面积 11.89 万平方米，有 2 416 个坐席的歌剧院、2 017 个坐席的音乐厅、1 040 个坐席的戏剧院、公共大厅及配套用房。屋面主要采用钛金属板饰面，中部为渐开式玻璃幕墙。椭球壳体外环绕人工湖，各种通道和入口都设在水面下。整个建筑漂浮于人造水面之上，行人需从一条 80 米长的水下通道进入演出大厅。庞大的椭圆外形在长安街上显得像个"天外来客"，与周边环境的冲突让它显得十分抢眼。

图 4.53　中国国家大剧院

③海南博鳌亚洲论坛永久会址。

博鳌亚洲论坛永久会址坐落在美丽的东屿岛上，是诠释博鳌文化的所在地。会址景区里宏伟气派的现代建筑、智能化的会议设施、动静相宜的高尔夫球场、河海交融的旖旎风光、古老动人的美丽传说，演绎着人与自然的和谐。

景区的主要景点有：世界上保护最完好的河流入海口——万泉河入海口；海南首个可以近距离观赏的一流高尔夫球场；博鳌亚洲论坛各种珍贵纪念品和图片，诠释博鳌文化和介绍博鳌亚洲论坛历史及发展情况的展览馆；海南绝无仅有、中国屈指可数的神奇去处——龙颈穴；博鳌亚洲论坛国际会议中心。会议中心总面积 37 000 平方米，共分三层，主会场位于第 2 层，会场的主色调采用黄色，给人以规模宏大、金碧辉煌的印象。

图 4.54　海南博鳌亚洲论坛永久会址

④世博会场馆

世界博览会，是一项由主办国政府组织或政府委托有关部门举办的有较大影响和悠久历史的国际性博览活动。它已经历了百余年的历史，最初以美术品和传统工艺品的展示为主，后来逐渐变为荟萃科学技术与产业技术的展览会。会场不单展示技术和商品，而且伴以异彩纷呈的表演，富有魅力的壮观景色，设置成日常生活中无法体验的、充满节日气氛的空间，成为一般市民娱乐和消费的理想场所，如我国的昆明世博园和即将举办的2010年上海世博会。

⑤广交会场馆

广州出口商品交易会场馆包括流花路展馆和琶洲展馆两个场馆。流花路展馆位于广州最繁华的黄金地段，建于1974年，总面积达17万平方米，因每年举办春、秋两届中国出口商品交易会而举世闻名，是广州乃至华南地区举办展览数量最多、展览规模最大、展览层次最高的展览馆，其规模、知名度和吸引力在全国名列前茅。琶洲展馆是目前亚洲规模最大、设施最先进、档次最高，能满足大型国际级商品交易会、大型贸易展览等需要的多功能、综合性、高标准的国际展览中心。单个展厅面积均在1万平方米左右，展厅各有开阔的门面，可同时举办多个展览，互不干扰。展厅无柱空间大，利用率高。自2004年4月起，中国出口商品交易会全面启用琶洲展馆，同时在琶洲展馆和流花路展馆分两期举办。

3. 现代科技重要建筑

我国卫星发射四大中心是酒泉卫星发射中心（甘肃）、西昌卫星发射中心（四川）、太原卫星发射中心（山西）、文昌卫星发射中心（海南，在建），其中尤以西昌卫星发射中心的旅游观光游览活动开展得最好。

（1）西昌卫星发射中心

西昌卫星发射中心又称"西昌卫星城"，位于四川凉山州冕宁县境内，始建于1970年。它主要承担地球同步轨道卫星的发射任务，是中国对外开放的规模最大、设备技术最先进、承揽外星发射任务最多、具备发射多型号卫星能力的新型航天器发射场。它是中国目前的三大卫星发射中心中功能比较齐全、设备比较完善的。西昌是川西南的旅游胜地，以纬度低、海拔高、云雾少，无污染，空气透明度高，自然风光、民族风情和现代化的航天旅游观光著称。其中的邛海—螺髻山更被列为四川十大自然风景名胜。西昌卫星发射中心已成为旅游热线上一颗光彩夺目的明珠，来自国内外的游客纷纷在这里参观卫星发射过程。

（2）太原卫星发射中心

太原卫星发射中心位于山西省太原市岢岚县，始建于1967年，是中国试验卫星、应用卫星和运载火箭发射试验基地之一。它担负太阳同步轨道气象、资源、通信等多种型号的中、低轨道卫星和运载火箭的发射任务。中心先后成功地发射了我国第一颗太阳同步轨道气象卫星"风云一号"等，创造了我国卫星发射史上的9个第一。这里地处温带，全年平均气温5℃，海拔1 500米左右，长冬无夏，春秋相连，无霜期只有90天。

（3）酒泉卫星发射中心

酒泉卫星发射中心又称"东风航天城"，位于荒无人烟的甘肃酒泉北部巴丹吉林沙漠深处的绿洲上，始建于1958年，是中国创建最早、规模最大的综合型导弹、卫星发射中心，也是中国目前唯一的载人航天发射场。该地区属内陆及沙漠性气候，地势平坦，人烟稀少，全年少雨，白天时间长，每年约有300天可进行发射试验。

酒泉卫星发射中心曾成功进行了中国第一次导弹核武器试验，也创造了中国航天发射史上的多个第一，先后发射卫星37颗。自1999年始，"神舟"号系列飞船相继从这里成功发射，拉开了中国载人航天工程的幕布。在世界的23个发射场中，酒泉卫星发射中心与前苏联拜科努尔发射场、美国的肯尼迪航天中心齐名，能够发射载人航天器。

（4）文昌卫星发射中心

文昌卫星发射中心位于中国海南省文昌市附近，以前是一个发射亚轨道火箭（如弹道导弹）的测试基地，现在正在扩建，将成为中国的第四个卫星发射中心。由于此地纬度较低，距离赤道只有19度，地球自转造成的离心力可以让火箭负载更多的物品，可满足新一代无毒、无污染运载火箭和新型航天器发射任务的需要。据称在海南发射地球同步卫星，与在西昌发射相比，火箭的运载能力可提高10%～15%，卫星寿命可延长2年以上。同时发射基地选在海南，火箭可以通过水上运输，火箭的大小不受铁轨的限制。

## 三、旅游商品

旅游商品是旅游产品中，用于交换的一部分。广义旅游商品是指旅游者在其全部旅行游览过程中，有关吃、住、行、游、购、娱六个方面所消费的产品之总称。而狭义旅游商品通常的意思是指旅游者购物部分。旅游商品不仅仅是为招徕和方便游客，更是旅游业、工商业扩大经济收益的有力支柱。因为一般旅游者消费构成中的其他费用比较稳定，但购物费用相差悬殊。旅游商品能够使海外旅游者领略到更多的中国旅游资源的文化情趣。有些传统工艺品比较缺乏的城市，则注重发掘本地旅游的特色，制作别具一格的旅游纪念品来招徕游客，让人们徜徉在"工艺一条街"，既是游览，也是购物。现在全国许多地方都有供海外游客购物的"旅游工艺一条街"，丰富了旅游者的生活内容。旅游商品是一个国家的文化艺术、工艺技巧和物质资源相结合的产物。旅游者购得旅游商品后，经过鉴定、品评，就能加深对一个国家或一个地区的文化传统、艺术情趣、民族风格和风俗习惯的了解。许多国外旅游者把中国的旅游商品视为中华民族的象征，或进行收藏，或馈赠亲友，从而扩大了我国的影响。旅游商品也是具有地方特色的各种各样的产品，包括菜品饮食、农林畜产品与制品、水产品与制品、中草药材及制品、传统手工产品与工艺品、日用工业品和其他物品。

（一）菜品

我国菜系根据地域差别、烹饪过程和菜肴的特点，传统上分为鲁菜、江浙菜、川菜和粤菜四大菜系（也有分为山东菜、四川菜、淮扬菜、广东菜的）。后来也有按省划分为八大菜系（鲁、川、苏、粤、闽、浙、湘、徽）的，或按文化流派划分为更多菜系的。此外，还有佛家素菜、道家药膳、伊斯兰的清真菜等。

1. 鲁菜

即山东菜系，由齐鲁、胶辽、孔府三种风味组成，是最大宫廷菜系，以孔府风味为龙头。孔府风味以曲阜菜为代表，流行于山东西南部和河南地区，和江苏菜系的徐州风味较近。齐鲁风味以济南菜为代表，在山东北部、天津、河北盛行。胶辽风味亦称胶东风味，以青岛菜为代表，流行于胶东、辽东等地。鲁菜又称"北方菜"，主要是利用黄河下游和胶东沿海的丰富物产，精细选料，进行爆、炒、炸、熘、扒等，特点是注重原汁原味，吊浓汤。其中以海味菜著称，有清汤燕窝、炸蛎黄、红烧海螺、扒鲍鱼、干蒸加吉鱼等。鲁菜入京后，经过加工、优选、创新，形成了谭家菜和孔府菜两大流派。

2. 江浙菜

即江苏、浙江菜系。江浙菜系可分为淮扬风味、南京风味、苏南风味、浙江风味和徽州风味，以淮扬和苏南风味为代表。淮扬风味以扬州、淮安为代表，亦称淮扬菜，和山东菜系的孔府风味并称为"国菜"。淮扬菜选料注意鲜活鲜嫩；制作精细，注意刀工；调味清淡，强调本味，重视调汤，风味清鲜；色彩鲜艳，清爽悦目；造型美观，别致新颖，生动逼真。著名菜肴有：叫化鸡、糖醋鳜鱼、芙蓉鸡片、盐水鸭、清炖蟹粉狮子头、清蒸鲥鱼等。苏南风味以苏州菜为代表，主要流行于苏锡常和上海地区，和浙菜及安徽菜系中的皖南、沿江风味相近。有专家认为苏南风味应当属于浙菜。苏南风味与浙菜的最大区别是苏南风味偏甜。苏南风味中的上海菜受到浙菜的影响比较大，现在有成为新菜系——沪菜的趋势。苏南风味擅长炖、焖、煨、焐，注重保持原汁原味，花色精细，时令时鲜，甜咸适中，酥烂可口，清新腴美。近年来又烹制"无锡乾隆江南宴"、"无锡西施宴"、"苏州菜肴宴"和太湖船菜。苏州在民间拥有"天下第一食府"的美誉。苏南名菜有香菇炖鸡、咕咾肉、松鼠鳜鱼、糖醋排骨、太湖银鱼、阳澄湖大闸蟹。松鹤楼、得月楼是苏州的代表性名食府。

3. 川菜

即四川菜系。四川菜系各地风味比较统一，主要流行于西南地区和湖北地区，中国大部分地区都有川菜馆。川菜是中国最有特色的菜系，也是民间最大菜系。四川是"天府之国"，水产、畜产、林产丰富，川菜以制作禽类擅长。川菜风味包括重庆、成都和乐山、内江、自贡等地方菜的特色，主要特点在于味型多样，百菜百味，辣、酸、麻的风格则为其他菜系所少有。据说川菜在烹调方法上有38种之多。在口味上特别讲究色、香、味、形，兼有南北之长，以味的多、广、厚著称。历来有"七味"、"八滋"之说。名菜有鱼香肉丝、宫保鸡丁、怪味鸡丝、灯影牛肉、樟茶鸭子、麻婆豆腐、回锅肉等。

4. 粤菜

即广东菜系，由广府、客家、潮汕三种风味组成。中国大部分地区都有粤菜馆，在国内、海外影响极大。世界各地的中菜馆，多数以粤菜为主。粤菜是国内民间第二大菜系，地位仅次于川菜，在国外是中国的代表菜系。广府风味以广州菜为代表，主要流行于广东中西部、香港、澳门、广西东部。客家风味又称"东江风味"，以惠州菜为代表，流行于广东、江西和福建的客家地区。潮汕风味以潮州菜为代表，主要流行于潮汕地区，和福建菜系中的闽南风味较接近。

粤菜又称"岭南菜"，兼有沿海的海鲜，三角洲、河谷平原的禽畜和河鲜，又有山地的山珍。古时战乱使北方人多次南移，带来了京都风味、姑苏名菜、扬州炒菜等，现代又博采西餐之长，向高精方向发展。岭南历史上是"南蛮"之地，粤菜保持生猛特点，取料广泛，鸟、兽、虫、蛇等都是席上珍品。菜味讲究鲜、嫩、爽、滑。粤菜中的名菜有烤乳猪、龙虎凤（蛇、猫、鸡）、狗肉煲、炖乳鸽、盐焗鸡等。特别是近年来海鲜活养，使"生猛"风格得到新生。

**（二）饮食**

饮食是旅游者六大消费要素中首要的和基本的要素，也是旅游地的重要旅游资源，品尝名酒、名茶，参加宴席是重要的旅游项目。在中国古老的历史和文化中，饮食文化是重要内容之一。中国素有"烹饪王国"、"美酒之乡"和"世界茶叶王国"之称。

**1. 茶**

茶被发现和利用，在我国已有 4 000 多年历史。到西汉，茶已成为大众性饮料。唐代陆羽著有世界第一部茶叶专著《茶经》，人们奉他为茶神。我国茶原产地为云贵高原，随着经济和文化发展，茶叶种植扩展到全国，随着汉代以来对外交往不断，又先后传到南亚和欧洲。我国茶叶品种极为丰富，最先出现绿茶，宋朝开始有花茶和白茶，清代出现了红茶和乌龙茶。此外，还有紧压茶，即将茶加工成茶块，有的像砖，有的像饼，有的如覆碗，还有"龙团"、"凤饼"的美名。根据产茶地点不同、制法不同、风味不同，加上当地历史掌故，形成了各自特点，涌现出众多名茶。

（1）绿茶：有西湖龙井茶、太湖碧螺春茶、雅安蒙顶茶、庐山和天台山的云雾茶、太平猴魁茶、君山银针茶、顾渚紫笋茶、信阳和都毛尖茶、黄山和雁荡山的毛峰茶、六安瓜片茶、平水珠茶、涌溪火青茶、敬亭绿雪茶、峨眉峨蕊茶、恩施玉露茶、婺源茗眉茶、莫干黄芽茶、普陀佛茶、五盖山米茶。其中的龙井茶，因产地雨量多、云雾多、土质多微量元素，茶叶以"色翠、香郁、味醇、形美"著称于世，饮时有茉莉初展的清香，有新鲜橄榄的回味。

（2）红茶：以祁红茶与滇红茶著名，我国红茶畅销英国等多个国家。

（3）乌龙茶：既有红茶的浓香，又有绿茶的清新。主要品种有武夷岩茶、安溪铁观音茶、凤凰单丛茶、台湾乌龙茶。

（4）白茶：色白如银，茶汤颜色素雅、浅淡，主要有白毫银针茶、白牡丹茶。

（5）花茶：以扬州茉莉烘青、杭州茉莉烘青、苏州茉莉烘青著名。

（6）紧压茶：以普洱茶和六堡茶著名。

饮茶讲茶道。白族迎接客人先敬三道茶：第一道为"苦茶"，寓意万事开头难；第二道为"甜茶"，寓意苦尽甜来；第三道为"回味茶"，寓意人到老年，回顾一生经历，必然诸般滋味俱上心头。云南少数民族普遍饮用盐巴茶，当地流传着一首歌谣："早茶一盅，一天威风；午茶一盅，劳动轻松；晚茶一盅，提神去痛；一日三盅，雷打不动。"

**2. 酒**

酿酒在我国已有 5 000 年的历史，在龙山文化层中发现了盛酒、饮酒的陶器。传说夏禹时的仪狄和周朝的杜康是酿酒的名师。历代文人、名人饮酒的故事举不胜举。我国是酒的故乡，美酒之多在世界上首屈一指。主要酒类有：

（1）黄酒：一种具有我国民族特色的低度酒，利用糯米作原料酿制而成，色泽黄亮，浓香，醇厚，含有丰富氨基酸、有机酸、酯类和维生素，其营养之高，居各酒类之首。著名的有浙江绍兴老酒、福建龙岩沉缸酒、山东即墨老酒和兰陵美酒、江苏丹阳和江西九江封缸酒。其中，浙江绍兴的"女儿红"酒是黄酒中的珍品。

（2）白酒：酒液透明，清澈，芳香浓郁，刺激性强烈。根据制作原料、工艺的差异，产生不同香型。一般可分为酱香型、清香型、浓香型和米香型。

①酱香型：以茅台酒为代表，在我国优质白酒中首屈一指。它利用赤水河山泉，采用特殊蒸煮、发酵、蒸馏工艺酿制而成。酒味醇厚，芳香，回味悠长。

②清香型：以山西汾酒和陕西的西凤酒为代表。其中汾酒产于杏花村，有1 500年的历史，其酒清亮透明，绵软，微甜，饮后留香。

③浓香型：以四川泸州特曲、五粮液和江苏洋河大曲为代表。其酒醇厚，浓香，味甜，回味悠长。

④米香型：以广西三花酒和河南杜康酒为代表，用优质大米制造，除具有白酒共有的特点外，还有浓厚的米香味。

（3）果酒：我国汉代就有关于葡萄酒的记载，距今有2 000多年历史。著名的有烟台张裕葡萄酒、吉林通化葡萄酒、青岛白葡萄酒、北京红葡萄酒。

（4）配制酒：以白酒、黄酒和葡萄酒为酒基，配以各种草药、糖料、香料、香精，具有健身、滋补、治病作用。著名的有黑龙江的雪蛤大补酒和鹿尾酒、山东三鞭酒、吉林人参酒、广东三蛇酒、广西蛤蚧酒、贵州杜仲酒等。

（5）啤酒：我国最年轻的酒种，近代才从欧洲传入。1900年哈尔滨出现了俄国人办的第一个啤酒厂，1903年德、英联办青岛啤酒公司，1915年中国人在北京自己办了啤酒厂，现改名"五星啤酒厂"。如今啤酒厂遍及全国，主要品种有青岛啤酒、沈阳雪花啤酒、北京五星啤酒、上海啤酒、杭州西湖啤酒等。

（三）农林畜产品与制品

作为旅游商品的农林畜产品与制品是具有跨地区声望的当地生产的农林畜产品与制品，包括各种蔬菜、泡菜、水果、木材、家具、乳、肉、蛋和皮毛等。

（四）水产品与制品

作为旅游商品的水产品与制品是具有跨地区声望的当地生产的水产品与制品。包括海洋、江河和池塘里出产的能食用的各种鱼类及其腌制品，海带、海白菜等水生植物及其制品，海螺和贝壳制纪念商品等。

（五）中草药材及制品

中药是中医所使用的独特药物，已有数千年的历史，也是中医区别于其他医学的重要标志。中国是中草药的发源地，中药主要由植物药（根、茎、叶、果）、动物药（内脏、皮、骨、器官等）和矿物药组成。因植物药占中药的大多数，所以中药也称中草药。目前我国大约有12 000种药用植物，各地使用的中药已达5 000种左右。中草药中有许多名药，植物药以人参、灵芝、何首乌、枸杞最为著名。动物药以牛黄、熊胆、蛇毒、鹿茸等最为珍贵。矿物药以朱砂、芒硝等最为常用。

（六）传统手工产品与工艺品

我国的传统手工产品和工艺美术品历史悠久，技艺精湛，不仅是我国大宗的出口产品，也是旅游者向往的佳品。作为旅游商品的主要有瓷器及雕塑工艺品，包括牙雕、玉雕、石雕、竹木雕、泥塑、蜡塑、面塑等；金属工艺品，包括金银铜摆件、景泰蓝、工艺刀剑等；饰品，包括金银首饰、项链等；漆器工艺品，包括雕漆、金漆、脱胎漆等；刺绣工艺品，包括手绣、机绣、绒绣、珠绣等；抽纱染织品，包括抽纱、蜡染、扎染、绣衣等；地毯，包括牛羊毛手工毯、丝毯、天鹅绒毯等；天然植物纤维编织品，包括竹、藤、棕、草、柳、麻编等；民间工艺品，包括风筝、剪纸、皮影等；绘画工艺品，包括国画、书法、油画等；以及工艺伞扇、剧装道具、各种玩具等。

1. 中国"四大名绣"

我国的丝绸享誉全球，刺绣充分体现了我国的优秀艺术传统和中华民族的聪明才智，令旅游者叹为观止。中国的传统刺绣工艺品当中，以"四大名绣"（湘绣、蜀绣、粤绣和苏绣）最著名。

湘绣向来以历史悠久、工艺精湛、风格独特、品类繁多而闻名海内外。迄今为止发现的最早的湘绣制品，是长沙马王堆一号汉墓出土的一件丝织品，它所使用的针法与现代湘绣所差无几，说明早在两千多年前的汉代，湘绣工艺就已经产生了。

蜀绣也称"川绣"，它是以四川成都为中心的刺绣产品的总称。蜀绣的生产具有悠久的历史，早在汉代蜀绣就已誉满天下，汉朝政府还在成都专门设置了"锦官"进行管理。蜀绣作品的选材丰富，有花草树木、飞禽走兽、山水虫鱼、人物肖像等。针法包括 12 大类共 122 种。绣品的种类繁多，包括被面、枕套、衣、鞋和画屏等，既有巨幅条屏，又有袖珍小件，是观赏性与实用性兼备的精美艺术品。

粤绣也称"广绣"。据史料记载，公元 805 年（唐代）时，粤绣就已名扬天下。1915 年后，粤绣作品在巴拿马国际博览会等国际赛会上多次获得大奖。绣品主要取材于龙凤、花鸟等，图案构图饱满、均整对称，色彩对比强烈，富丽堂皇。在针法上具有"针步均匀、纹理分明、处处见针、针针整齐"的特点。在种类上粤绣可分为绒绣、线绣、金银线绣三类，品种包括戏服、厅堂装饰、联帐、采眉、挂屏和各种日用绣品等。

苏绣是以江苏苏州为中心的刺绣产品的总称。苏州刺绣至今已有 2 000 余年的历史，早在三国时期就有了关于苏绣制作的记载。苏绣具有图案秀丽、构思巧妙、绣工细致、针法活泼、色彩清雅的独特风格，地方特色浓郁。苏绣作品主要可分为零剪、戏衣、挂屏三大类，装饰性与实用性兼备。其中以"双面绣"作品最为精美。

2. 中国陶、瓷器及中国"四大名瓷"

中国是首先发明和使用陶瓷的国家。早在 8 000 年前的新石器时代，中国的先民就已经会制造和使用陶器。在距今 4 200 年前的商代，已创造出了原始青瓷。到东汉晚期，终于烧成了成熟的青瓷，瓷片质地细腻，釉面有光泽，胎釉结合紧密牢固，已符合真正的瓷器标准了。当时南方青瓷的生产（如浙江越窑、湘阴窑、丰城窑和婺州窑等）一直处于领先地位。北方瓷器的出现要晚于南方数百年，大致是从北魏晚期到隋（公元581—618年）统一前的近百年中发展起来的，掌握了青瓷生产方法之后，北方艺匠便迅速改进生产技术，提高工艺水平，并结合北方的人文特点，导致了白瓷的出现，至唐代已形成"南青北白"的格局。唐代南方的青瓷、北方的白瓷、三彩瓷（即著名的"唐三彩"）以及湖南长沙窑的复彩瓷均有较大的发展。宋代出现了"定、汝、官、哥、均"五大名窑并称于世的现象。元朝在江西景德镇设立了"浮梁瓷局"，为其在明清两代成为全国制瓷业中心和饮誉世界的"瓷都"打下了坚实的基础。元代时景德镇在制瓷工艺上有了新的突破，最为突出的则是青花瓷和釉里红的烧制。明清两代是中国瓷器生产最鼎盛的时期，瓷器生产的数量和质量都达到了高峰。景德镇作为"瓷都"地位的确立，使景德镇窑统治明清两代瓷坛长达数百年。当时，各种颜色釉瓷和彩绘瓷是景德镇制瓷水平的突出代表。

汉代中国被誉为"丝国"，进入中世纪后，伴随着中国瓷器的外销，中国又开始以"瓷国"享誉于世。从8世纪末开始，中国陶瓷器向外输出，中国制瓷技术最早传播到朝鲜和日本，11世纪时又传到波斯，再从波斯传到阿拉伯，15世纪传到意大利及欧洲其他各国，14～15世纪中亚、欧洲所造瓷器中普遍具有中国风格。我国的陶瓷业至今仍兴盛不衰，质高形美，其中比较著名的陶瓷产区有江西景德镇、湖南醴陵、广东石湾和枫溪、江苏宜兴、河北唐山和邯郸、山东淄博等。

（1）中国（景德镇）"四大名瓷"

江西景德镇所产的瓷器，大多系生活用瓷和陈设用瓷，素有"白如玉，明如镜，薄如纸，声如磬"之称，品种齐全，其中青花瓷、玲珑瓷、粉彩瓷和颜色釉是景德镇的"四大名瓷"（也有以青花瓷、玲珑瓷、粉彩瓷和薄胎瓷为"四大名瓷"的）。

青花瓷是一种白地蓝花的瓷器，以元代江西景德镇窑制品为代表。青花瓷的出现，在陶瓷史上具有划时代的意义。这种瓷的釉质透明如水，胎体质薄轻巧，在洁白的瓷体上敷以蓝色纹饰，素雅、清新，充满生命力。

青花玲珑瓷是在明宣德年间镂空工艺的基础上创造和发展起来的，已有500多年的历史。在细薄的坯胎上，雕成米粒状的通花洞，然后施釉多次，填平通花洞，再入窑烧制而成，故又称"米通"。其造型端庄优美，装饰新颖别致，料色青翠欲滴，晶莹剔透，釉中有釉，花中有花，互相衬托，相映生辉，是景德镇的"瓷中瑰宝"，欧洲人称它为"玻璃的瓷器"，具有浓郁的东方艺术特色，给人一种清新明快的艺术享受。

粉彩亦称"软彩"，是瓷器的釉上装饰。自清康熙晚期开始，到雍正、乾隆年代臻于完善。粉彩瓷的画法既有严整工细、刻画微妙的工笔画，又有淋漓挥洒、简洁洗练的写意画，还有夸张变形的装饰画风，甚至把版画、水彩画、油画以及水彩画等姊妹艺术都加以融合运用，精微处，丝毫不爽；豪放处，生动活泼。

颜色釉瓷有许多种类别，通体一色者称"单色釉"，多色相间者称"花釉"，烧成温度在1 200℃以上的称为"高温颜色釉"，1 000℃以下的称为低温颜色釉。颜色釉大多以自然界中的景物、动植物命名。明、清两代的颜色釉瓷色彩就十分丰富，再经新中国成立后60年的发展，更是无色不备，除恢复传统色釉56种外，又创新各种色釉

60 多种。"祭红"是颜色釉瓷中的珍品,有"人造宝石"之誉。

（2）宜兴紫砂陶

江苏宜兴紫砂陶制作技艺举世无双,它是以特产于宜兴的一种具有特殊团粒结构和双重气孔结构的紫砂泥料制成的陶制品。宜兴紫砂陶品类众多,其中的茶具为代表之作。宜兴紫砂壶,不仅有极高的艺术价值,而且有无可比拟的独特优点,因表里不施釉,具有良好的透气性能,所烹之茗,醇芳隽永,泡茶不走味,贮茶不变色,越宿不易馊;泡茶沏以开水时,冬不易冷,夏不炙手;赏用日久,越加细润、光洁、古雅,有"世间茶具称为首"的赞誉。宜兴紫砂已越出国境,饮誉世界,在世界博览会上多次获金、银质奖,而今宜兴紫砂艺界更是人才济济,名家迭出,成绩卓著。

## 四、人文活动

### （一）人事记录

人事记录旅游资源包括人物和事件。人物是指我国历史和现代名人,即在科学、文化、艺术、经济、社会、政治、军事等方面有贡献、有影响的人物。历史人物有帝王如周武王、齐桓公、秦始皇、刘邦、汉武帝、唐太宗、康熙、乾隆等;政治家如姜尚、管仲、张良、诸葛亮等;学问家如老子、孔子、墨子等;文人如屈原、李白、杜甫等;民间英雄人物如项羽、岳飞等;宗教人士如玄奘、慧能、丘处机、张三丰等;科学家如张衡、华佗、祖冲之、张仲景、李时珍、徐霞客等。

事件指发生过的历史和现代事件,是某个时间发生的一系列重大事情的总称。事件的种类繁多,如政治事件、私人事件和能吸引游客关注或参与的诸多重大事情等。

### （二）艺术

1. 文艺团体及文学艺术作品

文艺团体是指表演戏剧、歌舞、曲艺杂技和地方杂艺的团体。除专业剧团外,民间文艺团体也逐渐成为群众文化活动的重要力量。

文学艺术作品是对社会生活进行形象的概括而创作的作品,是由特定人创作,以某种方式反映文学艺术特征。中国丰富的文学艺术作品是很有后劲的旅游资源,如戏曲、舞蹈、绘画、书法等,不但绚丽多姿,而且各具独特的魅力。很多外国游客来到中国,都想亲身领略一下中国文化艺术的真谛,这乃是我国人文旅游资源中的一个强项。我国文学艺术作品源远流长,内容丰富,种类甚多,有诗、词、曲、散文、赋、楹联、碑帖铭文、神话传说、历史故事等。古往今来,名篇佳作,浩如烟海,千古流传,璀璨生辉。

2. 书画雕塑艺术

（1）书法与绘画

书法是汉字的书写艺术。根据字体,汉字可分为楷书、隶书、行书、草书、篆书等种类。书法旅游资源在旅游地通常有两种表现形式:一是楹联,二是题刻。

绘画以流畅的线条、精美的构图和绚丽的色彩给人以直观的美感,所表现的格调、意境及思想能深深地打动观赏者的心灵。绘画作为旅游资源,主要有两种形式:一是壁画，二是收藏在各种各类博物馆的名人名家的绘画作品。

（2）雕塑

雕塑是造型艺术的一种，又称雕刻，是雕、刻、塑三种创作方法的总称，指用各种可塑材料或可雕、可刻的硬质材料，创造出具有一定空间的可视、可触的艺术形象，借以反映社会生活、表达艺术家的审美感受、审美情感、审美理想的艺术。雕塑按其功能，大致可分为纪念性雕塑、主题性雕塑、装饰性雕塑、功能性雕塑以及陈列性雕塑五种。

所谓纪念性雕塑，是以历史上或现实生活中的人或事件为主题，也可以是某种共同观念的永久纪念，用于纪念重要的人物和重大历史事件。一般这类雕塑多在户外，也有在户内的，如毛主席纪念堂的主席像。户外的这类雕塑一般与碑体相配置，或雕塑本身就具有碑体意识。如1990年建成的《红军长征纪念碑》，堪称我国目前规模最大的雕塑艺术综合体。

主题性雕塑，顾名思义，它是某个特定地点、环境、建筑的主题说明，它必须与这些环境有机地结合起来，并点明主题，甚至升华主题，使观众明显地感受到这一环境的特性。它可具有纪念、教育、美化、说明等意义。主题性雕塑可揭示城市建筑和建筑环境的主题。如在敦煌县城有一座标志性雕塑《反弹琵琶》，取材于敦煌壁画反弹琵琶伎乐飞天像，展示了古时"丝绸之路"特有的风采和神韵，也显示了该城市拥有世界闻名的莫高窟名胜的特色。这一类雕塑紧扣城市的环境和历史，可以看到一座城市的历史、精神、个性和追求。

装饰性雕塑是城市雕塑中数量比较大的一个类型，这一类雕塑比较轻松、欢快，带给人美的享受，也被称之为雕塑小品。其主要目的是美化生活空间，它可以小到一个生活用具，大到街头雕塑。所表现的内容极广，表现形式也多姿多彩。它创造一种舒适而美丽的环境，可净化人们的心灵，陶冶人们的情操，培养人们对美好事物的追求。我们平时所说的园林小品大多都是这类雕塑。

功能性雕塑是一种实用雕塑，是将艺术与使用功能相结合的一种艺术，这类雕塑从私人空间如台灯座到公共空间如游乐场等无所不在。它在美化环境的同时，也丰富了我们的环境，启迪了我们的思维，让我们在生活的细节中真真切切地感受到美。功能性雕塑其首要目的是实用，比如公园的垃圾箱、大型的儿童游乐器具等。

陈列性雕塑又称架上雕塑，由此可见尺寸一般不大。它也有室内、室外之分，但它是以雕塑为主体，充分表现作者自己的想法和感受、风格和个性，甚至是某种新理论、新想法的试验品。它的形式和手法更是让人眼花缭乱，内容题材更为广泛，材质应用也更为现代化。

3. 乐舞戏曲

（1）音乐及舞蹈

音乐是一门古老的艺术。世界上音乐种类繁多，各具风格，主要类别有古典音乐、乡村音乐、摇滚乐、电子音乐等。我国有文字记载的音乐历史始于周朝。我国古代著名的十大乐曲为：《高山流水》、《广陵散》、《胡笳十八拍》、《梅花三弄》、《阳关三叠》、《渔樵问答》、《平沙落雁》、《汉宫秋月》、《十面埋伏》和《春江花月夜》。

《高山流水》，是一首对祖国壮丽河山的颂歌。《广陵散》共 43 段，结构庞大，气势磅礴，是我国篇幅最长的古琴曲之一，原来是东汉末年广陵地区的民间乐曲。《胡笳十八拍》为古琴曲，乐曲共有 18 段，每段为 1 拍，相传为汉末著名女文学家、音乐家蔡琰所作，她在汉末时被掳入匈奴，12 年后被曹操赎回。《梅花三弄》是古琴曲，因为曲调重复了三次，所以叫"三弄"。乐曲华丽清新，流畅活泼，赞美了梅花纯洁高雅的品质。《阳关三叠》也是古琴曲歌词中有"西出阳关无故人"句，又重复了三次，所以称"阳关三叠"。《渔樵问答》是古筝曲，乐曲生动地表现了渔夫、樵夫在青山绿水间自得其乐的情趣。《平沙落雁》是古琴曲或琵琶曲，通过乐曲中时隐时现的雁鸣，十分生动地描写了雁群降落前在空中盘旋的景象。《汉宫秋月》是琵琶曲，乐谱最早见于宋代琴谱，旋律婉转凄凉，表现了古代宫廷中妇女的不幸遭遇和悲怨情绪。《十面埋伏》是琵琶大曲，描写了公元前 202 年，刘邦手下大将韩信用十面埋伏之计，将楚军围困并歼灭的楚汉战争，全曲共分 13 段。《春江花月夜》系琵琶曲和民族器乐合奏曲，原名《文阳箫鼓》，是一首立意鲜明的标题音乐，抒发了人们对大自然的喜爱心情，如今仍驰名中外。

舞蹈是以有节奏的动作为主要表现手段的一种艺术形式，一般有音乐伴奏。根据舞蹈的作用和目的，舞蹈可分为生活舞蹈和艺术舞蹈两大类。生活舞蹈是人们为自己的生活需要而进行的舞蹈活动；艺术舞蹈则是表演给观众欣赏的舞蹈。生活舞蹈包括习俗舞蹈、宗教祭祀舞蹈、社交舞蹈、自娱舞蹈、体育舞蹈和教育舞蹈等。艺术舞蹈是指由专业或业余舞蹈家，通过对社会生活的观察、体验、分析、集中、概括和想象，进行艺术的创造，从而创作出主题思想鲜明、情感丰富、形式完整，具有典型化的艺术形象，由少数人在舞台或广场表演给广大群众观赏的舞蹈作品。艺术舞蹈品种繁多，根据舞蹈的不同风格特点区分，有古典舞蹈、民间舞蹈、现代舞蹈、当代舞蹈和芭蕾舞等。根据舞蹈表现形式还可分为独舞、双人舞、三人舞、群舞、组舞、歌舞、歌舞剧、舞剧等。

（2）戏曲

戏曲是中国传统的戏剧形式，是包含文学、音乐、舞蹈、美术、武术、杂技以及表演艺术各种因素综合而成的，具有鲜明的民族特色、浓厚的生活气息、独特的艺术魅力，吸引着众多的旅游者。

戏曲的渊源来自民间歌舞、说唱、滑稽戏三种不同艺术形式，但一个剧种所显示的最大特色，首先仍表现在它来自不同声腔系统的音乐唱腔。这些音乐唱腔是以所产生地区的语言、民歌、民间音乐为依据，并兼收其他地区音乐而产生的。各个剧种的剧中人物大部分由生、旦、净、末、丑等不同角色充任。表演上着重运用以生活为基础提炼而成的程式性动作和虚拟性的空间处理。讲究唱、念、做、打等艺术，技术性很高，构成区别于其他戏剧的戏曲艺术体系。据不完全统计，我国各民族地区的戏曲剧种，约有 360 多种，传统剧目数以万计。比较流行的著名剧种有：京剧、昆曲、越剧、豫剧、湘剧、粤剧、秦腔、川剧、评剧、河北梆子、安庆黄梅戏、湖南花鼓戏等 50 多个剧种。其中，京剧被称为中国的"国粹"，流行最广，在世界上享有很好的声誉。有些外国评论家认为中国京剧是把舞蹈、杂技、歌唱、哑剧、音乐和滑稽剧奇异地融合在一起的艺术；京剧的脸谱有如抽象派绘画，因而对其评价很高。2006 年京剧经国务院批准列入第一批国家级非物质文化遗产名录。

（三）民间习俗

1. 民俗及其特点

民俗就是民间的风俗，是一种常见的文化现象，是指一个国家和民族在自己的发展过程中在民间逐渐形成，反复出现，并代代相习的社会生产、生活文化现象。民俗的范围十分广泛，包括居住、饮食、服饰、生产、交换、交通、婚姻、家庭、村落、结盟、岁时、节日、丧葬、信仰、风尚、礼仪、禁忌等方面的民间风俗习惯。

民俗具有社会性特点。民俗事象是社会普遍传承的风尚和喜好，是人们在共同生活中形成和约定的风俗习惯，并靠群体流传下来。个人的生活习惯、爱好，只有同社会习俗相结合，才会得到社会承认和融于社会的民俗中。民俗具有稳定性特点。民俗一旦形成，社会每个成员都必须共同遵守，并成为约束行为的标准，具有相对的稳定性，形成一定模式，之后就按这一模式代代相传。民俗具有传播性特点。它是以一种传统方式出现的，是时空连续载体。在时间上要把祖先遗留下来的东西一代一代地流传下去。在口头和行为的流传中会有一些变化，但稳定的核心和主题部分被保留下来。如过春节的习俗延续了几千年，每一个时代可能都有变化，但除夕通宵的庆祝活动、北方的吃饺子、南方的吃汤团、喜庆拜年活动等一直保存下来。

2. 民俗与旅游

民俗是以民众的生产、生活活动为旅游资源客体，与作为静物观赏的其他旅游资源相比，与旅游者更贴近，游客参与性好。旅游者常可和当地民众一同亲身体验另一地域文化特征。譬如，古代汉族青年结婚坐花轿仪式，吹吹打打，有趣的婚礼程序吸引了海外来中国度蜜月旅游的青年，他们要亲身体会一下东方人如何度过"洞房花烛夜"这一人生难忘的日子。傣族的四月泼水节，适应热季到来前晴朗的炎热天气，迎接傣族新年，旅游者参与当地人泼水、赛龙舟、赶摆等活动，会感到新奇而高兴。

民俗对旅游者有强烈的吸引力。我国有 56 个民族，以历史悠久、文化积淀深厚、风俗独特著称于世。像苗族的古歌、藏族的格萨尔、维吾尔族的阿凡提、蒙古族的江格尔等传奇人物，既是本民族英雄人物的杰出代表，又是民族历史、文化和风俗的集中表现，是中华民族文化宝库中重要的组成部分，闪耀着灿烂光彩。

民俗能更完整、更集中地反映地理环境和旅游景点，具有鲜明的地方性。因为一地的居民群体，在长期生产与生活中，与一定地域的地形地貌、水体、气候变化、花草树木、鸟兽鱼虫打交道，从而形成与地理环境和景观相一致的习俗，从习俗中反映环境特征。譬如汉族发源于长江、黄河流域，是个农业民族，对一年四季农时变化的观察细致、深刻，在观念上颂赞忠、孝历史人物，因而汉族的春节、元宵节、清明节、端午节、中秋节、重阳节等，都反映一年农时劳动等的变化。再如白族的女孩最喜欢白、蓝、红三色，因为她们从周围环境中红色的茶花、蓝色的洱海碧波、白色的苍山积雪得到启示，汲取美学观念，因而多是白色头饰和上衣，红色的马夹和蓝色长裤，不仅色彩搭配协调、鲜艳，而且线条优美。惠安地区女子所谓"封闭的头，开放的肚皮"，成为该区一大人文景观，实际是同她们在海滨参加重体力劳动相适应的装扮。惠安地区男子多出海或到海外谋生，所以女子要参加重体力劳动，只好用头巾裹着头，抵挡强劲的海风，保护脸；衣服短，可自由运动，不影响上肢用力担挑沉重物体；而且上衣短、下裤宽松，与式样众多的头巾一起，很得体、美观。民俗以她的独特形式出现在旅游舞台上，成为与山水、文物古迹并驾齐驱的重要旅游资源。

3. 民俗的主要类型

（1）地方风俗与民间礼仪

地方风俗与民间礼仪是指地方性的习俗和风气，如待人接物礼节、仪式等。我国是多民族的国家，每一个民族都有自己的习俗。我们从地域上可看到多姿多彩的民俗特征。

北方：即以东北的少数民族为代表，他们的共同特征是粗犷、豪放。特别突出的是蒙古族的摔跤、赛马，鄂伦春人的狩猎，鄂温克人驯养"四不像"麋鹿，赫哲人制作鱼皮工艺品和朝鲜族敬老爱幼和能歌善舞等。

西北"丝绸之路"地区少数民族的风情特征：热情、奔放、欢快、勇敢。颇具特色的民族活动如哈萨克的"姑娘追"、叼羊，维吾尔族的盘子舞、手鼓舞、沙巴依舞，锡伯族的射箭活动等。

西南地区：民族众多，民俗特点多姿多彩，极富于情调。主要活动如壮族的赛歌会，傈僳族的火把节，苗族的蜡染，傣族的泼水节，白族的三月街、蝴蝶会和"绕三灵"等活动。

中原地区古民风：例如北京四合院、老舍茶馆、天桥乐园、天津杨柳青和潍坊杨家埠子年画、河北吴桥杂技、山西乔家大院、河南开封宋都御街等。重要节庆有：北京地坛庙会、潍坊风筝会、吴桥国际杂技节和河南少林寺武术节。江南水乡风情：主要有南京秦淮河夫子庙、苏州丝绸博物馆、杭州茶道表演、绍兴咸亨酒店和乌篷船、黄山西递村以及安徽九华山庙会等。

（2）民间节庆

民间节庆是民间传统的庆祝或祭祀的节日和专门活动。每一个国家、每一个民族都有自己的传统节日和富有特色的庆典活动，它们是地方文化和民族特征的综合反映，集中体现了当地的社会交往、文化娱乐、情感表达的方式以及宗教信仰，对传承和宣扬民族文化、促进民族团结和交流、繁荣地区经济等都发挥了很大的作用。这些节日庆典活动，欢快喜庆，参与性强，是极具吸引力的旅游活动。如傣族的泼水节、彝族的火把节、蒙古族的那达慕大会、欧美国家的狂欢节等。

（3）民间演艺

民间演艺是人民根据社会实践和劳动生活而创造的表演艺术，承载着深厚的民族文化，有着淳朴的民族感情和清新的民族风格，蕴含着深厚的传统美，这种美是感情的凝聚，是民族精神的一种体现，如民间艺术家现场表演的邮票拼贴画、瓷刻、面塑、剪纸、根雕、泥塑、烙铁画、耍龙灯、民间舞蹈、田歌联唱、口技、戏歌、魔术、杂技等。

（4）民间健身活动与赛事

民间健身活动与赛事是指地方性的体育健身比赛和竞技活动，是民间开展的健身活动和赛事。它不仅包括那些传统的与民间风俗密切相关的健身活动和赛事，如端午节赛龙舟，元宵节舞龙、划旱船、舞狮子，与清明节有关的荡秋千、放风筝等，与中秋节有关的舞火龙，与重阳节有关的登高，与年节有关的傩舞，还有抖空竹、踢毽子，傣族泼水节中的跳竹竿、陀螺，客家的火龙节、彝族的火把节上的舞火龙等，还包括外来的篮球、滑旱冰、探险等体育健身活动和赛事。

（5）宗教活动

宗教活动是宗教信徒在宗教节日和特定日期举行的与宗教有关的活动。宗教节日和宗教活动不仅对宗教信徒具有重要的宗教意义，而且这些宗教活动以其浓郁的神秘色彩和独特的礼仪习俗吸引着众多的旅游者，满足游客求奇、参与的旅游动机。世界上有许多地区和城市因宗教活动成为著名的宗教朝拜圣地和旅游胜地。宗教节日不仅是宗教信徒的节日，而且有不少已演化成许多国家的重要节日。如圣诞节、复活节，不仅基督教徒要举行隆重的纪念仪式，而且西方许多国家都要举行盛大的庆祝活动和各种文体活动，吸引了大量的国内外游客，使这一宗教节日也成为了重要的旅游活动。

（6）民间集会与庙会

集会具体指在节日或规定日子里在寺庙附近或既定地点举行的聚会，期间进行祭神、购物、娱乐和各种文体活动。其中民间神会是分行业进行崇拜祖师爷、供奉神灵的活动。每到会期，从业人员集聚，进香礼拜，或请道士或请和尚做堂法事，然后聚餐。多以镇为单位，较为小型。亦有不分行业，全民性参与的如清醮会、秧苗会、牛王会、土地会等。但除牛王会外，一般不办宴席，各会办法不同，各有特色。

庙会又称"庙市"或"节场"。庙会风俗与佛教寺院以及道教宫观的宗教活动有着密切的联系，同时它又是伴随着民间信仰活动而发展、完善和普及起来的。早期庙会仅是一种隆重的祭祀活动，随着经济的发展和人们交流的需要，庙会就在保持祭祀活动的同时，逐渐融入集市交易活动。这时的庙会又得名为"庙市"，成为中国市集的一种重要形式。随着人们的需要，又在庙会上增加娱乐性活动。于是过年逛庙会成了一些地方人们不可缺少的生活内容。各地区庙会的具体内容不同，各有特色。魏晋南北朝时，佛道二教兴起，商品交换日益频繁，寺庙为商业活动提供了商机，庙会就此开始。庙会由祭祀活动而产生，因娱乐大众而发展，为商品交换而兴盛。如今许多地方的庙会，已不在寺庙附近进行，而改为在公园和广场等开阔的地方举行，主要是进行文化、贸易和娱乐活动，宗教活动已经很少了。

（7）饮食习俗

饮食风俗是具有特色的餐饮程序和方式。食是旅游六大要素中的基本要素，也是重要的旅游资源。饮食习俗是饮食文化的重要组成部分，它不仅包括各种美味佳肴、风味小吃，更重要的是饮食氛围、使用的餐具和使用方式、烹饪技艺以及各道菜中所包含的相关故事、传说等文化内涵。饮食习俗的形成，受当地生活环境和社会文化习俗的影响，具有浓郁的地方特色和民族特色。因自然环境、原料选配、烹饪技术、饮食习惯等不同，形成各地独特风味的饮食习俗。中国汉族地区的菜肴主要有四大地方菜系。各种菜肴的选料、口味、烹饪技艺、造型等各不相同，构成了丰富多彩的饮食文化。而各少数民族也多有自己的饮食习俗与爱好，其风味饮食，更是名目繁多、特色鲜明。如蒙古族的全羊席，傣族的竹筒饭、香茅草鱼，朝鲜族的烧烤、泡菜，维吾尔族的烤羊肉串，土家族的油炸粑粑，壮族的五色饭及布依族的鸡肉稀饭都很有特色。

（8）特色服饰

特色服饰是指具有地方和民族特色的衣饰，包括服装、服饰、发式、头饰、手饰、足饰以及其他一切能够美化人的形体、塑造人的社会形象的各种装饰品。衣着服饰，尤其是多姿多彩的民族服饰，体现了该民族传统的文化艺术和民间风俗习惯，是该民族集体的智慧和审美观念的展现。如旗袍，以简练的线条剪裁出与东方女性形体相协调的造型，典雅大方，体现了中华民族传统的服饰美，被视为"东方传统女装"的象征。衣着服饰的形成受自然环境的影响，因而衣着服饰从一个侧面反映了人们所生活的自然环境的特征。如居住在北冰洋沿岸的因纽特人，长期生活在冰雪世界，以原始的狩猎生活为主，为抵御严寒，大多穿用驯鹿皮或其他毛皮、羽毛制作的服装。而生活在云南的傣族等少数民族以及东南亚的一些民族，由于当地气候炎热潮湿，为了方便沐浴，妇女一般身着各种花色的长筒裙。衣着服饰还能反映人们的民族、社会地位、年龄、婚姻状况等。民族服饰是各民族文化艺术的结晶，绚丽多彩，各具特色。如藏族宗教地位很高的人，穿金、戴银、佩玉，其衣着服饰价值可达数万甚至数十万元。生活在坦桑尼亚的马赛人，其女子的脖子上随着年龄的增长会带上一圈圈各种色彩花纹的珠环，因此人们可以从其脖子上珠环的多少知道她的年龄。广西龙州一带的壮族姑娘，头上留有刘海，表明还没有对象；额前没有刘海且把头发往后梳成一个大髻，则表明已婚并已生子。

（四）现代节庆

节庆活动，是指某地区或城市以其特有的资源，包括各种自然和人文的资源为主题，而举行的周期性的大型活动。任何节庆活动的兴起都不是偶然的，它是历史发展的产物，具有一定的物质基础和文化渊源。上下五千年的历史孕育了我国千姿百态、丰富多彩的传统节庆活动，而随着社会的不断发展，我国人民在这些传统节庆的基础上又发展出了许多具有新时代气息的现代节庆活动，形成了传统与现代节庆活动交相辉映的喜人局面。现今，全国各地节庆活动方兴未艾，展示出了巨大的资源整合、经济拉动等功能，无疑成为世人关注的热点。

1. 旅游节庆

所谓旅游节庆是指一定区域内能对旅游者产生吸引力的，有可能被用来规划开发成旅游消费对象的各种节庆事典活动的总称。这些活动规模大小不一，但往往有特定主题，在特定空间区域范围内定期或不定期举行。由于打破了人们常规的生活方式，所以它能以独特的形象吸引大量区域内外的游客，并产生效果不等的轰动效应。丰富精神生活的要求是节庆活动产生的根源。一位希腊学者曾经这样说过："过节没有别的，就是欢乐。"真正的节庆欢乐可以使人精神愉快，从而更加热爱生活。

（2）文化节

文化节是定期和不定期举行的展览、会议和文艺表演活动，如曲阜国际孔子文化节、科技文化节、茶文化节、陶艺文化节等。

（3）商贸农事节

商贸农事节是指定期和不定期举行的商业贸易和农事活动节日。商贸节日包括各种展览会、展销会、博览会、广告促销等节日。商贸节庆的概念和旅游购物紧密交叉，有相同的地方，也有差异。仅从规模和旅游动机来看，旅游购物规模小，没有明确的动机；而商贸节庆不但规模大，而且有明确的目的。举办商贸节庆活动要利用本地的一些优越的条件：①利用本地的名优特产优势。如河南洛阳牡丹节、陕西临潼石榴节、海南椰子节、吐鲁番葡萄节、贵州国际名酒节、大连服装节、潍坊风筝节、青岛啤酒节等。②利用本地区经济或交通优势。如广州市利用其经济优势及东南沿海交通的枢纽城市地位，每年举行中国广州进出口商品交易会，规模空前，影响很大。而中国传统风俗节日大都是农事性节日，与饮食、穿着有关，如清明踏青节、端午粽子节、中秋月饼节、腊八米粥节等。

（4）体育节

体育节是指定期和不定期举行的体育比赛，比赛项目多、内容十分丰富。体育节日活动具有很大的旅游价值：①体育旅游能吸引更多的旅游者。体育比赛活动激动人心，竞争性、刺激性强，吸引力更强。体育活动项目繁多，可吸引不同年龄段的游客参加。体育赛事活动不分淡旺季，从而为当地带来持久且充足的客源。由于悉尼奥运盛会的召开，澳大利亚2000年的国际游客人数增长11%，在奥运会召开的9月，入境人数增长15%。②体育旅游带来无限的商机。大规模的体育盛会旅游，具有其他一些旅游项目难以比拟的优势。一次大型盛会，能给主办国带来大规模的客源。成功的盛会能带动一条集交通、住宿、餐饮、购物为一体的旅游消费链，给举办国带来巨大的经济利益和社会效益。国际奥委会的统计表明，旅游业从1997年算起的4年中，因为举办奥运会给澳大利亚带来的旅游收入就达42.7亿美元。同时，奥运会还为悉尼带来海外投资达87亿美元，创造了15万个就业机会。③体育项目可以带动区域旅游业的发展。对自然景观和人文景观都贫乏的地区来说，体育比赛项目可作为动态的旅游资源，代替传统的自然和人文景观来吸引旅游者，带动区域经济、社会的发展。如河南温县是我国太极拳的发源地，从1993年起，每年在此举行国际太极拳年会，吸引了众多的国内外游客。④体育旅游可以提高设施利用率。利用体育比赛项目可以吸引更多的旅游者，以便最大限度地提高接待设施的利用率。旅游业有淡旺季之分，在旅游淡季有组织、有计划地举行体育比赛项目，可以吸引海内外游客前来参与体育比赛活动。这样可以提高旅馆和体育设施的利用率，产生较大的经济效益。

## 思考与练习

1. 如何理解人文旅游资源与人文地理环境的关系？
2. 简述人文旅游资源的宏观分布规律。
3. 人文旅游资源有哪些主要类型？
4. 简述我国古建筑的基本类型与主要特点。
5. 东、西方园林有哪些共同点？有哪些主要差异点？
6. 简述世界三大宗教和中国道教的概况。

# 第五章　旅游资源调查与评价

## 第一节　旅游资源调查

旅游资源调查是按照旅游资源的分类标准对旅游资源单体进行的研究和记录，即运用科学的方法和手段，有目的、有系统地收集、记录、整理、分析和总结旅游资源及其相关因素的信息与资料，以确定旅游资源的存量状况。

### 一、旅游资源调查的目的与意义

#### （一）旅游资源调查的目的

旅游资源调查的目的是围绕旅游业发展需要，系统地查明所调查区域内相关的自然、社会、经济环境条件以及可供旅游业利用的资源状况，以全面系统地掌握所调查区域内旅游资源赋存数量、空间分布、等级质量、特色价值、吸引力度、类型成因等要素，为旅游资源的综合评价、旅游资源的开发、旅游规划、旅游业的发展提供决策依据。

#### （二）旅游资源调查的重要意义

旅游资源调查是进行旅游资源评价、合理开发与利用和保护旅游资源的最基本工作，具有重要意义：首先，通过对旅游资源的调查，系统掌握调查区内旅游资源的现状，为进行旅游资源评价和开发做好基础工作，掌握可靠的第一手材料；其次，通过对旅游资源自身和其外部开发条件的深入调查，可以为确定该资源的开发导向、开发重点和相应的管理措施提供详实可靠的材料；再次，通过对旅游资源的调查摸底，所获得的基础资料，对区域经济发展、旅游管理工作有较大的参考价值；最后，通过旅游资源的定期调查，可以动态掌握旅游资源的开发、利用、保护状况，以便当地旅游管理部门及时准确地为该地旅游业发展提供决策依据。

国家为了促进和规范旅游资源调查工作，推动旅游业发展，2003年颁布并实施了国家标准《旅游资源分类、调查与评价》（GB/T18972－2003）。

### 二、旅游资源调查的基本要求

（1）按照国标要求进行。按照《旅游资源分类、调查与评价》（GB/T18972－2003）标准规定的内容和方法进行调查。

（2）保证调查成果质量。保证成果质量，强调整个运作过程的科学性、客观性、准确性，并尽量做到内容简洁和量化。文件记录避免使用不着边际的文学语言，力戒浮华和主观臆断；图件准确、清晰。

（3）充分利用各种资料和图件。充分利用与旅游资源有关的各种资料和研究成果，完成统计、填表和编写调查文件等项工作。调查方式以收集、分析、转化、利用这些资料和研究成果为主，并逐个对旅游资源单体进行现场调查核实，包括访问、实地观察、测试、记录、绘图、摄影，必要时应进行采样和室内分析。

### 三、旅游资源调查的基本原则

旅游资源调查工作的重要性对其本身提出了较高的要求，整个调查工作须遵循一定的原则。

（一）内外结合原则

进行旅游资源的调查，不仅要掌握旅游资源的形成机制、分布规律、旅游业发展的基本规律、旅游者的消费需求等基础理论，搜集整理旅游资源方面的文献、报告、志书、图表等文字、影像资料并进行分析，还要亲临现场进行田野考察、测量、拍照、录像、分析、记录等，撰写调查报告。采用内外结合的方法，研究资源的性质、价值、等级、开发与利用现状及潜力等。

（二）综合调查原则

旅游资源的调查涉及众多学科的理论与实践。一方面，调查人员的结构要尽量吸纳旅游、历史、地理、经济、管理、环境等专业人员，以便充分利用不同学科的特长及研究方法，优势互补；并尽量取得各有关部门的支持与配合。另一方面，要对调查区域内的自然景观资源、人文景观资源以及所依托的经济、社会、交通条件的客观状况和地理背景等进行全面的调查与分析，以获得综合、系统的资料。

（三）创新原则

人们对旅游资源的认识，会随着社会经济的发展、生活水平的提高以及旅游观念、价值观、人生观等诸多方面的变化而提升，使旅游资源的吸引力发生改变。因而，在调查过程中，要准确把握被调查对象在当前及将来市场吸引力的变化和趋势，深入了解已开发景区旅游资源的吸引力，发现旅游资源新潜力及可能进行深度开发的内容，作出准确评价。深刻了解市场潜在需求，从旅游资源可转变为创新性的旅游产品方面，认识、发现和评价旅游资源。

（四）选择性原则

旅游资源调查应贯彻为旅游业服务的思想，根据客观市场现实的与潜在的需求，分析、筛选旅游资源，以适应旅游业发展对旅游产品的要求。资源调查内容应突出重点，选择那些市场需求大的、有价值的旅游资源单体；对一些极具特色或有可能发挥其特殊旅游功能的旅游资源，也要给予充分重视；同时，对那些暂时不具有开发价值或暂时不具备开发条件的旅游资源也需进行调查。

## 四、旅游资源调查的类型与内容

### (一) 旅游资源调查的类型

按照国标即《旅游资源分类、调查与评价》（GB/T18972-2003）要求，旅游资源调查分为旅游资源详查和旅游资源概查两个档次，两者在调查方式和精度要求上有所不同。

旅游资源的调查可分为概查、普查、详查、典型调查、重点调查以及抽样调查等类型。

1. 概查

概查是指对旅游资源的概略性调查或探测性调查。这种调查是为发现问题而进行的一种初步调查，它主要是寻找问题产生的原因以及问题的症结所在，为进一步调查做好准备。通常概查可以采用较为简单的方法，不必制定严密的调查方案。概查以定性为主，一般是对大区域的旅游资源进行调查，以确定旅游资源的类型、分布、规模和开发程度。

2. 普查

旅游资源的普查一般是在概查的基础上进行的，即是对一个旅游资源开发区或远景规划区内的各种旅游资源进行综合调查。普查以实地考察为主，因而所获取的资料最为详实。但是，普查对于时间、人力、资金的消耗非常大，调查的项目也不可能很细，对旅游资源的调查缺乏深度。

3. 详查

旅游资源的详查一般是在概查和普查的基础上进行的，即将旅游资源普查的结果进行筛选，确定高质量的旅游资源作为开发的对象，对于这些旅游资源再进行更为详尽的实地考察。详查除了对调查对象的景观类型、特征、成因等进行深入调查之外，还要对景观的地形高差、观景场地、最佳观景位置、游览线路等进行勘察和研究。详查结果要编制成景观详图或具体材料图件以及文字材料。

4. 典型调查

典型调查是根据旅游资源调查的目的和任务，在被调查对象中有意识地选取一个或若干个具有典型意义的旅游资源进行调查研究。

5. 重点调查

重点调查即在调查对象中选择一部分对全局具有决定性作用的重点旅游资源进行调查，以掌握调查总体情况的调查方式。重点调查一般适用于只要求掌握调查总体的基本情况，调查指标较为单一，调查对象也只集中于少数旅游资源。

6. 抽样调查

抽样调查是按照调查任务确定的对象和范围，从全体调查总体中抽选部分对象作为样本进行调查研究，用所得的结果推断总体结果的调查方式。抽样调查具有较强的时效性、较高的准确性和较大的经济性。在旅游资源调查中，对于一些不可能或不必要进行全面调查的现象，或人力、财力资源有限的情况下，最适宜使用抽样调查的方法。

（二）旅游资源调查的内容

　　旅游资源调查的内容复杂而繁多，涉及与旅游活动有关的方方面面，对其调查既要注重旅游资源自身的各种情况，也要关注资源地外界环境的现状与发展变化。因此，旅游资源调查的内容包括了旅游环境条件、旅游资源现状、旅游市场变化动态等。针对具体调查区域所开展的具体的旅游资源调查活动不一定要涉及各个方面，可根据调查目的和用途，选择相应的调查方式，从中筛选部分内容或重点内容进行研究，以完成调查任务。

　　1. 旅游资源环境调查

　　（1）自然环境的调查。包括：

　　①调查区概况。调查区的名称、地域范围、面积，所在的行政区划及其中心位置与依托的城市。

　　②地质地貌要素。调查区的地质构造、地形、地貌及岩石的分布和差异。

　　③水体要素。调查区的主要水体类型，各类水体的水质、水量的变化情况以及利用情况。

　　④气象气候要素。调查区的气候类型、气温（年均温、极高温、极低温）、盛行风、年均降水量及降水量的时空分布、光照强度、温度及其变化、大气成分及污染情况等。

　　⑤动植物要素。区内的动物及植物群落的数量特征与分布，具有观赏价值的动、植物群落数量及分布。

　　（2）人文环境的调查。包括：

　　①历史沿革。调查区的发展历史，包括建制形成、行政区划的历次调整、发生的历史事件、调查区内名人及其活动。

　　②经济状况。调查区内的经济水平及产业状况、国民经济发展状况、国内生产总值、居民收入水平、工农业生产总值、三大产业产值及构成状况、物价水平、就业率与劳动力价格等。

　　③社会文化环境。调查区内学校、邮政、电信、医疗、环卫、安全、民族等的基本情况、人们的职业构成、受教育状况、宗教信仰、风俗习惯、社会价值观念、审美观念等；同时还应调查当地的旅游业发展水平和当地居民对发展旅游业的态度。

　　（3）环境质量的调查。调查影响旅游资源开发与利用的环境保护情况，包括工矿企业生产、生活、服务等人为因素造成的大气、水体、土壤、噪声污染状况和治理程度，以及自然灾害、传染病、放射性物质、易燃易爆物质等状况。

　　2. 旅游资源赋存状况调查

　　它包括对旅游资源的类型、特征、成因、级别、规模、组合结构等基本情况进行调查，并提供调查区的旅游资源分布图、照片、录像及其他有关资料，以及与主要旅游资源有关的重大历史事件、社会风情、名人活动、文艺作品等。

　　3. 旅游资源开发现状及开发条件调查

　　（1）旅游要素调查。吃、住、行、游、购、娱是构成旅游活动的六大要素。与之相应的交通、饭店、餐饮、游览、购物、娱乐等软硬件，既是旅游业的主要组成部分，同时又是形成旅游吸引物的重要要素，对其进行调查是十分必要的。

（2）客源市场的调查。调查旅游地和周围客源地居民消费水平和出游率，依据旅游资源吸引力的大小，进行必要的客源分析，包括形成客源的层面范围和大致数量、产生客源的积极因素和不利因素等。

（3）邻近资源及调查区资源的相互关系。这包括自然与人文旅游资源的结合与互补情况、各要素的组合及协调性、景观的集聚程度等。调查分析邻近资源与区域内资源的相互联系、所产生的积极和消极因素以及区域内旅游资源在不同层次旅游区域中的地位。

最后，将调查的情况进行汇总，填写旅游资源综合调查表，如表5.1所示。

表5.1　　　　　　　　　　　　　旅游资源综合调查表

| 规划区名称 | | 调查时间 | 　年　月　日至　　年　月　日 | |
|---|---|---|---|---|
| 行政位置 | | | | |
| A 规划区基本资料 | | | | |
| 规划区概况（面积、行政区划、人口、所处的旅游区域） | | 规划区旅游开发现状和前景（总体情况、产业地位、旅游开发现状、旅游开发潜力） | | |
| | | | | |
| B 各类旅游资源类型、名称及特征统计 | | | | |
| 类型 | | 名称 | 特征 | |
| 地文景观类 | 综合自然旅游地 | | | |
| | 沉积与构造 | | | |
| | 地质地貌过程遗迹 | | | |
| | 自然巨变遗迹 | | | |
| 水域风光类 | 河段 | | | |
| | 天然湖泊与池沼 | | | |
| | 瀑布 | | | |
| | 泉 | | | |
| | 冰雪地 | | | |
| 生物景观类 | 树木 | | | |
| | 草原与草地 | | | |
| | 花卉地 | | | |
| | 野生动物 | | | |

表5.1（续）

| 类型 | | 名称 | 特征 |
|---|---|---|---|
| 天象与气候景观 | 光现象 | | |
| | 天气与气候现象 | | |
| 遗址遗迹 | 史前人类活动场所 | | |
| | 社会经济文化活动遗址遗迹 | | |
| 建筑与设施 | 综合人文旅游地 | | |
| | 单体活动场馆 | | |
| | 景观建筑与附属型建筑 | | |
| | 居住地与社区 | | |
| | 归葬地 | | |
| | 交通建筑 | | |
| | 水工建筑 | | |
| 旅游商品 | 地方旅游商品 | | |
| 人文活动 | 人事记录 | | |
| | 艺术 | | |
| | 民间习俗 | | |
| | 现代节庆 | | |

**C 基础设施**

| | |
|---|---|
| 交通和进入通道（机场、港口、铁路、公路网的数量、名称） | |
| 能源与水资源 | |
| 环保及医疗设施 | |
| 通信及银行机构 | |

**D 服务设施**

| | |
|---|---|
| 住宿设施（度假区、饭店床位、宿营地数量、家庭旅馆及小客栈数量） | |
| 餐饮设施 | |
| 交通部门、旅行社及导游的数量 | |
| 特产和方便商店 | |

表 5.1（续）

| 娱乐、游乐活动 | |
|---|---|
| 旅游信息服务 | |
| E 主要资料 | |
| 文字资料（出版物、<br>内部刊物） | |
| 调查记录（采访记录、<br>测试数据、原始地图、<br>实际资料图） | |
| 影像资料 | |
| 调查人 | 填表时间：　　年　　月　　日 |

　　［资料来源］梁明珠. 旅游资源开发与规划. 北京：经济科学出版社，2007.

## 五、旅游资源调查的程序与方法

### （一）旅游资源调查的程序

　　旅游资源调查，特别是区域旅游资源综合调查（详查），是一项摸清家底的工作，是进行旅游资源开发、管理，编制旅游区总体规划、旅游业发展规划的基础；同时，也是一项周期长、耗资大、技术含量高、成果科学性要求高的工作，对人、财、物等各方面都有较高要求。

　　区域旅游资源综合调查（详查）从其实践的程序上可分成三个阶段：

　　1. 调查准备阶段

　　调查准备阶段是整个调查的基础，需要完成组织准备、资料准备、方案和仪器准备三个主要内容。

　　（1）组织准备。确定调查人员，成立调查组。调查人员应由不同管理部门的工作人员、不同学科方向的专业人员及普通调查人员组成。要求调查人员应具备与该调查区旅游环境、旅游资源、旅游开发有关的专业知识，一般应吸收旅游、环境保护、地学、生物学、建筑园林、历史文化、旅游管理等方面的专业人员参与；并对调查组人员进行相关的技术培训，如资源分类、野外方向辨别、图件填绘、伤病急救处理、基础资料的获取等。

　　（2）资料准备。搜集一切与调查区有关的资料。主要包括：与旅游资源单体及其赋存环境有关的各类文字描述资料，包括地方志书、乡土教材、旅游区与旅游点介绍、规划与专题报告等；与旅游资源调查区有关的各类图形资料，重点是反映旅游环境与旅游资源的专题地图；与旅游资源调查区和旅游资源单体有关的各种照片、影像资料等。通过对所搜集的资料加以系统整理和分析，可初步了解本区旅游资源的特色，在此基础上，制定野外工作计划。

　　同时要准备好多份旅游资源单体调查表（如表 5.2 所示）和工作底图。工作底图一般为等高线地形图，比例尺视调查区域的大小而定，一般县域调查区用 1∶1 万 ~ 1∶5 万比例尺地形图；地市级用 1∶10 万 ~ 1∶50 万比例尺地形图；省区级用 1∶50 万 ~ 1∶100 万比例尺地形图，作为野外调查时的填图底图。

（3）方案和仪器准备。制定旅游资源调查的工作计划和方案，包括调查目的、调查区域、调查对象、主要调查方式、所需设备器材（如定位仪器、简易测量仪器、影像设备等）、调查经费、需完成的图表以及调查成果的表达方式等。

2. 野外实地调查阶段

（1）确定调查小区和调查线路。调查小区一般按行政区划分（如省一级的调查区，可将地区一级的行政区划分为调查小区；地区一级的调查区，可将县一级的行政区划分为调查小区；县一级的调查区，可将乡镇一级的行政区划分为调查小区），也可按现有或规划中的旅游区域划分。调查线路按实际要求设置，一般要求贯穿调查区内所有调查小区和主要旅游资源所在的地点。做到覆盖面尽量大，避免遗漏某些内容，并且不走回头路。

（2）选定调查对象。可分为初步普查和重点详查。

初步普查：在搜集资料的基础上，对区域内的旅游资源进行全面的调查，确定资源基本状况和分布位置，把有关景点标注在相应比例尺图件上。

重点详查：经过初步筛选，初步拟定出详查的对象。对那些明显不具有开发与利用价值的，与国家现行法律、法规相违背的，开发后有损于社会形象或可能造成环境问题的，影响国计民生的以及某些位于特定区域内的旅游资源暂不进行调查。重点详查那些具有旅游开发前景的，有明显经济、社会、文化价值的旅游资源，以及集合型旅游资源中具有代表性的部分和能代表调查区形象的旅游资源单体。

（3）实地调查。调查内容包括旅游资源单体的规模与体量、成因、现状、历史演变及发展趋势、类型结构和空间组构特点（外观形态结构、内在性质、组成成分），与同类资源相比较的特色，自然、经济、社会、环境条件等。此阶段应特别注意详细的文字描述、数据测量、图像资料的获取和现场的详细填图。填图时，要重视利用 GPS 或全站仪对旅游资源单体的空间定位工作（经纬度或大地坐标），还要注意单体的面积、范围、长度、体量等数量指标。通过调查中直接测量、校核所收集到的基础材料，对重点问题和地段进行专题研究和鉴定，并对旅游开发中所需要的外部条件进行系统调查，对关键性问题提出规划性建议。

（4）填写图表。填写旅游资源单体调查表（如表 5.2 所示）、旅游资源调查实际资料图等。实地调查中，要求对每一调查单体分别填写一份旅游资源单体调查表。

填写单体调查表的重要意义：① 它是全部旅游资源普查文件的核心，可以派生出其他各类文件和图件。② 可以此建立旅游资源数据库。③ 为旅游资源特征值评价准备基础材料。④ 在旅游资源开发规划、资源管理和产品推销等方面发挥主导作用。⑤ 为旅游资源开发、利用与保护提供核心资料。

质量要求：① 运作程序要求：充分利用已有资料转化为填表内容；坚持实地调查、验证；要求"六定"：定位、定类、定性、定量、定影、定级。②"10 字"质量方针：

科学（反映最新科技成果，具有权威性）；客观（力戒浮夸、想象和主观臆断）；准确（资料数据有出处，可重复检验）；量化（尽量使用数据资料）；简洁（避免使用不着边际的文学性语言）。

旅游资源单体调查表填写要点（如表 5.2 所示）：

① 基本类型：依照国标旅游资源分类表的名称和代号填写。

② 单体代号：旅游资源单体代号表示单体在区域中的位置。代号用阿拉伯数字和汉语拼音字母表示，即"表示单体所处行政位置的行政区代码—表示单体所属类型的汉语拼音字母—表示单体在调查区内次序的阿拉伯数字"。

如果单体所处的调查区是县和县以上行政区，则单体代号按"国家标准行政代码（省代号 2 位 - 地区代号 3 位 - 县代号 3 位，参见 GB/T 2260 - 1999 中华人民共和国行政区代码）- 旅游资源基本类型代号 3 位 - 旅游资源单体序号 2 位"的方式设置，共 5 组 13 位数，每组之间用短线"-"连接。

如果单体所处的调查区是县以下的行政区，则旅游资源单体代号按"国家标准行政代码（省代号 2 位 - 地区代号 3 位 - 县代号 3 位，参见 GB/T 2260 - 1999 中华人民共和国行政区代码）- 乡镇代号（由调查组自定 2 位）- 旅游资源基本类型代号 3 位 - 旅游资源单体序号 2 位"的方式设置，共 6 组 15 位数，每组之间用短线"-"连接。

如果遇到同一单体可归入不同基本类型的情况，在确定其为某一类型的同时，可在"其他代号"后按另外的类型填写。

填表时，一般可省略本行政区及本行政区以上的行政代码。如调查区是省级行政区，则旅游资源单体代号按"国家标准行政代码（地区级区域代号 - 县级区域代号 - 景区代号）- 旅游资源基本类型代号 - 旅游资源单体序号"的方式设置，共 13 位数。如果调查区是地区级的行政区，则旅游资源单体代号按"国家标准行政代码（县级区域代号 - 景区代号）- 旅游资源基本类型代号 - 旅游资源单体序号"的方式设置，共 11 位数。

③ 单体名称：填写单体的实际名称。名称与所属基本类型相符；一般使用当地沿用名称，必要时加注地域名称或类型名称以避免重复。

④ 行政位置：填写单体所在地的行政归属，从高到低填写行政区单位名称。如：区（县、市）、乡（镇）、村。

⑤ 地理位置：填写旅游资源单体主体部分的经纬度（精度到秒）。

⑥ 性质与特征：填写旅游资源单体本身个性，包括单体性质、形态、结构、组成成分的外在表现和内在因素，以及单体生成过程、演化历史、人事影响等主要环境因素。提示如下：

a. 外观形态与结构：旅游资源单体的整体状况、形态和突出（醒目）点；代表形象部分的细节变化；整体色彩和色彩变化、奇异华美现象、装饰艺术特色等；组成单体整体各部分的搭配关系和安排情况，构成单体主体部分的构造细节、构景要素等。

b. 内在性质：旅游资源单体的特质，如功能特性、历史文化内涵与格调、科学价值、艺术价值、经济背景、实际用途等。

c. 组成成分：构成旅游资源单体的组成物质、建筑材料、原料等。

d. 成因机制与演化过程：表现旅游资源单体发生、演化过程、演变的时序数值；生成和运行方式，如形成机制、形成年龄和初建时代、废弃时代、发现或制造时间、盛衰变化、历史演变、现代运动过程、生长情况、存在方式、展示演示及活动内容、开放时间等。

e. 规模与体量：表现旅游资源单体的空间数值如占地面积、建筑面积、体积、容积等；个性数值如长度、宽度、高度、深度、直径、周长、进深、面宽、海拔、高差、产值、数量、生长期等；比率关系数值如矿化度、曲度、比降、覆盖度、圆度等。

f. 环境背景：旅游资源单体周围的境况，包括所处具体位置及外部环境如目前与其共存并成为单体不可分离的自然要素和人文要素，如气候、水文、生物、文物、民族等；影响单体存在与发展的外在条件，如特殊功能、雪线高度、重要战事、主要矿物质等；单体的旅游价值和社会地位、级别、知名度等。

g. 关联事物：与旅游资源单体形成、演化、存在有密切关系的典型的历史人物与事件等。

"性质与特征"项可分为三段来填写：

第一段：旅游资源单体性质、形态、结构、组成成分的外在表现和内在因素。

第二段：成因、演化过程（历史）。

第三段：人物与事件、周围环境。

⑦ 旅游区域及进出条件：包括旅游资源单体所在地区的具体部位、进出交通、与周边旅游集散地和主要旅游区（点）之间的关系等。

⑧ 保护与开发现状：旅游资源单体保存现状、保护措施、开发情况等。

⑨ 共有因子评价问答：旅游资源单体的观赏游憩价值、历史文化科学艺术价值、珍稀或奇特程度、规模丰度与几率、完整性、知名度和影响力、适游期和使用范围、污染状况与环境安全。

旅游资源单体调查表填写举例——以吉林雾凇为例，见下表 5.2。

**表 5.2　　　　　　　　　　　　　旅游资源单体调查表**

基本类型：DBA　云雾多发区

| 单体代号 | 220201DBA015　　　　其他代号： | |
| --- | --- | --- |
| 单体名称 | 吉林雾凇 | |
| 行政位置 | 吉林省吉林市全境 | |
| 地理位置 | 东经　　°　　′　　″，北纬　　°　　′　　″ | |
| 性质与特征（单体性质、形态、结构、组成成分的外在表现和内在因素，以及单体生成过程、演化历史、人事影响等主要环境因素）<br><br>　　吉林雾凇与黄山云海、泰山日出、钱塘潮涌一起被誉为中国四大自然奇观。隆冬时节，走进吉林市，沿着松花江的堤岸望去，松柳凝霜挂雪浪，如朵朵白云，排排雪浪，十分壮观。<br>　　雾凇通称"树挂"，是雾气和水汽遇冷凝结在枝叶上的冰晶，分为粒状和晶状两种。粒状雾凇 | | |

结构紧密，形成一粒粒很小的冰块；而晶状雾凇结构比较松散，呈较大的片状。吉林的雾凇就属于晶状。它是在吉林市独特的地理环境中自然形成的。从吉林市区溯松花江而上 15 千米是丰满水电站，冬季江水通过水轮机组，水温升高变暖，每到隆冬从水轮机组流出的水仍有 4℃，江水载着巨大的热能，形成了松花江几十里缓缓流经市区不冻的奇境，从水面源源不断地蒸发出水汽，使整个江面雾气腾腾，久不消散。沿江堤上，苍松林立，杨柳低垂，在一定气压、温度、风向等条件作用下，江面上蒸腾的雾气遇冷凝成了雾凇。

观赏雾凇，讲究的是"夜看雾，晨看挂，待到近午看落花"。"夜看雾"，是在雾凇形成的前夜观看江上出现的雾景。大约在夜里十点多钟，松花江上开始有缕缕雾气，继而越来越大，越来越浓，大团的白雾从江面滚滚而起，不停地向两岸漂流。"晨看挂"，是早起看树挂。十里江堤黑森森的树木，一夜之间变成一片银白。"待到近午赏落花"，是说树挂脱落时的情景。一般在上午 10 时左右，树挂开始一片片脱落，接着成串成串地往下滑落，在空中形成五颜六色的雪帘。

旅游区域及进出条件［单体所在地区的具体部位、进出交通、与周边旅游集散地和主要旅游区（点）之间关系］：

吉林市坐落在中国东北地区中南部，地处东北腹地长白山脉向松嫩平原过渡地带的松花江畔，三面临水，四周环山。东接延边朝鲜族自治州，西临长春市、四平市，北与黑龙江省接壤，南与浑江市、通化市毗邻。对外交通四通八达，市区交通体系良好。境内已形成以公路、铁路、水路、航空四大运输系统为经纬的网络，成为联系城市与乡村的纽带、沟通生产与消费的桥梁。铁路列车可直达长春、哈尔滨、图们、沈阳、大连、天津、北京、宁波等城市；公路连接着周围各县（市）和广大农村；除冬季外，松花江皆可水运；吉林已有直达北京、上海、广州等地的航班。

保护与开发现状（单体保存现状、保护措施、开发情况）：

吉林市旅游局自 1991 年开始每年举办国际雾凇冰雪旅游节，现已成为国内较大城市重要的大型节庆活动之一，到此观赏雾凇的国内外宾朋络绎不绝。近年来，为提高雾凇的观赏性，新开发了松江中路、滨江公园、国防园、青年园、松江东路、雾凇岛、雾凇长廊、五家哨、北大湖、莲花山等十几处雾凇观赏点，设计了多条旅游滑雪线路。

资料来源：资料收集及实地踏勘。

共有因子评价问答（你认为本单体属于下列评价项目中的哪个档次，应该得多少分数，在最后的一列内写上分数）：

| 评价项目 | 档次 | 本档次规定得分 | 你认为应得分数 |
|---|---|---|---|
| 单体为游客提供的观赏价值，或游憩价值，或使用价值如何？ | 全部或其中一项具有极高的观赏价值、游憩价值、使用价值。 | 30～22 | 28 |
| | 全部或其中一项具有很高的观赏价值、游憩价值、使用价值。 | 21～13 | |
| | 全部或其中一项具有较高的观赏价值、游憩价值、使用价值。 | 12～6 | |
| | 全部或其中一项有一般的观赏价值、游憩价值、使用价值。 | 5～1 | |
| 单体蕴含的历史价值，或文化价值，或科学价值，或艺术价值如何？ | 同时或其中一项具有世界意义的历史价值、文化价值、科学价值、艺术价值。 | 25～20 | 21 |
| | 同时或其中一项具有全国意义的历史价值、文化价值、科学价值、艺术价值。 | 19～13 | |
| | 同时或其中一项具有省级意义的历史价值、文化价值、科学价值、艺术价值。 | 12～6 | |
| | 历史价值或文化价值或科学价值或艺术价值具有地区意义。 | 5～1 | |

| 评 价 项 目 | 档　次 | 本档次规定得分 | 你认为应得分数 |
|---|---|---|---|
| 物种是否珍稀，景观是否奇特，此现象在各地是否常见？ | 有大量珍稀物种，或景观异常奇特，或此类现象在其他地区罕见。 | 15~13 | 15 |
| | 有较多珍稀物种，或景观奇特，或此类现象在其他地区很少见。 | 12~9 | |
| | 有少量珍稀物种，或景观突出，或此类现象在其他地区少见。 | 8~4 | |
| | 有个别珍稀物种，或景观比较突出，或此类现象在其他地区较多见。 | 3~1 | |
| 如果是个体，有多大规模？如果是群体，其结构是否丰满？疏密度怎样？各类现象是否经常发生？ | 独立型单体规模、体量巨大；组合型旅游资源单体结构完美、疏密度优良级；自然景象和人文活动周期性发生或频率极高。 | 10~8 | 10 |
| | 独立型单体规模、体量较大；组合型旅游资源单体结构很和谐,疏密度良好；自然景象和人文活动周期性发生或频率很高。 | 7~5 | |
| | 独立型单体规模、体量中等；组合型旅游资源单体结构和谐、疏密度较好；自然景象和人文活动周期性发生或频率较高。 | 4~3 | |
| | 独立型单体规模、体量较小；组合型旅游资源单体结构较和谐,疏密度一般；自然景象和人文活动周期性发生或频率较小。 | 2~1 | |
| 是否受到自然或人为干扰和破坏，保存是否完整？ | 保持原来形态与结构。 | 5~4 | 5 |
| | 形态与结构有少量变化,但不明显。 | 3 | |
| | 形态与结构有明显变化。 | 2 | |
| | 形态与结构有重大变化。 | 1 | |
| 在什么范围内有知名度？在什么范围内构成名牌？ | 在世界范围内知名，或构成世界承认的名牌。 | 10~8 | 8 |
| | 在全国范围内知名,或构成全国性的名牌。 | 7~5 | |
| | 在本省范围内知名,或构成省内的名牌。 | 4~3 | |
| | 在本地区范围内知名,或构成本地区名牌。 | 2~1 | |
| 开发旅游后，多长时间可以开发旅游？或可以服务于多少游客？ | 适宜游览的日期每年超过 300 天，或适宜于所有游客使用和参与。 | 5~4 | 5 |
| | 适宜游览的日期每年超过 250 天，或适宜于 80% 左右游客使用和参与。 | 3 | |
| | 适宜游览的日期超过 150 天，或适宜于 60% 左右游客使用和参与。 | 2 | |
| | 适宜游览的日期每年超过 100 天，或适宜于 40% 左右游客使用和参与。 | 1 | |
| 本单体是否受到污染，环境是否安全?有没有采取保护措施使环境安全得到保证？ | 已受到严重污染，或存在严重安全隐患。 | -20 | |
| | 已受到中度污染，或存在明显安全隐患。 | -10 | |
| | 已受到轻度污染，或存在一定安全隐患。 | -5 | |
| | 已有工程保护措施,环境安全得到保证。 | 5 | |

| 本单位得分 | 92 | 本单位可能的等级 | 五级 | 填表人 | | 调查日期 | 年　月　日 |
|---|---|---|---|---|---|---|---|

［资料来源］中华人民共和国国家标准. 旅游资源分类、调查与评价（GB/T18972－2003）. 附录 B.

### 3. 数据整理阶段

旅游资源调查阶段结束后，应将搜集到的资料和野外考察记录进行系统的整理总结，进行图文资料编辑，并从全局上对该地旅游资源的状况作一个分析和评价，编写旅游资源调查报告，初步确定该地旅游资源的开发模式和方向。具体包括：

（1）调查资料汇总整理。调查资料包括文字资料、照片、录像、图表等。将野外考察的现场调查表格归纳整理为调查汇总表，将野外拍摄的照片和录像片进行放大或剪辑编辑，并附上文字说明。

（2）调查图件绘制整理。以野外标绘完成所得的地图为基础，与其他图片、资料相互对比、核实，增订原有的内容和界线，完成有关旅游资源系列图样，如旅游景点分布图、旅游资源分布图、旅游资源分区图、旅游资源交通联系图等，做到内容与界线准确无误，形成正式图件。

（3）编写旅游资源调查报告（稍后单列介绍）。

专题旅游资源调查（概查）是指为了区域旅游规划与策划、旅游资源研究、旅游资源保护、专项旅游产品开发等目的而进行的旅游资源调查。其调查的程序与方法基本上与详查相同。但在实际调查中可视具体情况简化工作程序：一般不需要成立调查组，或视其调查工作量、调查精度要求而确定；资料收集、工作底图根据调查目的确定；一般不需要对区域内的全部旅游资源进行调查，可按研究目的的需要选定相应的调查对象。

## （二）旅游资源调查的方法

旅游学因其具有边缘学科的性质，所以引入了许多其他相关学科的分析方法。在旅游资源的调查中更是方法繁多。在实际运用中，较为常见的几种方法如下：

### 1. 直接询问法

该方法是指向有关的人询问旅游资源的情况，以获取更多信息的方式。对旅游资源最了解的当属本地居民，因而在实地的旅游资源调查过程中常需要向当地的群众进行问询以获取一般途径难以得到的关于旅游资源的详尽信息，这可以采用直接口头询问，也可以分发调查表格进行。

### 2. 统计分析法

统计分析方法即使用统计学的方法来对旅游资源进行分类、分组等方面的分析和处理。调查与统计是密不可分的，在旅游资源调查过程中，对自然旅游资源和人文旅游资源的八个主类要进行统计，包括各类旅游资源的数量、规模、分布地点、聚集情况等，这些旅游资源基本情况的统计分析为旅游资源的进一步分析和开发提供了依据。

### 3. 综合考察法

旅游资源的分布总是在一定的地域范围之内，而对旅游资源分布的位置、规模、数量、特色、类型、结构、功能、旅游价值等内容的了解和认识，只有通过对调查区域实地的综合考察和全面系统的分析才能得到。

### 4. 遥感法

它是指使用遥感技术对不易调查到的旅游资源进行考察。旅游资源实地考察受到许多环境因素的限制，会遇上操作上的困难，如对于分布在人迹罕至、深山老林里的旅游资源，我们很难去实地勘查一番。在这种情况下，遥感技术为我们提供了方便。使用遥感技术时，我们要对收集到的该地域的多种比例尺、多种类型的遥感图像和与之相配的地形图、地质图进行解译。这种方式不仅能完成对调查旅游资源的定性和定量的考察，而且还可以发现新的旅游资源，对旅游资源的考察工作大有裨益。

5. 分类对比法

该方法指将旅游资源分门别类地进行特征归纳并进行对比考察和研究。调查区的各类旅游资源，景观美感各异，将所调查的旅游资源按其形态特征、内在属性、美感吸引性进行分类，并将其与同类型或不同类型的旅游资源进行比较，以得出该地域内旅游资源的共性特征和个性特征。

**六、旅游资源调查报告的编写**

旅游资源调查报告要求以实际调查材料为基础，论点要有充足的论据支撑，论据需要在报告文件或附件中标明，文字应简洁、明确，尽量采用图文并茂的表示方法。各调查小组编写的调查区旅游资源调查报告，基本篇目由以下八个部分组成：

（一）前言

调查任务来源、目的、要求，调查区位置、行政区划与归属、范围、面积，调查人员组成、工作期限、工作量和主要资料及其成果等。

（二）调查区旅游环境

包括区域自然地理特征（地质地貌、水系水文、气象气候、植被土壤和动植物等）、交通状况（对外交通、区内交通）和社会经济发展概况等。最好还有邻近地区的旅游点、区的情况资料。

（三）旅游资源开发历史和现状

本部分包括调查区内的资源开发历史和现状，以及现有基础设施资料，如食宿、电力、邮电通信、供水排水、医疗卫生、安全保卫等设施和公共建筑等。也包括将调查中发现的关于旅游资源开发与利用中存在的问题进行总结或概括，以引起开发者和管理者的注意。

（四）旅游资源基本类型

这是报告的核心部分，包括旅游资源的类型、名称、分布位置、规模、形态和特征。要附有旅游资源分布图、旅游资源分区图、重要景观素描、照片和录像资料及与之密切相关的重大历史事件、名人活动、文化作品等类的资料。对重点旅游资源，应提供尽可能详尽的资料，其中关于特征的数据是关键。如对于名山，必须提供主峰海拔、平均坡度、植被覆盖率等；对于湖泊，必须提供湖泊面积、岸线长度、平均湖深、最大湖深、湖水透明度、湖泊年龄等；对于泉水，不仅应提供涌水量、出涌特点，更应有其成分化验数据；对于宗教建筑和礼制建筑群，必须提供总面积、建筑面积、店堂数量、文物数量、始建年代、修复年代、神职人员数量等。这些都是最能说明该项旅游资源特征的。

**（五）旅游资源评价**

通过对调查区的旅游资源进行定性和定量的评价，评定旅游资源的级别和吸引力。包括评价的内容、采取的方法、所取得的结论等。特别要注意和同类资源的对比以及和大区域内各旅游资源的对比。

**（六）旅游资源保护与开发建议**

阐明调查区内的旅游资源开发指导思想、开发途径、步骤和保障措施。

**（七）主要参考文献**

在旅游资源调查报告的后面应列出主要参考书籍、论文、报告、资料、图纸、影像等，以便读者和使用者作进一步研究和论证参考。

**（八）附图：旅游资源图或优良级旅游资源图**

旅游资源图分为两种类型：一种为表现五级、四级、三级、二级、一级旅游资源单体的旅游资源图；另一类是表现五级、四级、三级旅游资源单体的优良级旅游资源图。

在编绘旅游资源图时首先要准备工作底图。一类是调查区政区地图；另一类是等高线地形图。比例尺视调查区的面积大小而定，较大面积的调查区为 1：50 000 ～ 1：200 000，较小面积的调查区为 1：5 000 ～ 1：25 000，在调查旅游景区资源时，通常采用更大的比例尺。在工作底图的实际位置上标注旅游资源单体（部分集合型单体可将范围绘出），并在单体符号一侧加注旅游资源单体代号或单体序号。各级旅游资源使用图例见表 5.3。

表 5.3                                      旅游资源图图例

| 旅游资源等级 | 图例 | 使用说明 |
|---|---|---|
| 五级旅游资源 | ■ | 1. 图例大小根据图面大小而定，形状不变。 |
| 四级旅游资源 | ● | 2. 自然旅游资源（旅游资源分类表中主类 A、B、 |
| 三级旅游资源 | ◆ | C、D）使用蓝色图例；人文旅游资源（旅游资源分 |
| 二级旅游资源 | □ | 类表中主类 E、F、G、H）使用红色图例。 |
| 一级旅游资源 | ○ | |

［资料来源］中华人民共和国国家标准. 旅游资源分类、调查与评价（GB/T18972－2003）.

# 第二节  旅游资源评价

旅游资源评价是指在旅游资源调查的基础上进行的深层次的研究工作，是从合理开发与利用和保护旅游资源及取得最大的社会效益、经济效益的角度出发，采取一定的方法，对一定区域内旅游资源本身的价值及外部开发条件等进行综合评判和鉴定的过程。

## 一、旅游资源评价的目的和原则

### （一）旅游资源评价的目的

对旅游资源作出客观、科学的评价是旅游资源开发的前提和基础。一项资源是否值得开发、开发的方向和规模都必须以评价为基础。旅游资源评价的目的和意义具体来说有以下几个方面：

首先，明确旅游资源的质量、等级、丰度、组合度。通过对旅游资源的类型、规模、结构、质量、功能和性质的评估，确定旅游资源的质量水平、整体价值及其在旅游地开发建设中的地位，为合理开发与利用和规划建设提供科学依据。

其次，确定旅游产品的开发类型。通过对旅游资源规模水平的鉴定，确定旅游地的旅游产品类型，既可为国家和地区进行旅游资源分级规划和管理提供系统资料和判断对比的标准，又可拟定未来旅游资源层次结构（主次关系）和新旅游资源的开发规划。

最后，确定开发顺序和规模。通过对区域旅游资源及开发与利用条件的综合评价，可以突出旅游资源特色，发挥区位优势，以客源市场需求为导向，筛选旅游资源，推出拳头产品；并可设计规划思路，确定旅游项目开发的先后顺序。

### （二）旅游资源评价的原则

旅游资源评价是一项极其复杂而重要的工作。它涉及的范围非常广泛，结构十分复杂，且不同的评价者有不同的审美观，必然导致评价结果的差异。旅游资源评价直接影响到区域旅游开发与利用的程度和旅游地的前途与命运，因此，对旅游资源进行评价必须坚持一定的原则，客观而科学地做出评价。旅游资源评价的一般原则如下：

1. 诸因素综合分析原则

旅游资源的吸引力不仅取决于其本身的数量、品位、规模等因素，还取决于该地区的经济发展水平、地理环境、区位条件、客源市场需求、投资环境等多方面的条件。所以应坚持综合分析原则。

2. 定性与定量相结合原则

定性和定量这两种评价形式各有优缺点，在实际工作中，将定性和定量紧密结合起来使用，能得到较好的效果，达到预期的目的。

3. 动态发展原则

旅游资源的特征及开发的外部条件处于不断的发展变化之中。所以运用动态的发展观点看待旅游资源，才能客观预测发展趋势，从而对旅游资源进行全面、系统的评价。

4. 客观实际原则

必须对调查区域内旅游资源的形成、属性、特征、价值等，做出客观的、实事求是的评价。

## 二、旅游资源评价的内容

旅游资源评价既包括对旅游资源价值的评价，也包括对旅游资源外部开发条件的评价。

### （一）旅游资源价值评价

#### 1. 自身特色价值

旅游资源特色（特殊性、新奇性）是吸引游客出游的关键因素，是旅游资源开发的灵魂。通过对调查区与其他旅游区的比较，可分析出旅游资源的特色。旅游资源的特色越是突出，其旅游吸引力就越大，从而具有越大的旅游价值。

#### 2. 美学观赏价值

美学观赏价值主要是指旅游资源能提供给旅游者美感的种类及强度。无论自然景观，还是人文景观，它们首先必须符合美学原则。人们能够感受到的美感种类越多，美感越强烈，对其评价就越高。旅游资源的美是多种多样的，如名山大川的自然美、千年古刹的人文美、民族风情的艺术美、旅游购物的欣赏美等，无不使旅游者从中得到享受，陶冶情操，提高文化素养。凡是吸引力较大的旅游资源，必然具有较高的美学观赏价值，如桂林山水、敦煌莫高窟、喀纳斯自然保护区等皆为美学观赏价值极高的旅游资源。

美学观赏价值是旅游资源特别是自然风景类旅游资源评价的重心。不同类型的旅游资源，其评价参考要素不同。如山地旅游资源，其评价主要考虑高度、坡度、山体总体轮廓线曲折和各种形象造型、山顶或谷地的面积大小、山地脉络状况等；石景旅游资源评价需要考虑石景形态、石景组合、石景变换等；水景旅游资源评价要考虑水面大小、水面形状、水态、水声、水色、透明度、水味、水质等；生物旅游资源应主要考虑古老稀少性、形态、色彩、嗅味、声音、风韵等；气候旅游资源要关注舒适度等。

#### 3. 历史文化价值

历史文化价值是人文旅游资源的显著特征，包括两个方面：

一是其本身所具有的历史文化内涵，即其具有或体现了某一历史时期的某种文化特征，往往还与一个民族或国家的历史文化传统有着密切联系。旅游资源在不同程度上体现着某种文化，如建筑、文学艺术、民族风情等。喝茶本属于生活常事，但其发展为茶道后，就已经具有了很高的文化意义了。

二是与重大历史事件、文艺作品、传说故事等有关的历史文化。如果这些资源艺术价值很高，影响特大，则会提高对此旅游资源的评价。如寒山寺因唐朝诗人张继的《枫桥夜泊》一诗而闻名；黄帝陵的古柏树因传说是黄帝亲手所植而价值大增。当人们提到卢沟桥时，不仅看重其桥梁建筑的价值，更会想到"卢沟桥事变"。一般而言，旅游资源类型越多，产生的年代越久远，现存同类资源越稀少，越有代表性，越是与名家或名人有关，其历史地位越高，文化价值越大。这些风景胜地既是观赏游览的内容，同时又是宝贵的历史艺术珍品。我国公布的"历史文化名城"、"文物保护单位"就是根据其历史意义、文化艺术价值确定的。

#### 4. 科学考察价值

它反映了旅游资源的某种科学研究功能，能够作为科教工作者、科学探索者现场研究的场所。如西安秦始皇陵兵马俑，是研究历史、雕塑、军事、美术的科学园地；名闻遐迩的长江三峡、云南的"三江并流"，表现了丰富深奥的地质运动、构造断裂、流水袭夺等自然过程；而各类博物馆、纪念地（堂、馆）对培养参与者科学兴趣、扩大视野、增长知识、进行思想道德教育等具有重要意义。

#### 5. 经济社会价值

旅游资源的经济价值是指旅游资源可能带来的经济收入。在相当长一段时间内，在"劳动创造价值"的观念影响下，在中国理论界及政府部门的经济和价值观中，或者认为没有劳动参与的东西（环境、资源）没有价值，或者认为不能交易的东西（阳光、空气、蓝天）没有价值，导致了对旅游资源的无偿占有、掠夺性开发和随意滥用。因此，对旅游资源的经济价值进行评估尤显重要。对旅游资源的经济价值进行评估，不仅应根据成本与收益的直接经济指标进行评估，还应评估因关联带动作用而产生的综合经济收益。

旅游资源的社会价值在于它们对人们福利和身心健康的裨益程度。它可以促进人们开阔视野，增长知识，促进科技文化交流，美化和改善环境，保护资源，实现整个社会的可持续发展。如人们已认识到观赏自然景色有利于降低血压，当我们体验自然美景时，心理上的焦虑和生理上的紧张压力也得到了缓解。

#### 6. 旅游功能

旅游功能是旅游资源可供开发与利用、能够满足某种旅游需求的特殊功能，是其价值的具体体现。有的旅游资源可以提供高品位的旅游活动项目，满足开展多种旅游活动的需求，因而具有多种旅游功能。旅游功能越多，宜进行的旅游活动越多，吸引的游客群越大，其价值越大。拥有观赏、历史、科学、文化、经济和社会等价值的旅游资源，一般均具有观光、度假、康体、商务、探险、科考、娱乐等旅游功能，可以据此决定其开发方式、利用前景。

#### 7. 规模与组合状况

旅游资源的规模指景观本身所具有的规模、大小、尺度。旅游资源的组合状况主要指它们组合的质量，它包括单个景点的多要素组合形式以及更大范围风景区资源种类的配合状况，由此形成了该景点、景区、风景名胜区或旅游区的群体价值特征。

旅游资源特质、价值、功能高者并不一定能形成开发规模，只有在一定地域上较为集中，多类型资源能协调布局和组合，形成一定的开发规模，才具有较高的旅游价值。故旅游资源的规模与组合状况是其评价中不可缺少的内容之一。

### （二）旅游资源开发条件评价

#### 1. 区位条件

这包括旅游资源所在地区的地理位置、交通条件及与周边旅游区旅游资源的关系。大量事实表明，世界上许多旅游点（区）的经济价值大小有时并不与旅游资源价值呈正比，而往往在很大程度上因其特殊的地理位置而增强了吸引力。如位于经度和时间起点的英国格林尼治天文台就能成为世界旅游热点。旅游资源区的区位条件还包括旅游资源所在地的交通区位，即可进入性。一般与交通干线及辅助线距离愈近，其可进入性就愈强。如我国的深圳、珠海，由于毗邻香港特区、澳门特区，其优越的区位条件，使当地并不多的旅游资源得到了充分的开发和利用。相反，西藏虽具有非常丰富而且品位极高的自然和人文资源，如雅鲁藏布大峡谷、布达拉宫等，但由于交通不便，因而不利于开发和利用。

旅游资源的区位条件也包括该旅游资源与周边旅游资源的关系，即近邻效应。一处旅游资源和其所在地及周边地区其他旅游资源之间，如果为互补关系，它们可互映互衬，产生集聚效应，吸引更多的旅游者；但如果相邻的旅游地资源类型相似，则会相互竞争，相互取代，引起游客群分流，从而削减旅游吸引力。另外，旅游资源区周围若配合有名山、名湖、名城等旅游热点，则有利于资源的联片和成规模开发。

2. 客源条件

旅游资源开发必须以客源市场为依据。没有一定数量的游客，旅游资源开发则不会产生良好的经济效益。客源市场大小决定着旅游资源的开发规模和开发价值。客源市场具有时空条件：空间区域，即所能吸引的客源范围、辐射半径、吸引客源层面及特点，是由旅游资源的吸引力和社会经济环境决定的；时间序列，即客源的不均匀分布形成了旅游的淡旺季，这与当地气候的季节性变化有一定关系。如在冬季，国内客流被海南岛的温暖和哈尔滨的冰雪景观吸引，形成了我国两个冬季旅游旺季产品。

3. 环境条件

它包括旅游资源所在地的自然、社会、经济环境以及旅游环境容量。

自然环境是指旅游资源所在地的地质地貌、气象气候、水文、土壤、动植物等要素组成的自然环境。自然环境对旅游资源的质量、时间、节律和开发起着直接的决定作用。首先，不少自然环境要素本身就是旅游资源不可分割的一部分，直接影响旅游资源的质量与品位，如植被、水文气象等。一个旅游地最重要的外部环境必须给人清洁雅静之感，植被保存良好，山明水秀，才是良好的自然环境。其次，自然环境的某些因子，直接决定着旅游开发效益。如气候的季节变化会引起旅游的淡旺季；水既是最基本、最活跃的造景因子，又对游客的健康产生十分重要的影响。

社会环境是指旅游资源所在地的政治局势、社会治安、政策法令、医疗保健、风俗习惯及当地居民对旅游业的态度等。一个地区政治局势和社会治安稳定与否，直接影响旅游者的出游决策。对旅游业重视的地区，人们办旅游的积极性就高，旅游的经济效益就显著。医疗和保健条件好的地区能及时处理旅游过程中游客的疾病、意外伤害和保障生命安全。如果当地居民对旅游业有正确认识，热情好客，就会使游客有一种宾至如归之感，对旅游资源开发和旅游业发展有积极作用。

经济环境是指能够满足游客开展旅游活动的一切外部经济条件，包括经济发展水平、人力资源、物资和产品供应、基础设施等条件。经济发展水平决定着当地的客源数量及对旅游的保障条件。人力资源条件是指能够满足旅游经营和管理所必需的旅游从业人员，并提供完善优质的服务。物资和产品供应条件是指保证旅游资源开发、旅游经济活动正常运行所必需的设备、原材料、食品、地方特产的供给情况。基础设施条件是指交通、水电、邮电、通信、医疗及其他旅游接待设施。不少旅游资源由于位于偏僻山区，基础设施不够完善或比较落后，直接影响了旅游的可进入性和旅游服务质量，不利于开发旅游资源和提高旅游经济效益。

旅游环境容量，又称旅游承载力或饱和度，指在一定时间条件下，一定旅游资源的空间范围内所能开展的旅游活动能力。一般用容时量和容人量两方面来衡量。旅游资源景观数量越多、规模越大、场地越开阔，它的容时量和容人量越大；反之，旅游资源景观稀少、类型简单、场地狭小，其容时量和容人量就小。超过旅游容量，旅游活动就会受到影响，旅游资源及其环境就会受到破坏。

4. 投资条件

资金是旅游资源开发的必要条件。资金来源是否充裕、财力是否雄厚，直接关系到旅游开发的深度、广度以及开发的可能性。调查区良好的旅游资源品位和社会经济环境以及经济发展战略和给予投资者的优惠政策等，都会给资源开发提供有利契机，提高其利用价值。为此，必须认真研究调查区的投资条件和政策环境。

5. 施工条件

旅游资源的开发还需考虑项目的难易程度和工程量的大小。首先是工程建设的自然基础条件，如地质、地貌、水文、气候等条件，其次是工程建设的供应条件，包括设备、食品、建材等。评价施工环境条件的关键是权衡经济效益，对开发施工方案需进行充分的技术论证，同时要考虑经费、时间的投入与效益的关系。只有合理地予以评价，才能既不浪费资金，又有可行的施工收益。

## 三、旅游资源评价的方法

旅游资源评价方法很多，但常用的评价方法一般为定性法和定量法两种。定性评价操作简单易行，对数据要求不高，但有很大局限性。定量评价的结果比较直观、准确，但其操作难度较大，需要抽样调查，需要对数据进行加工和计算。定量评价是在定性评价基础上进行的，二者密不可分。

### （一）旅游资源的定性评价法

这是一种描述性评价方法，使用范围广泛，形式多种多样，包含的内容丰富，是评价者在考察旅游资源后根据自己的印象所做的主观评价，也叫经验性评价法。该方法简单易行见效快，对数据资料和精确度要求不高，但不可避免地存在结论的非精确性和推理过程的相对不确定性。该类评价方法很多，在此仅选择一些具有代表性的方法来介绍。

1. 卢云亭的"三三六"评价体系

北京师范大学卢云亭教授提出了"三大价值、三大效益、六大开发条件"的评价体系。"三大价值"指旅游资源的历史文化价值、艺术观赏价值、科学考察价值。"三大效益"指旅游资源开发之后的经济效益、社会效益、环境效益。"六大开发条件"指旅游资源所在地的地理位置和交通条件、景象地域组合条件、旅游环境容量、旅游客源市场、投资能力、施工难易程度六个方面。

### 2. 黄辉实的"六字七标准"评价法

上海科学院黄辉实从旅游资源本身和资源所处环境两个方面来评价旅游资源，提出了"六字七标准"评价法。对旅游资源本身，采用了六个评价标准：美、古、名、特、奇、用（有实际开发价值）。对旅游资源所处环境采用了七个评价标准：季节性、环境污染状况、与其他旅游资源之间的联系性、可进入性、基础结构、社会经济环境、旅游市场。这个评价标准在实际操作中应用较少，但可以作为分析问题的参考方法。

### 3. 刘振礼的"十项标准"评价法

对旅游资源进行评价的主要目的是为了开发与利用，为此，北京旅游学院教授刘振礼从旅游资源开发的角度提出了旅游资源评价的十项标准。

（1）美学价值

美学价值即旅游资源所能提供给旅游者的美感的种类及强度。无论是自然旅游资源还是人文旅游资源，它们首先必须符合美的原则。人们能够享受到的美感种类越多、美感越强烈，对其评价就越高。美学价值在旅游资源评价中占有特殊的地位。

（2）文化价值

文化价值即旅游资源所包含的文化内涵。一是其自身所具有的文化内涵，即其体现出的某种文化特征和精髓的深度。如成都金沙遗址出土的"太阳神鸟"金饰图案，不仅具有丰富的想象力、非凡的艺术创造力和精湛的工艺水平，而且体现了中华民族传统文化强烈的凝聚力和向心力，表现了中华民族自强不息、昂扬向上的精神风貌。二是指与旅游资源直接有关的文艺作品、传说故事等因素，如果这些相关因素的艺术造诣很高，影响极大，则能非常有力地提高对此一旅游资源的评价。

（3）科学价值

科学价值即其在大自然变迁或人类社会文化发展中的地位。科学价值较高的旅游资源最能满足旅游者增长知识的需要，特别是那些具有标志性意义的事物。典型地质构造、生物化石点、人类文化遗址、人类科技进步的标志物等是科学价值很高的旅游资源代表。

（4）历史价值

历史价值即它们产生的年代，是否与重大历史事件或人物有关，以及其所存文物古迹的数量。产生年代越久远价值越高，所存文物古迹数量越少价值越高，与重大历史事件或人物有关的，也自然备受人们关注。这些旅游资源被视为"历史的载体"，可以帮助人们了解历史。

（5）环境质量

旅游资源所处环境的质量直接影响着其吸引力。一个旅游地的环境质量涉及气候、地质、地貌、植被、水质、空气和噪声污染程度、灾变及地方性疾病等许多方面。只有这些方面都有利于人们的健康，并且使人感到舒适和赏心悦目时，才具有发展旅游的可能（探险旅游除外）。

（6）旅游容量

它是指该项旅游资源自身或其所在地瞬间所能容纳的合理的游人数量。旅游容量越大，发展旅游的前景越好。

（7）组合状况

它是指在同一旅游地内不同要素的组合或同一地域内旅游资源的分布及配置状况。多数情况下，同一旅游地内往往分布有不同种类的旅游资源，并且相互配合。有时分别对其中的某一种资源进行评价也许品位不高，然而由于多种因素的巧妙组合，却会大大提高这一旅游地的旅游价值。

（8）区位条件

区位条件即旅游资源所在地区的地理区位以及与此紧密相关的交通是否便捷、与主要客源市场的距离（空间距离和时间距离）、旅游必需品的供应能力、区内和邻近地区旅游业的竞争态势等。区位条件的优劣将对旅游资源的开发和整个旅游业的发展产生极大的影响。

（9）适应范围

它是指该项旅游资源所能吸引的游客范围（年龄、职业等）和所能开展的旅游活动的种类，以及在一年当中能够利用的时间长短。能够吸引各种人、能够开展多种旅游活动、在一年当中大多数季节都能够利用的旅游资源，其旅游价值当然就大。

（10）开发条件

它是指该项旅游资源保存的完好程度、所处地区的区位条件、当地的经济发展水平及各种基础设施的完善程度。这些条件的好坏，将对旅游的开发建设投资和投资回收周期以及旅游餐饮和商品供应产生很大影响。

4. 一般体验性评价

一般体验性评价是评价者根据自己的亲身体验，对某一个或某一系列的旅游资源就其整体质量进行定性评估。常用方式是旅游者在问卷上回答有关旅游资源的优劣顺序，或由各方面专家讨论评价，或统计在常见报刊或旅游书籍、旅行指南上出现的频率等。这种评价多由传播媒介或行政管理机构发起，如我国曾评选的"中国十大名胜"和"中国旅游胜地四十佳"，就是运用这种方法得出的。评价的结果可以提高某些旅游地的知名度，客观上会对旅游需求流向产生诱导作用。一般体验性评价的项目很简单，只要求就旅游资源进行整体质量评价，或在问卷上按序号（表示质量优劣的顺序）填上评价者认定的旅游地（旅游资源）即可。这种方法常局限于少数知名度较高的旅游资源开发地，无法用于一般类型或尚未开发的旅游资源。

5. 美感质量评价

一般是基于对旅游者或专家体验的深入分析，建立规范化的评价模型，评价的结果多具有可比性的定性尺度或数量值。其中对自然风景质量的视觉美评估技术已经比较成熟，目前较为公认的有四大学派。

（1）专家学派。代表人物是林顿。即以受过专业训练的观察者或专家为主体，以艺术设计生态学以及资源管理为理论基础对景观进行评价。如美国土地管理局风景资源管理系、美国林务局的风景管理系统。

（2）心理物理学派。代表人物有丹尼尔和布雅夫等。该学派主要研究如何建立环境刺激与人类反应之间的相互关系。应用较成熟的风景类型是森林风景。

（3）认知学派。代表人物有卡普兰、金布利特、布朗等。该学派把风景作为人的生存空间、认知空间来评价，强调风景对人的认识及情感反应上的意义，试图用人的进化过程及功能需要去解释人对风景的审美过程。

（4）经验学派。代表人物是洛温撒尔。该学派认为人对景观的评价是人的个性及其文化、历史背景、志向与情趣的表现，将人在景观评价中的主观作用提到了绝对高度。

**（二）旅游资源的定量评价法**

定量评价法就是通过统计、分析、计算，用具体的数量来表示旅游资源及其环境等级的方法。数量化是现代科技发展的趋势，定量评价较之于定性评价，结果更直观、更准确。常见的定量评价法有技术性单因子评价、综合性多因子评价以及旅游资源共有因子综合评价等。

1. 技术性单因子定量评价

旅游资源的技术性单因子评价，是指对旅游资源各要素对于旅游者从事特定旅游活动的适宜程度的评估，对大量技术性指标的运用是这类评价的基本特征。

旅游资源是由多个要素组成的，每一个要素都是旅游资源组成的重要部分，但对于某一旅游活动来说，都会有一个或几个因素对旅游活动的质量起到决定性的作用。如海水浴，海滩和海水的状况是决定因素；而一般休养性质的旅游活动（如避暑），气候成为其决定因素；对于滑雪来说，地形和雪的厚度至关重要。单项评价是就这些关键的旅游资源因素对旅游活动的影响进行评价，又称技术性评价。比较常见的有气候的适宜性评价、地形因素的适宜性评价，以及就海水的质量、水温、颜色等综合性指标体系对能否建设浴场设施进行的评价等。

2. 综合性多因子定量评价

旅游资源或旅游地的综合性评估，在考虑多因子的基础上运用一些数学方法，着眼于旅游资源的整体价值评估或旅游地的开发价值评估；评估工作遵循一个统一的评估系统，有着确定的通用的评估标准；评价系统中的评估因子大都有权重值；评估的结果多是数量化的指数值。在综合指数评估中，以单项资源分析评价为基础。这类评价方法很多，如指数表示法、层次分析法、综合价值评价模型法、旅游资源综合价值评价等。

3. 旅游资源共有因子综合评价

中华人民共和国国家标准《旅游资源分类、调查与评价》（GB/T18972-2003），对旅游资源价值评价采用了旅游资源共有因子综合评价法，即依据旅游资源共有因子综合评价系统赋分标准，采用打分评价方法。

（1）评价体系

旅游资源共有因子综合评价体系包括3个评价项目和8个评价因子。三个评价项目是：资源要素价值、资源影响力、附加值；8个评价因子是观赏游憩使用价值、历史文化科学艺术价值、珍稀奇特程度、规模及丰度与几率、完整性、知名度和影响力、适游期或使用范围、附加值（含环境保护与环境安全）。

（2）计分方法

① 基本分值

评价项目和评价因子用量值表示。资源要素价值和资源影响力总分值为100分，其中资源要素价值为85分，分配如下：观赏游憩使用价值30分、历史科学文化艺术价值25分、珍稀或奇特程度15分、规模及丰度与几率10分、完整性5分；资源影响力为15分，其中：知名度和影响力10分、适游期或使用范围5分。附加值中，环境保护与环境安全，分正分和负分。每一评价因子分为4个档次，其因子分值相应分为4档。旅游资源评价赋分标准见表5.4。

表5.4　　　　　　　　　　　　《国标》旅游资源评价赋分标准

| 评价项目 | 评价因子 | 评价依据 | 赋值 |
|---|---|---|---|
| 资源要素价值（85分） | 观赏游憩使用价值（30分） | 全部或其中一项具有极高的观赏价值、游憩价值、使用价值。 | 30～22 |
| | | 全部或其中一项具有很高的观赏价值、游憩价值、使用价值。 | 21～13 |
| | | 全部或其中一项具有较高的观赏价值、游憩价值、使用价值。 | 12～6 |
| | | 全部或其中一项具有一般的观赏价值、游憩价值、使用价值。 | 5～1 |
| | 历史文化科学艺术价值（25分） | 同时或其中一项具有世界意义的历史价值、文化价值、科学价值、艺术价值。 | 25～20 |
| | | 同时或其中一项具有全国意义的历史价值、文化价值、科学价值、艺术价值。 | 19～13 |
| | | 同时或其中一项具有省级意义的历史价值、文化价值、科学价值、艺术价值。 | 12～6 |
| | | 历史价值或文化价值或科学价值或艺术价值具有地区意义。 | 5～1 |
| 资源要素价值（85分） | 珍稀奇特程度（15分） | 有大量珍稀物种，或景观异常奇特，或此类现象在其他地区罕见。 | 15～13 |
| | | 有较多珍稀物种，或景观奇特，或此类现象在其他地区很少见。 | 12～9 |
| | | 有少量珍稀物种，或景观突出，或此类现象在其他地区少见。 | 8～4 |
| | | 有个别珍稀物种，或景观比较突出，或此类现象在其他地区较多见。 | 3～1 |
| | 规模、丰度与几率（10分） | 独立型旅游资源单体规模、体量巨大；集合型旅游资源单体结构完美、疏密度优良级；自然景象和人文活动周期性发生或频率极高。 | 10～8 |
| | | 独立型旅游资源单体规模、体量较大；集合型旅游资源单体结构很和谐、疏密度良好；自然景象和人文活动周期性发生或频率很高。 | 7～5 |
| | | 独立型旅游资源单体规模、体量中等；集合型旅游资源单体结构和谐、疏密度较好；自然景象和人文活动周期性发生或频率较高。 | 4～3 |
| | | 独立型旅游资源单体规模、体量较小；集合型旅游资源单体结构较和谐、疏密度一般；自然景象和人文活动周期性发生或频率较小。 | 2～1 |
| | 完整性（5分） | 形态与结构保持完整。 | 5～4 |
| | | 形态与结构有少量变化，但不明显。 | 3 |
| | | 形态与结构有明显变化。 | 2 |
| | | 形态与结构有重大变化。 | 1 |

表5.4（续）

| 评价项目 | 评价因子 | 评价依据 | 赋值 |
|---|---|---|---|
| 资源影响力（15分） | 知名度和影响力（10分） | 在世界范围内知名，或构成世界承认的名牌。 | 10~8 |
| | | 在全国范围内知名，或构成全国性的名牌。 | 7~5 |
| | | 在本省范围内知名，或构成省内的名牌。 | 4~3 |
| | | 在本地区范围内知名，或构成本地区名牌。 | 2~1 |
| | 适游期或使用范围（5分） | 适宜游览的日期每年超过300天，或适宜于所有游客使用和参与。 | 5~4 |
| | | 适宜游览的日期每年超过250天，或适宜于80%左右游客使用和参与。 | 3 |
| | | 适宜游览的日期超过150天，或适宜于60%左右游客使用和参与。 | 2 |
| | | 适宜游览的日期每年超过100天，或适宜于40%左右游客使用和参与。 | 1 |
| 附加值 | 环境保护与环境安全 | 已受到严重污染，或存在严重安全隐患。 | -5 |
| | | 已受到中度污染，或存在明显安全隐患。 | -4 |
| | | 已受到轻度污染，或存在一定安全隐患。 | -3 |
| | | 已有工程保护措施，环境安全得到保证。 | 3 |

②计分与等级划分

根据对旅游资源单体的评价，得出该单体旅游资源共有综合因子评价赋分值。依据旅游资源单体评价总分，将其分为五级，从高级到低级为：

五级旅游资源，得分值域≥90分。

四级旅游资源，得分值域≥75~89分。

三级旅游资源，得分值域≥60~74分。

二级旅游资源，得分值域≥45~59分。

一级旅游资源，得分值域≥30~44分。

此外还有：

未获等级旅游资源，得分值域≤29分。

其中：五级旅游资源一般被通称为"特品级旅游资源"；四级、三级旅游资源被通称为"优良级旅游资源"；二级、一级旅游资源被通称为"普通级旅游资源"。

**四、旅游资源调查与评价成果提交要求**

旅游资源调查与评价工作完成以后，提交文（图）件。全部文（图）件包括旅游资源调查区实际资料表、旅游资源图、旅游资源调查报告。

旅游资源详查和旅游资源概查的文（图）件类型和精度不同，旅游资源详查需要完成全部文（图）件，包括填写旅游资源调查区实际资料表，编绘旅游资源地图，编写旅游资源调查报告。旅游资源概查要求编绘旅游资源游资源地图，编写旅游资源调查报告，其他文件可根据需要选择编写。

　　旅游资源调查区实际资料表在调查区旅游资源调查、评价结束后，由调查组填写。栏目内容包括：调查区基本资料、各层次旅游资源数量统计、各主类及亚类旅游资源基本类型数量统计、各级旅游资源单体数量统计、优良级旅游资源单体名录、调查组主要成员、主要技术存档材料。

# 思考与练习

1. 简述旅游资源调查的内容、方法与步骤。
2. 简述旅游资源评价的一般原则与内容。
3. 简述旅游资源评价中常用的几种定性与定量方法。
4. 试用《国标》中的旅游资源共有因子综合评价方法对某一旅游地进行评价。

**小资料**　　　　　　　　　**张家界国家森林公园旅游资源评价**①

　　一、旅游资源等级评价

　　经中南林业科技大学森林旅游研究中心调查，张家界国家森林公园共有旅游资源单体 287 处，采用旅游资源评价国家标准，经专家赋分评价，部分单体得分列入下表 5.5。

表 5.5　　　　　张家界国家森林公园部分旅游资源单体得分值及等级

| 单体名称 | 观赏游憩使用价值 | 历史文化科学艺术价值 | 珍稀奇特程度 | 规模、丰度与几率 | 完整性 | 知名度与影响力 | 适游期或使用范围 | 环境保护与环境安全 | 总分 | 等级 |
|---|---|---|---|---|---|---|---|---|---|---|
| 三姊妹峰 | 25 | 18 | 14 | 8 | 5 | 10 | 5 | 2 | 87 | 4 |
| 夫妻岩 | 25 | 22 | 15 | 7 | 5 | 10 | 5 | 3 | 92 | 5 |
| 金凤展翅 | 27 | 14 | 13 | 8 | 5 | 7 | 5 | 3 | 82 | 4 |
| 龙凤岩 | 21 | 14 | 10 | 7 | 5 | 7 | 5 | 3 | 72 | 3 |
| 朝天观遗址 | 26 | 23 | 14 | 8 | 3 | 5 | 4 | 3 | 86 | 4 |
| 龙凤庵 | 12 | 16 | 8 | 3 | 4 | 7 | 5 | 3 | 58 | 2 |
| 夫妻岩观景点 | 10 | 5 | 3 | 5 | 2 | 5 | 5 | 3 | 35 | 1 |
| 元明宫 | 16 | 15 | 8 | 5 | 4 | 6 | 5 | 3 | 62 | 3 |
| 锣鼓塔广场 | 12 | 8 | 8 | 6 | 5 | 5 | 5 | 3 | 52 | 2 |
| 留君一坐 | 10 | 10 | 6 | 4 | 4 | 4 | 5 | 3 | 50 | 2 |
| 雾海金龟 | 25 | 20 | 13 | 7 | 5 | 10 | 5 | 3 | 88 | 4 |
| 森林植被 | 28 | 23 | 13 | 9 | 5 | 10 | 5 | 3 | 96 | 5 |
| 仙女散花 | 26 | 20 | 13 | 7 | 5 | 10 | 5 | 3 | 89 | 4 |
| 天桥遗礅 | 25 | 19 | 15 | 7 | 5 | 9 | 5 | 3 | 86 | 4 |
| 六奇阁 | 24 | 18 | 12 | 7 | 5 | 9 | 5 | 3 | 83 | 4 |

　　① 郑明群. 全新旅游资源学. 北京：中国科学出版社，2008：297 - 300.

表5.5（续）

| 单体名称 | 观赏游憩使用价值 | 历史文化科学艺术价值 | 珍稀奇特程度 | 规模、丰度与几率 | 完整性 | 知名度与影响力 | 适游期或使用范围 | 环境保护与环境安全 | 总分 | 等级 |
|---|---|---|---|---|---|---|---|---|---|---|
| 黄石寨索道 | 10 | 8 | 8 | 6 | 5 | 8 | 5 | 3 | 53 | 2 |
| 金鞭溪 | 30 | 21 | 14 | 10 | 5 | 10 | 5 | 3 | 98 | 5 |
| 跳鱼潭 | 21 | 20 | 13 | 8 | 5 | 9 | 5 | 3 | 84 | 4 |
| 紫草潭 | 25 | 22 | 13 | 9 | 5 | 10 | 5 | 3 | 92 | 5 |
| 长春泉 | 12 | 10 | 10 | 6 | 5 | 8 | 5 | 3 | 59 | 2 |

通过赋分评价，张家界国家森林公园的287个旅游资源单体中，属于优良级旅游资源单体的有140个（其中五级旅游资源单体12个，四级旅游资源单体43个，三级旅游资源单体85个），占单体总量的48.59%；属于普通级旅游资源的单体146个（其中，二级旅游资源单体100个，一级旅游资源单体46个），占单体总量的51.06%；未获等级旅游资源单体1个，占单体总量的0.35%，见表5.6。

表5.6    张家界国家森林公园旅游资源单体等级构成一览表

| 等级 | 优良级 | | | 普通级 | | 等外级 |
|---|---|---|---|---|---|---|
| | 五级 | 四级 | 三级 | 二级 | 一级 | |
| 单体数量（个） | 12 | 43 | 85 | 100 | 46 | 1 |
| 比例（%） | 4.22 | 15.14 | 29.23 | 34.86 | 16.20 | 0.35 |

## 二、旅游资源丰度评价

根据国家标准，旅游资源分为8个主类、31个亚类、155个基本类型。张家界国家森林公园普查结果显示，287处旅游资源单体分属8个主类、24个亚类、57个基本类型，主类拥有率100%；亚类仅比国标少7个，拥有率77.4%；基本类型比国标总数少99个，拥有率为36.1%（见表5.7）。

表5.7    张家界国家森林公园旅游资源各类型丰度一览表

| 主类 | 国家标准数量（个） | | 张家界国家森林公园 | |
|---|---|---|---|---|
| | | | 数量（个） | 比例（%） |
| 地文景观类 | 亚类 | 5 | 3 | 60.00 |
| | 基本类型 | 37 | 8 | 21.62 |
| 水域风光类 | 亚类 | 6 | 4 | 66.67 |
| | 基本类型 | 15 | 4 | 26.67 |
| 生物景观类 | 亚类 | 4 | 4 | 100.00 |
| | 基本类型 | 11 | 10 | 90.91 |
| 天象与气候景观类 | 亚类 | 2 | 1 | 50.00 |
| | 基本类型 | 8 | 2 | 25.00 |

表 5.7（续）

| 主类 | 国家标准数量（个） | | 张家界国家森林公园 | |
|---|---|---|---|---|
| | | | 数量（个） | 比例（%） |
| 遗址遗迹类 | 亚类 | 2 | 1 | 50.00 |
| | 基本类型 | 12 | 2 | 16.67 |
| 建筑与设施类 | 亚类 | 7 | 7 | 100.00 |
| | 基本类型 | 49 | 24 | 48.98 |
| 旅游商品类 | 亚类 | 1 | 1 | 100.00 |
| | 基本类型 | 7 | 3 | 42.86 |
| 人文活动类 | 亚类 | 4 | 3 | 75.00 |
| | 基本类型 | 16 | 4 | 25.00 |
| 总计 | 亚类 | 31 | 24 | 77.42 |
| | 基本类型 | 155 | 57 | 36.77 |

### 三、储量结构评价

张家界国家森林公园旅游资源总储量含8个主类的旅游资源储量构成如表5.8所示：张家界国家森林公园旅游资源总储量为6个/平方千米，其中人文旅游资源的储量为2个/平方千米，占总储量的33.8%；自然旅游资源的储量为4个/平方千米，占总储量的66.2%。8个主类按储量高低依次为：地文景观类、建筑与设施类、生物景观类、水域风光类、旅游商品类、人文活动类、天象与气象景观类、遗址遗迹类。

表 5.8　　　　　　张家界国家森林公园旅游资源储量结构一览表

| 类型 | | 单体数（个） | 储量（个/平方千米） | 序位 |
|---|---|---|---|---|
| 自然旅游资源 | 地文景观 | 137 | 2.848 | 1 |
| | 水域风光 | 12 | 0.249 | 4 |
| | 生物景观 | 36 | 0.748 | 3 |
| | 天象与气候景观 | 4 | 0.083 | 7 |
| | 小计 | 189 | 3.929 | — |
| 人文旅游资源 | 遗址遗迹 | 3 | 0.062 | 8 |
| | 建筑与设施 | 78 | 1.622 | 2 |
| | 旅游商品 | 11 | 0.229 | 5 |
| | 人文活动 | 6 | 0.125 | 6 |
| | 小计 | 98 | 1.996 | — |
| 总计 | | 287 | 5.967 | — |

### 四、旅游资源空间分布分析

张家界国家森林公园旅游资源单体空间分布数量上较为均衡：琵琶溪景区39处，黄石寨景区79处，腰子寨景区62处，金鞭溪景区63处，砂刀沟景区41处。旅游资源单体类型在各景区分布不均衡，地文景观类旅游资源虽然随处可见，但大部分集中在黄石寨景区；水域风光类则集中在金鞭溪景区；而天象与气候旅游资源在黄石寨景区、琵琶溪景区、腰子寨等处均可遇见。各类旅游资源分布情况见表5.9。

表5.9　　　　　　张家界国家森林公园旅游资源单体分布情况一览表　　　　单位：个

| 主类 | | 琵琶溪 | 黄石寨 | 腰子寨 | 金鞭溪 | 砂刀沟 | 总计 |
|---|---|---|---|---|---|---|---|
| 地文景观 | 类型数量 | 3 | 5 | 5 | 2 | 6 | 21 |
| | 单体数量 | 12 | 51 | 27 | 19 | 27 | 137 |
| 水域风光 | 类型数量 | 2 | 1 | 0 | 3 | 3 | 9 |
| | 单体数量 | 2 | 1 | 0 | 6 | 3 | 12 |
| 生物景观 | 类型数量 | 2 | 5 | 7 | 6 | 2 | 22 |
| | 单体数量 | 2 | 9 | 12 | 9 | 4 | 36 |
| 天象与气候景观 | 类型数量 | 0 | 2 | 1 | 0 | 0 | 3 |
| | 单体数量 | 0 | 3 | 1 | 0 | 0 | 4 |

# 第六章　旅游资源开发

## 第一节　旅游资源开发的目的与意义

### 一、旅游资源开发的目的

旅游资源开发是指在旅游资源调查与评价基础上，以旅游规划为指导，以旅游业可持续发展为目的，根据市场需求，在旅游资源基础上，运用一定的技术手段，开发和创建旅游吸引物，使其产生经济效益、社会效益和生态环境效益的活动。简单地讲，就是把旅游资源转化为旅游产品，进而成为旅游商品，进入旅游市场交换，使其产生三大效益的活动。

首先，旅游资源开发是在旅游资源调查与评价基础上进行的。欲发展旅游业，就必须先了解旅游资源的类型、结构、数量和质量特征、资源等级、地理赋存状况及保护、利用和发展现状等，从而确定旅游资源整体开发方向。因此，旅游资源开发的基础是旅游资源调查与评价。

其次，旅游资源开发的目的之一就是为了发展旅游经济。发展旅游业可以获得社会、经济和生态环境方面的效益，如赚取外汇、回笼资金、拉动就业、调整产业结构、促进地方经济发展和生态环境建设等。我国政府十分重视旅游业发展，将旅游业作为新的经济增长点，大部分省区也把旅游业作为优先发展产业或支柱产业。科学合理地开发旅游资源，挖掘和提高旅游吸引力，其主要目的就是为了发展旅游经济。

再次，旅游资源开发应以市场为导向。旅游资源开发要建立在认真研究旅游市场形势、旅游者的需求、客源情况、季节分布等信息基础上，进而推出旅游产品，协调好供给和需求的平衡关系。坚持以市场为导向，一要把握市场的具体需求，提供满足需求产品；二要努力提高旅游资源吸引力，加大产品推销力度，增强旅游产品竞争力。

最后，旅游资源开发是一项综合性的系统工程。其开发内容不仅涉及旅游资源开发，而且还要对交通、城市基础设施和服务接待设施等进行规划建设，甚至还会涉及管理体制、经营体制、人力资源开发等内容。这就要求旅游资源开发与旅游活动紧密适应，协调发展。就开发而言，不能仅考虑旅游经济效益的大小，而应同时兼顾生态效益和社会效益，寻求综合效益最大化，才可能实现旅游资源的可持续利用。这个系统工程不是一个部门、一个企业就可能完成的，需要方方面面的共同努力。它是一项综合性的系统工程。

传统的旅游资源开发以提高旅游资源吸引功能为重点，重视各区域的合理布局，在充分统筹安排各区域的工程建设和合理利用各项资源（包括土地资源、人力资源、财力资源、景观资源）基础上，使旅游资源的吸引功能得到最大限度的利用。而现代旅游资源的开发，则是以经济效益、社会效益、生态效益的综合均衡发展为中心，以旅游者不断提高的旅游需求为导向，把人力、财力、物资和信息的最优分配和利用作为重要手段，努力创建自然、经济、社会相互协调的旅游环境。传统旅游资源开发出来的产品在层次上多为陈列观光型，以满足游客的观光、猎奇需求；现代旅游资源开发出来的产品则要以满足游客休闲、娱乐和求知的需求为前提，以自然风光或人文景观为基础、以民俗风情作渲染，可亲身体验和参与的多层次、多功能的立体型旅游产品。

旅游资源开发的内容包括三个方面：一是对尚未被旅游业所利用的潜在旅游资源进行开发；二是对现实的、正在被利用的旅游资源进行再生性开发，延长其生命周期，提高综合效益；三是凭借经济实力和技术条件，结合旅游资源实际情况和市场需求，人为地创新旅游项目或旅游产品。

## 二、旅游资源开发的意义

现代旅游资源最突出的特点是大众性或普及性，参与人员已经扩大到普通大众。世界旅游组织（WTO）在1980年的《马尼拉宣言》中明确指出：旅游也是人类的基本需求之一。旅游度假已经成为普通大众人人可以享受的权利。

随着国际经济文化交流的日益频繁，及各国享受带薪假期职工人数增多和假期的延长，各种形式的旅游正成为人们现代生活的重要组成部分。据统计，全球每年参与旅游人数已经达到35亿人次。在经济发达国家，旅游在人们生活中更是占据着重要位置。根据德国旅游研究所的调查，旅游已经占到德国人生活的第三位（一吃饭、二住房、三旅游、四汽车），可以预见，旅游必将成为人类生活必不可少的需求。旅游资源开发也就具有了重要的现实和深远意义。

### (一) 进一步满足旅游者需求

开发新的旅游吸引物和提高已成熟景点的综合接待能力，可以缓解由于旅游者数量不断增加而产生的旅游接待地超负荷的矛盾。自改革开放以来，我国人民生活水平不断提高，思想观念也不断发生变化，特别是1995年起实行了双休日制度后，人们利用双休日出游已经成为普遍现象。各旅行社为满足游客需求也纷纷制定了许多二日游旅游线路和产品，春节期间外出度假过节也已经成为一种时尚。由于旅游地的集中性和季节性，每逢节假日，大量游客涌向各旅游景点，造成旅游接待能力严重超负荷，影响接待质量，降低旅游品质。如1999年"五一黄金周"和"十一黄金周"期间，黄山旅游部门被大量蜂拥而至的游客弄了个措手不及，尽管事先对旅游高峰有所预计，但游客实在太多，造成山上山下摩肩接踵，人满为患，游客对此也颇有怨言。同时全国其他景点，尤其是知名度高的景点也不同程度地出现了类似情况，一方面是因为游客高峰超出预计，另一方面是景点的开放不能满足游客不断增长的需求。

对旅游资源进行纵向开发，挖掘老景点的文化内涵，创建具有创新型吸引因素的新景点，可以满足现代旅游者的新需求。随着人们精神生活和物质文化生活层次的提高，旅游者外出旅游的目的已经不再是单纯地为了观光、猎奇，更多地是为了追求文化品位、增长知识和休闲娱乐等多重目的。目前我国旅游产品中观光型居多，如不进行开发和创新，将会逐步失去竞争力并最终被淘汰。近几年我国对主题公园进行了尝试，取得了一些成绩，如深圳的世界之窗、民俗文化村、锦绣中华等，上海也正紧锣密鼓地筹建迪斯尼乐园。但也有许多失败的案例，这说明我国旅游开发不论在理论层面还是在实践经验方面都还有很多需要总结、探索和学习的地方。

## （二）促进国家、地区旅游业和经济发展

旅游资源是一个国家或地区旅游业赖以生存和发展的基础，而旅游业发展又会对一个国家或地区的经济发展产生很大影响。旅游创汇是其他产业无法比拟的，因而受到各国政府高度重视。只有对旅游资源进行科学、合理的开发，才能有效地为旅游业所利用，其价值才能充分体现出来，也才能形成竞争优势。如巴哈马位于加勒比海西印度群岛北部海域，被称为加勒比"旅游天堂"，而与之相邻的古巴，同样拥有得天独厚的地理条件和更丰富的旅游资源，但由于开发条件和措施的差异，使巴哈马旅游在极短时间内超越古巴，其经济也在短时间内飞速增长，成为加勒比地区经济最为富裕的国家之一。这说明旅游资源的成功开发，对国家或地区经济发展以及旅游业发展都将起到重要作用。

## （三）有利于历史文物的保护和生态环境的改善

"开发本身就意味着破坏"、"开发与保护是矛盾的"，这些说法有一定道理，但并不全面。由于一些旅游资源的开发不合理，确实给旅游资源带来了灭顶之灾，不仅加重了环境污染，而且一些人类文明遗产也在不合理开发中遭到破坏。世界七大建筑奇迹之一的金字塔被公认为埃及文明的象征，由于长期遭受大量游客攀登，加速了其毁损程度；许多风景优美的湖泊景观，由于游客乱扔垃圾而变成一潭污水。这些都是仅注重短期经济效益的直接恶果。开发与保护看似矛盾，实际上只要经过精心论证，合理布局和控制，在保护中开发、在开发中发展，是完全可以找到开发与保护的平衡点的。自 20 世纪末开始，国际社会对"可持续发展"（Sustainable Development）主题日益关注，各国在旅游开发过程中更多地强调综合效益的提升和旅游资源的永续利用。世界旅游组织也建立了"世界自然与人类文化遗产"保护项目，各国纷纷成立自然保护区以保护珍稀濒危动植物资源，在对历史文物进行开发时，也采取一些先进的保护措施，最大限度地避免文物被破坏。如四川九寨沟被誉为"童话世界"、"人间天堂"，其水景品质举世无双。为保护这一罕见旅游景观，九寨沟景区在我国率先实行了限量旅游，为保护性开发旅游资源做出了新的尝试，目前看来效果比较理想。

总之，旅游资源开发的目的是为了实现社会、经济、生态、科技最优化发展，资源最优配置，在保证区域经济可持续发展的同时，满足人们日益增长的精神和物质的需求，并使自然保护区、文化遗产得到保护，开发地及周边环境得到改善，地方民族风情得以保存，民众素质得到提高。

## 第二节  旅游资源开发的原则和程序

### 一、旅游资源开发的原则

为了能更好地实现旅游资源开发的目的，在对旅游资源进行开发的过程中应当坚持以下原则：

(一) 特色鲜明、主题突出原则

特色和主题形象是旅游资源开发取得成功的关键因素。无论是自然风光还是人类历史遗存，或是人工创造物，只有主题突出、特色鲜明，才能增强吸引力，具有竞争优势，从而吸引游客。这一原则体现在三个方面。

1. 原始性

旅游资源应当保留其原有风貌，体现其原始特色。特别是那些有着丰厚文化积淀和历史价值的人文旅游资源，不宜过分修饰，更不能毁旧翻新。根据口头传说或文献记载重建的历史人文资源，也要尽量坚持尊重历史原貌，体现其原汁原味的历史真实性。

2. 民族性

"熟悉的地方没有风景"。游客不远万里来访的重要目的之一就是观新赏异，体验异域风情，因此在旅游资源开发和项目设置上，应尽量体现当地的民俗文化特色。例如，泰国开发的佛教旅游、泰拳对打、斗风筝、"人妖"表演等都极具民族特色。深圳的民俗文化村将我国各民族独具特色的活动项目汇聚到一起，游客可以在短时间、短距离内欣赏到各民族独有的民居、服饰、歌舞表演等，并能参与其中亲身体验，这些都对游客产生了强大的吸引力，使他们流连忘返，乐在其中。

3. 创意性

在旅游景点的构建中，建筑特色是极为重要的，富有创意和艺术性的建筑本身就是一种旅游资源。近年来，美国首先出现了摩天大楼，世界各国竞相模仿，高层建筑记录被一次次打破。而澳大利亚的悉尼却没有盲从，在城市建筑上追求以独创为美，悉尼歌剧院、悉尼海港大桥、悉尼塔等标志性建筑无不体现出悉尼的建筑艺术美，从而也使悉尼成为举世闻名的特色建筑城市，每年吸引着成千上万的游客前往观光。

(二) 经济、社会和环境效益并重原则

1. 重视经济效益

旅游开发经济效益与其他行业经济效益一样取决于收入和成本关系。收入包括外汇收入、就业、区域发展、税收、联动效应等；成本主要包括进口商品与服务、引进技术、工资支付、宣传促销、部门竞争、通货膨胀等。为提高经济效益，应在尽可能提高收入的情况下，降低成本。对新景点进行开发前，应做投资效益预测，根据自身实力，可以分批次逐步开发，尽量利用本地能源和原材料，使用本国或当地技术力量和人员，减少资金外流。

## 2. 重视社会效益

旅游资源开发对当地的影响主要体现在人口结构、就业、价值观念、生活方式、消费方式、文化等方面。影响既有积极的也有消极的。积极影响表现为促进城市化与现代化进程，提高当地人的文化素质和文明程度，促进文化交流与和平发展。消极影响表现为破坏和削弱当地文化传统，商业化气氛破坏了当地传统道德和人际关系，提高了当地消费水平，社会风气变坏等。因此，在旅游开发中要十分重视社会效益，尤其针对消极表现要采取相应措施，趋利避害，力求维持当地传统文化特色，协调好传统文化与外来文化的关系，减小社会风气的负面效应，争取最佳社会效益。

## 3. 重视生态平衡与环境保护

适度、合理地开发旅游资源，可以对生态环境产生积极影响，如保护区可以对珍稀动植物资源、文化遗址进行有效保护，提高环境质量，增强人们的环保意识等，开发后获得部分资金又可以为更好地保护这些资源奠定经济基础。但是，过度的开发也会对生态环境带来巨大危害，如各种污染、噪声、废弃物，因旅游开发而导致的动物自然属性的退化等。因此，在对旅游资源进行开发前，应该认真分析和研究环境的承载阈值，控制开发强度和开发密度。在项目筹划上应倡导环境资源型的旅游开发（如生态旅游开发），将开发与保护有机地结合起来。澳大利亚在这方面取得了丰富经验，政府提出了保护性开发的要求，以缓解开发与保护的矛盾，主要措施如下：

（1）制定旅游开发规则时把资源保护作为重要内容。

（2）开发过程中，一旦出现资源环境遭受破坏的情况，就及时调整开发计划。例如，珀斯市曾一度因过度开发而造成了市内过境河流斯旺河的严重污染，州政府立即请来世界著名城市设计专家费勒尔和生物学家彼尔德共同规划，治理污染。最后根据专家建议，将河南岸开辟为自然保护区，建立起澳大利亚最大的公园——帝王公园，工业区被限定在市区以南30多千米的克博桑。

（3）全民绿化，普及园林开发。澳大利亚人均绿地拥有面积在世界领先。"万花之都"的堪培拉人均绿地70.5平方米，绿地面积占市区面积的58%，居世界第二位；布里斯班市人口180万，大小公园就有200多个。

### （三）综合开发原则

综合开发包含多层次含义。一个旅游开发地，往往同时存在多种不同类型的旅游资源。开发过程中在突出重点旅游资源标志性形象的同时，对其他各类旅游资源进行适当的开发，以核心景区为基础，联络周边的相关景区，进行资源的优化组合和多功能纵深开发，形成综合产品结构和资源的规模效益。在开发手段上，促使多学科、多部门相互渗透与融合，吸引高新科技参与。在开发内容上，综合考虑游客吃、住、行、游、购、娱等多方面的需求，做好配套设施建设和物资供应工作。此外，在开发过程中，注重发挥旅游的联动效应，为进行多元化经营做好铺垫，充分体现"旅游搭台、经贸唱戏"的理念，注重带动其他行业发展，使旅游开发目的地形成"一业兴、百业旺"的局面。

## 二、旅游资源开发的程序

### (一) 旅游资源开发可行性论证

旅游资源开发可行性论证就是对旅游资源的赋存情况和客源市场进行详细的调查，并对开发环境和开发条件进行评价。包括以下四个方面的内容：

1. 旅游资源调查

旅游资源调查是指参照旅游资源分类表，对区域旅游资源单体进行实地调查和记录。根据调查内容，又可以分为旅游资源详查和旅游资源概查，前者适用于了解和掌握整个区域旅游资源全面情况的调查，后者适用于了解和掌握特定区域或专门类型的旅游资源调查。旅游资源调查一般包括前期准备、实地调查和整理分析三个阶段，最后形成调查报告。

2. 旅游资源评价

旅游资源评价是在旅游资源调查的基础上，对区域旅游资源的旅游吸引功能进行判断，对旅游资源开发的区位条件、社会经济条件进行分析，从而判断旅游资源开发价值和开发方向的一项活动。资源评价包括对旅游资源丰度、特色、价值（美学价值、科学价值、历史价值等）进行评价。从方法来看，主要有定性评价和定量评价两种类型。

3. 客源市场分析

客源市场分析主要是分析市场需求方向和需求量。市场分析是旅游资源开发的前提，其主要指标有：①客源地的地理位置及特征；②客源地的社会与经济发展情况；③公众对旅游活动的态度和参与兴趣；④每年的出游人数和人均消费；⑤游客主要旅游动机；⑥客流量的季节性变化；⑦旅游者的文化素质和经济收入基本水平；⑧旅游者的年龄、职业等；⑨客源地的风俗习惯、宗教信仰、民族特征和大多数人的爱好等。

4. 旅游资源开发条件分析

（1）经济基础条件分析

经济基础条件分析包括对所在区域经济现状和潜力的分析；对资源开发的经济支持、保障的评价，以及经济影响的评价和对经济影响的控制分析。

（2）设施条件分析

设施条件分析包括对所在区域的可进入性分析，基本供给能力分析，基础设施的最低、正常和应急供应状况分析，经营设施（如住宿、餐饮、购物）状况的分析等。

（3）环境容量分析

环境容量分析包括从自然环境的允许条件和旅游者的感知，分析该区域所能容纳的旅游活动量，预测经过开发后环境容量的变化。

（4）其他分析

其他分析包括对人力资源、社会文化和对国家及地区政策、法规影响的分析。

### (二) 旅游资源开发导向模式的确定

旅游资源开发导向就是旅游地的发展方向。它由旅游资源功能特征、旅游层次、旅游项目、市场结构共同决定。

1. 基础形象导向

基础形象导向包括原生形象和次生形象。原生形象，即旅游者在个人经历和所受的长期教育影响下，产生的对旅游地的基本认识。次生形象，即在旅游促销机构的形象推广和公关活动影响下产生的形象。

2. 总体功能导向

总体功能导向，即旅游地的功能倾向，也就是开发是侧重于文化旅游型、商务旅游型、休息度假型，还是体育、娱乐型。

3. 市场功能导向

市场功能导向，即通过准确的市场定位来确定发展方向。

4. 景区主题导向

景区主题导向，即根据景区的功能特征进行主题定位，主要包括景区的功能定位、开发规模定位、景区的风格定位和开发次序定位。

（三）旅游开发与旅游资源开发

旅游开发与旅游资源开发是两个不同的概念，旅游资源开发主要指对旅游资源吸引力子系统的开发整合，而旅游开发则包括旅游者客源市场子系统的开发、旅游资源吸引力子系统的开发、旅游支撑和保障子系统的开发。因此，旅游资源开发包含于旅游开发中。一个国家或地区的旅游开发，通常都必须科学地制定旅游开发规划，对上述三个子系统的开发做出全面的部署。旅游资源的开发，要在旅游开发规划的总体框架内进行，不能独行其是，更不能与该地区的旅游规划总目标相违背。

1. 客源市场子系统开发

旅游者是旅游活动的主体，旅游客源市场是指旅游区内某一特定旅游产品的现实购买者与潜在购买者。旅游者客源市场的开发与营销是实现旅游地经济发展、社会进步、环境改善的关键。旅游地在开发旅游产品前，应当对目标客源市场定位，并针对目标市场确定相应的营销策略。目标客源市场的定位一般包括 4 种方法：

（1）无差别市场：指旅游产品的销售不对市场进行细分，将市场作为一个整体，采取无差别的市场营销策略。其特点是强调共性。

（2）广泛市场：产品提供方对市场进行了细分，但其策略是指向所有的目标市场，并针对每一个细分市场进行相应的营销组合。

（3）选择市场：将客源市场进行细分，供方仅选择其中一部分市场作为自己的营销目标市场。

（4）单一市场：供方将目标仅确定为一个特定市场。

2. 旅游资源吸引力子系统开发

旅游目的地旅游经济的发展，依托核心是旅游景点、景区，后者的依托核心则是旅游吸引物。由于旅游资源吸引力具有针对性、主体性、变动性的特点，因此它是一个具有消费者指向的动态概念，同时它还是一个综合性概念。旅游资源吸引力的综合性表现在它的层次构成上：主体吸引力、辅助吸引力以及最终形成的整体吸引力。正是基于这样的考虑，我们认为，旅游资源是旅游目的地用于发展旅游业所必需的基础资源，旅游资源吸引力子系统产生的是吸引旅游者从客源地到目的地的直接的基本吸引力，以资源为基础形成的旅游景点、景区自然是"第一产品"，是旅游发展的核心要素，开发时应注意挖掘其独特性和垄断性，使旅游产品独具一格，保持长久的吸引力。

3. 旅游支撑和保障子系统开发

旅游支撑和保障子系统开发主要包括旅游专项设施建设和公共基础设施建设。旅游专项设施建设主要用于解决游客食宿、娱乐、体育健身和观景所必需的设施，基础设施则是指交通、供电、供水、购物、通信、排水、排污等设施。对这些设施应进行科学合理安排，绝不能放入保护区和核心区中。

旅游地的这些设施及服务虽然不是旅游者访问目的地的主要因素，但作为"第二产品"，它们将影响旅游者的整个旅游经历，因此当两地旅游吸引物存在替代关系时，服务质量优劣、设施完善程度、交通便捷程度将会对旅游者的目的地决策产生重大影响，从而使交通、旅游设施及服务作为辅助吸引力的依托，与旅游吸引物共同构成旅游地的整体吸引力的来源。但这些设施及服务是辅助因素而非基本吸引因素，所以它们不构成旅游吸引物，或者说它们不宜纳入旅游资源吸引力子系统内。

综上所述，在开发旅游目的地吸引力要素时处理好基本吸引力与辅助吸引力之间的关系，在旅游者客源市场定位上结合自身资源特色和开发水平，并处理好旅游业的发展与其他行业的关系，才能最终实现旅游业的可持续发展。

(四) 旅游资源开发的实施与监控

在旅游资源开发的实施过程中，需要解决的问题主要是资金的筹集、分配和各部门的分工。旅游资源开发的筹资方式是多渠道、多元化的，可以是政府融资，也可以是私有企业融资；可以是国内融资，也可以是国际融资。融资形式有自筹资金、银行贷款和证券融资（股票、债券）等。筹集资金后，应当制定合理的资金使用分配方案。旅游资源开发建设要协调好各部门的分工，合理配置劳动力资源，使开发工作得以协调有序地进行。实施过程中应当随时对开发的经济产出、社会指标（就业、基础设施改善、资源保护等）进行统计，将统计结果与财政预算和预定目标进行比较，找出偏差和产生偏差的原因，从而调整目标或调整实施方案，形成旅游资源开发过程的动态平衡。

# 第三节　旅游资源开发的技术与方法

旅游资源开发是一个多学科知识交互运用的创新过程，涉及面非常广泛。旅游资源开发的具体实践活动是建立在一定的理论基础之上的，并以理论为指导。旅游资源开发主要的基础理论包括区位论、经济学与市场学、特色发展、旅游者行为、增长极、点轴开发、网络开发、景观生态学和系统论等。鉴于这些基础理论在"旅游规划与开发"（或"旅游规划原理"）课程中已有详尽论述，这里重点介绍旅游资源开发的技术与方法。

## 一、旅游资源的开发方法

### （一）自然旅游资源的开发方法

自然旅游资源以其特有的天然风貌和纯朴本色而产生吸引力。一些旅游资源不需要经过开发，就可以其原汁原味的特质吸引游客，但大多数旅游资源需要经过适度的开发后才能具有较强的吸引力。其开发建设的主要内容是交通线路布设、协调配套的各类旅游设施，包括各种基础设施和旅游专用设施等。开发过程中力求保持景观的原始风貌，减少人为因素的干扰和建设中的破坏。

定位上尽量突出资源本色，竭力避免人工痕迹尤其是旅游地的城市化倾向，使景观源于自然，体现自然美。而自然和人文美相结合的旅游资源，开发时在突出自然美的基础上，深入挖掘其文化底蕴，做到自然美和人文美交相辉映、相得益彰。

### （二）文物古迹类旅游资源开发方法

文物古迹一般都和历史文化名城相伴而生，并以历史文化名城作为依托。开发这类资源，主要着眼点应在于历史文物古迹的修缮、修理、保护，并向游人展示其历史文化价值之所在。此外，文物古迹的开发还要与城市总体规划结合起来，使历史文化名城既保持其历史性和文化性，又满足现代社会的需要。

文物古迹类旅游资源的魅力体现在其历史性、民族性和科学艺术性，开发也应从展示其历史价值、科学价值、艺术价值、民族文化价值、美学价值、稀有性价值等方面入手，着重反映和展示资源所代表的历史时期的政治、经济、文化、社会、文学艺术等的发展水平和历史意义，着力打造特色鲜明、主题突出的文物类旅游产品。文物古迹类旅游资源是在漫长的历史长河中逐渐形成的，具有不可再生性，一旦受到破坏，将永远消失，在开发过程中一定要严格坚持"保护第一，可持续利用第一，在开发中保护，在保护中开发"的原则。

### （三）社会风情类旅游资源开发方法

社会风情类旅游资源主要以人为载体，通过人们的生产劳动、日常生活、婚丧嫁娶以及人际关系等方式表现出来。因此，参与性是其第一大旅游功能；同时动态性强是其最大特点。社会风情类旅游资源往往具有表演性、活动性和精神指向性，体现当地独特的、鲜为人知的、差异性极强的民风民俗和人文特征。此外，该类旅游资源还具有传播文化、促进交流与合作的功能，因而与其他旅游资源的开发方法不同，社会风情类旅游资源开发应更加注重参与性、动态性和体验性，要尽量使旅游者参与到旅游地的社会活动和民俗仪式中去，使他们对当地的社会风情、民族习惯有一个切身的体验。

### （四）宗教文化旅游资源开发方法

宗教文化旅游资源是人类精神财富的一个重要组成部分，其深厚的哲学理念、虔诚的精神导向、强烈的信徒吸引力、深邃的文化艺术性使其成为一种非常重要的人文旅游资源。一方面,宗教文化含有浓重的精神文化色彩,文化艺术性极强;另一方面,宗教文化具有较广阔的客源市场,不但对广大宗教信徒有强烈吸引力,而且对非宗教信仰者也产生着强大吸引力;同时宗教活动具有浓厚的宗教氛围、神秘的表演性和广泛的参与性,且节庆日多,易于开展各种专题旅游活动。

宗教文化旅游资源一般由宗教组织牵头来开发,从旅游角度看,开发时要突出其参与性、动态表演和神秘性,尽量构建强烈的宗教氛围。重点展示宗教的活动特点、艺术特色、建筑物特征以及空间布局,开发设计时要预留足够的宗教活动场所。

### (五) 现代人工吸引物开发方法

现代人工吸引物主要指在经济发达区域由人工构建的新型旅游资源。它一般分为观光型和游乐型两大类。观光型如上海东方明珠电视塔,北京、上海、深圳等城市新建筑群构成的现代都市风貌等;游乐型如深圳世界之窗、苏州乐园等主题公园。人工吸引物对于旅游资源匮乏但发展旅游外部条件较好(如经济发达、交通便利、人口密集、客源丰富)的地区,是一种比较好的思路,有利于增加旅游内容,延长客流时间,丰富当地居民的业余生活。

建造人工吸引物投资大、周期长,要和环境、已有建筑相互协调,是一种难度较大的旅游资源开发类型。需要在地点选择、性质与格调确定、产品定位、市场定位、规模体量、整体设计等方面进行认真细致的调研,在突出特色、个性鲜明、具有某一方面垄断性的同时,兼顾娱乐性和参与性,尽量做到大众化。

## 二、旅游资源开发方式和投资模式

### (一) 旅游资源开发方式

#### 1. 新建

新建即依托当地的旅游资源,建立新的旅游景区、景点或主题公园,以增加区域旅游吸引力,满足游客需求,推动地方旅游业发展。

#### 2. 利用

利用指利用景区内原有的尚未开发的旅游资源,通过整理、组织和开发,从而使之成为旅游吸引物的开发方式。如工业旅游和科技旅游的发展,使西安和阎良分别成为卫星测控中心和飞机制造的旅游地。

#### 3. 修复

修复指对遭受破坏但具有较高艺术价值、历史文化价值或科研价值的旅游资源进行整修、修复或重建,使之重新成为旅游吸引物的过程。

#### 4. 改造

改造指对现有的但利用率不高的旅游景观、旅游设施或非旅游设施进行局部或全部改造,使其符合旅游市场需求,成为能受到游客欢迎的旅游吸引物。

#### 5. 挖掘提高

挖掘提高指对已经开发但不适应旅游业发展需要的旅游吸引物进行深入挖掘,增加新的旅游设施和服务,提高整体质量,再生出新的旅游吸引力的一种开发方式。

（二）旅游资源开发投资模式

1. 政府主导型

在跨区域的旅游资源开发和旅游区域内的基础设施建设中，政府起着主导作用。投资主体可以是中央政府，也可以是地方政府，或者是二者的结合。中央政府投资主要是宏观意义上的投资，如投资规模大、周期长、跨区域、风险大、涉及多方利益的区域交通道路建设、能源基础、大型环保项目、码头、机场等项目。

2. 企业主导型

它主要适用于地方政府管辖范围内的旅游资源开发，政府将经营开发权出让与企业，政府只在行业宏观层面通过规划、政策法规、宏观市场促销等方式进行控制。

3. 民间投资型

民间投资型指小型企业或个人集资开发旅游资源的模式。这类投资比较注意短期效益，追求资金回报率。民间投资为快速发展的旅游开发注入了一定活力，可以为旅游者提供便利的旅游消费条件，是地方旅游业发展不可缺少的部分。如四川近年兴起的"农家乐"就是民间投资的典型代表。

4. 外资投资型

外商在旅游业的投资主要集中于宾馆、饭店、旅行社和租车行，投资方式以合资为主。这种投资不仅可以利用境外资金，而且外商能带来先进的管理理念和模式，推动地方旅游业的发展。

**三、旅游景点开发策划**

旅游景点是旅游区域划分中最小的单位，往往由两个以上的景物组成，其美学特征突出，旅游活动较为单一。

（一）景点资源评价

对景点的资源评价包括知名度、观赏价值、历史文化价值、科学价值、可进入性、环境容量、环境质量7个方面。

（二）旅游景点开发方法

旅游景点的开发方法多种多样，具体采用哪种方法，应根据景点的自身特点和环境要求，因地制宜地合理选择。景点开发手法归纳起来有7种：

（1）充实自然景色，在自然基础上经过人工修饰，增加文化内涵。自然景观若缺少人文内容，则显得单薄。在自然景观建设时，找好观景的最佳位置，增加建筑物，使自然景观特色更集中、更突出，文化内涵更丰富。如我国峨眉山清音阁牛心亭的建造就是一例。游人没到清音阁时，抬头仰望，淡雅的牛心亭如一只轻盈灵巧的鸟停息在那里，亭中人影影绰绰；等走进亭中，低头看，黑白二水飞花溅玉，油亮光滑的牛心在沸腾的水中跳跃。牛心亭是观景的好去处，本身也成二景，人在亭中赏景，人也成了被欣赏的对象，如诗所言："你站在桥上看风景，看风景的人在楼上看你。"

（2）提炼主题。去粗取精，突出特色，强化主题。如我国杭州西湖，最初其山水比例相当，湖景显现不出来。唐朝以来，开始不断地建成两堤、三岛、六桥，水域面积扩大，层次丰富，变化曲折，再加上亭、台、楼、阁、榭、寺、塔的点缀，配上四季花草树木，最终形成以湖景为中心，随四季变化的十大名景，成就了"淡妆浓抹总相宜"的西湖。

（3）协调环境，烘托景物。建设人文景观时，建筑物的尺度、造型、色调要同周围环境相协调，起到烘托景物、突出意境的作用。我国人文景观建设中，不乏成功的例子，但也有不少败笔。如桂林市的高层建筑和天坛丹碧桥视野内的不适宜的建筑就是败笔。

（4）组景。为使人们获得美的感受而设定合理的游览方式和路线。

（5）借景。将景点以外的景色组织到景点内，衬托景点。

（6）对景。将主要景点和游览线前进方向所面对的景物布置在比较突出和显要的位置上。

（7）构景。根据不同的环境要素，借助已有景物，通过布置适当的建筑或设施，达到人工美与自然美的结合，以形成新的景观面貌。

## 四、旅游景区开发策划

### 1. 旅游景区开发的内容

根据《风景名胜区管理暂行条例》，景区开发内容主要包括：确定景区性质、划定景区范围及外围保护带、划分景区和其他功能区、确定保护措施、确定游客接待量、统筹安排各类设施、估算投资和效益等。

### 2. 景区规划类别

风景区规划类别十分复杂，按照不同划分依据有不同的划分结果。按照景区规划内容和性质可以分为景区资源规划、景区线路规划、景区设施建设规划、客源组织规划、商品规划、人才培养规划等；按照规划时间则有远期规划、中期规划、近期规划；按规划空间划分则有全国规划、大区域规划、地区规划；按规划内容详略又可以分为宏观和微观规划、总体规划和局部规划、综合规划和部分规划等类型。

### 3. 景区总体规划

景区总体规划大致分为四个阶段：第一阶段是对资源与市场进行调查，其核心是确定景区定位和目标市场。第二阶段是评估和可行性论证，根据前期调查获得的数据和资料，对景区资源和环境要素、社会经济状况、投资环境进行全面的认真评估，对客源市场进行可行性论证。评估过程中重点评估三大价值（历史文化价值、科学研究价值和美学价值）、三大效益（社会效益、经济效益和生态效益）和六大条件（环境质量、组合状况、区位条件、适应范围、旅游容量、开发难易），尽量采用定性与定量相结合的评估方法。第三阶段是决策，这是景区总体规划的核心阶段，其主要任务是完成总体规划方案，包括景区综述、专题设计规划、相关图件和开发规划详细方案。第四阶段是实施和管理阶段，由政府职能部门组织有关专家对规划方案进行专项评议，写出技术鉴定报告，经过修改、补充、完善后，将总体规划文件报请有关职能部门审批定案。

## 五、旅游线路开发

旅游线路是指专为旅游者设计，能够提供各种旅游活动的旅行游览线路。它通过一定的交通线和交通工具与方式，将若干个旅游城市、旅游点或旅游活动项目合理地贯穿和组织起来，形成一个完整的旅游运行网络和产品的组合。

### （一）旅游线路开发的可行性评估

（1）分析资源是否分布面广，资源丰富度、密集度是否适宜旅游线路开发。

（2）分析旅游资源是否具有高品位、旅游投资状况、交通状况、线路开发难易度等。

（3）预测目标市场。分析线路开发后目标市场锁定的游客群体是什么样的社会阶层，其教育程度、年龄、收入和消费水平等，评估开发后可否带来经济效益。

### （二）旅游线路开发策略

（1）主题突出。线路设计时应将性质或形式有内在联系的旅游点有机地串联起来，形成一条主题鲜明、富有特色的旅游线路，并在交通、食宿、服务、购物、娱乐等方面加以烘托。

（2）成线开发。如以陕西为起点的"丝路之旅"，沿着古"丝绸之路"，经甘肃向新疆辐射，形成连接欧亚大陆的西北通道旅游线路，并在此基础上开展边境旅游，取得了不错的综合效益。

（3）成片开发。充分发挥区域优势，使旅游线路纵横交错，做到你中有我、我中有你，优势互补、资源共享，形成网络，成片开发，产生巨大的规模效益。

（4）多层次开发。充分开发旅游线路沿线的其他景点，增加景点可看性和层次性，最大限度地满足游客的旅游需求。

## 六、旅游项目开发

旅游项目是旅游产品的重要载体，是旅游业生产力的标志。傅文伟在《旅游资源评估与开发》一文中将旅游项目分为普通观光类和特殊专题类。前者即是大众旅游项目，后者主要包括文化类、体育康乐类、体疗健康类、民俗节庆类、公务类、物质享受类、寻根探亲类和奇特类等针对一定目标市场的旅游项目。

### （一）旅游项目开发可行性研究

（1）旅游市场调查研究。市场分析预测可以帮助开发项目确定目标市场和产品定位，从而为确定开发方向和规模提供依据。

（2）区位分析研究。主要分析客源市场与旅游产品之间的空间距离和心理距离，预测游客量和相应的效益。

（3）风险研究和不确定性研究。旅游项目产品能否迎合消费者兴趣，同类产品竞争力如何，市场营销是否卓有成效，服务水平和管理水平能否令游客满意等，都会成为影响项目投资回收的因素，因此应逐一进行分析评估。

（4）项目经营期研究。项目的财务计算期取决于其生命周期，当生命周期大于20年时财务计算期以20年计，如海滨度假村、宗教旅游项目、海水浴场、戏水乐园等生命周期较长，财务计算期按20年来计算；但参与性不强的一般主题公园只能以10年的生命周期计算，地方性的小型旅游项目只能以5年生命周期来测算财务效益。

（二）旅游项目开发的原则

（1）体现资源特色。特色是旅游的生命线，旅游项目应体现地域特征和民族风格。

（2）符合市场需求。应积极进行市场调研，充分了解市场需求。

（3）保护生态环境。生态环境能否保持完整，是旅游地能否可持续发展的前提，因此保护生态环境也是延长旅游项目生命周期的重要环节。

（4）符合宏观调控要求。在我国，旅游业是政府主导型产业，在全国旅游发展中有一个合理配置的问题，所以旅游项目的开发应符合政府宏观导向。

# 第四节　旅游资源开发的经验与教训

我国是一个历史悠久、文化灿烂、旅游资源十分丰富的国家。截至2008年，我国有37处世界文化遗产，总数居世界第三位（见附录一）。联合国《保护世界文化和自然遗产公约》的核心就是保护遗产的真实性和完整性。我国在保护世界遗产方面也做出了重要贡献，但是，现阶段存在着将世界遗产等同于一般商品资源、片面追求经济效益、管理体制不完善等问题，导致我国世界遗产因为"商业化、城市化、人工化"等错位而在生态环境、历史风貌等多方面受到破坏。世界各国和国内一些旅游地开发的成功案例可以为以后的旅游开发提供重要的借鉴经验。

## 一、旅游资源开发的成功经验

### （一）澳大利亚海洋资源生态旅游开发

澳大利亚漫长的海岸线赋予她无与伦比的海洋资源。海洋产业包括养殖业、渔业、海洋油气、旅游业等。海洋旅游活动的范围十分广泛，如浅海潜水、游钓、消遣性钓鱼、海洋度假等。澳大利亚十分注重实施品牌战略，创立了不少世界级的景点、景区，吸引了世界各地的旅游者，如悉尼歌剧院、大堡礁、黄金海岸、袋鼠岛以及极具特色的海洋文化等。以西澳大利亚的野生动物观赏业为例，从1989年开始发展了一种特殊观光产业："与鲸鱼共游"。西澳洲濒临印度洋，有丰富的珊瑚礁群，每年3、4月珊瑚产卵时，会吸引大量鲸鱼前来觅食，从而吸引千万游客来此观光。政府从一开始就鼓励以观光取代对鲸鱼的捕杀，并且对观光业进行严格约束，如保持适当距离、不准使用闪光灯、不准喂食等，每两年对从业者核发一次执业资格证，每次仅发放14张，每张执照只允许一艘船载客。结果，一方面，通过特色旅游获取了丰厚利润；另一方面，也可从中获取可观资金，加大对野生动物的保护。他们在利用自然资源时做到了人与自然、人与动物的和谐相处，最大限度地实现了对自然资源的保护。

（二）马赛马拉保护区旅游资源的开发

肯尼亚马赛马拉保护区成立于 1961 年，面积达 1 800 平方千米，有 95 种哺乳动物和 450 种鸟类，是世界上最好的野生动物禁猎区之一。它还是巨大的保护完好的风景区，蓝天白云下连绵起伏的绿色丘陵，马拉河的无数支流穿过保护区内的大草原，河边生长着茂密的丛林，热带草原的金合欢植物再现了海明威笔下美丽粗犷的非洲原野景象，从而使马赛马拉成为了人们趋之若鹜的旅游景点。

马赛马拉在保护活动和当地居民参与的结合上做得非常成功。许多居住在保护区内的马赛人被吸收为旅游协会的成员，通过亲身参与，民众逐渐接受了新的土地利用方式。1977 年政府颁布禁猎令，马赛人不能再靠猎杀动物获得经济来源，但生态旅游带来的丰厚回报不仅弥补了他们经济上的损失，而且使他们的生活发生了巨大转变。地方议会每年都拿出一定比例的收入回馈当地居民，支持当地部落的发展计划，从而使当地人受益，进而自觉地从生态破坏者转变为生态保护者。

伴随着生态旅游带来的丰厚收益，许多旅游从业者和土地拥有者对发展以观赏野生动物为主题的生态旅游事业兴致勃勃，并对保护工作大力支持，打猎和偷猎现象得到有效遏制。当肯尼亚境内其他地方犀牛和大象数量锐减时，马赛马拉保护区的犀牛和大象种群却稳步增长，1990 年在保护区内有记录可查的大象死亡数为 5 头，而犀牛仅 1 头。

马赛马拉案例说明，维系并改善保护区居民生活，强调社区参与，兼顾当地人民利益，是生态旅游可持续发展的关键和基本保证。开发旅游资源除了满足人们日益增长的旅游需求和发展经济外，也担负了繁荣旅游地经济、提高当地居民生活品质的重要责任。

（三）海南亚龙湾旅游资源开发

我国海南亚龙湾国家级旅游度假区是 1992 年 10 月 4 日经国务院批准建立的我国唯一具有热带风情的海滨度假区。她位于我国最南端的热带滨海城市——三亚市东南 25 千米处，规划面积 18.6 平方千米，是一个拥有海滨浴场、豪华别墅、会议中心、高端酒店、度假胜地、海底观光世界、海上运动中心、高尔夫球场、游艇俱乐部等设施的国际一流水准旅游度假区。

中国第一家五星级度假型酒店——三亚凯莱度假酒店就坐落在亚龙湾秀美的海滨；以墨西哥文化为主题的亚龙湾仙人掌度假酒店，依山傍湖，拥有 600 间客房和亚洲最大的室外游泳池；36 洞亚龙湾高尔夫球场，占地面积达 2 000 多亩；中心广场、贝壳馆、蝴蝶谷等国家 4A 级景点已经蜚声海内外，成为海南最具代表性的旅游景点之一。

亚龙湾还通过运作，成功引进多家实力雄厚的开发商投资开发旅游资源。通过"借鸡生蛋"的模式，已经建成的旅游项目有高尔夫球场、凯莱度假酒店、天域度假酒店、金棕榈度假酒店、环球城大酒店、假日度假酒店、仙人掌度假酒店、喜来登度假酒店、万豪度假酒店、凯悦度假酒店、海底世界酒店、海底观光船、致远度假村、申亚山庄等一批高档次、高品位的酒店和旅游项目。

（四）鼓浪屿旅游资源开发

鼓浪屿是福建省一个面积仅 1.78 平方千米的小岛，但岛上景观秀丽多姿，享有"海上花园"、"万国建筑博览"、"音乐之乡"、"钢琴之乡"等美誉，是我国首批4A级风景名胜区，被《国家地理》杂志评为"中国最美城区"。钢琴进入小岛已经有100多年的历史，全岛现有钢琴200多架，平均每10户人家就有一架钢琴，其密度为全国之最，小岛上还孕育了不少蜚声乐坛的钢琴家和音乐家。由旅居澳大利亚的华人钢琴收藏家胡友义先生捐赠修建的鼓浪屿钢琴博物馆是我国目前唯一的钢琴博物馆，浓缩了钢琴音乐的历史，展示和传播了钢琴音乐文化。20世纪20～30年代，在鼓浪屿建筑高潮期间，仅华侨就新建了各式楼房、别墅1000余座，其中不乏外国名家设计的作品，从而在岛上形成了百花争妍、绚丽多姿的建筑艺术风格，出现了东西方文化碰撞而迸发的异彩。

为保护岛屿的优美环境，岛内禁止机动车行驶，不再批建新建设项目，岛内道路保留原状，不进行改扩建。2005年，国家示范区联合检查组按照《ISO4000 国家示范区创建条件》，对鼓浪屿进行现场监督复审，最后获得顺利通过。鼓浪屿是目前公认比较成功的开发模式。

## 二、不合理开发旅游资源的教训

（一）亟待保护的洛阳龙门石窟

洛阳龙门石窟是我国著名的四大佛教石窟之一，始凿于北魏（公元471—477年），大规模营建于北魏、唐代，后经历代修建而成，迄今已有1500多年的历史。石窟南北长约1000米，现存石窟1300多个，窟龛2345个，题记和碑刻3600余品，佛塔50座，佛像97000多尊，为后人留下了非常宝贵而丰富的文化遗产。2000年11月，联合国教科文组织将其列入《世界文化遗产名录》。但风化、水蚀、生物侵害等始终困扰着这座具有悠久历史的文化艺术宝库，保护洛阳龙门石窟已经刻不容缓。

回顾历史，洛阳龙门石窟曾有过国际合作保护的记录。2000年中国开始同日本东京文化研究所合作研究保护工作；2001年，联合国教科文组织利用日本政府"文化遗产保护基金"无偿援助龙门石窟保护修复工作；2004年，中国和意大利专家联合指导文物保护修复工作。但这些工作仅解决了少数有限洞窟的问题，大量的抢救工作还亟待开展。

更令人担心的是，开发与保护的矛盾已经在龙门石窟凸显。如核心保护区内在2000年修建了宾馆，无疑破坏了景区完整性和统一性；1992年在伊河龙门石窟下游100多米处修建拦河大坝，改变了景区水文特征，增加了空气含水量，加速了石窟风化过程；景区内的道路设施、亮灯工程等也不尽合理，与景区风格相去甚远。这种不合理的开发，严重影响到景区旅游的可持续发展。

（二）受到黄牌警告的张家界

1992年5月，世界遗产高级顾问桑塞尔和鲁卡斯博士受世界遗产委员会委托，对张家界武陵源风景区进行了实地考察，结论是武陵源在风景上可以和美国西部的几个国家公园相比，如布依斯峡谷、科罗拉多大峡谷。同年 12 月，武陵源被联合国教科文组织遗产委员会列入世界文化遗产名录。在证书上有这样一句话：列入此名录说明此文化自然风景区具有特别的和世界性的价值，因而为了全人类的利益应对其加以保护。

列入世界文化遗产名录使这个在 20 多年前还名不见经传的湘西山区名声大噪，每年有上百万游客慕名而来。然而，到了 1998 年，联合国遗产委员会向武陵源风景区出示了黄牌警告，其原因是"设施泛滥"。原因在于申遗成功后，政府急于招商引资，鼓励农民办旅游，注重了改扩建设施，忽略了对世界遗产的保护，而且许多建筑没有规划、没有统筹，甚至根本就是违章建筑。在联合国遗产委员会的限令下，张家界武陵源区人民政府拆除了旅游核心区面积达 19 万平方米的建筑，总价值超过 2 亿元，其教训不可谓不深刻。

（三）申遗失败的黄果树瀑布

黄果树瀑布位于贵州省，素以瀑布、溶洞、地下湖为主题，有"天下奇景"之美誉。景区瀑布群包括地上瀑布 18 个、地下瀑布 14 个，是一个巨大的瀑布群，其中黄果树瀑布是白水河九级瀑布中最大的一级，位居我国三大瀑布之首。虽然世界各地著名瀑布不胜枚举，但像黄果树瀑布这样集中、高品质的瀑布群却是我国独有的。1991 年，建设部推荐黄果树瀑布风景区申遗，尽管做了大量基础工作，但最后还是以失败告终。其原因主要是前期开发中没有注意保护旅游资源，造成旅游资源人工痕迹过多，品质下降。如植被覆盖不够，生态环境恶化等。在前 20 年的开发建设中，没有注重环境保护和森林培育，景区森林覆盖率仅为 15.6%，离高品质生态旅游地的要求甚远。其主要原因是毁林开荒造成原生植被破坏。该地为喀斯特地貌，成土条件差，土层瘠薄，后期绿化工作举步维艰，景区周围近 10 万亩荒山难以恢复苍翠。甚至有学者指出，黄果树瀑布景区如果再不加强植树造林和治理水土流失，50 年后黄果树瀑布将会消失。此外，景区人工建筑也过多过杂。1988 年修建了缆车，后虽被拆除，但仍像一道伤口一样突兀在黄果树瀑布景区美轮美奂的景致上，这是申遗失败的重要原因之一。景区附近的城镇建筑过于商业化，和当地环境极不协调。白水河一些小型电站也破坏了景观的完整性，如上游的黄果树电站造成螺丝滩瀑布美景每年仅能有 4 个月可观赏到，电站下游河段一年中有很长时间段因缺水裸露出钙华滩石，严重影响景区品位。电站拦河大坝不仅改变了地表水的流畅和连续性，而且极碍观瞻。

黄果树瀑布申遗失败的原因主要是开发过程中没有注意资源的不可再生性和脆弱性，忽略了对资源的有效保护，从而造成资源品质下降，影响景区旅游资源的可持续利用。

## 思考与练习

1. 旅游资源开发的含义是什么？
2. 为什么要对旅游资源进行开发？在开发过程中应遵循哪些原则？
3. 旅游资源的开发一般包括哪些程序？
4. 旅游资源开发的理论基础有哪些？

# 第七章 旅游资源的保护

## 第一节 关于旅游资源开发与保护的重要理论

### 一、可持续发展理论的基本内容

#### (一) 可持续发展理念的提出

可持续发展理论从提出到形成经历了相当长的历史过程。20 世纪 50 ~ 60 年代,人们在经济增长、城市化、人口、资源等所形成的环境压力下,对"增长 = 发展"的模式产生了怀疑并展开讨论。1962 年,美国女生物学家莱切尔·卡逊 (Rachel Carson) 发表了一部引起很大轰动的环境科普著作《寂静的春天》,描绘了一幅由于农药污染所导致的可怕景象,惊呼人们将会失去"春光明媚的春天",在世界范围内引发了人类关于发展观念的争论。10 年后,两位著名美国学者巴巴拉·沃德 (Barbara Ward) 和雷内·杜博斯 (Rene Dubos) 的著作《只有一个地球》问世,把人类对生存与环境的认识推向一个新境界——可持续发展的境界。同年,一个非正式国际著名学术团体——罗马俱乐部发表了有名的研究报告《增长的极限》,明确提出了"持续增长"和"合理的持久的均衡发展"的概念。1987 年,以挪威首相布伦特兰夫人 (Brundtland) 为主席的联合国世界与环境发展委员会 (WCED) 发表了一份报告《我们共同的未来》,正式提出"可持续发展"概念,并以此为主题对人类共同关心的环境与发展问题进行了全面论述,明确地把发展与环境密切联系在一起,受到各国政府组织和舆论的极大重视。1992 年 6 月,联合国环境与发展大会 (UNCED) 在巴西里约热内卢举行。在这次大会上,来自世界 178 个国家和地区的领导人通过了《21 世纪议程》、《里约环境与发展宣言》两个纲领性文件,在更高层次上、更大范围内提出了可持续发展是全球社会经济发展的战略,号召全世界人民为遵循可持续发展而一致行动。

在可持续发展理论的形成和发展过程中,在认知层面上发达国家与发展中国家产生了空前的一致,这也是 20 世纪在所有涉及发达国家与发展中国家的国际问题的讨论中所绝无仅有的。与此同时,人们也注意到,目前可持续发展的思想更多的是在发达国家中得到实践和探索。而在人类社会通往和谐发展的道路上,可持续发展概念的实施依然面对重重障碍。首先,南北不平衡是未来可持续发展的最大阻力。发达国家不仅通过两次工业革命获得了经济上的优势,而且在自然资源的占有和消费上达到了奢侈的境地。据统计,美国每年人均能源消费量达到了全球平均水平的 5 倍。发达国家享有工业革命的利益，却又力图回避与逃脱自身对全球环境应负的责任。这也成为全球可持续发展道路上的绊脚石。2000 年，在海牙举行的 20 世纪最后一次《联合国气候变化框架公约》缔约方大会就因个别发达国家的阻挠而未能达成协议，使框架公约得到贯彻的前景变得黯淡。其次，就发展中国家而言，追求自身进步与发展、提高居民生活水平的权利无可厚非。但是，发展是否应该沿袭发达国家的"样板"，这也成为通往可持续发展之路上的困惑。典型的美国发展模式——大量占有和奢侈消费自然资源、同时大量排放污染——是否值得广大发展中国家仿效？这不仅在发展中国家，而且在日本和欧美等发达国家和地区，也都成为思考的热点。

（二）可持续发展理论的内涵

"可持续发展"这个概念提出以后，人们对可持续发展的确切定义展开了热烈的讨论，并且从不同的角度为可持续发展下了定义。1987 年，布伦特兰夫人主持的世界环境与发展委员会，对可持续发展给出了定义："可持续发展是指既满足当代人的需要，又不损害后代人满足其需要的能力的发展。"这是迄今为止为国际社会普遍认同的可持续发展的概念。

可持续发展是一种新的人类生存方式。这种生存方式不但要求体现在以资源利用和环境保护为主的环境生活领域，更要求体现到作为发展源头的经济生活和社会生活中去。可持续发展的内涵包含以下三大基本原则：

（1）公平性原则（Fairness）。可持续发展强调发展应该追求两方面的公平：一是当代人的公平即代内平等。可持续发展要满足全体人民的基本需求和给全体人民机会，以满足他们要求较好生活的愿望。当今世界的现实是一部分人富足，而占世界 1/5 的人口处于贫困状态；占全球人口 26% 的发达国家耗用了占全球 80% 的能源、钢铁和纸张等。这种贫富悬殊、两极分化的世界不可能实现可持续发展。因此，应该给世界以公平的分配和公平的发展权，应把消除贫困作为可持续发展进程特别优先的问题来考虑。二是代际间的公平即世代平等。要认识到人类赖以生存的自然资源是有限的。当代人不能因为自己的发展与需求而损害人类世世代代满足需求的条件——自然资源与环境。要给世世代代以公平利用自然资源的权利。

（2）持续性原则（Sustainability）。持续性原则的核心思想是指人类的经济建设和社会发展不能超越自然资源与生态环境的承载能力。这意味着，可持续发展不仅要求人与人之间的公平，还要顾及人与自然之间的公平。资源和环境是人类生存与发展的基础，离开了资源和环境，就无从谈及人类的生存与发展。可持续发展主张建立在保护地球自然系统基础上的发展，因此发展必须有一定的限制因素。人类发展对自然资源的耗竭速率应充分顾及资源的临界性，应以不损害支持地球生命的大气、水、土壤、生物等自然系统为前提。换句话说，人类需要根据持续性原则调整自己的生活方式、确定自己的消耗标准，而不是过度生产和过度消费。发展一旦破坏了人类生存的物质基础，发展本身也就衰退了。

（3）共同性原则（Common）。鉴于世界各国历史、文化和发展水平的差异，可持续发展的具体目标、政策和实施步骤不可能是唯一的。但是，可持续发展作为全球发展的总目标，所体现的公平性原则和持续性原则，则是应该共同遵从的。要实现可持续发展的总目标，就必须采取全球共同的联合行动，认识到我们的家园——地球的整体性和相互依赖性。从根本上说，贯彻可持续发展就是要促进人类之间及人类与自然之间的和谐。如果每个人都能真诚地按"共同性原则"办事，那么人类内部及人与自然之间就能保持互惠共生的关系，从而实现可持续发展。

## 二、旅游资源开发与利用中的可持续发展理念

### (一) 可持续旅游的提出

随着可持续发展观念在全球范围的深入，世界各国、各地区积极响应，旅游可持续发展问题逐渐成为旅游界关注的焦点。"可持续旅游"的概念是由"可持续发展"的概念演化而来的。1990 年在加拿大召开的旅游国际大会上，最早明确提出旅游可持续发展的概念。1997 年 6 月，作为对联合国《里约环境与发展宣言》（即《21 世纪议程》）的回应，世界旅游组织、世界旅游理事会与地球理事会联合制定并颁发了《关于旅游业的 21 世纪议程》，这份议程可看成旅游业发展的行动纲领和战略指南，是全球旅游业正式实施可持续发展战略的开端。

"旅游可持续发展的实质，就是要求旅游与自然、文化与人类生存环境、目的地成为一个整体；自然、文化和人类生存环境之间的平衡关系使许多旅游目的地各具特色。旅游发展不能破坏这种平衡关系。"（《旅游可持续发展宪章》，1995）可持续旅游是可持续发展理论在旅游业中的具体体现，与一般意义上的可持续发展理论在本质上是一致的，主要包括以下几层含义：一是发展机会的公平性。强调本代人之间、各代人之间应公平分配有限的旅游资源，一部分人旅游需要的满足不能以旅游区环境的恶化为代价，当代人不应为自己发展的需要而损害后代公平利用旅游资源的权利。二是生态系统的持续性。强调旅游资源的开发与旅游业的发展应在生态系统的承载能力之内，必须保证可更新旅游资源的使用速率应保持在其再生速度限度之内，不可更新旅游资源的耗竭速率不应超过寻求作为代用品的可更新旅游资源的速率。三是旅游与环境的整体性。两者是相互联系的有机整体，应该牢记这样的一个旅游发展理念：环境不是我们从先辈那里继承来的，而是我们从后代那里借来的。应该把旅游看成这样的一种活动：旅游开发是保护好前代人遗留下的环境，或是利用前代人留下的环境，为后代创造更加优异环境的行动。四是发展战略的共同性。要实现可持续旅游这一全球性目标，必须采取全球性的发展战略和联合行动，在旅游业发展中既尊重所有各方因文化、历史和社会经济发展水平的不同而形成的差异，又要在保护环境与发展旅游方面采取国际统一行动，反对狭隘的政治观、区域观和民族观。

### (二) 我国可持续旅游面临的资源环境问题

#### 1. 水资源锐减并污染严重

我国水资源的不当开发，导致了水资源锐减。其结果是一方面使旅游生活用水紧张；另一方面使一些以水体为主的旅游景点消失。如有"泉城"美名的济南，由于 20 世纪 70 年代以来，该市工业用水与生活用水俱增，对地下水过度开采，造成地下水量

日益减少，导致许多名泉干涸，并且使围绕这些名泉而修建的旅游设施也失去了存在的意义①。水资源锐减的同时，水污染也日趋严重。工业废水、生活废水及旅游区废水不加净化和净化未达标准便排入景区水体，严重污染了水体旅游资源。

2. 旅游区水土流失严重

旅游资源的不当开发，使地貌和植被遭受破坏，加剧了旅游区的水土流失。尤其是公路两侧、湖泊水库两侧、宾馆和房屋等建筑物所在地更为突出。如太湖 20 世纪 80 年代后期水土流失给当地旅游业造成的经济损失达 3.57 亿元，占 GNP 的 0.94%②。

3. 大气污染威胁可持续旅游

大气污染往往是跨区域，甚至是全球范围的环境问题。它不仅危害人类健康，还从另外三个方面威胁旅游业：其一是气候变化。据世界环境与发展委员会估计，按目前的废气排放速度，至 21 世纪 30 年代，全球气温将上升 1.5℃ ~ 4.5℃，导致海平面上升 25 ~ 140 厘米。在这种情况下，我国沿海许多旅游城市或景区将从此湮没于海底，风光不再。其二是酸雨威胁毁坏植被，造成土地和水质污染，腐蚀文物建筑等。据估计，我国受酸雨危害面积已占国土总面积的 20%，旅游资源的质量遭到严重损坏。其三是粉尘污染，使旅游资源质量退化。另外颗粒较小的烟尘随大气运动广为传输，笼罩在景区上空，严重影响旅游视觉享受。

4. 生物旅游资源减少

我国拥有温带、亚热带、热带广阔气候地域的丰富的生物旅游资源，但是近年来由于不合理的开发经营，资源总量与多样性锐减，突出表现在以下两个方面：一是森林资源急剧减少。我国森林覆盖率为 13.9%，远远低于 31.4% 的世界平均水平，近年来，虽呈增长趋势，但主要是人工林面积的扩大，作为生物多样性资源宝库的天然森林仍在不断减少，且残存的天然林地也多处于退化状态。按照这种趋势发展下去，必然使我国旅游业的天然环境净化器功能减弱，并且使以森林为主体的旅游区质量退化。二是生物多样性减少。由于人口压力、自然生态破坏、对资源的过分开采及污染等影响，世界物种灭绝速度比原来的自然过程加快了约 1 000 倍。据国家环境保护局统计，我国濒危和受威胁的高等植物种数为 4 500 种，其中濒危植物占 15%；濒危或受威胁的动物物种为 400 种。这些具有重要观赏、科考价值的物种很可能消失殆尽。

5. 固体废物污染

由于旅游区配套设施不完备及旅游者本身素质较低等各方面原因，致使与旅游有关的服务性行业产生大量固体废物，不加处理或处理不当便弃于景区内，严重污染了景区环境。如峨眉山风景区每年产生固体废物 4 800 多吨，其中 96% 以上未加处理便排入景区的溪流中。照此下去，这涓涓溪流可能将变成名副其实的垃圾河③。

（三）旅游资源可持续开发与利用的基本内容

旅游业的可持续发展离不开旅游资源的可持续利用，而旅游资源在利用中具有特

---

① 邵友程. 旅游人文景观的保护. 地球，1993（2）：29 - 30.
② 王万茂，李玉英，等. 太湖水土资源保护和发展研究. 资源开发与市场，1996（12）：262 - 264.
③ 敖荣军，韦燕生. 中国可持续旅游的资源环境政策思考. 旅游学刊，1999（5）：58 - 59.

殊的脆弱性、环境的可变性、供给的有限性等特点，因此，为实现旅游业的可持续发展，必须在旅游资源的开发与利用中走可持续发展道路。旅游资源可持续开发包括以下基本内容：

1. 基于可持续旅游的环境伦理观

旅游开发与利用中种种环境问题的产生，从表面上看是技术、经济和管理等方面的原因，但就其本质来讲，则是由于人们缺乏必要的环境道德意识、环境道德良心和环境道德责任感所致。人们片面地认为"旅游业是无烟工业"，于是盲目地采取不符合环境道德准则的粗放型开发模式，将旅游业的发展简单化为数量型增长或外延式扩大再生产，旅游资源开发往往缺乏深入的调查研究和全面科学论证、评估与规划，急功近利，重开发，轻保护，甚至只开发，不保护，导致旅游区环境污染严重，生态系统失调，旅游与生态环境之间的矛盾趋于尖锐。严峻的现实已经告诉世人，旅游业的无序发展已经给环境带来了巨大的甚至是灾难性的破坏。如果不从根本上解决好这一问题，就会削弱旅游业的发展基础①。因此，确立新的环境伦理观，实施可持续生存的旅游道德准则是完全必要的，这是旅游资源可持续开发的必然选择。

环境伦理建设对旅游资源可持续开发具有重要作用和意义。旅游资源可持续开发强调人类必须学会尊重自然、保护自然，把自己当成自然的一员，与自然和谐相处。这就要求人们必须彻底更新传统的以自然为敌的价值观念，转变人类自我中心主义的思维方式，提高旅游开发管理者与旅游者的旅游环境保护意识。从主体性视野和内因论角度来看，是人的环境意识支配着其环境行为从而必然产生相应的环境结果。进行环境伦理建设，增强人们的生态意识和环保观念，必然内在地促使人们在旅游活动中讲求效益，节约资源，文明游览，规范经营和减少废弃物，从而可以改善旅游环境，促进旅游经济建设与资源环境的协调发展。因此，环境伦理建设是旅游资源持续开发的重要内容，也是旅游资源可持续开发的基本法则和必要条件②。

2. 旅游资源可持续利用

在保护资源与环境并最大限度地增加旅游者享受旅游的乐趣和给当地带来效益的同时，将旅游开发对所在地区的消极影响维持在最小限度内；放弃传统的高消耗、高增长、高污染的旅游发展方式，延长旅游资源的生命周期；旅游资源的开发与旅游业的发展不能超越自然资源与生态环境的承载能力；尽量减少不可更新资源的消耗；保证旅游资源享用的代际公平性。

3. 国家开发与保护战略

构建国家结合开发与保护的总体框架，促进旅游的公平发展。旅游业的发展是存在贫富差异的。一般而言，旅游业发达地区多能将资本不断地投入新的领域，因而为了获取最大收益常常不顾旅游环境和环境要素，常造成开发性破坏和破坏性开发。据研究，最富裕和最贫困的旅游地往往比居中的旅游地会造成更大的环境损害。因此，政府应该从总体上进行宏观把握，建立起综合发展与保护的总体框架，促进旅游的公

---

① 王富玉. 可持续旅游的理论与实践. 管理世界, 1999 (4)：82 - 83.

② 黄震方. 关于旅游业可持续发展的环境伦理学思考. 旅游学刊, 2001 (2)：68 - 69.

平发展。

4. 旅游资源可持续开发的评价指标体系

旅游资源可持续开发的评价指标体系就是对旅游可持续发展状况做出定量的诊断。这些评价指标体系，在一定程度上反映了旅游地环境可承载容量的极限。对于旅游可持续发展评价指标的筛选和体系的建立的基本原则，学者们已达成许多共识，这些共识包括"保护第一，开发第二"的原则、"简明科学性原则"、"系统整体性原则"、"可行整体性"原则、"可行可比性原则"等。但总的来说，旅游可持续发展评价研究目前尚属于分析阶段，没有形成综合的局面。如何建立科学规范的评价指标体系是目前研究的一个热点问题。崔凤军等人于1999年依据旅游可持续发展的内涵，建立以旅游经济指标、生态指标、社会文化指标和社会支持系统指标四大类二级指标为主的评价指标体系。各类评价指标并不是孤立的，而是彼此之间有着内在的紧密联系。旅游社区同为旅游经济指标和社会文化指标所囊括，分别体现出不同侧面的意义；旅游经济指标中的旅游对象实质上也包括在生态环境指标的实体内容之中。上述三类指标同时又都以社会支持系统指标为基础，互相联系，互相作用。[1]

## 第二节　旅游资源保护的目的与意义

早在旅游业问世之前，我国古人在旅游活动中就有注意珍惜山水自然旅游资源的朴素思想。明代著名旅行家徐霞客在旅行中表现出强烈的环境保护意识和保护风景旅游资源的真知灼见。他在江西永新县探游仰慕已久的梅田山洞景时，四个溶洞除东北一角山石完好外，其余洞景"俱为烧灰者铁削火淬，玲珑之质，十去其七"，于是极其痛心地在日记里写道："凌空蜚飞之石，俱受大斧烈焰之剥肤矣！"他在江西南城县考察山水时，见众多"坠峡奔崖"的泉流，因当地居民造纸以至于"濯水如漤，失飞练悬珠之胜"而大为惋惜。在云南宾川县鸡足山参观佛教圣地时，见有人在崖壁上大书"石景奇绝"、"石状大奇"、"石状又奇"、"石状始奇"题刻四处，各换一字，粗俗不堪，徐霞客愤怒地问道：你这是"东施效颦"（拙仿名人题刻），还是给山崖"黥面"（在罪犯脸上刺字涂墨）？并高声质问："山灵何罪而受此耶？"一次，他冒雨在湖南郴州山区考察，经过乳山宫时，僧人出门迎客，徐霞客却因自己"足袜淋漓，恐污宫内"而谢绝进宫。途经另一道观时，见"观门甚雅，花竹修然"，亦以"足污"未入内。此事虽小，却折射出徐霞客对自然文化遗迹的珍惜、对生存环境的爱护之情。

19世纪40年代世界上出现了旅游业，80年代以后中国旅游业迅速发展。与旅游业发展相伴而生的是旅游资源面临了前所未有的威胁，中国作为一个发展中的旅游大国，保护旅游资源的任务显得尤为迫切。人们逐渐认识到，旅游业不是"无烟工业"，它也生产各种废物，它不仅排放传统工业废物，而且生产的"旅游公害"对一个旅游区来说是致命的威胁。旅游业也不是一项"投资少、见效快、高产出的劳动密集型产

---

[1]　崔凤军，等. 区域旅游可持续发展指标体系的初步研究. 旅游学刊，1999（4）：45.

业"，因为没有把旅游资源消耗，尤其是环境资源的消耗纳入旅游成本之中，从而忽视或歪曲了旅游成本的构成，低估了旅游成本水平，虚增了旅游新创造价值部分。在资源紧缺、环境污染日益严重的今天，如果把环境资源耗竭纳入旅游成本中，那么旅游业应该是环境密集型或资源密集型产业。旅游活动也并非"非耗竭性消费"。所谓"非耗竭性消费"，即"旅游资源主要是由可再生性资源构成的，而旅游消耗又基本上是感觉消费（或称精神消费）的过程，因此旅游资源不存在耗竭的问题"。事实上，旅游资源并非绝对可再生资源，而且旅游活动也消耗甚至破坏或毁灭旅游资源和环境资源。所谓旅游资源的可再生性，是指人们适度开发与利用旅游资源、环境资源，在其所允许的负荷以内[①]。我国虽然幅员辽阔，旅游资源也十分丰富，但是应该看到我国旅游资源的人均占有量很有限，远远落后于发达国家水平。随着我国旅游业的飞速发展，超负荷的旅游接待使众多旅游资源承受了巨大的压力，遭到了巨大的破坏。只有大力开展旅游资源保护，才能实现旅游业的可持续发展。

## 一、保护旅游资源就是保护旅游经济的可持续发展

旅游业是对资源依存度很高的产业，旅游资源、环境状况成为旅游开发的必要条件之一，构成了旅游产品的重要组成部分。只有良好的、并且得到精心保护、处在良性循环状态的旅游资源，才能使旅游者产生旅游动机，并最终实现出游。同时，旅游对环境的依存度也是非常高的。只有优质的环境，才有高品质的旅游产品（旅游环境成为旅游产品不可或缺的背景条件和重要组成部分），才能更好地吸引旅游者。美丽的环境本身就是非常有价值的旅游资源。世界旅游组织前秘书长萨维尼亚克说过："成功的旅游需要高质量的环境。"在社会经济产业系统中，旅游业是与环境联系最为广泛的一种经济文化性产业。从某种意义上讲，旅游也是将美丽的环境卖给旅游者的一个过程。在旅游资源经开发变成为旅游产品的过程中，经常会使旅游资源受到不同程度的影响甚至破坏，从而降低或失去旅游资源的质量和品位，弱化自然旅游资源的美学特征及观赏性，丧失人文旅游资源的历史文化价值及文化内蕴，最终减少了旅游资源对旅游者的吸引力；严重者甚至降低旅游资源的"重复使用性"，极大地影响旅游资源的发展。因此，保护好旅游资源和环境，有利于长期保持其旅游吸引力，促进旅游业的长期发展，带来长期的旅游经济效益。

## 二、保护旅游资源就是保护人类文化

旅游是一项文化活动，文化是旅游的灵魂。旅游者的频繁进入，沟通了当地与外部社会的交流渠道，让当地人听到、看到了外部社会的许多新鲜事，从而唤起了他们与外界进行交流的愿望，渐渐地，开始时的那种单向进入变成为双向的往来，加之电视、广播、各种音像制品的普及，开阔了当地人们的视野。人流、物流、信息流等的涌入，使他们对外部社会文化的态度从最初新奇地观望到认同、吸收。尤其是年轻一代，他们更快地接纳了时尚。各种歌星、球星、影星的大幅招贴画在乡村的流行就是

---

① 张二勋. 论可持续发展理论在旅游业中的应用. 地理学与国土研究，1999（5）：81–82.

例证。这种现代文化的输入，对当地居民的认知能力和主导文化价值体系的影响是直接的、现实的。首先，游客的存在教会了他们什么样的东西能带来经济利益，使他们从自己生活的环境中去寻找那些能生财的东西，过去对自己没用的传统，现在只要游客有需求，也会被挖掘出来为自己创造价值，这就形成了对传统有用性认知能力的干预。其次，不同文化的接触、交流、学习和借鉴是文化发展的重要条件。旅游者带入的外部文化的频繁冲击，是使当地主导文化价值体系发生变迁的一种潜在力量①。因此，国外有学者认为，旅游有殖民文化的倾向，使文化趋同而失去了文化的个性和特色。

据一项国内抽样调查表明，来华美国游客中主要欣赏名胜古迹的占26%，而对中国人的生活方式、风土人情最感兴趣的却达56.7%。与此同时，很多人对民族文化在旅游开发中的商品化、庸俗化和优秀传统文化价值观的蜕变感到忧心忡忡。但是，我们应该认识到：不同文化间的冲突和融合正是文化发展的最重要的动因。受全球化影响，各民族文化发生改变已不可避免，传统与现代融合是各民族文化的发展趋势。如何正确处理旅游业带来的民族地区的社会发展与文化保护关系的问题是核心问题②。有学者认为，根据性质，我们可以将民族文化分为三大类：①优秀的民族文化；②有历史价值但现实生活中已不可能存在和发展的民族文化；③民族文化的糟粕部分。对于这三类民族文化应当区别对待。第一类民族文化，即优秀的民族文化，是民族文化的精华，主要包括那些体现民族特性和良好精神风貌的观念、习俗、礼仪、制度、宗教、文学、艺术等。对这类民族性较强的优秀传统文化必须加以发扬光大，严禁对其进行破坏性开发。在民族旅游开发中存在着歪曲、亵渎优秀民族文化的现象。例如，有的民族的婚俗本是十分美好的风尚，却被一些人借以从事色情服务。又如，各少数民族的庆典活动通常都是在特定的时间、特定的场所按传统的方式和程序进行。但有的旅游经营者为了片面追求商业利润而将其过度舞台化，不再按特定的时间、地点、程序和方式进行，甚至连内容也被刻意改变，这无疑已破坏了民族文化的真实性。第二类民族文化属于有历史价值、但已不可能在现实生活中存在和发展的传统文化，如有的生产工具和生活器皿，一些已经不再使用的文字和无法传承的技艺、艺术、原始宗教及礼仪等。这类文化随着时代的发展，已失去了原有的功用，但只要它们不阻碍民族地区的社会经济发展和现代化进程，就应该对其加以保护并适度开发和利用。第三类属民族文化的糟粕部分，是与社会主义现代化相悖、代表着愚昧与落后的民族文化。它主要包括一些原始观念、婚姻上的近亲习惯等，是与社会主义文明和民主法制与社会主义市场经济格格不入的，违背了时代发展的潮流。对于这类民族文化应坚决摒弃。现实生活中，有的旅游企业为了片面追求利益和迎合某些游客的心理而大肆渲染民族传统文化糟粕。对于这种行为，应该严厉打击，坚决杜绝③。

加强对旅游资源和环境的保护，可以减少旅游活动对当地文化景观、文物古迹等

---

① 郭山. 旅游开发对民族传统文化的本质性影响. 旅游学刊，2007（4）：30-31.
② 黄河. 析少数民族文化旅游资源保护的误区. 探索，2004（3）：114.
③ 刘红梅. 关于民族旅游开发与民族文化保护的几点思考. 开发研究，2004（3）：51-52.

的不良影响，并使当地有价值、有特色的社会文化资源得以保持，以维系本地文化信仰的根基，保持本地的文化特色。以丽江纳西古乐为例，它是在明清之际由中原传入当地的汉族洞经音乐的基础上逐步衍化而成的带有宗教色彩的一个乐种。经过几百年的民间流传，20世纪30年代达到鼎盛。"据有关学者考证，当时丽江城乡至少存在着30个洞经乐队"（宗晓莲、保继刚，2006）。由于历史的原因，"文化大革命"结束时，能演奏这种音乐的人已为数不多，并只在小范围中有自娱自乐性演奏。1984年，丽江大研古乐会恢复时，会员只有一些老艺人。可以说，这个乐种在当时的整个丽江民间处于行将失传的状况。1986年，丽江县被国家批准为乙类对外开放地区后，旅游业逐步兴起，老艺人们自娱自乐的演奏引来了游客中音乐爱好者的兴趣，有听众会向募捐箱中零星地捐一点款。之后，在宣科等人的努力下，经相关部门审批，1988年7月，以牛维炯为会长、宣科为副会长的民间大研古乐会获准正式对外演出。开始时由于听众不多，演奏既不定期，票价也很低，组织形式更是松散，一般是游客提出需求时才临时通知老艺人来演奏。后来，随着旅游业的日渐红火，加之以宣科先生为首的当地艺人的成功商业运作，这个乐种才一路走红。20年不到的时间，它已是名声远播。现在，丽江大研古乐会设在一座传统的纳西族院落中，有600多个座位，票价按A、B、C和加座分别为100元、80元、50元不等。不仅每天傍晚定时演出，有时还要加场，年收入颇为可观。纳西古乐不仅在经济上获得了很大的效益，而且还创出了品牌，对吸引国内外游客到丽江来也起了很大的作用。如今，参加纳西古乐表演的乐手中已经不乏中青年的身影了。

从纳西古乐这项传统文化事象在纳西族社会中获得新生的这段历史中，可以看出决定因素乃是其经济价值在现实生活中的显现。在经济利益的驱动下，这种传承自然而然地出现了。尽管有学者对这种传承颇有微词，称它只是形式上的传承，并指出古乐的商业性异化、演奏形式的"变脸"、演奏曲目的退化及年轻一代学习古乐动机的"不纯"等，但不可否认的事实是，这种传统文化确实已名声远播，有相当数量的纳西族年轻人也正在习练纳西古乐，而且他们以自己是会古乐的纳西人而感到自豪[①]。

### 三、保护旅游资源才能实现旅游生态环境的永续利用

旅游业比其他任何行业更依赖环境，绝大部分旅游资源是不可再生的，许多自然景观和历史文物是由漫长的历史造就的，一旦遭到破坏，就会产生不可挽回的后果。回顾20多年来旅游资源开发所走过的路，急功近利盲目开发，疏于对旅游资源保护和旅游地环境承载量的控制等现象，情况并不少见。针对部分地区旅游资源遭到破坏的现状，邓小平从生态旅游思想出发，强调旅游资源保护，指出："石林要整理一下，要种些树，让风景更优美一些，现在太荒凉了"；"桂林漓江的水污染得很厉害，要下决心把它治理好。造成水污染的工厂要关掉。'桂林山水甲天下'，水不干净怎么行？"1979年1月，他与国务院负责同志谈话时指出："要保护好风景区。桂林那样好的山水，被一个工厂在那里严重污染，要把它关掉。北京要搞好环境，种草种树，绿化街

---

① 郭山. 旅游开发对民族传统文化的本质性影响. 旅游学刊，2007（4）：29-30.

道，管好园林，经过若干年，做到不露一块黄土。"他在 1979 年 7 月视察黄山时说："在这里，我们的资本就是山。要搞些专业队治山。现在这里有好多秃山。种玉米干什么？既影响水土保持，收入又少……要有些办法，禁止破坏山林。"[1]

加强对旅游资源与环境的保护，在环境生态方面具有重要意义：第一，减少对绿化植被的破坏。如减少旅游设施的建设对绿地的侵占及对自然景观的破坏，禁止某些对环境生态影响大的旅游活动如野营、野炊、践踏植被等。其次，减轻对环境的污染。如减少乱弃垃圾，及时处理旅游设施和疗养院向海滩、河道、湖泊排放的污水、病原体和其他有害、有毒物质、不易降解的清洁剂等。第三，有利于野生生物保护。如避免大量游客形成的拥挤嘈杂环境对野生动物的生存带来不利影响；破坏饲草和哺育环境等。总之，对旅游环境的保护有利于生态系统的平衡，促进旅游业的持续发展。此外，旅游环境自身也存在随时间的变化而变化的情况。加强对它的保护，还可以减少除旅游因素以外的其他因素的不良影响，促进旅游景观资源和环境的良性发展，满足人类对环境生态的要求日益提高的需要。

**小资料**　　　　　　　　　　　　**美国国家公园**[2]

"不要规划自然"是美国建设和管理国家公园的重要指导思想。他们认为，各种自然现象都是对自然规律的客观反映，都有其存在的客观必然性。因此，对发生在国家公园内的一切自然现象都要顺其自然，任其自然产生，也任其自然消亡。如对大火、洪水、虫害等，都要顺其自然，他们不主张对自然现象进行人为的干预。

黄石国家公园不仅是美国最早的国家公园，也是世界上最早的国家公园，在国际上具有重要影响。黄石国家公园总面积 220 万英亩，于 1988 年遭受一场大火。这场大火持续了 50 多天时间，烧毁了整个国家公园 1/3 面积的森林，在美国引起了很大震动，曾一度成了新闻报道的热门话题。但美国有关部门对这场大火的态度是任其自生自灭，除非大火直接威胁到人的生命或是威胁到文化遗迹和建筑设施时，才采取必要的但是有限的防救措施。大火完全熄灭之后，黄石国家公园对大火的生态影响进行了专门的科研考察，随后又召开了一次权威性的专家研讨会。科研证明，大火给该国家公园带来了一定程度的消极影响，但也带来了更多的积极影响。的确有一些物种减少了，但更多的物种却从此增加了，总体上看，大火丰富了这一地区的生物多样性。专家们一致肯定了有关当局听任大火自生自灭的科学管理态度。确实在大火烧过的地方，葱绿茂密的小树已经开始茁壮成长，她们告示人类：在这里，一个更具生命力的新的生态复苏的周期重新开始了。

穆尔国家公园重点保护的红木树是一种古老的树木，虽然病害、虫害较少，但有一种菌类对树木构成了危害，国家公园不用化学药品除菌，因为周期性的大火可以帮助树木治病除害。专家讲，红木古树的树籽在通常的情况下很难发芽，小树的成长是

---

①　黄莉，等. 浅析邓小平旅游经济思想. 西南民族大学学报，2004（7）：95 - 96.
②　杨朝飞. 他山之石可以攻玉——考察美国国家公园有感. 中国环境管理，1999（2）：19 - 21.

一件困难的事情，而大火和洪水之后才是树种籽发芽和小树成长的最适宜的契机。枯树横倒或落叶掉落在河中，阻挡了流水时，管理者也不会去清除，有时洪水下来会因此而冲坏道路、建筑等。即使如此，管理者还是认为自然些更好，因为那些有枯枝落叶及自然之物的河水，正是各种水生物生存的最好的栖息环境。

国家公园全部对社会开放，可以发展旅游。国家公园的收入主要有两方面：一是门票收入。国家公园的门票价格大都很低。像大蒂顿、黄石这些著名国家公园，其门票才10美元/1辆小轿车，比一些大城市的停车场收费都低。全美国家公园每年游人2.7亿人次，但门票收入仅7 000万美元。二是出售特殊经营许可证。国家公园不直接经营旅游，但它们可以其优美的生态环境和特殊的自然景观和文化遗迹来吸引游人，吸引的游人越多，其特殊经营许可权的售价就越高。据了解，美国游人每人每天大约消耗300美元，这对旅游公司来讲是非常有利可图的。特殊经营许可权是通过向社会招标来实现的。此外国家公园还可以出售纪念品和有关介绍国家公园的书籍来增加收入。

国家公园的目的非常明确："为了人民世世代代的享受，保护自然和历史景观以及野生动物，以免受到损害。"所以中小型的国家公园一般不在园内建设宾馆、饭店等第三产业设施。游人自带饮料、食物和帐篷，帐篷等使用后自行拆除带走，甚至废弃物及人的粪便也要自行带走。如果大型国家公园确实需要建设宾馆、饭店等旅游设施，也要远离主要景区和保护地带。在规划区内实施建设，房屋外观不能太现代化，其外观、样式、色调要求突出民族特色，要求能与四周环境融为一体。国家公园内的污水实行集中处理，垃圾实行分类收集。国家公园内的交通完善，道路便捷，但公路建设未对环境造成损害，修路时的取土取石及弃倒废土石都经过精心处置。美国的一些国家公园也面临着游人过多的压力及其汽车尾气污染等问题，它们的对策是：一方面提高管理水平，扩大公园的接待能力，满足社会的旅游消费需求；另一方面也采取了一些限制性的措施，如要求游人提前预订房间，房间预订完后不再接待新预订户。

美国的国家公园不是一个封闭的社会，而是一个面向广大公众开放的娱乐消闲场所，又是一个对公众进行爱国主义教育和生态保护知识教育的课堂。因此，美国的国家公园管理非常注重公众参与和社会参与。公众参与的形式是多样化的，一是公众特别是青少年学生通过义务劳动的形式支持国家公园建设，如清除垃圾、从事一些有意义的建设活动等；二是科学家提供无偿的技术咨询服务，为国家公园建设出谋献策；三是非政府组织（NGO）积极参与国家公园的管理和建设，帮助解决资金和技术问题。社会各界参与国家公园建设在美国已蔚然成风，已成为促使其健康发展的重要动力。美国国家公园正式工作人员15万人，旅游旺季再聘1万人，但参加国家公园管理的志愿者却达8万多人，这些人已成为国家公园的一支非常重要的维护力量。另外，私人企业、基金会还为国家公园提供了急需的资金。如仙南多国家公园，其面积19.6万英亩，横跨弗吉尼亚的蓝山山脉，在20世纪30年代时还有几家大型的私人牧场、私人林场和几百个小型农场。后来国会批准了在此建立国家公园的提案。但国家能拿出的钱十分有限，远不足以买下这一大片土地。后来该项目得到了数以千计的私人捐款，甚至连当地学校的儿童都捐出了硬币。这所国家公园的建立得益于广大公众的无私支持，目前每年接待游客已达 200 万人次。

　　穆尔国家公园生长着一种非常稀有而古老的红木树，这是美国在海湾地区仅存的生长原始红木树的地方，其保护价值很高。1905 年，议员威廉·肯特夫妇出资 4.5 万美元购买了 295 英亩土地，并捐赠给国家，从此建立了现在的穆尔国家公园。几十年来，该国家公园有了长足的发展，已成为深受广大游人青睐的旅游地，现在每年游客量竟高达 1 500 万人次。

# 第三节　旅游资源遭受破坏的原因

　　旅游资源遭受破坏的原因可以归结为自然衰败和人为破坏两个方面。

## 一、旅游资源的自然衰败

　　旅游资源，无论是自然形成的还是人工创造的，都是大自然的一部分。大自然的发展、变化会影响旅游资源的变化，有的会使之衰败。根据发生衰败影响的速度和程度，可分为灾变性破坏和缓慢性风化、细菌及病虫害作用。

### （一）灾变性破坏

　　自然界中突然发生的变化如地震、火山喷发、海啸等自然灾害的出现，会直接改变一个地区的面貌，毁掉部分或全部旅游资源，这种现象被称为旅游资源灾变性破坏。如雕塑于公元前 4 ~ 前 2 世纪的世界古代七大奇迹之一的图得岛太阳神，就毁于地震。中国历史文化名城——云南省丽江大研镇在 1994 年大地震中，部分古建筑也遭到破坏。1997 年 8 月 12 日，夏威夷岛上最古老的瓦吼拉神庙，被基拉威火山喷出的熔岩浆全部淹没，一座有七百年悠久历史的名胜古迹被毁于一旦。

**小资料**　　　　汶川大地震造成四川省生态旅游资源受损超 33 亿元①

　　本次汶川大地震，对我省生态旅游资源造成了一定破坏。记者昨日从省林业厅旅游中心获悉，据不完全统计，目前此次地震共造成阿坝、成都、绵阳、德阳、广元、雅安等地区的生态旅游景区经济损失超过 33 亿元。据介绍，这次特大地震的主震区，是我省生态旅游资源异常丰富的地区，同时也是大熊猫的主要栖息地。该区域共建有国家级自然保护区 10 个，省级自然保护区 24 个；国家级森林公园 15 个，省级森林公园 14 个。大地震发生后，我省的生态旅游景区景点遭到不同程度的破坏，汶川卧龙、青川唐家河、平武王朗等由于山体塌方，通往这些景区的道路发生断裂；彭州白水河、银厂沟，北川小寨子沟及猿王洞，安县千佛山等生态旅游景区几乎遭到毁灭性破坏。

---

　　① 华西都市报，2008－06－10.

（二）缓慢性风化

在自然状况下，由于寒暑变化、日晒风吹雨淋，导致风化作用、溶蚀作用、侵蚀作用、氧化作用、风蚀作用、流水切割作用等，缓慢地改变旅游资源的形态和性质，这种现象被称为旅游资源的缓慢性风化。

任何名胜古迹都时时刻刻受到自然风化的危害，如埃及的基奥斯普大金字塔，近一千多年来风化产生的碎屑体积达 5 万立方米，平均每年损耗约 50 平方米，即整个金字塔表层每年损耗约 3 毫米。有些更古老的台阶式金字塔风化更为厉害，很多大石块几乎完全损坏，或者只剩下很小的近似球形的团石，台阶上则堆积着很厚的碎屑。又如秦始皇陵，原名郦山，据三国时魏人说，"坟高五丈，周围五里余"，经折算，高约为 120 米，底边周长约 2 167 米，这座由人工用黄土堆造的郦山，随着 2 000 多年的风雨侵蚀，现在高度已降到了 64.97 米。云冈、龙门、敦煌三大石窟及帝王陵墓石雕也同样受到自然风化的破坏。

鸟粪对旅游资源的生物化学分解也会导致旅游资源的缓慢衰竭。养鸽在欧洲许多城市流行，它能增加城市的生气，但是，鸽粪落到屋顶、檐口下、雕像上，很难清洗，而鸽粪对建筑和雕像的化学分解作用远远大于工业废气。我国曾有人主张学国外在天安门广场放养几万只鸽子，后因考虑到故宫文物保护而未实行，实为北京文物保护界的一大幸事。近十几年来，中国著名旅游城市昆明每年都有上万只红嘴鸥前来越冬，栖息在滇池，捕食在市内游客众多的有水面的公园，游客争相喂食。红嘴鸥的到来为昆明又添一景，使公园门票收入大幅度提高。但是红嘴鸥带给公园的绝不仅仅是经济效益，同时也留下了斑斑鸟粪在房顶、栏杆、雕像和游乐设施上，不但破坏了公园的洁净度，同时也导致景观及设施的化学风化所带来的缓慢衰竭。

然而我们也应该看到，这些因素也是某些旅游资源得以形成的原因。如岩溶地貌、雅丹地貌、海岸地貌等，假如没有上述影响，也不能够形成观赏性极高的景观。

（三）细菌及病虫害的作用

细菌和病虫害对于动植物和某些文物古迹的影响比较明显。如 2006 年故宫发现了一种黄胸散白蚁，它们的存在对故宫建筑造成了严重威胁。既要彻底杀灭白蚁，又不能破坏古建筑，为此故宫管理委员会的专家们一筹莫展。后来应北京故宫管理委员会邀请，浙江德清的四位防治白蚁的"土专家"专程来北京为受到白蚁侵扰的故宫"治病"[①]。

**二、旅游资源的人为破坏**

旅游资源的人为破坏是多方面的、严重的，大多超过自然因素的破坏，有的甚至是完全毁灭旅游资源。按其破坏的根源可以分为政府决策失误、破坏性旅游开发和旅游者行为因素及其他人为因素。

---

① 新华网浙江频道，2006 – 05 – 17.

（一）政府决策失误

有的地方官员受自身知识的局限，以低水平的认识去做全局性的决策，以至于旅游环境和景观因决策失误而被损坏。黄土高原如今水土流失严重，与历史上大肆砍伐森林和开荒垦地不无关系。湖北省曾错误地实行过填湖造地的政策，加之自然环境恶化，使"千湖之省"在短短数十年中失去了 1/2 还多的湖泊数量和面积。在城市规划建设中，许多古建筑成为了开发房产、发展经济政策的牺牲品。浙江舟山市为开发房产，不惜将大片的明清老屋推倒，专家的呼吁在昂然前行的推土机面前显得太过苍白无力；山东曲阜在 20 世纪 80 年代将国内少有的明代古城墙和东西城门全部拆除。

**小资料**　　　　　　　　　　梁思成与"北京保卫战"①

完整保留北京古城原来格局，另辟新区进行建设，是梁思成城市规划思想之一。梁思成充满想象地建议说："在有了飞机的时代，由空中俯瞰，或仅由各个城楼上或景山顶上遥望，都可以看到北京杰出成就的优异。"然而，面对这一份伟大的遗产，不仅当时诸多的国人特别是执政的领导者们不能认识到或予以欣赏，而且对企盼予以全面科学保护它的"梁陈方案"进行了无端的批判。其实，对于"梁陈方案"从来就没有文字上的正式否定，或者是口头上的答复，而完全是置之不理。梁思成在所有作为得不到任何反应之后，竟然直言不讳地批评全国人民都万分景仰的毛泽东主席"可以领导政治、经济，但他不懂建筑，是不能领导建筑的"。其结果可想而知：梁思成靠边站了。

既然渴望以"梁陈方案"全面保卫这壮美无比的北京旧城已宣告失败，梁思成不得不退而求其次，希望对已经不可阻止地进入了旧城的新建筑，通过规划的方式予以合理安排，尽量减少对北京旧城整体布局和文物古建筑的损坏。梁思成开始了对被他称为"一串光彩耀目的中华人民的璎珞"———北京城墙的保卫战。

然而，对于这样"一件极重要而珍贵的文物"，主张拆除者大有人在，为此还引发了一场针锋相对的激烈辩论。主张拆除者认为：①城墙是古代的防御工事，它已经完成了自己的历史使命，失去了应有的作用；②城墙是封建帝王的遗迹，是为保卫封建统治者的利益而建造的；③城墙不仅阻碍城市交通，而且限制或阻碍了城市的发展；④城墙由大量砖石筑成，如果拆除，不仅可以利用其地皮修建公路，那大量城砖还可以用来建造诸多房屋。对此，梁思成于 1950 年 7 月在《新建设》第 2 卷第 6 期上发表了《关于北京城墙存废问题的讨论》一文，不仅认为以上"看法是有偏见的，片面的，狭隘的，也缺乏实际计算的"，如果再从"全面城市计划的观点看来，都是知其一不知其二的，是见树不见林的"，而且还条分缕析地对主张拆除城墙者的"理由"一一予以驳斥。

首先，梁思成认为城墙虽是古代防御工事，但只要利用得好，依然能够发挥它应有的作用。其次，梁思成对"城墙是封建帝王的遗迹"一说，很不客气地批驳道："这

----

① 窦忠如. 梁思成与"北京保卫战". 纵横，2007（1）. 引用时有删节。

是偏差幼稚的看法。故宫不是帝王的宫殿吗？它今天是人民的博物院。天安门不是皇宫的大门吗？中华人民共和国的诞生就是在天安门城楼上由毛主席昭告全世界的。"随后，梁思成又提醒主张拆除城墙者说："我们不要忘记，这一切建筑形体的遗物都是古代多少劳动人民创造出来的杰作，虽然曾经为帝王服务，被统治者所专有，但今天已属于人民大众，是我们大家的民族纪念文物了。"再次，梁思成对于"城墙阻碍交通和限制城市发展"这一主要论调似乎不屑于聒噪太多，因为这个问题他曾多次发表文章予以解释。对此，梁思成认为："这个问题只在选择适当地点，多开几个城门，便可解决的。"而"现代在道路系统的设计上，我们要控制车流，不使它像洪水一般的到处'泛滥'，而要引导它汇集在几条干道上，以联系各区间的来往"，所以"正可利用适当位置的城门来完成这控制车流的任务"。另外，梁思成还认为："城墙并不阻碍城市的发展，而且把它保留着与发展北京为现代城市不但没有抵触，而且有利。如果发展它的现代作用，它的存在会丰富北京人民大众的生活，将久远地成为我们可贵的环境。"最后，对于拆除城墙利用城砖进行其他建设的看法，梁思成不仅很耐心地算了一笔账，还从多种假设情况出发进行了分析。对于拆除城墙利用其地皮的观点，梁思成依然耐心地分析说："苦心的朋友们，北京城外并不缺少土地呀，四面都是广阔的平原，我们又为什么要费这样大的人力——一两个野战军的人数，来取得这一带之地呢？拆除城墙所需的庞大的劳动力是可以积极生产许多有利于人民的果实的。将来我们有力量建设，砖窑业是必要发展的，用不着这样费事去取得。"另外，如此浪费人力和物力所得到的结果，竟然是"要毁掉环绕着北京的一件国宝文物——一圈对于北京形体的壮丽有莫大关系的古代工程"，以及"对于北京卫生有莫大功用的环城护城河"。如此，"这不但是庸人自扰，简直是罪过的行动了"。然而，关于北京城墙存废的争论，很快被执政者的决策所终止。有一天梁思成从城里开完会回到清华园，在谈到北京市一位负责人在会议上所说"谁要是再反对拆城墙，党内就开除他的党籍"时，即便是代表科学和理性的梁思成也只能"知难而退"了。

随后，北京雄伟壮丽的城墙在北京市民义务劳动那嘹亮的号子声中消失了；北京城里的牌楼和很多古建筑也被拆除了。对此，梁思成痛心疾首然而又直言不讳地对时任中共北京市委书记兼市长说道："在这些问题上，我是先进的，你是落后的……50年后，历史将证明你是错误的，我是正确的。"

## （二）破坏性旅游开发

破坏性的旅游开发，主要是由于旅游规划制定者的水平低下造成的。在旅游资源开发中，规划不当会造成对旅游资源特色及景观的破坏。如云南大理是我国保存较为完整的古城，系国家首批公布的历史文化名城。但在其旅游开发过程中曾一度由于片面考虑古城石板地面不利于旅游车行驶，遂将石板路改为柏油路，结果与古城风貌格格不入，破坏了古城的特色。又如不少风景区在建设中就地采石，结果，风景区建设好了，却留下了裸露石场的伤痕景观，破坏了景观的完整度。任何旅游景观，如果与周围的环境割裂，其旅游价值会大打折扣。我国的古典园林、寺庙、陵寝等古典建筑，无不讲究与周围的环境和谐统一；其选址、布局和构造无不巧妙地利用地形和四周景物以达到"虽由人作，宛自天成"的境界，获得某种意境。近年来，在许多景区内盲目进行的设施建设，不仅破坏了环境的自然美与和谐美，而且使部分有较高价值的景观遭到破坏。青岛栈桥——原八大关前海海滨一线，依山傍海，风光秀丽，"红瓦、绿树、碧海、蓝天"，层次分明，被誉为"东方瑞士"，但现在栈桥周围沿海滨修建了许多高层建筑和饭店等设施，使这道亮丽的风景线加入了不和谐音符，不再流畅完美，游客已难领略"纳千顷汪洋，容四时烂漫"的意境。北京天坛里的丹陛桥，是天坛中的最高点，四周广植松柏，原来登上此桥，顿感"千里有树千里绿，万里无云万里天"。后来四周高楼林立，游人再去，已无"我欲乘风而去"的天上意境。桂林市地处岩溶地貌中的小盆地，周围山峰一般高 200 米左右，几座名山也高不过几十米，高层宾馆饭店却凌压群山，其山水风貌为之黯然失色。曾作为黄山标志物的一景——"梦笔生花"，由于自然环境变化和附近垃圾成堆等原因，松树日渐枯萎，人们在树下砌水泥池，欲使其获得更多的水分，结果是松树迅速死去。2000 年底，曲阜有关管理部门为了以"新面貌"迎接孔子国际旅游股份公司成立，对孔府、孔庙、孔林进行全面大扫除，用水管从上至下直接喷冲文物，致使"三孔"古建筑木结构进水，壁画、殿堂彩绘、金箔等大面积脱落或模糊不清，损失难以估量。

受经济利益驱动，旅游开发相关部门有时会为获取眼前利益而牺牲长远利益，为获取局部利益而牺牲全局利益，为获取自身利益而牺牲子孙利益。因此，旅游经营管理者追求高额利润，无视旅游容量，一味招徕游客，以破坏旅游景观资源和环境为代价，进行掠夺式的开发经营。结果是破坏了旅游景观，降低了环境质量，有时甚至造成游人伤亡。如在古典园林中修建游乐场，将泉水改为喷水池，使园林的经典建筑遭受不可修复的毁损；在生态景区内进行过度开发，破坏脆弱的生态系统，特别是在自然保护区的过度开发，使相当数量保护区的被保护对象受到破坏，等等。在河北境内承德一侧金山岭长城，当地有关部门为吸引游客，竟在古烽火台上经营起烤全羊和一些西式的餐饮，组织青年在长城彻夜狂欢。活动过程中充斥着震耳欲聋的电子音乐，由于主办方只准备了十个临时厕所，所以就有人随地大小便。结果是垃圾遍地，空气中充满着汗味、尿味等难闻的气息。这不仅是对长城环境的破坏，更严重的是对于长城形象的伤害。

国家对旅游景区的管理制度上的不完善是造成破坏性旅游开发的制度原因。各类旅游资源往往分属不同的部门，由林业、建设、宗教、文化等部门交叉管理，一个景点挂着几个牌子。由于部门间、地区间旅游资源管理的责、权、利不明确，旅游资源管理在名义上有分工，实际上却陷入混乱状态。这是部门间、地区间以及部门与地方间各自为政，相互争利、相互掣肘、相互推诿等现象盛行的主要原因。产权上的责、权、利不对称所造成的生态资源浪费和破坏，主要在于责任不清楚、产权不明晰。由于旅游资源的复杂性、整体性，其产权往往难以确定，而产权模糊必然带来利益争夺和责任推诿，从而给环境带来灾难性后果。[①]

---

① 田喜洲，蒲勇健. 我国旅游资源过度开发的原因分析. 生态经济，2006（6）：103-104.

**小资料**　　　　　　　　　　泰山扩建索道　专家又输了①

据《瞭望》周刊载文披露，泰山风景名胜区和当地政府置《国家风景名胜区管理条例》和众多专家的反对于不顾，在未向建设部报批也未向山东省建设厅报批的情况下，自行上马了泰山索道的扩建工程（第3条索道），并在国庆节前投入运营。据泰安市有关人士称，目前的泰山索道建于20世纪80年代末。建成后，尤其是近几年，泰山索道给泰山旅游带来了丰厚的经济效益。现在，旅游热使得泰山节假日异常拥挤，加之索道已经是超期服役，泰安有关部门决定将老索道拆除，改成新的循环式索道。据《光明日报》报道，中国科学院院士侯仁之、中国工程院院士吴良镛、中国工程院院士孟兆祯、北京大学世界遗产研究中心主任谢凝高、国家文物局古建筑专家组组长罗哲文等14名知名学者8月2日联名呼吁：立即停止泰山中天门—岱顶索道违规扩建工程，尽快拆除原有的构筑物，恢复岱顶植被，保护泰山这一世界自然和文化双重遗产的真实性和完整性。

呼吁书称：按国务院批准的有关规划规定，泰山中天门—岱顶索道的承载索业已期满，理应将索道及其相关构筑物全部拆除，恢复泰山的生态景观和人文景观。但有关单位现在不仅没有拆除相关构筑物的意向，反而准备大规模扩建，设计增加5倍多的运量，增建11座支架。专家们认为，这将严重损害泰山的雄伟形象。泰山为五岳之首，景观雄伟，历史悠久，文化灿烂，是中华民族历史上精神文明的象征，也是中华民族伟大形象和崇高精神的象征，是全人类的瑰宝，已被联合国教科文组织认定为世界自然与文化遗产。几千年来，泰山一直受到严格保护，"禁樵采"、"树当道者不伐"，为的是保护其崇高、庄严和充满生机的自然景观。10年"文化大革命"期间，周恩来总理为保护泰山景观，曾巧妙阻止了扬言"踏平泰山"的红卫兵的过激行为。总理强调泰山要登，因而多次指示不准在泰山修建公路、伐木采石。1980年建中天门—岱顶索道时，有关单位先定了方案，并预订了索道建设设备后才"征求"建筑学会专家们的意见。专家们表示强烈反对，部分专家愤而退出会场以示抗议。呼吁书称：此次扩建中天门—岱顶索道，又违反规定不向主管部门报批而擅自开工，造成既成事实后再来"征求意见"。专家们强调，任何迁就既成事实，允许所谓扩建"临时工程"的做法，都将给世界遗产和国家利益造成更大的损失和破坏。据专家介绍，国外迄今尚未发现在世界遗产处建设索道的报道，一些国家公园也严格限制修建索道，如美国大峡谷国家公园、日本富士山等都不准修建索道。

根据国务院有关规定，泰山原有的索道到20世纪90年代末要拆除并恢复原貌，现在不但未拆，反而还要扩建；扩建后，运量由原来的每小时300人增加到1 650人；为了扩建索道还炸掉了1.5万平方米的山体环境。而有关部门在泰山修索道的公开理由是防火、治虫、救援伤病号。北京大学世界遗产研究中心主任、风景与城市环境系主任谢凝高说，目前世界上据说有2.8万多条索道，绝大多数修在滑雪场等游乐场所，还没听说哪条是用来防火、治虫的。他无奈地指出，我们许多专家都在呼吁，居然挡

---

① 生活时报，2000 - 10 - 02.

不住以这样的理由修索道，真让人心寒！2000年"五一"黄金周期间，泰山岱顶区0.6平方千米的地方在同一时间段内达到了6万人，激增的游人踩得连草都没法长。而据谢凝高的研究，岱顶的生态非常脆弱，同时最多只能容纳1万人。若后果严重的话，岱顶的生态将无法恢复。

那么，大修索道究竟对当地的旅游经济有多大益处呢？原来游泰山需要一天，如今半天就游完了，有些旅客吃住都已不在泰安，而到附近的曲阜去。泰安市的星级宾馆有时甚至低至60元/人/天——只因为快速的游览使游客无需住在当地。可叹！可叹！

### （三）旅游者行为因素

#### 1. 游客非主观意愿造成的破坏

旅游业逐渐发展，一些著名风景名胜区游客增多，游客的踩踏踩实了地面，影响了植物吸收水分和营养，这是一些旅游点内古树生长不良的重要原因之一，同时，地面也因磨损而失去了原有的特色。故宫许多大殿前和内部的路面、地面，因游客密度较大而严重磨损。颐和园蜿蜒700多米的长廊路面的砖，因被踩踏过度，每隔几年要更换一次。游人呼出的二氧化碳、有害气体和水分以及散出的体热造成了封闭空间的环境变化，对其中的文物会造成不利影响。敦煌石窟和十三陵地宫都存在这一问题。游人的到来也会惊扰野生动物，打乱它们的生活规律，以至于被迫迁徙。因此，确定旅游景区的合理旅游容量并对游客数量进行控制是关键。2005年，敦煌莫高窟在全国首次采取了"旅游预约制"的方式控制游客数量。

#### 2. 游客的不文明行为造成的破坏

旅游活动中，有些素质偏低的国内游客是破坏旅游景观的主体。某些游客在旅游过程中，除眼看、耳闻、鼻嗅之外，还要手摸、刀刻，甚至奉行"拿来主义"。爬上香山，不摘几片红叶不足以证明去过香山；故宫的宫墙、石板走道、门槛上，长城的城墙和城楼上，不留下"某某到此一游"的刻痕不能显示其潇洒。部分游客有随地吐痰、在禁烟区吸烟等不良习惯。旅游消费伴生的垃圾污物如不及时处理，将污染旅游景观。在张家界国家森林公园，平均每天产生的垃圾总量约6 500千克，旅游旺季时，每百米游道日产垃圾25~40千克。尼泊尔登山协会称，在喜马拉雅山上，攀登珠峰的登山者至少已留下150 000千克垃圾。对此，一方面应该加强检查监督，及时制止游客的不良行为；另一方面应该加强宣传，提高国民素质。

**小资料**　　　　**游客素质：亟待打造的一道"景观"**[①]

近日，记者来到云南民族村，只见售票窗口前没人排队，而是挤作一团。在景区内，随处可以看到游客把果皮纸屑随手扔到路上、草坪上甚至是湖里。一家小店的老板李先生对记者说："经常会有游客坐在附近的台阶上吃东西，吃完拍拍屁股就走，面

---

[①]　云南法制报，2006-09-26.

条汤、咸菜袋、水果皮、面巾纸扔了一地。"在云南民族村内,记者发现一位游客拿出小刀准备在一块样子奇特的石头上刻字,急忙上前阻止,而这位游客竟生气地训斥记者"多管闲事"。

而在石林风景区,记者看到了更为惊险的画面:在一条狭窄的石道上,来回的游客都争着抢先走,全然不顾两尺宽的石道上已经并排站了三四个人,老人和孩子也挤在其中。记者从圆通动物园了解到,动物园的动物最容易生两种病:一是"节假日综合病";二是肠胃病。两种病大多是因游客乱喂东西造成的。看猴子的人最多,猴子被乱喂的东西也最多。

云南民族村游客中心工作人员佟小姐说,目前,游客的不文明行为与监督惩戒制度的缺失不无关系。在新加坡等国家和地区,相关的制度就比较完善。哪怕是对随地吐痰这样的"小事",都有明确的、大家公认的处罚依据和处罚标准。而在我们国家,相关的法律法规还不健全,如何定性不文明行为,以什么方式、什么途径来处理,标准是什么,都没有统一的规定。

而游客何先生认为,缺乏一个对不文明行为谴责的舆论环境也是种种陋习"招摇过市"的一个重要原因。一位姓王的先生说:"文明旅游的程度是游客素质的体现,反映了一个人乃至一个民族的精神面貌和道德修养。旅游使我们身心极大放松,但在看风景的同时,我们还应该意识到自己也是风景的一部分。自己的行为不雅,那么再美的风景也就有了污点。污染了别人的视觉,也损害了自身的形象。"

## 第四节　旅游资源保护的对策与措施

### 一、强化法制手段保护旅游资源

运用法制手段保护旅游资源是世界旅游发达国家的成功经验。如美国早在1872年就立法保护其第一座国家公园——黄石公园;日本则在1963年颁布了《旅游基本法》,其中规定"保护、培育和开发旅游资源",并将其作为国家必须实施的八大政策之一。巴西政府通过立法严禁各种有可能危害旅游环境的活动,如规定国家公园对公众开放的地区不得超过园区面积的5%、在公园内开展第三产业活动必须经过审批并承担环保责任、每周静园一天等。

我国自20世纪50年代初开始,制定了多种法律法规,从不同的角度对旅游资源的保护做了明确规定,这些法律法规包括:《古迹、珍贵文物、图书及稀有生物保护办法》(1950)、《中华人民共和国文物保护法》、《森林法》、《环境保护法》、《保护珍稀动物法》、《中华人民共和国自然保护区条例》(1994)、《风景名胜区条例》(2006)和《旅游资源保护暂行办法》(2007)等,各地方也结合各自特点制定了一些地方性法规。上述各项法律法规对旅游资源的保护起到了重要的作用,但相比我国旅游资源保护的严峻形势,立法工作仍明显滞后,需要加强立法力度,特别是要尽快出台一部统一、专门的旅游资源保护法。同时,要加强普法宣传教育力度,让旅游资源管理者、经营者和普通老百姓都能明确旅游资源保护的重要性，知法、懂法、守法。此外，要严格执法，确保各项法律制度得到落实，各项违反法律制度的行为得到处理和纠正，破除旅游资源保护中的地方保护主义和知法犯法行为。

## 二、充分发挥政府的主导作用

### （一）政府必须要知晓旅游资源家底

要保护好旅游资源，政府组织力量对它们进行数量、质量、分布、环境等方面的普查和评价是十分必要的。只有这样，才能做到心中有数，有的放矢，并为日后评估与保护提供依据。旅游资源是公共资源，应在资源普查、评价的基础上，划定保护区域，确定保护对象和重点，依法进行严格保护。

关于旅游资源的普查、评价，国家旅游局于2007年9月发布的《旅游资源保护暂行办法》第四条、第五条和第九条予以了明确规定："国务院旅游行政管理部门负责全国旅游资源的普查、分类、定级、公告及相关保护工作，各地旅游行政管理部门负责本地区的旅游资源的普查、分类、定级、公告及相关保护工作"、"旅游资源普查是旅游资源保护的基础，县级以上旅游行政管理部门应依据本办法和《旅游资源分类、调查与评价》等国家标准做好本地区的旅游资源普查工作，向社会公布，并适时补充、更新相关信息，作为开展旅游资源保护、制定旅游产业发展规划的基础数据库"、"各级旅游行政管理部门应确保旅游资源普查工作的资金"。

### （二）科学制定并实施旅游资源开发规划

对旅游地资源开发进行科学规划，并严格按规划办事是保证合理利用旅游资源，免其遭受破坏的基础。科学制定并实施旅游地旅游资源开发建设规划是政府和有关部门应负的主要责任。同时，还应提倡全社会的积极参与。只有科学的旅游规划得到切实施行，旅游区内才可能消除盲目开发、盲目建设，旅游资源才能得到有效保护。《旅游资源保护暂行办法》第十四条规定："各级旅游行政管理部门应协调处理好旅游资源保护和旅游发展之间的关系。单独编制旅游资源保护规划，并将旅游资源保护规划的主要内容纳入本地的旅游业发展规划。旅游资源保护规划的编制应选择具有相应资质的旅游规划编制单位承担。"

### （三）提高旅游经营管理者的素质

旅游开发经营不能仅仅被看成一种商业行为，而应更多地看成一种满足人们文化和娱乐生活的建设投资。这就要求投资经营者具有较高的文化素养，或者最起码应具有文化经营的眼光。对此，政府有关部门应根据当地实际情况，举办培训班，对旅游经营者、管理者进行培训。培训应针对培训对象的薄弱环节进行：如果他们对中国历史文化不了解，则请高校里从事旅游文化研究的专家、教授来讲解；如果是对文物古迹的保护不清楚，则请文物管理专家来讲解；如果当地病虫害严重，则请林业专家来处理；如果疏于管理，则请业绩优秀的企业负责人来现身说法。

（四）重视旅游区防灾系统工程

旅游区的防灾是系统工程，需要政府积极组织和参与。其对策主要有：一是加强旅游区自然灾害的调查；二是建立自然灾害的监测系统；三是对可能发生的灾害采取必要的工程措施；四是景观建设要重视选址，并针对环境做必要的处理，避免造成工程灾害；五是要注意区内绿化与防灾；六是要建立救灾预案和必要的抢险救灾队伍；七是灾害出现后，要尽快采取措施，将损失降到最低点。

### 三、鼓励旅游企业可持续经营

（一）依法加强对旅游企业的经营监管

旅游企业应依据国家有关法律法规的规定，依法从事旅游资源开发活动，并提前制定专项的旅游资源开发保护方案，方案包括旅游资源开发过程中的保护措施和建成后景区的旅游资源保护措施等，并报当地旅游行政管理部门备案。严禁在未经开发的旅游资源区域开展旅游经营活动。各级旅游行政管理部门应建立辖区内的旅游资源开发情况资料库，收集、登记旅游资源开发建设单位、建设规模、运营情况等信息，并予以实时监督，促使旅游企业做到依法经营、违法必究，用法律规范旅游企业行为，确保旅游可持续发展。

（二）正确处理国家、社会、企业三者的利益关系

旅游企业是旅游资源的实际利用者和获利者，它们利用的理念和方式对旅游资源的保护影响很大。企业决策者、经营者应不断学习和借鉴国内外先进的管理理念，并与自己的工作实际相结合，探索既有利于旅游发展，又有利于旅游资源保护的路子。同时在自己的经营管理中把旅游资源的保护放在第一位，自觉克服不科学作为和短期行为，把当前利益和长远利益、局部利益和全局利益、自身利益和社会利益结合起来。在它们发生矛盾时，自觉以当前利益服从长远利益、局部利益服从全局利益、自身利益服从社会利益。

（三）合理保持旅游区适度承载量

保持适应的游客量是确保旅游资源不被破坏的重要条件。旅游企业要从旅游区可持续经营理念出发，根据本旅游区的自然、社会、环境等现有条件及特点，由专家科学、合理地确定本旅游区的游人数量。旅游企业应坚决执行，不能因经济指标等影响而任意突破。事实上，旅游区是可以通过门票手段控制进入的游客人数的。可喜的是，现在已有不少旅游区已认识到控制游客数量对于资源保护的重要性，如九寨沟等景区在黄金周期间已限量进入。

（四）及时收集和处理好旅游垃圾污物

美的旅游景观应有美的环境相映衬，如果旅游区内或垃圾遍地，或污水四流，或浓烟滚滚，那就谈不上是美的景观了。因此，旅游企业要增加投入，及时收集、处理旅游垃圾。国内的主要方法有卫生填埋法、堆肥法和焚烧法等。有的国家还采用一些

不同的方法，如用垃圾燃烧释放的能量发电、用垃圾兴建公园、在垃圾场上修建高尔夫球场等，赋予了垃圾新的生命，将垃圾变废为宝，也可借鉴。

### 四、动员全社会积极参与

（一）建立旅游资源保护基金

诸如文物的发掘、整理，病虫害的防治，建筑物的修缮，遭受污染、破坏的旅游资源的整治和保护，自然灾害防治等旅游资源的保护工作，都需要资金的支持。一是政府部门将旅游资源作为重要公共资源对待，加大对旅游资源保护的资金投入力度；二是将其作为造福子孙后代的公益事业，鼓励社会各界支持、赞助；三是科学、合理利用旅游资源，并实行对旅游资源有偿使用的政策；四是从旅游收入中，按一定的比例提取保护基金，作为资源维护费。

（二）加强对旅游资源保护的宣传教育

其一，加强对旅游管理者、旅游从业人员、经营者的宣传教育，使他们明确职责，懂得科学保护，知道什么是不当行为、不当行为可能带来的严重后果，以避免诸如给孔子塑像及建筑物不当洗刷造成破坏、给武当山金殿安装避雷针等类似事件再次发生。

其二，加强对旅游社区居民的宣传教育，使他们明确保护旅游资源和环境与自身的利益关系，增强其积极保护的自觉性。

其三，加强对游客的宣传教育，引导他们文明旅游、生态旅游。

其四，加强对社会公民的宣传教育，树立全民保护意识。只有全民参与，旅游资源才能开发好、利用好、保护好。

# 第五节　旅游环境建设与管理

狭义的旅游环境是指能吸引游客的各类旅游资源，如一片森林、一座城堡、一次节庆活动等。广义的旅游环境，不仅包括具有吸引力的各类旅游资源，还包括与之有关的自然和人文社会环境。

### 一、旅游环境的文化意义

旅游环境是自然与人类的共同作品，文化属性是旅游环境的本质属性之一。正是旅游环境中蕴含的深层次的文化意义，才使旅游具有了无穷魅力。可以说文化是旅游环境的灵魂，离开文化的旅游不能持久。旅游环境的文化意义主要体现在以下几个方面：

（一）旅游环境的文化鉴赏意义

不同区域的旅游环境，具有不同的文化背景和文化内涵，反映了不同文化的特色。了解和认识不同旅游环境的文化，可以鉴别和赏析不同文化的特征。同是现代大都市的上海和北京，因其历史内涵不同，其旅游环境可以给人以不同的城市文化感受；同是西部的新疆和云南，因其民族不同，其旅游环境可以给人以不同的民俗文化感受。

（二）旅游环境的文化熏陶意义

旅游环境所蕴含的丰富的文化特色，对于旅游者具有潜移默化的影响。那些构思、设计精巧的建筑和有丰富文化内涵的楼台亭阁、殿堂庙宇、碑刻雕塑、民俗风情等，加上那些早已融入其肌体风骨的历史故事、神话传说、诗词文章，无不让旅游者在感叹的同时受到教育。登上长城，使人感受到中华民族的勤劳、勇敢和智慧；游览园林，使人感受到东方文化的独特魅力。

（三）旅游环境的文化求知作用

旅游环境所具有的丰富的文化内涵，对于旅游者求知具有很好的作用。孔子的"智者乐水，仁者乐山"的见解对中国文化产生了深远的影响，由孔子所总结的传统美德，代代相续，流传至今。歌德称旅游意大利"等于进入了一所大学，一天所学的东西多到不可胜数"。的确如此，当游人欣赏峨眉山奇妙的佛光时，无不想知道佛光产生的原因；当游人被海螺沟冰川的气势所震撼并感叹冰川与森林、温泉共处的大自然奇观时，对第四纪冰川的了解远胜于书本上空洞的想象。

（四）旅游环境的文化科考作用

旅游环境所蕴含的丰富的文化知识，具有很好的科研价值。近年来新兴的专业科考旅游，是各专业工作者通过旅游探索自然、研究历史、调查社会并以获取科学文化信息为直接目标的旅游。徐霞客正是在名川大山的旅游中考察和记载了许多地理现象，写出了具有学术价值的《徐霞客游记》；达尔文随贝格尔号舰环球科学旅游考察，收集了大量的地质和生物进化的实际资料；李四光在旅游休养中发现了不少典型的地质构造：游北京中山公园时在一个台阶上发现了一个典型的棋盘格式构造标本，游重庆北碚公园时意外发现了一个帚状构造，在大连海滨休养中他发现了白云山庄的莲花状构造。旅游环境的研究价值是不可低估的，虽然以专门科学探索为目标的游客数量并不很多，但影响很大，可扩大旅游地的影响和声誉。

## 二、旅游环境容量

（一）旅游环境容量概述

第二次世界大战后，旅游开始向大众化发展，各种旅游胜地接待的游客数量逐年增加，在旅游高峰季节，一些旅游地开始显得拥挤。20 世纪 60 年代，旅游学者和旅游规划人员开始意识到，为保证使绝大多数游客满意的旅游环境质量，旅游地或区域在一定时间内接待的游客量应有一定的限度，于是"环境容量"的概念被开始应用到游憩和旅游研究中。20 世纪 70 年代开始，学术界和业界包括联合国环境规划署在内，开始重视对旅游环境容量这一领域的研究。到了 20 世纪 80 年代，全球有更多的机构和学者开始研究旅游环境容量问题。到目前为止，尽管尚有少量国家对旅游环境容量没有明确的认识，但旅游业发展过程的"饱和"与"超载"概念已为学术界和旅游规划人员所接受。

　　我国具有现代意义的旅游业发展只有 20 多年的历史，因此对旅游环境容量的研究滞后于国外旅游发达国家。但由于广泛吸收了国外已有的成果，国内旅游环境容量研究起点较高。赵红红（1983）、刘振礼和金健（1985）曾先后就旅游容量问题做了概念上的初步探讨和计算上的尝试；保继刚（1987）对北京颐和园的旅游环境容量做了一个较为详实的个案研究；楚义芳（1989）吸收国际上的研究成果，对旅游容量的概念体系、旅游容量的测量及其研究方向做了较为系统的研究；刘晓冰等（1996）对国内外旅游环境研究包括旅游环境容量问题做了系统综述；崔凤军等（1997）就泰山的旅游环境承载力做了研究；还有骆培聪（1997）对武夷山、解庆林（2000）对桂林七星公园、刘庆友等（2003）对庐山、郭静（2003）对南京东郊风景区、章小平等（2007）对九寨沟景区、董成森（2009）对武陵源风景区的旅游环境容量测算等。总的来说，我国学者对于旅游环境容量的研究已经取得了一批很有价值的研究成果，并且在旅游规划和管理的具体实践中得到了广泛的应用。

（二）旅游环境容量概念

　　目前有关旅游环境容量的概念和限定含义在学术界尚有争议，还存在不同的认识和理解。如美国学者韦格在其学术专著《具有游憩功能的荒野地的环境容量》中提出，游憩环境容量是一个游憩地区能够长期维持产品品质的游憩使用量[1]；里蒙、史迪科（1971）提出，游憩环境容量是指某一地区、在一定时间内、维持一定水准给旅游者使用，而不破坏环境和游客体验的利用强度，并建议将环境容量分成生物物理容量、社会文化容量、心理容量和管理容量四类进行研究[2]；米左科沃斯克将旅游环境容量分为自然容量和社会容量，自然容量由物理容量和生态容量组成，社会容量包括基于旅游者的社会容量和基于当地居民的社会容量[3]；崔凤军定义旅游环境承载力为：在某一旅游地环境的现存状态和结构组合不发生对当代人及未来人有害变化的前提下，在一定时期内旅游地所能承受的旅游者人数，它由环境生态承纳量、资源空间承载量、心理承载量、经济承载量四项组成，具有客观性和可量性、易变性与可控性、存在最适值和最大值等特征，同时又是持续发展旅游的重要判据之一[4]。

　　从众多学者对旅游环境容量的研究中可以发现，旅游环境容量是作为一个概念体系而存在的。根据保继刚、楚义芳等的观点，旅游环境容量可分为基本容量和非基本容量两大类：

1. 基本容量

基本容量包括五种：

①　WAGAR，JALAN. The Carrying Capacity of Wildlands for Recreation. Washington DC：Society of American Foresters，Forest Science Monograph，1964.

②　COLE，N. DAVID，STANKEY，H. GEORGE. Historical Development of Limits of Acceptable Change Conceptual Clarifications and Possible Extensions . V. S. Missoula，MT，1997.

③　MIECZKOWSKI，ZBIGNIEW. Environmental Issues of Tourism and Recreation. New York：University Press of America，1983.

④　崔凤军，刘家明. 旅游环境承载力理论及其实践意义. 地理科学进展，1998，17（1）.

（1）旅游资源容量。这是指在保持旅游资源质量的前提下，一定时间内旅游资源所能容纳的最大旅游活动量。

（2）旅游心理容量。这是指旅游者在某一地域从事旅游活动时，在不降低活动质量（保持最佳游兴）的条件下，地域所能容纳的旅游活动最大量，也称为旅游感知容量。

（3）旅游生态容量。这是指在一定时间内旅游地域的自然生态环境不致退化的前提下，旅游地所能容纳的最大旅游活动量。

（4）旅游经济发展容量。这是指在一定时间一定区域范围内经济发展程度所决定的能够接纳的旅游活动量。

（5）旅游社会容量。这是指旅游接待地区的人口构成、宗教信仰、民情风俗、生活方式和社会开化程度所决定的当地居民可以承受的旅游者数量。

这五种基本容量之间的关系是：①旅游经济发展容量与旅游社会容量的关系密切，经济发展容量大，说明旅游地经济发展水平较高，或旅游开发较早，当地居民已习惯旅游者的行为方式，因此，旅游地社会容量也高。反过来也同样成立。②旅游心理容量不仅受旅游者的年龄、性别、社会经济地位、文化背景、价值观念等个人因素影响，还受旅游活动类型、接待地区的自然和社会经济条件的影响，因而同资源容量、生态容量、经济发展容量和地域社会容量都有一定的关系。③对于自然景观区，旅游资源容量越大，一般旅游的生态容量也越大。反之，则不一定成立。④一个旅游地域能够接待的旅游流量，决定于五个基本容量中最小的那一个，即所谓的"瓶颈效应"。

2. 非基本容量

非基本容量概念是在基本旅游容量基础上导出的一些极端状况下、一些特定条件下的旅游容量概念。包括：

（1）现有旅游容量和期望旅游容量。前者是当前已经存在的旅游容量，后者是在未来某一时间可能达到的旅游容量，一般指规划旅游容量。通常期望容量要比现有容量大，如通过开发新的旅游资源，改善旅游接待条件，改善生态系统，增加人工排污设施，采用污水处理、污物外运等措施，使旅游地域增加旅游容量。但并不是规划旅游容量都大于现有旅游容量，因为当一个已成熟的旅游区需要加大资源、环境保护力度时，反而要减少旅游容量。

（2）按照旅游地域的空间规模，可以有景点旅游容量、景区旅游容量、旅游地旅游容量、区域旅游容量。景点容量指游人活动的基本单元——景点的容纳能力，景区容量指景区内各景点的容量与景点间道路容量之和，旅游地容量指各旅游景区容量与景区间道路容量的总和。依此类推，可得区域旅游容量。

（三）旅游环境容量测定

1. 旅游资源容量

对旅游资源容量的测算，主要针对的是已经开发的旅游景区，一般有面积法和线路法两种测定方式。

（1）面积法。这是基于旅游景区的空间面积和人均游览空间标准（不同类型的旅游地其标准不一致，可参考世界旅游组织的规定）计算其日容量的方法，具体计算公式如下：

$$D_a = \frac{ST}{S_0 T_0} \qquad\qquad (7.1)$$

其中：$D_a$——旅游景区日容量；

　　　$S$——旅游景区游览规模（平方米）；

　　　$S_0$——旅游景区游览空间标准（平方米/人）；

　　　$T$——旅游景区每日开放时间；

　　　$T_0$——游客人均每次利用时间。

（2）线路法。这是基于旅游景区的游览路线长度和人均标准游览距离计算其日容量的方法，具体计算公式如下：

$$D_a = \frac{2LT}{L_0 T_0} \qquad\qquad (7.2)$$

其中：$D_a$——旅游景区日容量；

　　　$L$——旅游景区游览线路总长度（米）；

　　　$L_0$——旅游景区游览线路间距标准（米/人）；

　　　$T$——旅游景区每日开放时间；

　　　$T_0$——游客人均每次利用时间。

2. 旅游心理容量

旅游者的心理容量要比旅游区域的空间容量小得多。不同的民族、不同的社会阶层、不同国家与地区的人群的心理容量值不同，即使是相同的人群在进行不同的旅游活动时，其心理容量也不同。一般将旅游者平均满意程度达到最大时的个人空间值作为旅游心理容量计算时的基本空间标准，其测定公式如下：

$$D_p = \frac{S}{\sigma} = KS \qquad\qquad (7.3)$$

$$D_a = \frac{T}{T_0} D_p = K \frac{T}{T_0} S \qquad\qquad (7.4)$$

其中：$D_p$——时点容量；

　　　$D_a$——日容量；

　　　$S$——资源的空间规模；

　　　$\sigma$——基本空间标准；

　　　$K$——单位空间合理容量；

　　　$T$——每日开放时间；

　　　$T_0$——人均每次利用时间。

3. 旅游生态容量

旅游者进入旅游目的地后，他们在吃、住、行、游、购、娱等各方面的消费，直接或间接地都会产生一定的废水、废气和固体垃圾，并对环境造成负面的影响和破坏。因此，可以通过分析旅游者所产生的污染物同环境自净能力、人工治理污染能力之间的关系，大致测算出旅游目的地的生态环境容量。其计算公式如下：

$$F = \frac{\sum\limits_{i=1}^{n} S_i T_i + \sum\limits_{i=1}^{n} Q_i}{\sum\limits_{i=1}^{n} P_i} \qquad (7.5)$$

其中：F——旅游地环境生态容量；

S$_i$——旅游地自然生态系统净化吸收第 i 种污染物的量（量/日）；

T$_i$——各种污染物的自然净化时间，一般为一天；

P$_i$——每位游客一天内产生的第 i 种污染物量；

Q$_i$——每天人工处理掉的第 i 种污染物量；

n ——旅游污染物的种类数。

4. 旅游经济发展容量

影响旅游经济发展容量的因素很多，主要有两方面：一是旅游内部经济因素，即旅游设施；二是旅游外部经济因素，即基础设施和支持性产业等。所以，对旅游经济发展容量的测定是一个比较复杂的问题，一般是通过测算目的地的住宿能力或食品供应能力来反映。其计算公式如下：

$$C_e = \frac{\sum\limits_{i=1}^{m} D_i}{\sum\limits_{i=1}^{m} E_i} \qquad (7.6)$$

$$C_b = \sum\limits_{j=1}^{n} B_j \qquad (7.7)$$

其中：$C_e$——主副食供应能力所决定的旅游日容量；

$C_b$——住宿床位决定的旅游日容量；

$D_i$——第 i 种食品的供应能力；

$E_i$——每人每天对第 i 种食品的需求量；

$B_j$——第 j 类住宿设施床位数；

m ——游人所耗食品的种类数；

n ——住宿设施的种类数。

5. 旅游社会容量

由于旅游业既可带来负面的社会影响，如可能导致与旅游地传统文化的碰撞和冲突，甚至使犯罪率上升、敌对与嫉妒等社会冲突增多、社会治安恶化；交通拥挤，物价上涨，环境污染加重等；也可能带来正面的社会影响，如使基础设施得到改善、经济增长、生活条件提高等。前者会使当地居民对旅游者怀有对立情绪，影响游客进入；后者则会对旅游者持欢迎态度并积极加入到旅游从业大军中来。因此，旅游社会容量难以用计量指标来确定，但可通过民意调查方法来衡量旅游区居民的承受能力，也可根据当地居民对旅游者的态度作为旅游社会容量是否合适的标准。

（四）旅游饱和与超载的消极影响

对于特定的旅游区，其承受的旅游量或旅游活动量达到上述容量中的极限容量时，称为旅游饱和；超出极限容量值，称为旅游超载。旅游饱和与超载会产生严重的问题，如旅游区污染加重、动植物资源受到损害、旅游文化景观遭到破坏、旅游者心理受到影响、旅游设施受到损毁等，这些问题将导致旅游资源的损害和浪费，甚至使有些旅游资源枯竭或消失，导致旅游业的自我毁灭。

（五）旅游环境容量理论在旅游规划建设和管理中的应用

1. 旅游容量理论用于旅游规划

在旅游规划中，做好旅游容量的测算并予以运用，是非常重要和必要的。几乎所有的旅游规划都包含了旅游容量问题，具体的景点设置、景区道路安排、食宿等基础设施和旅游设施的设计和建设，都必须遵循与旅游区性质相关联的容量指标，以使各组成部分在日后能正常协调运转，并发挥应有的作用。

旅游区能接待的旅游流量决定于五个基本容量中最小的一个。已开发的旅游区需要扩容时，必须考虑到这个因素。因此，要扩容，就应想法增大最小的容量值。如果是受旅游生态容量所限，则应提高对人工污染物的处理能力，同时搞好景区绿化；如果是受资源（心理）容量限制，可开发有特色的替代产品，或分流延缓进入人数，或新辟景区道路；如果是受旅游经济发展容量制约，在不影响旅游景观和危及旅游区生态系统的情况下，应增加设施投入。

2. 旅游容量理论用于旅游管理中

任何一个旅游区，既要考虑旅游经济效益，又要考虑环境和资源保护，还要考虑旅游者的旅游体验，所以，旅游容量理论对于旅游管理，实现旅游业可持续发展有实际指导意义。

（1）稳定旅游容量，把握促销时机，维持供需平衡。旅游淡季推出特色项目或增加旅游活动吸引游客，旅游旺季则及时对外发布信息，公布旅游区的客房率、旅游区的最佳旅游人数和已进入人数。这样可使旅游区淡季不淡、旺季不过旺，旅游人数尽量平衡。

（2）利用价格杠杆，采取经济手段调控需求高峰。旅游区在不同季节制定不同的进入价格，淡季票价实行打折，旺季则价格上浮，并对外宣传高价情况。如果这样仍然不能控制游客量，则实行售票数量限制，并实行预订。同时对外宣传，让游客了解情况，以免游客来了却不能游览而对旅游区产生不满。

（3）限制汽车停放量，禁止外来汽车进入旅游区。九寨、黄龙景区为维持其生态容量，禁止外来汽车进入景区，游客全部乘坐景区内的环保车游览，并可随上随下。这样，既保护了景区环境，又方便了游客游览。

（4）调节景区内热点的峰值时间。在旅游热点的交叉口或入口处，管理交通，规定进入人数与活动时间，既调节旅游流的峰值，又充分利用旅游资源。

（5）加强旅游区环境管理。在旅游区不开展有损景观和生态的旅游活动；宾馆饭店采用有利于环保的产品并改造耗费资源的机器设备；对旅游从业人员进行环保教育，并通过他们的行为影响和提高旅游者的环保意识。

（6）对旅游区居民进行宣传教育，使之树立以旅游促发展的观念。当地居民是否友好也是旅游者选择旅游目的地的重要因素，因此对旅游社会容量问题不能忽略。无锡市利用儿童节向少年儿童宣传，教育他们对游客要态度友好，这一举措取得了良好的效果；北京市曾利用世妇会、亚运会和奥运会等倡导首都意识，赢得了很高的国际声誉，热情友好的北京人迎来了更多的中外游客。

### 三、旅游环境建设

旅游环境建设是指旅游的宏观环境建设，目标是提高旅游环境的品位，增强旅游区的吸引力。同时，要根据风景名胜区的功能分区，按核心旅游区、保护区及协调区等的不同要求进行建设。在各项建设中应始终将旅游可持续发展放在首位。尤其应重视旅游人文环境的建设。旅游人文环境是指能使旅游者在游览过程中，得到美的享受、陶冶情操、获得知识、启迪思维的外部环境。它包括旅游地的文化环境和道德环境。旅游人文建设应从这两方面入手。

（一）旅游文化建设

加强旅游地文化建设，满足旅游者陶冶情操、开发智力、提高欣赏水平、增强文化修养等目的，是旅游地保持长盛不衰的法宝。因此，无论是以自然景观见长，还是以人文景观取胜的旅游地，都无不把渲染其文化内涵、进行文化建设，作为吸引游客的武器。具体体现在以下方面：

（1）旅游地的开发规划应突出文化品位。应根据旅游地的特点确定适合的文化建设内容，避免雷同和粗制滥造。

（2）加大资金投入量，加强对人文旅游资源的发掘、整理、保护、建设。

（3）重视旅游的文化属性，限制传统民族文化与民族宗教文化的商品化，防止文化庸俗化。

（4）提高旅游从业人员特别是导游人员的文化素质。

（二）旅游道德建设

旅游道德建设是旅游环境建设中不可或缺的一部分，其主要内容包括：

（1）加强旅游地的社会治安管理，严厉打击抢劫、色情、赌博等有害社会治安的问题，创建安全的旅游环境。

（2）加强对旅游从业人员的职业道德教育。抵制拜金主义、个人主义、享乐主义的腐蚀与侵害，为旅游者提供热情、主动、细致、周到的服务。

（3）加强对旅游区居民的道德教育。通过宣传教育，使旅游区居民认识到旅游者的到来可促进当地经济发展，提高其生活水平，自觉抵制各种不道德行为。

### 四、旅游环境管理

保护旅游环境，是旅游业可持续发展的关键。协调旅游发展与环境保护之间的关系，使旅游发展既能满足游客需求，又能保护旅游资源，实现经济效益、环境效益和社会效益并举。

（一）我国目前旅游环境管理中存在的主要问题

一是早期开发缺乏严格规划和管理。一些风景旅游区在行政地域上常分属不同的省（市）、地、县镇等，在早期开发中相互争地盘、争资源、争项目、争资金，缺乏统一规划，造成人力、物力、财力的巨大浪费而且忽略了环境管理与保护。二是执法力度低。国家和地方政府虽然也制定了一些环境保护法规，可一旦经济发展与环境保护相矛盾，就不按照法规要求执行，致使旅游区在开发建设时，只注重经济效益而忽略环境保护。三是环保意识差。旅游者环保意识差，随处攀折、随地乱扔等；旅游经营者环保意识也差。四是环保资金投入少，资金不足。一些生活接待区没有污染物处理设施，即使有也只是摆设，许多垃圾污物随意排放。资金不足使旅游区单位想治理环境污染和破坏的愿望无法实现，给环境管理工作带来了一定的困难。

（二）旅游环境管理措施

1. 首先做好旅游规划

一是做好旅游景区和旅游生活区规划，不让生活区的污染物排放到景区。二是做好旅游景点的整体规划。景区的景点多，就要规划好近期重点开发建设的黄金旅游线路，其余不急于开发的线路让其休养生息，等以后再逐步开发成新的旅游路线，并将部分老线路封闭，让其休养恢复，实行新老更替。三是做好旅游景点和旅游设施的总体规划。旅游区要保持蓝天、白云、青山、绿水的清新宜人环境，就不能多建现代旅游设施，破坏原始自然风貌。四是做好旅游区环境容量规划。景区环境对于污染物的净化能力、旅游者的承载能力都有一定的限度。因此，加强旅游区容量的研究，根据每个旅游景点的具体情况采取前述措施，让旅游者无规律的活动变得易于控制，以缓和旅游人群对旅游景点的冲击，减轻景区环境压力。

2. 做好环境保护宣传，提高环境保护意识

一是加强对游客的宣传教育，在旅游景点的醒目处设立环境保护的标语或广告牌，以增强旅游者环境保护的积极性、自觉性和主动性，杜绝旅游者乱摘乱扔、乱涂乱画，随地大小便等不文明行为；二是加强对旅游从业人员的宣传教育，使他们认识到环境污染和破坏的严重后果，增强保护环境的责任感、紧迫感；三是加强对旅游区群众的宣传教育，使他们树立保护环境的法制观和道德观，养成自觉保护环境的行为，形成全社会保护环境的风尚。

3. 增加环境保护投入，完善管理机制

要搞好环境管理，必须加大投入，改善环境保护基础设施：一是在风景区安排专项资金做好"两禁两改"工作（即禁止烧煤、烧柴，改用电炉、气炉）；二是在风景区安排专项资金实施"天保工程"，坚持封山育林；三是建立起"谁开发谁保护，谁污染谁治理"的旅游环境保护管理政策；四是设立排污收费专项资金，并在使用过程中设立群众监督机制，保证专款专用。

4. 采用高新科技手段保护旅游环境

一是旅游区采用先进设备，减少污染物排放，如采用无动力埋地式污水处理工艺治理废水，采用清洁煤技术减少二氧化硫、一氧化碳和烟尘的排放；二是在一些微观

的、局部的旅游环境中，采用科技手段，如生物手段、化学手段、物理手段和工程手段，将会产生较好的效果。日本高崎山为野生猴群修建了一座横跨铁路的猴群专用桥，整座桥设计成半封闭式，猴群只能看到天空，并且桥面铺上15厘米的泥土，种上当地的天然野草，创造一种天然环境。这项工程使猴群与外界保持联系，并维持其自然生长。我国在秦岭大熊猫自然保护区，为防旅游者惊扰大熊猫，影响其生殖繁育，也开辟了一条熊猫通道。

5. 运用法律法规进行旅游环境监督管理

旅游环境管理工作要真正做好，最终还是要走法制化道路。旅游环境管理单位必须按照法律法规进行监督管理，做到有法可依、有法必依、执法必严、违法必究。在环境管理过程中，对乱占乱建、乱捕乱杀、乱挖滥采，乱排乱放等污染、损害环境的行为，予以及时、准确、严厉的打击。如奥地利的绿色村落，政府鼓励社区要以可持续的方式来满足不断增长的旅游住宿需求。鼓励乡镇使用太阳能取暖，限制建筑物高度不超过三层，停车场必须距建筑物80米以外，以减少噪声和废气污染，机动车道要距绿色村落至少3千米，严禁机动车从村落中穿行，指定自行车道，建筑物只限建于乡镇内，减少邻近农场单季作物耕地，政府向保护传统手工艺倾斜，用当地产品建造饭店，坚持农民能在当地销售自己的农作物，使用当地自产的天然药物。据专家称，这种理念会对当地社区和旅游业都有利。

## 思考与练习

1. 可持续发展理论的基本内容是什么？
2. 谈谈你对可持续旅游的理解。
3. 举例说明旅游资源遭到破坏的原因。
4. 结合旅游资源利用中的特性，谈谈你对加强旅游资源保护重要性的认识。
5. 结合当地实际，说明加强旅游资源保护的具体措施。
6. 旅游环境建设与旅游容量、旅游可持续发展之间有何影响和关系？

# 参考文献

1. 董成森．森林型风景区旅游环境承载力研究——以武陵源风景区为例．经济地理，2009，29（1）．

2. 郑群明．全新旅游资源学．北京：中国科学出版社，2008．

3. 陈来生．中国旅游文化．天津：南开大学出版社，2008．

4. 王俊奇．也论民间体育、民俗体育、民族体育、传统体育概念及其关系——兼与涂传飞、陈红新等商榷．体育学刊，2008（9）．

5. 喻学才．旅游资源学．北京：化学工业出版社，2008．

6. 梁明珠．旅游资源开发与规划．北京：科学出版社，2007．

7. 刘振礼，王兵．新编中国旅游地理．天津：南开大学出版社，2007．

8. 甘枝茂，马耀峰．旅游资源与开发．天津：南开大学出版社，2007．

9. 陈学庸．中国旅游资源学．北京：中国商业出版社，2007．

10. 全华．旅游资源开发与管理．北京：旅游教育出版社，2007．

11. 刘洪鹏，乔瑞华．论我国旅游资源保护法律制度的缺失与完善．内蒙古农业大学学报：社会科学版，2007，9（2）．

12. 章小平，朱忠福．九寨沟景区旅游环境容量研究．旅游学刊，2007，22（9）．

13. 高曾伟，卢晓．旅游资源学．第三版．上海：上海交通大学出版社，2006．

14. 陈国生．中国旅游资源学教程．北京：对外经济贸易大学出版社，2006．

15. 骆高远，等．旅游资源学．浙江：浙江大学出版社，2006．

16. 田里．旅游经济学．第二版．北京：高等教育出版社，2006．

17. 陈兴中，方海川，汪明林．旅游资源开发与规划．北京：科学出版社，2006．

18. 喻学才．旅游资源．北京：中国林业出版社，2005．

19. 罗伟强．旅游资源开发与管理．广州：华南理工大学出版社，2005．

20. 丁季华．旅游资源学．上海：上海三联书店，2004．

21. 李鼎新，艾艳丰．旅游资源学．北京：科学出版社，2004．

22. 刘待泉，汪瑞军．旅游资源开发与规划．北京：旅游教育出版社，2004．

23. 马勇，李玺，李娟文．旅游规划与开发．北京：科学出版社，2004．

24. 张凌云．旅游景区景点管理．北京：旅游教育出版社，2004．

25. 刘庆友，等．庐山旅游可持续发展研究．北京第二外国语学院学报，2003(4)．

26. 郭静．南京东郊风景区旅游环境容量初步研究．资源开发与市场，2003，19(4)．

27. 保继刚，楚义芳．旅游地理学．北京：高等教育出版社，1993．

28. 陈福义，范保宁．中国旅游资源学．北京：中国旅游出版社，2003．

29. 李志飞. 旅游资源学. 武汉：武汉大学出版社，2003.

30. 鄢志武. 旅游资源学. 武汉：武汉大学出版社，2003.

31. 喻学才. 旅游资源. 北京：中国林业出版社，2002.

32. 杨振之. 旅游资源开发与规划. 成都：四川大学出版社，2002.

33. 金海龙，石高俊，谭传凤. 中国旅游地理. 北京：高等教育出版，2002..

34. 甘枝茂，马耀峰. 旅游资源与开发. 天津：南开大学出版社，2000.

35. 解庆林. 桂林七星公园旅游环境容量研究. 广西科学院学报，2000，16（1）.

36. 保继刚，楚义芳. 旅游地理学. 修订版. 北京：高等教育出版社，1999.

37. 丁季华. 旅游资源学. 上海：上海三联书店，1999.

38. 顾骧顺. 中国旅游历史文化概论. 上海：上海三联书店，1998.

39. 郭跃，张述林. 旅游资源概论. 重庆：重庆大学出版社，1998.

40. 崔凤军，杨永慎. 泰山旅游环境承载力及其时空分（布差）异特征与利用强度研究. 地理研究，1997，16（4）.

41. 骆培聪. 武夷山国家风景名胜区旅游环境容量探讨. 福建师范大学学报：自然科学版，1997，13（1）.

42. 苏文才，孙文昌. 旅游资源学. 北京：高等教育出版社，1997.

43. 辛建荣，等. 旅游地学. 天津：天津大学出版社，1996.

44. 刘晓冰，保继刚. 旅游开发的环境影响研究进展. 地理研究，1996.

45. 杨振之. 旅游资源开发. 成都：四川人民出版社，1996.

46. 王恩涌，等. 文化地理学. 南京：江苏教育出版社，1995.

47. 文史编辑部. 佛教与中国文化.. 北京：中华书局，1995.

48. 陶犁. 旅游地理学. 昆明：云南大学出版社，1995.

49. 王钟印. 中国旅游地理概论. 北京：中国旅游出版社，1994.

50. 保继刚. 颐和园旅游环境容量研究. 中国环境科学，1987，7（2）.

51. 赵红红. 苏州旅游环境容量问题初探. 城市规划，1983（5）.

52. 四川省旅游局. 导游综合知识. 北京：中国旅游出版社，2007.

# 附录

## 附录1　中国的世界遗产名录

至 2008 年 7 月，中国已有 37 处文化遗址和自然景观被列入《世界遗产名录》，其中文化遗产 25 项、自然遗产 7 项、文化和自然双重遗产 4 项、文化景观 1 项。

1. 周口店北京人遗址（1987.12，文化遗产）
2. 甘肃敦煌莫高窟（1987.12，文化遗产）
3. 山东泰山（1987.12，文化与自然双重遗产）
4. 长城（1987.12，文化遗产）
5. 陕西秦始皇陵及兵马俑（1987.12，文化遗产）
6. 明清皇宫：北京故宫（北京，1987.12，文化遗产）、沈阳故宫（沈阳，2004.7，文化遗产）
7. 安徽黄山（1990.12，文化与自然双重遗产）
8. 四川黄龙国家级名胜区（1992.12，自然遗产）
9. 湖南武陵源国家级名胜区（1992.12，自然遗产）
10. 四川九寨沟国家级名胜区（1992.12，自然遗产）
11. 湖北武当山古建筑群（1994.12，文化遗产）
12. 山东曲阜的孔庙、孔府及孔林（1994.12，文化遗产）
13. 河北承德避暑山庄及周围寺庙（1994.12，文化遗产）
14. 西藏布达拉宫、大昭寺、罗布林卡（1994.12，文化遗产）
15. 四川峨眉山—乐山风景名胜区（1996.12，文化与自然双重遗产）
16. 江西庐山风景名胜区（1996.12，文化景观）
17. 苏州古典园林（1997.12，文化遗产）
18. 山西平遥古城（1997.12，文化遗产）
19. 云南丽江古城（1997.12，文化遗产）
20. 北京天坛（1998.11，文化遗产）
21. 北京颐和园（1998.11，文化遗产）
22. 福建省武夷山（1999.12，文化与自然双重遗产）
23. 重庆大足石刻（1999.12，文化遗产）
24. 皖南古村落：西递、宏村（2000.11，文化遗产）
25. 明清皇家陵寝：明显陵（湖北钟祥市）、清东陵（河北遵化市）、清西陵（河北易县）（2000.11，文化遗产），明孝陵（江苏）、十三陵（北京）（2003.7，文化遗产），盛京三陵（辽宁）（2004.7，文化遗产）

26. 河南洛阳龙门石窟（2000.11，文化遗产）
27. 四川青城山和都江堰（2000.11，文化遗产）
28. 云冈石窟（2001.12，文化遗产）
29. 云南"三江并流"自然景观（2003.7，自然遗产）
30. 吉林高句丽王城、王陵及贵族墓葬（2004.7.1，文化遗产）
31. 澳门历史城区（2005，文化遗产）
32. 四川大熊猫栖息地（2006.7.12，自然遗产）
33. 中国安阳殷墟（2006.7.13，文化遗产）
34. 中国南方喀斯特（2007.6.27，自然遗产）
35. 开平碉楼与古村落（2007.6.28，文化遗产）
36. 福建土楼（2008.7.7，文化遗产）
37. 江西三清山（2008.7.8，自然遗产）

## 附录2  中国的历史文化名城名录

中国历史文化名城由国务院审批，目前已公布四批（第四批为增补），共计109座。

第一批历史文化名城于1982年公布，共24座：

北京、承德、大同、南京、苏州、扬州、杭州、绍兴、泉州、景德镇、曲阜、洛阳、开封、江陵、长沙、广州、桂林、成都、遵义、昆明、大理、拉萨、西安、延安。

第二批历史文化名城于1986年公布，共38座：

上海、天津、沈阳、武汉、南昌、重庆、保定、平遥、呼和浩特、镇江、常熟、徐州、淮安、宁波、歙县、寿县、亳州、福州、漳州、济南、安阳、南阳、商丘、襄樊、潮州、阆中、宜宾、自贡、镇远、丽江、日喀则、韩城、榆林、武威、张掖、敦煌、银川、喀什。

第三批历史文化名城于1994年公布，共37座：

正定、邯郸、新绛、代县、祁县、哈尔滨、吉林、集安、衢州、临海、长汀、赣州、青岛、聊城、邹城、临淄、郑州、浚县、随州、钟祥、岳阳、肇庆、佛山、梅州、海康、柳州、琼山、乐山、都江堰、泸州、建水、巍山、江孜、咸阳、汉中、天水、同仁。

第四批历史文化名城（即增补中国历史文化名城10座，2001—2007年逐渐公布）

山海关区（秦皇岛）、凤凰县、濮阳、安庆、泰安、海口、金华、绩溪、吐鲁番、特克斯。

## 附录3 中国的世界地质公园名录

至 2008 年 1 月我国共有 19 处世界地质公园。

1. 黄山世界地质公园（安徽）
2. 庐山世界地质公园（江西）
3. 云台山世界地质公园（河南）
4. 石林世界地质公园（云南）
5. 丹霞山世界地质公园（广东）
6. 武陵源世界地质公园（湖南）
7. 五大连池世界地质公园（黑龙江）
8. 嵩山世界地质公园（河南）
9. 雁荡山世界地质公园（浙江）
10. 泰宁世界地质公园（福建）
11. 克什克腾世界地质公园（内蒙古）
12. 兴文世界地质公园（四川）
13. 湖光岩世界地质公园（广东）
14. 伏牛山世界地质公园（河南）
15. 泰山世界地质公园（山东）
16. 王屋山—黛眉山世界地质公园（河南）
17. 雷琼世界地质公园（海南）
18. 房山世界地质公园（北京）
19. 镜泊湖世界地质公园（黑龙江）

## 附录4 中国的国际重要湿地名录

目前我国已有 36 处湿地获得《湿地公约》认可，分四批列入了国际重要湿地，总面积 380 万公顷，占全国自然湿地总面积的约 10.4%。

一、首批被列入的 7 处国际重要湿地

1. 扎龙自然保护区（黑龙江）
2. 向海自然保护区（吉林）
3. 东寨港自然保护区（海南）
4. 青海鸟岛自然保护区（青海）
5. 湖南东洞庭湖自然保护区（湖南）
6. 鄱阳湖自然保护区（江西）
7. 米埔和后海湾国际重要湿地（香港）

二、第二批被列入的 14 处国际重要湿地

8. 上海市崇明东滩自然保护区（上海市）

9. 大连国家级斑海豹自然保护区（辽宁）

10. 大丰麋鹿自然保护区（江苏）

11. 达赉湖自然保护区（内蒙古）

12. 湛江红树林国家级自然保护区（广东）

13. 洪河自然保护区（黑龙江）

14. 惠东港口海龟国家级自然保护区（广东）

15. 鄂尔多斯遗鸥自然保护区（内蒙古）

16. 三江国家级自然保护区（黑龙江）

17. 山口国家级红树林自然保护区（广西）

18. 南洞庭湖湿地和水禽自然保护区（湖南）

19. 汉寿西洞庭湖（目平湖）自然保护区（湖南）

20. 兴凯湖国家级自然保护区（黑龙江）

21. 盐城保护区（盐城沿海滩涂湿地）（江苏）

三、第三批被列入的 9 处国际重要湿地：

22. 双台河口湿地（辽宁）

23. 大山包湿地（云南）

24. 碧塔海湿地（云南）

25. 纳帕海湿地（云南）

26. 拉什海湿地（云南）

27. 鄂陵湖湿地（青海）

28. 扎陵湖湿地（青海）

29. 麦地卡湿地（西藏）

30. 玛旁雍措湿地（西藏）

四、第四批被列入的 6 处国际重要湿地：

31. 长江口中华鲟湿地自然保护区（上海市）

32. 北仑河口国家级自然保护区（广西）

33. 漳江口红树林国家级自然保护区（福建）

34. 洪湖省级湿地自然保护区（湖北）

35. 海丰公平大湖省级自然保护区（广东）

36. 若尔盖国家级自然保护区（四川）

# 附录 5　中国列入国际人与生物圈保护区网的自然保护区目录

自 1979 年我国开始实施"人与生物圈计划"以来，截至 2004 年年底，我国列入联合国教科文组织国际人与生物圈保护区网的自然保护区共有 26 处。

一、中国加入国际人与生物圈保护网的自然保护区目录

1. 长白山自然保护区（吉林）
2. 卧龙自然保护区（四川）
3. 鼎湖山自然保护区（广东）
4. 梵净山自然保护区（贵州）
5. 武夷山自然保护区（福建）
6. 锡林郭勒草原自然保护区（内蒙古）
7. 神农架自然保护区（湖北）
8. 博格达峰自然保护区（新疆）
9. 盐城自然保护区（江苏）
10. 西双版纳自然保护区（云南）
11. 天目山自然保护区（浙江）
12. 茂兰自然保护区（贵州）
13. 九寨沟自然保护区（四川）
14. 丰林自然保护区（黑龙江）
15. 南麂列岛自然保护区（浙江）
16. 山口自然保护区（广西）
17. 白水江自然保护区（甘肃）
18. 黄龙自然保护区（四川）
19. 高黎贡山自然保护区（云南）
20. 宝天曼自然保护区（河南）
21. 赛罕乌拉自然保护区（内蒙古）
22. 达赉湖自然保护区（内蒙古）
23. 五大连池自然保护区（黑龙江）
24. 亚丁自然保护区（四川）
25. 珠峰自然保护区（西藏）
26. 佛坪自然保护区（陕西）

二、中国自然保护区的数量和类型

截至 2006 年 8 月底，全国共建立自然保护区 2 349 个（不含港、澳、台地区），保护区总面积 1.5 亿公顷，占我国陆地国土面积的 15%。

**图书在版编目(CIP)数据**

旅游资源与开发/周骏一,李益彬主编.—成都:西南财经大学出版社,2009.8

ISBN 978 - 7 - 81138 - 241 - 9

Ⅰ.旅…　Ⅱ.①周…②李益彬　Ⅲ.旅游资源—资源开发—高等学校—教材　Ⅳ.F590.3

中国版本图书馆 CIP 数据核字(2009)第 143786 号

## 旅游资源与开发

主编:周骏一　李益彬

责任编辑:王利

封面设计:杨红鹰

责任印制:封俊川

| | |
|---|---|
| 出版发行: | 西南财经大学出版社(四川省成都市光华村街55号) |
| 网　址: | http://www.bookcj.com |
| 电子邮件: | bookcj@foxmail.com |
| 邮政编码: | 610074 |
| 电　话: | 028 - 87353785　87352368 |
| 印　刷: | 四川森林印务有限责任公司 |
| 成品尺寸: | 185mm×260mm |
| 印　张: | 17 |
| 字　数: | 385 千字 |
| 版　次: | 2009 年 8 月第 1 版 |
| 印　次: | 2009 年 8 月第 1 次印刷 |
| 印　数: | 1—3000 册 |
| 书　号: | ISBN 978 - 7 - 81138 - 241 - 9 |
| 定　价: | 32.00 元 |